U0608841

# 中国神话密码

朱大可 著

四川文艺出版社

果麦文化 出品

# 序　章　为什么要复兴中国神话

神话跟我们有什么关系？ ⋯Ⅱ　　中国神话是土生土长的吗？ ⋯Ⅳ

为什么你听过的神话都不是完整版？ ⋯Ⅵ　　中国神话到底分哪几个"朝代"？ ⋯Ⅸ

人类文明发育的三原则 ⋯Ⅹ　　中国神话是人类精神共同体的一部分 ⋯Ⅻ

# 第一章　《山海经》探秘

## 《山海经》的瑰丽世界

《山海经》的神奇动物今何在 ⋯ 002　　《山海经》博物志的四重主题 ⋯ 005

文明等级与华夏中心情结 ⋯ 008　　《山海经》是伟大的地理志 ⋯ 011

# 第二章　主宰上古时代的神界领袖

## 创世神与水神

创世大神盘古的开辟天地 ⋯ 016　　创世女神：补天造人情未了 ⋯ 019

天梯终结者颛顼及他的妖怪儿女 ⋯ 023

## 地神

改天换地的共工革命 ⋯ 026　　地神鲧的受难与复活 ⋯ 028

大洪水时代的超级英雄 ⋯ 030　　大禹和九尾狐的爱恨情仇 ⋯ 032

### 日神

日神帝俊、羲和夫妻的儿孙们 … 035　　日神舜的受难、崛起和陨落 … 038
日神少昊：海上丝绸之路的文化礼物 … 041　　日神祭司帝喾与占卜术"喾易" … 044

### 文明神与火神

大发明家伏羲是如何创造文明的 … 047　　火神祝融与他的原型琐罗亚斯德 … 050

### 大母神

异乡神西王母的前世今生 … 053　　周穆王和西王母的爱情悲歌 … 055

### 月神与剑神

月神嫦娥的飞天传奇 … 058　　大羿与后羿的双胞奇案 … 060

### 父神和祖先神

三皇五帝：中国神界的最强天团 … 064　　揭开祖先神黄帝的女神真容 … 066
黄帝与蚩尤：中华起源之战 … 069　　蚩尤、夸父和刑天的英雄喋血 … 071
感生神话：中国版的圣母玛利亚 … 073

### 其他

华夏诸神的四场大战 … 076　　"帝"与"天"的美索不达米亚原型 … 078
十二金神和秦帝国的崛起 … 081

## 第三章　管理日常生活的诸神（上）

### 母亲神

守望中国家园的三位女神 … 086　　观世音菩萨的性别之争 … 089

## 父神

谁遇见过神秘而崇高的山神 … 092    先农祠里的祖先神和农神 … 095

## 文明神

仓颉造字体系中的文明密码 … 098    风神飞廉吹来了什么风 … 102

## 爱神

爱神句芒和他的春神面具 … 106    巫山云雨中的性爱女神瑶姬 … 108
湘水女神娥皇、女英之"变形记" … 110    最美女神宓妃和她的粉丝们 … 112
欲望三部曲：花神、媒神和保育神 … 115

## 凶神

重温战神的烽火岁月 … 118    刑神蓐收和狱神皋陶 … 120

## 食神

饕餮神是如何从妖兽变为神灵的 … 124    写在人类五官上的神学 … 127
请盐神给生活加点滋味 … 129    酒神杜康和仪狄的悬殊命运 … 131
茶神陆羽和他的陌生同党们 … 134

# 第四章　管理日常生活的诸神（下）

## 医药神

医药神是如何征服疾病的 … 138    神秘的炼丹术 … 140

## 福禄寿财喜神

寿神彭祖的八百年春秋 … 143    女寿神麻姑的勾魂手 … 145

老寿星的容貌、坐骑和装备 … 147　　禄星及其三个代表 … 149

财神家族的十大成员 … 151　　福神和喜神，最受欢迎的家中贵客 … 154


## 行业神

全能木匠神鲁班和他的魔咒 … 157　　向温柔的纺织女神致敬 … 160

窑神爷和瓷都起源 … 162　　照亮青楼的五路神明 … 165


## 家神

家庭的主心骨灶王爷 … 168　　武举子钟馗是如何当上超级门卫的 … 171

井神柳毅：落第举子千里救美女 … 174　　床公床母的慈爱和春梦 … 177

住在厕所里的紫衣女神 … 179


## 冥神

揭开冥神的神秘面纱 … 182　　十大阎罗及其地狱王国 … 184

孟婆和她的忘怀汤 … 186　　人与亡灵的万古对话 … 188

瘟神：财神赵公明的另类身份 … 190

# 第五章　动物、植物和器物神话

## 神兽

鹰蛇之战与龙凤和解 … 194　　龙兽崇拜：帝王的权力腰带 … 197

麒麟和独角兽的东西方对话 … 200　　驻守中国建筑的神兽军团 … 203

十二生肖：中国人的生命密友 … 205


## 妖兽

《山海经》妖兽的等级制度 … 209　　五仙南下和百鬼夜行 … 212

情种白娘子和渣男许宣的人间错爱 ⋯ 214　　世间狐狸精的妖媚之术 ⋯ 217

## 植物神话

人为什么要偷吃神树上的果子 ⋯ 220　　上天的植物园：桃、芝、参 ⋯ 222

## 器物神话

来自新石器时代的灵玉崇拜 ⋯ 226　　商周鼎器里煮的是什么汤？ ⋯ 229

铸剑师和剑客的英雄年代 ⋯ 232　　隐藏在魔镜里的X空间 ⋯ 234

法器世界：如意、拂尘和念珠 ⋯ 237

# 第六章　佛道神话与民间传奇

## 佛道故事

八仙过海之吕洞宾与何仙姑 ⋯ 242　　华光、目连与沉香的救母故事 ⋯ 244

## 历史传奇

夏商周三代妖女的千古奇冤 ⋯ 248　　屈原谋杀案和端午民俗的起源 ⋯ 251

## 民间传说

鹊桥仙：在牛郎织女传奇的背后 ⋯ 254　　孟姜女的眼泪武器 ⋯ 257

揭开梁祝蝴蝶恋的真相 ⋯ 259　　韩氏兄弟的人鬼情和化蝶梦 ⋯ 262

杜鹃啼血：望帝和他的春心 ⋯ 265　　光棍农夫的螺女春梦 ⋯ 268

## 尾声

中国人日常生活里的三大巫术 ⋯ 271

● 注释 ⋯ 275

# 为什么要复兴中国神话

## ● 神话跟我们有什么关系？

很多人会误认为，神话都是远古时代的故事，离我们非常遥远，而且，大部分中国神话故事零碎，情节莫名其妙，读完之后，完全不知所云。所以大家会疑惑：神话到底有什么价值？作为现代的成年人，有没有必要以儿童的视野去阅读神话？进而言之，神话对于现代人的精神生活，究竟有什么样的重要意义？这些问题，正是本书要一一回答的。

在当代的文化生活里，到处都充满神话的影子。以好莱坞电影为例，《指环王》《阿凡达》《纳尼亚传奇》《疯狂动物城》等，所有这些票房爆棚的作品，都是典型的神话故事。中国电影也不示弱，各种版本的《封神演义》《西游记》，还有2017年上映的《妖猫传》，都属于神话。可见，当代人的娱乐生活，也要依赖于神话制造的梦幻效应。神话是梦工厂造梦的首选题材，没有第二。

由于金庸谢世，人们开始重新缅怀武侠小说的黄金岁月。中国武侠小说，是所有的文学类型里唯一由中国人创造的一种叙事类型，并得到全世界的认可。它属于广义神话，同时也含有大量狭义神话的元素。比如金庸代表作《天龙八部》，它借用的就是印度教神话的概念。"天龙八部"指的是天界的八个部族，以天和龙最多，所以简称天龙八部，后来又被佛教收编，成了护法神。

市面上流行的各类游戏程序，其设计也依赖于神话元素，如《王者荣耀》，风靡国内外，集合了女娲、后羿、雅典娜以及亚瑟王等来自东西方不同神系的神灵和英雄，可以说是全球神谱的大集结。神话是游戏的命根子。

为什么会出现这种神话复兴浪潮呢？那是因为，神话跟我们的现实生活密切相关，它以原型的方式，表达了我们的梦想和欲望。

所谓原型，就是人类原始欲望的某种固化的"心理—叙事—图像"的表达形态，荣格把欲望称为"集体无意识"。欲望无所不在，但需要一个明确的传达样式，也就是一种拥有固定结构的"故事"。

众所周知，流行全球的灰姑娘原型，其历史几乎跟人类的精神史同样绵长，其中最有名的一个版本，是19世纪的《格林童话》。它讲述一个天生丽质的姑娘辛德瑞拉，被恶毒的继母和两个坏姐姐欺负，成天干又脏又累的家务活，被壁炉、烟囱里的烟尘弄得灰头土脸，所以人们称她"灰姑娘"。有一天，城里的王子举行舞会，这时候出现了一位仙女，看她可怜，帮她摇身一变，成了高贵的千金小姐，舞会上把那个王子给迷住了，灰姑娘得以摆脱受迫害的家庭困境，改变了自己的命运，过上了幸福生活。

这个故事不分国界，经久不衰，世代传诵。为什么现代人对这种扭转命运的情节如此入迷呢？如果我们去追溯穷人家孩子改变命运的故事，那它最早的原型又在哪里呢？结果我们从流传了两三千年的中国上古神话里，找到了高度相似的故事。

话说古代有一位伟大的国王，他就是舜，他是一位男版的灰姑娘，从小受到后母壬女的迫害，父亲瞽叟以及父亲跟后母所生的儿子象，也加入这个迫害者的团队。他们屡次设下陷阱，要取他的性命，但是都给他逃过去了。

后来，舜跑到历山脚下去耕地，以自己的勤劳、宽容和善良赢得了人们的尊重。当时的国王尧年事已高，想选任一个副手帮助自己管理国家。大家一致推荐了舜，说他是最好、最合适的人选。尧就把自己的两个女儿娥皇和女英嫁给舜，又让他执掌国家大事，发现他的确非常优秀，于是在自己退休之后，就把王位让给了舜。这是古代非常有名的神话故事。

舜的故事和辛德瑞拉的故事，有着基本相同的结构和功能，从神话学的角度看，它们属于同一个故事原型。这种跨越时空的情节，表达了人类渴望改变命运的集体无意识：我们原来都拥有伟大的基因，只是因为时运不济，家道中落，沦落为平凡的人，但只要借助某种"魔法"，得到来自某个大人物的信任和赏识，我们就能改变自己的命运，成为地位尊贵的大人物。

无论上古还是现代，人类都有这样一种期盼改变命运的梦想，所以神话就成了精神疗法，它治愈人的精神病痛，引领人前往一个更加光明的生命境界。这就是神话的核心秘密——不可思议的疗愈功能。无论日常生活所面对的现实多么残酷，原型神话都是一种有效的精神疗法，它能够消除焦虑、忧伤和恐惧，鼓舞那些虚弱的灵魂，帮助其度过暂时的生命困境。

## ● 中国神话是土生土长的吗？

神话是一个民族独特的精神起源。世界上，无论哪个国家、哪个民族，它的历史教科书都是以神话开头的，因为它包含了民族文化全部的DNA。

中国历史教科书讲述的起点是盘古开天地。大多数民族都有自己的民族推源神话。所谓推源，就是追溯其生命源头，比如彝族的创世古歌叫作《梅葛》，它以神话的方式讲述了人类的起源：大洪水之后，人类都灭亡了，有一对幸存的兄妹，奉天神的旨意结婚，然后妹妹怀孕并生下一只葫芦，葫芦被劈开之后，从里面蹦出了汉、彝、苗、藏等九个民族的孩子，这就是所谓的人类起源。

中国神话并不是孤立诞生的，在多数情况下，它是文化交流的产物，也就是所谓全球化的结果。中国历史上不但有过各区域之间的文化交流，而且还出现过多次全球化或半球化的重大事件。

现在有史可考的第一次全（半）球化运动，是彩陶的全球化。彩陶在西亚被发现，在中国也被发现，而且在马家窑和齐家文化那里达到了高潮，两者之间互相交流纹饰、制作技法和器型，彼此影响，由此产生了大量相似之处。

第二次是青铜的全球化，青铜冶炼技术最早也是从西亚开始，然后向全世界传播，并在中国引发了两种青铜文明的诞生——商周文明和三星堆文明。

第三次是由中国引发的丝绸全球化，这次全球化也非常早，最早应该在公元前1000年已经实现，因为在公元前1000年左右，已有中国四川的丝绸到达了埃及古城底比斯。

第四次是黑铁的全球化，我们至今都生活在这场全球化运动的结果中。

回溯历史的结果告诉我们，所有这些全球化运动，说明中国文明和文化绝不是孤立的。中华民族既是全球化的受益者，也是它的推动者。中国文明和文化与全世界的文明和文化之间，有着超出想象的密切关系。

　　有什么可以用来佐证全球化存在的证据呢？当然有，那就是著名的《山海经》，它是一份典型的全球化文献，向我们提供了大量来自世界各地的资讯。

　　《大荒北经》里面描写道，北方有一位大神叫"烛龙"，他的两只眼睛一只代表太阳，一只代表月亮，他睁开眼睛就是普天光明，也就是白天，闭上眼睛的时候则天昏地暗，也就是黑夜。

　　屈原在《天问》里也提到了这点。东汉王逸在《楚辞章句》里写了一个注解，他说："天之西北有幽冥无日之国，有龙衔烛而照之也。"大意就是，天的西北方向，有一个不见天日的、永远黑暗的国家，有一条龙衔着蜡烛——未必是蜡烛，也可能是火把，总之是衔着一个光体——照亮一个永远黑暗的国家。

　　那么这则神话究竟指的是什么呢？细想一下，这应该就是在描述极昼极夜现象。可是，如果古人没有去过北极，又怎么会知道极昼极夜现象的存在呢？

　　《大荒西经》里还描写过一个叫作"寿麻"的国家，有人认为，这个"寿麻"就是索马里。那里的特点首先是"正立无景"，即人站立的时候是没有影子的，那是因为接近赤道而发生的太阳直射效应。还有一个特点是"疾呼无响"，人叫喊的时候，因为空气炎热和密度太小的缘故，沙漠里的声音难以传播，这是一个典型的物理学现象。《山海经》还告诫，"爱有大暑"（那个地方实在太热了），"不可以往"（千万不要前往旅行）。

　　要是没人去过，怎么会了解这种太阳直射效应，而且掌握了如此关键的细节呢？毫无疑问，它不是神话想象的结果，而是传播的结果。早在《山海经》时代，商人早已经在全球范围内来来往往，传播着关于各地风土人情和物产气候的知识，《山海经》的作者必定是听说了这些趣闻逸事，才能向我们描绘出古代世界的诸多图像。

## ● 为什么你听过的神话都不是完整版？

下面我要花点时间来回答许多朋友提出的两个重要问题。第一个问题，为什么中国神话看起来如此弱小无力呢？

让我们看看其他的古文明提供的神话吧。苏美尔神话、埃及神话、希腊神话、北欧神话、印度神话，还有玛雅神话，它们在形态上都比较完善，不仅拥有完整的神系，还有自己的神话史诗，显示出强大的自我表达能力。

以希腊神话为例，它是一个以奥林匹斯山为都城的众神体系，里面包括神王宙斯和天后，还有日神、地神、海神、雷神、丰收神、智慧神、爱神、贸易神和酒神，另外还有冥王。并通过盲诗人荷马的讲述产生了史诗《伊利亚特》和《奥德赛》。

北欧神话也是这样，属于一种多层体系，由巨人、诸神、精灵、侏儒和凡人构成，也产生了自己的史诗《埃达》《萨迦》，都是风格宏大壮丽的神话。

跟它们一比，中国，特别是汉族的上古神话就相形见绌了。它有以下几个令人不安的特点：

第一，神话多为一些不完整的碎片，例如精卫填海、女娲补天、夸父追日，这些神话叙述非常破碎，而主人公的来历和去向都不清楚，故事也不完整。

第二，神灵和神灵之间没有具体关联，彼此是隔绝的，也不构成一个谱系。比如，精卫和女娲是什么关系？女娲和夸父有关系吗？我们一无所知。

第三，神的身份，尤其是他的地位，我们是不清楚的。我们根本无从知晓他们是谁，从哪里来，后来又去了哪里。就像女娲，我们知道，她曾经造人和补天，但是她到底是谁？她在神界究竟具有什么地位和职务？又有谁能回答这个问题呢？

第四，有时候，同一个神有很多名字，好像有很多分身似的。风神是一个典型案例，他的名字叫冯夷，但也有不同的写法，包括把"夷"写作姨妈的"姨"，由此他把他的性别描述成女性。有的神甚至连自己的神格都丢掉了，比如说"傩"，中国现在至少有几百个县保留了傩祭的仪式，但这个"傩"到底是什么，没有人说得清。大家都把"傩"当作一种祭神仪式的名称，但他们全都弄错了，因为"傩"就是女娲（水神）的现代别称。可是换了一个写法，大家居然都不认识她了。

是什么原因导致汉族神话的破碎混乱呢？只有一种回答——这绝对不是一种先天性的缺陷，而是遭遇了一系列的外部冲击所致。除了儒家打压的因素，历史上还出现过四次文化/神话大毁灭事件。

第一次发生在商周之交的时候。周在灭殷商的同时，把商所创造的宗教文化，包括神话在内，进行了一次相当彻底的摧毁。由于历史学家的忽略，这次扫荡只有极少数学者偶尔提及，也没有更多讨论，因为实在缺少直接证据。

第二次是东周各国诸侯对于周文化的毁灭。对这方面的描写，《孟子》《韩非子》里都有。《孟子》《韩非子》中提到，当时那些诸侯十分害怕有人利用周王朝留下来的精神遗产，包括那些仪轨制度、道德训诫和宗教神话，来吓阻他们进行政治变革，于是干脆把那些精神遗产付之一炬，全部烧光。

《孟子》《韩非子》是两部非常重要的文献，它们一起作证，支持了这个判断。孔子既是这场神话大焚毁的受害者——因为他想要遵循的"周礼"里的很多东西都已经被烧掉了；他也是这场"神话大焚毁"的同谋，因为他坚持"不语怪力乱神"的立场，而这种立场从另一侧面，阻止了中国神话在这之后的复兴。

第三次无疑是秦始皇焚书坑儒。焚书坑儒，尤其是焚书，其实出现过两次。第一次在商鞅变法的时候，商鞅鼓动秦孝公烧毁诗书。第二次的主角是秦始皇。这一次焚书坑儒事情闹得非常大，在中国历史上留下千古骂名。

事实上，秦始皇只是把民间的藏书烧掉了，而在国家图书馆里保存了一些"孤本"，以便垄断那些有价值的知识。即便是私藏起来的书，最后也难逃厄运。当时项羽的大军攻入咸阳，放火焚烧宫殿群达三个月之久。显然，国家图书馆里最后的那点典藏文物，包括神话在内，全部被大火烧尽。这就是古代神话的第四次大焚毁。

那么有没有逃过大焚毁而侥幸存留的神话文献呢？当然是有的。一个典型例证，就是长沙子弹库出土的楚帛书，里面记载了用汉字书写的创世神话。它是因为被墓主提前埋进了坟墓，才侥幸逃过大焚毁的命运，而后又因为四个盗墓贼的"好奇"，得以重见天日。但这种例外非常罕见，不足以改写大焚毁所带来的恶性结局。

四次大焚毁导致的直接后果，就是令许多思想家失去了基本的文化资源，于是只能向外邦求援，从印度、波斯这些地区，去寻找神话资源，展开神话的异邦话语租借。

以《庄子》为例，其中出现的二百多条寓言里，有很多来自印度，如"鲲鹏展翅"里面所讲的"鲲"，就是摩奴——印度一位神明所饲养的一条大鱼，这条大鱼最后拯救了人类；还有"鹏"，指的是印度的金翅大鹏鸟。再如，来自《山海经》的成语"巴蛇吞象"，这个典故其实也是来自印度。有一则印度神话说，象神得了一种怪病，痛苦不堪，只有用蛇神心头的肉做药引子才能治好。蛇神倒是很慷慨地答应，甘愿从自己心脏上割下一块肉给自己的好朋友，谁知象神为实现长寿，居然把蛇神的整个心脏全部挖了出来！蛇神很生气，一怒之下就把象神吞进自己的肚子。这就是著名的"巴蛇吞象"。

第二个问题，中国神话跟中国历史，这两者之间到底是什么关系？

首先，神话是历史的一种曲折表达，也就是说，神话是历史的一种象征性或隐喻性表达。其次，神话也被历史进行了世俗化。原先的那些大神，比如说黄帝和炎帝，他们原先的名字叫黄神和炎神。而"帝"最初也是天神的意思，被世俗化之后，成了尘世君王的称谓。在汉代，皇帝就是世俗最高权力拥有者的名称。因此，到了汉代，黄帝和炎帝已经被世俗化。

我们发现，在《大戴礼记》的可疑基础上，司马迁把这些毫不相干的神，包括伏羲、女娲、颛顼集结起来，用一条虚构的主线，制造出血缘传承的谱系，称之为帝王世系表，他们就此形成了父子相承的奇怪关系。这就是中国最古老的族谱。司马迁叙事的本质，就是把神话变成历史。

德国哲学家雅斯贝尔斯欣然接受了这种改变，他认为这是历史理性的一种全球性胜利。但在我看来，它实际上是一场文化浩劫。希腊虽然也出现了历史理性，出现了希罗多德这样的历史学家，但是他们的神话被完好地保留下来。

在拜占庭帝国，希腊语不仅是民众日常用语，而且最终成为文学、教育、神学和法学的官方语言。在帝国的一千多年岁月里，古希腊文献的整理与研究从未中断。15世纪拜占庭帝国被奥斯曼帝国征服，大批希腊学者携带包括神话在内的古希腊抄本，流亡到意大利半岛，为此后的文艺复兴和欧洲近代文明崛起，提供了最重要的精神资源。

中国神话的命运截然不同，在儒家的影响下，它在史书撰写运动中被彻底改造，就连黄帝都由黄神变成了人君和祖先。神话就这样被历史所替换，消失在民族的漫长记忆之中。

意大利文艺复兴不仅证明了希腊神话的灵魂意义，而且为我们提供了重要的文化样本。毫无疑问，要想实现文化复兴的理想，必须率先复兴神话，并把它视为民族文化最宝贵的根系。

### ● 中国神话到底分哪几个"朝代"？

中国神话大致可以分为三个"朝代"。

第一代神话，此前已经说过，它具有非常古老的历史，却遭到了四次大焚毁，也就是周灭掉殷商，诸侯灭掉周礼，秦始皇焚书坑儒，还有项羽火烧咸阳，结果把中国神话弄得只剩下一些零乱的碎片，犹如神话树上飘落的树叶。

先秦到汉代，这个时期产生了第二代神话，它通过移民和商人，从世界其他地区租借了一些神话片段，把它们拼贴起来，再加上一些想象，就构成了一幅本土化的神话拼图。

《山海经》正是这类拼图的代表作，外表破碎，描述精简，像是一些完全没有展开的故事大纲，为我们留下了大量想象空间。长沙子弹库出土的楚帛书中的起源神话，也是此类拼图的产物。此外，以司马迁为代表的史官，努力把神话改写成历史，以至于第二代神话的许多部分，是以"历史"的名义保存下来的。那些著名的神话人物都被写进了帝王世系表，从那里接受我们的礼赞和缅怀。《史记·五帝本纪》是这方面的范例。它所记载的五帝，黄帝、颛顼、帝喾、尧和舜，都是上古神话里的神明，在《史记》里却转型成为世俗国王。这种神话拼图运动直到魏晋时代还在继续，但已经发生了某种质的改变，因为就在这个时期，神话谱系中出现了两个新成员：第一，从道家思想和神仙方术的结盟中诞生了民间道教；第二，印度佛教开始进入中国。这两个新事物改变了中国神话史的轨迹，推动了第三代神话的诞生。

所谓第三代神话，主要由三个部分构成。第一部分是道教神话，这个神话体系是第二代神话的延续，但在细节上得到了极大丰富。《搜神记》是这方面的范本，它详尽描述嫦娥奔月的细节，完成了月亮神话的终极书写。不仅如此，道教神话还创造出一个阵容极其庞大的神谱，其中的领军人物是"三清"，也就是道教最高神——元始天尊、灵宝天尊和道德天尊。

第二部分来自印度的佛教神话，其间还杂糅着吠陀神话，后来又添加了观世音崇拜等，其间涌现了大量佛经神话故事。当然，它也有自己的领军人物，比如三世佛——燃灯佛、释迦牟尼佛和弥勒佛。

第三部分是从本土自发生长出来的民间信仰，比如北方敬拜的土地公、南方乡村祭奠的傩神，福建渔民崇拜的妈祖等，同时也带来了自己的神话传说。这部分神话，至今还在以民间信仰的方式，存活在民间文化中，成为民间精神生活的重要组成部分。它是一种珍贵的活态文化遗产。

以上是中国三代神话演化的基本路线。只要了解这三代神话的发展脉络，我们就能看清中国神话的历史格局。


● 人类文明发育的三原则

众所周知，神话是文明的文化表达，神话的发生过程，折射文明的基本特征。下面，我要重申文明诞生和发育所依赖的三项基本原则：

第一，无论世界上的哪一种文明都不是在封闭状态下发生的，它们彼此之间存在着一种文明的"交互原则"。先秦的历史事实已然证明，开放性跟伟大性之间成正比关系：越是开放的文明就越是伟大；反之，越是闭关自守，就越是孱弱和空虚。任何一种自我闭合的文化体系中都不可能诞生老子和墨子这样伟大的思想家。

就中国宗教史而言，我们不难发现，佛教在中国得到了极大的发展，这是由于佛教不断接受着海外文化的"输血"，不断有新的信徒进入，时而是迦叶摩，时而出现了达摩，可谓前赴后继。不仅如此，也不断有中国高僧前去西天取经求法，例如著名的法显和玄奘，他们由此成为世人传颂的文化英雄。佛教从不讳言这些外部输血的历程，并对此备感自豪。

第二是文明的"学习原则"。中华农业文明在鸦片战争时受到了第一次重创，后来又在农业精英、土地制度和农业技术等方面继续遭受致命打击，因而，我们的农业文明受到了极大的影响。所谓"改革开放"，就是把国门重新开启，吸收先进的文明成果。中国制造业在改革开放之初的基本语法，都是学习的语法，而这无疑是由文明的本性所决定的。没有这场学习运动，中国就无法实现走向现代化的基本目标。

第三是文明的"转化原则"。模仿并非一件坏事，只要你足够开放，即便从模仿开始，总有一天会转向原创，就像先秦时代，中国人曾经吸纳过如此多的优秀思想和神话元素，但最后都转化成了自己的东西。中国人的天赋智慧，有着极强的转化能力。"五行"最初来自波斯的"五神"，分别叫作金神、木神、水神、火神和土神，但邹衍把它们转变成五种哲学元素，这是从神学到哲学的重大转型。

阴阳学说也是如此，它在古文明中早已存在，但在阴阳家手里得到更大的升华，成为解释宇宙的基本模型。经络说来自印度，但中国人在"七脉轮说"的基础上，提出了极富创造性的穴位说。所有这些异域文化原型，都在本土得到了有效的转化，证明中国人有强大的文化消化能力，它们是在原型基础上的"二度创造"。外部原创能够产生强大的激励效应，从而点燃中国人再创造的文化激情。

当下中国正处在大规模吸纳现代文明成果的时期，所有那些先进的"原型"，必定面临本土转化和再创造。这就是从"中国制造"进化到"中国创造"的意义所在。历史总是在制造新的神话，并循环重演它的昔日图景。

最后需要说明的是，这本《中国神话密码》试图向读者描述中国神话的基本面貌，并矫正此前长期存在的各种谬见，尽管还有大量的细节没有涉及，而且难免会有诸多疏漏和偏颇。但愿它能为后继的神话研究者，提供一些必要的启示。

无论如何，我们已经走在中国神话复兴的路上。

## ● 中国神话是人类精神共同体的一部分

20世纪80年代以来，分子生物学获得了突破性进展，它认为，包括中国人在内的现代智人，全部起源于非洲，并且在距今大约5万年到10万年间迁移出非洲，取代了亚洲的直立人和欧洲的尼安德特人。智人在中东一带曾经与尼安德特人相遇，并发生小规模混血和融合，然后才迁往世界各地，以致非洲以外的现代人，都携有一小部分尼安德特人基因。不仅如此，在其向东迁徙的过程中，智人还在亚洲地区遭遇了丹尼索瓦人，并融入后者的一小部分基因。美国科学家发起、中国科学家参与的"人类基因图谱"计划，在2003年完成，进一步证实了"线粒体夏娃"的假说。它表明，所有地球上现代人（智人），都源于一个或几个非洲母亲。

走出非洲，这是一个耗时漫长和规模壮观的殖民进程。非洲智人在踏上东亚大地时，不仅随身携带自己的工具制造技术，还携带着自己的语言、思想和原始信仰。这应该就是最古老的中国神话种子。但对于它的形态，我们已经无从查考。

公元前4500至公元前3500年，非洲神话在苏美尔地区率先走向成熟，形成新一代"苏美尔神系"。此后随着苏美尔人的贸易、移民和逃亡运动，其技术和神话也在不断扩散，对前轴心时代的世界各地产生深远影响。

苏美尔神系也可以称为"巴别神系"，可以被视为非洲智人神系的2.0进化版。在《华夏上古神系》一书中，利用上古语音学的现有成果，我发现了"神名音素词根"，这个词根位于神的名字的开头。我据此辨认出了水神（N）、地神（G/K）、日神（S/H）、母神（M）、父神（B/P）等几十位神祇，描述了这个庞大神系的基本轮廓。

耐人寻味的是，中国的上古神系跟巴别神系是密切对应的，例如，水神女娲的上古拟音以N开头，地神共工（过去一直被误认为水神）的上古拟音以G/K开头，日神舜（过去一直被误以为是邦国领袖）与羲和的上古拟音以S/H开头。这个发现表明，中国上古神系就是巴别神系的一部分，也就是说，中国神话是世界神话的一部分。这个发现，将是我们研究中国神话的逻辑起点。

在"神名音素词根"被发现之前，中国神系是按照神话书名或神话地名来划分的，例如"山海经神系"和"昆仑神系"等，这种分类无法正确描述神系的内在逻辑结构。相反，对神名词根的认知，不仅可以帮助我们重新认识那些上古大神，掌握他们的真正属性、职能和在神系中所扮演的角色，他们在战国以后的演变，以及与世界神话体系的血缘关联，从而更合理地建构古代中国神系，以期实现中国神话的现代复兴，并为未来撬动文化复兴的巨石，提供一个有力的符号支点。

## 第一章

# 《山海经》探秘

# 《山海经》的瑰丽世界

## ●《山海经》的神奇动物今何在

在好莱坞电影《神奇动物在哪里：格林德沃之罪》里，出现了《山海经》里面的神兽——驺吾。《山海经·海内北经》中有这样的记载：林氏国有一种珍奇的野兽，大小跟老虎相仿，它有老虎的身躯、狻猊[1]的脑袋（狻猊是一种神兽，身上有五种颜色的斑纹），尾巴比身子还长，性情温和，骑上它可以日行千里。[2]驺吾非常有仁爱之心，它甚至不忍去踩踏草地，也从来不吃活的动物。好莱坞电影第一次引用《山海经》中的神兽，说明这本古老的中国奇书，正在成为世界公认的神奇动物百科全书。

只要对《山海经》进行简单的分析，我们就会发现，它的第一类神奇动物是神或者精灵，比如《山海经》里非常有名的神兽陆吾，长着人的面孔、老虎的身子和爪子，还有九条尾巴，就像九尾狐那样，但实际上它的原型是印度财神俱毗罗（Kubera）。

俱毗罗的长相非常丑陋，有三条腿、八颗牙齿，肚囊大得像孕肚，全身披挂着各种俗气的首饰，所以印度人不太喜欢他。神奇的是，他却掌管着世界的财富，原先他还有一辆空中交通工具，叫梦幻战车，后被他的同父异母兄弟抢走，无奈之下，他就把自己陈放财宝的库房，迁移到了喜马拉雅山一带，也就是今天的冈仁波齐山，跟空中花园"玄圃"融为一体。陆吾实际上是中国的第一代财神，在后来的历史演变当中，他慢慢地消失了，被后起的赵公明或者关羽所代替。

《山海经》中的第二类神奇动物是一些妖兽，比如九尾狐。这种狐狸有九条尾巴、四条腿，叫声很像婴儿，有时也会吃人。但是反过来，《山海经》也鼓励人去吃九尾狐的肉，因为只要你吃了它，就能获得辟邪的能力。晋代著名学者郭璞在给《山海经》注释的时候就说太平年间九尾狐出来，那是代表着祥瑞。九尾狐在中国历史上，时而是祥瑞的代表，时而是妖孽的代表，它的形象似乎是很不稳定的，所以吃它的后果，估计也是不太稳定的。

　　《山海经》中的第三类神奇动物是一些古代可能存在过，或今天仍然存在的真实动物，甚至很可能是上古生物圈的活跃分子，比如《南山经》里描写的鹿蜀，长得像马，头部是白色的，身上的斑纹就像虎斑一样，还长了一条红色的尾巴，叫起来就像人在唱山歌。这个形象的原型很可能是非洲斑马或霍加狓。

　　还有夔，中国古代神话传说中的独脚怪兽，它在儒家著述中具有很高的地位。《大荒东经》里描写它形貌像牛，青色的皮肤，头上没有长角，只有一足，但凡它出入水中，必然带来风雨，而且叫声如同雷霆一般响亮。黄帝甚至用它的皮来制作鼓面，发出无比响亮的声音，可以直达五百里外，威震天下。

　　从《山海经》里的插画来看，夔的形象很容易令人联想到澳大利亚袋鼠。实际上，它表现的或许是袋鼠的侧视图。因为袋鼠的上肢比较短小，在绘画中很容易被忽略掉了，而且从侧面看去，另一侧的肢体也被遮蔽了，结果就出现了图像学上的"一足效应"，并由此蜕变出"夔"的独脚兽形象。而且夔出现的地点，是"东海流波山"，距离中国海岸七千多里（按秦汉制），那大约是大洋洲所在的位置。

　　澳大利亚还有一种生物，叫作鵸鵌，也是《西山经》里描写过的。这种鸟，"其状如乌"（长得很像乌鸦），但三头六尾，有一个奇怪的特点是"善笑"。吃掉它以后，人就能不再梦魇，还可以防御各种凶灾。这很像是澳大利亚一种特别的鸟类——笑鸟（Laughing Kookaburra），它的形体跟渡鸦相似，会仰天发出"哈哈哈"的疯狂笑声，听上去令人毛骨悚然，犹如魔鬼。

　　另据《北山经》记载，有一座山叫涿光山，嚣水发源于此，水里有一种鳛鳛鱼，形状有点像喜鹊，长着十只翅膀，叫声也跟喜鹊相似，人们可以用它来防火，而吃掉它可以治疗黄疸病。在贵州遵义地区有条叫习水（鳛水）的河，鳛鳛鱼正源自那里。我在当地做文化考察时意外地发现，当地的鳛鳛鱼居然就是神话生物³，但也可能是曾经真实存在的动物。

问题在于，中国人如何能掌握这些来自全世界的资讯？要是上古时代的中国是一个封闭自足的社会，这是根本不可能实现的。假如当时的中国是一个高度开放的社会，这个疑问就很容易得到解答，因为置身于全球规模的人口流动与迁徙之中，只要透过当时的移民和商人，《山海经》作者就能轻易获取来自世界各地的神话传说、风土人情以及各种奇异动植物的知识。他（们）是出色的消息采集者，记录了来自全世界的各种"小道消息"。

看完上述的文字，也许你们会产生一个新的疑问：为什么那些神奇动物如今都消失得无影无踪了呢？我想，至少有三种原因：第一，那些动物至今仍然存在，只是我们无法认出它们；第二，神奇动物的灭绝，首先是一个神话界本身的事变——鉴于神话本体的灭绝，栖居于神话中的那些神怪，当然也就随之而去；第三，现实世界出现了大量吃与被吃的现象，这是更直接的原因，作为捕食者的人类，无疑吃掉了很多的神奇动物。

必须注意的是，《山海经》每卷结尾之处，作者都在重申献祭的仪轨，它让《山海经》看起来很像是一部巫术指南。例如用一个玉璋，加上祭祀用的猪羊鸡犬，还有品质良好的稻米，把它们一起埋在地里，又考虑到神明作为尊贵的客人，不能让他们在降临时站着，所以还要备好干净的白色茅草，作为他们的座席。这些都是《山海经》给出的具体指导。

不仅如此，在涉及神奇动物的时候，它还会给出这个动物的长相、发音特点、具有何种魔力，而吃了它或许会有什么好处，要么用于消灾免难，要么用于治病，这些功能都与巫术相关。事实上，对于以巫治病的古人而言，越是神奇的动物，它所拥有的巫力就越强大。《山海经》是关于"进食术"的权威指南。

《人类简史》告诉我们，智人在走出非洲、走向全世界的过程中，短时间内大规模地毁灭了大量物种，尤其是大型兽类。早在人类发明文字和铁器之前，智人已使全球一半以上的大型兽类完全消失。法国的考古学发现证明，智人甚至可能吃掉了跟自身比较接近的尼安德特人，并把他们的牙齿做成了项链。人类才是神奇动物的终极杀手。在考古学和历史学之外，《山海经》从神话学的角度，向我们证实了这个遥远的传说。

通过《山海经》的当代研究，我们已经发现，它不仅是记录神话传说的文献，还拥有更丰富的属性。这部中国最重要的神话典籍，不仅满载世界各地的神话传说，也记录了全球的风土人情和宗教仪轨。它以无可辩驳的事实证明，上古时代的中国，绝不是一个自我封闭的文明。

## ●《山海经》博物志的四重主题

我对这部文献有这样一个基本定义：它是一本史上最古老的"全球博物志"。

关于《山海经》的成书年代，迄今争议不休，有学者认为它在西周就已出现，也有人说它形成于汉代，这中间显然是一个漫长的历史区间。它记载了四十多个国家和地区、五百五十座山、三百多条水道、一百多个历史人物以及四百多种神奇动物或精灵怪兽。从资讯结构来看，它很像是一部上古时代的全球博物志。它对世间万物展开百科全书式的审视，不但巨细无遗地记录了那些生物与无机物的形态、产地、用途，还记下了它们被人类追加的那些意义与文本，比如传说和神话。

无独有偶，古罗马著名作家老普林尼，也撰写了一本叫作《博物志》（*Naturalis Historia*，一译《自然史》）的巨著。这两部书遥相呼应，成为我们认识上古世界的重要指南。但是，在对《山海经》的认知上，不仅仅是现代人，在古人将它归类之时，许多分歧便已出现。在《汉书·艺文志》里，《山海经》被归在"数术"的门类里；在《隋书·经籍志》里，它被视为中国最早的地理学著作（这个看起来比较靠谱）；《宋史·艺文志》再次把它放入五行类，跟数术相仿。最后，在清代纪晓岚主编的《四库全书总目》里，它居然被丢进了虚构性小说的篮子，而最后这种看法，影响了包括鲁迅在内的近现代人的认知。

历史上的《山海经》，至少有过五种定义：史书、地理书、巫书、算命书，还有文艺小说。但这几种简单的分类，每一种都失于武断和片面。而从现代学术的立场出发，把它视为一部古代博物志，才能更全面地展示它的多重属性。

我们已经发现，它至少概括了四个方面的主题：

第一，我们可以把它视为一部"蛇典"，就是一部以蛇为神学象征的宗教典籍。整部《山海经》中，到处都布满了蛇类的踪迹，而那些诡异的神明，往往是跟蛇一起出现的。例如，蛇的现身方式有三种：第一种是"珥蛇"，即蛇挂在神的耳边；第二种叫"践蛇"，即神的脚下踩着蛇；第三种是"操蛇"，即手里拿着蛇。这三种形态都与蛇密切相关。

但是，珥蛇真的是把蛇挂在神的耳朵边上吗？这里就出现了一个分歧。从神话学角度来讲，这是没有任何问题的。在西方电影里，我们经常看到古代的长老或巫师的耳边挂着蛇，头顶盘着蛇，身上缠着蛇，这构成了常见的巫师形象。但是，从历史学或考古学的理性解读出发，情况就有所不同。在2012年对红山文化的考古发掘中，考古学家在墓主的右耳边发现了一个蛇形玉耳坠，因此有学者推断，这揭示了"珥蛇"的真正含义：所谓珥蛇，其实是佩戴着蛇形耳坠。[4]确实，"珥"字有"玉"字旁，这表明了它跟玉器之间的神秘关系。

践蛇指的是脚下踩着蛇，当然，根据前面那种思路，也会认为有可能是穿着镶有蛇形玉饰的鞋子。

操蛇要么是手持活蛇，要么是手持蛇形玉器，这方面也有分歧。无论如何，蛇都代表强大的神力。三星堆出土的大立人，被公认是一位主持祭典的大祭司，他抬起胳膊，双手似乎握着什么粗大的东西。根据手势的方向可以判断，他手持的应该就是蟒蛇。这是"操蛇"现象的一个重要证明。

第二，它是一部巫典，跟巫术有密切的关系。《山海经》里讲完每一段山系，都会描写如何祭拜山神，用什么样的物品和方式去祭拜。同时，《山海经》对巫师进行了大量的描写，比如最著名的就是《大荒西经》里描写的灵山十巫。另外，《海内西经》里写道，开明之东有六大巫师。《海外西经》甚至描写了一个巫咸国，群巫在神山往来天地间，等等。

巧合的是，远古时代的"巫"，它的拟音为"ma"[5]，跟现代发音截然不同。"巫"实际上就是所谓的祭司阶层，他们专门负责沟通人和神的信息，主持各种祭祀祈祷以及占卜算卦活动，同时还从事医疗、采药、炼丹。在宗教崇拜方面，他们也是仪式的设计者和表演者。有学者认为，巫拥有科学、文化、历史和艺术的知识，所以在某种意义上，他们就是知识分子的前身。在西方传统中，巫师往往具有非常崇高的地位。在古波斯语里，巫师们被称为麻吉（magi）或麻葛（mago）。当时最伟大的麻葛，就是拜火教的创始人琐罗亚斯德（一译查拉图斯特拉），后来他受到了大哲学家尼采的无限崇拜。

《神奇动物在哪里》中描绘了一个魔法部，事实上它是一个严密的国际巫师组织。然而，J. K. 罗琳别出心裁（虽然我也不懂她为什么这样写）：她故意颠倒了"mago"（中文译为"麻瓜"）、"magi"（中文译为"麻鸡"）在古代语言中的意义。她把这两个称谓送给了那些不会巫术的普通人，颇具讽刺意义。其实"mago"和"magi"就是古代巫师的称谓。中国人的叫法跟他们的是相似的，不过仅仅保留了前面的标记"ma"，这个"ma"后来转变成了"巫"，以至于大家都认不出它的原型。

通过《山海经》，我们可以了解，"巫"这种职业曾经广泛存在于中华大地，后来，它以"萨满"之名，在东亚北部，例如通古斯族语系里，依然有着非常强悍的表达。

第三，它是药典。《山海经》里的物种，表现出了"药典"或"本草"一类的文献特征。上古时代巫、医不分，所以医药同样是萨满或广义巫术实践体系的一个重要组成部分。当然，这种"药"是必须通过进食来实现其功效的，所以也可以把它视为食典。《山海经》里物种的基本效用，可以分为以下几种：

首先是改变人的身体。比如，人吃了鲑鱼不会浮肿；吃了一种叫赤鱬的人面鱼身的怪兽，身上不会长疥疮；吃了櫰木后，力气会变得很大；吃了一种叫蓇荔的草，可以治疗心痛的毛病。另外，它对人类的性情也会发生神秘的作用。假如人吃了一种像狐狸一样的、雌雄同体的怪物"类"，就可以免受嫉妒之苦。

其次是改变或提升人的能力。例如，有一种天狗，可以抵御凶险，前面讲过的叫鹕鵌的笑鸟，吃了它以后，不会噩梦。还有著名的九尾狐，也是可以吃的，所谓"食者不蛊"，就是说吃了它以后不会被别人的巫术所蛊惑。

再次是改变世界。比如，凤凰一出现就天下太平。有一种叫肥遗的怪蛇，见了它就天下大旱。还有一种像猿猴一样的野兽，名叫朱厌，见了就有战争的灾祸。

最后，《山海经》是一部详备的矿典，记录了各大山系的矿物分布情况，尤其是对种类丰富的玉有过详细的注录。这些玉石被开采并用于满足当时的宗教祭祀需要。作为一种通神之物，玉石在古代祭仪上得到了大规模使用。周穆王西征的一个主要目的，很可能是向西方寻求更多高级玉石资源。我们还能看到，许多山脉都出现在这一文献中，比如《西山经》所描写的槐江之山、天山和渤山等，都蕴藏着美玉与黄金。

## ● 文明等级与华夏中心情结

前面提到了《山海经》博物志的四重主题，分别是蛇典、巫典、药典（食典）和矿典。我们已经注意到，在《山海经》里，除了石头，任何生物都是可以食用的，哪怕它本身就是吃人的妖魔鬼怪。《山海经》暴露了当时华夏民族的某种狩猎本性，尽管它的成书年代据说最早是在西周。西周已经出现了城市，掌握了青铜器的铸造技术，并且已使用文字，这是殷商时代已经完成的文明进程。按照衡量文明发展的考古学标准，在《山海经》的成书年代，华夏民族早已进入文明周期。

但奇怪的是，《山海经》其书，对文明本身视而不见，对城市生活置之不理，反而对那些野蛮世界里可以捕杀和食用的生物兴趣盎然。这是一件非常古怪的事情。我们不妨认为这是某种猎奇心理作祟，另外，它也揭示了《山海经》的精神特征，那就是先秦文明对自身成就的骄傲。作为一部以地理学叙事为纲的博物志，《山海经》同样把人类纳入了它的记录范围。从这个意义上讲，它事实上还具有民族志的特征，这就是我们下面要讲述的主题。

《山海经》已经展现出华夏中心主义的某种雏形，它的地理学的核心部分，是由齐国和燕国这些国家构成的，在它的外围还有如下几个主要圈层：

第一，处于文明边缘的民族，比如匈奴、东胡、犬戎、肃慎、朝鲜、三苗。

第二，处于地理边缘的国族，比如大夏、竖沙、居繇、大月支。

第三，处于种族边缘的民族，也就是在人体学的层面上，它们发生了某种变形，比如反踵国、交胫国、柔利国、反舌国、三首国等等，后面我们会讲到，这些国家都是真实存在的。

第四，处于传说边缘的民族。换言之，指那些超越了人类生物属性的神话民族，比如羽民国，国民的身上长有翅膀，以及能够吐火的、皮肤黧黑的厌火国人。还有一个无启国，它类似于不死国，因为不死，所以它就不需要繁殖后代，因此无启（启就是后代）。

不难看到，在华夏中心主义的引力作用下，《山海经》里出现了一种递减原则。也就是说，与位居文明中心的华夏之间的空间距离越大，那里的生物或居民的非人化程度就越高，甚或出于感情的缘故，而产生了某种认知的变形。比如，直接造成西周覆灭的犬戎族人，在《大荒北经》这个小分册当中，居然被描写成了"状如犬，人面兽身"的形象。不言而喻，这正是文明对所谓"蛮族"的傲慢与偏见。正是这种文化情感上的褊狭，形成了我们对敌对民族的诋毁性陈述。

在《山海经》里，我们刚才提到，有三个特别重要的国家，分别叫反踵国、交胫国和柔利国，他们属于那些"种族边缘的民族"。《山海经》所说的"反踵"是什么意思呢？即它的国民"两足皆支"，此谓"反踵"。"踵"，在古汉语中就是脚跟之意。有一种插图，上面描绘的"反踵"状态，是走路时脚跟朝前。但"反踵"状态可以用另一种图式加以合理解释，那就是脚后跟朝上，而不是朝后，这同样是一种"反"，却表达了盘坐的姿势，也就是说，是两腿屈膝交叠而坐，脚掌朝上。毫无疑问，这应该就是练习瑜伽的姿态。

《山海经》还描写了一个国家叫"柔利国"，说他们"为人一手一足，反膝，曲足居上"。意思就是，他们的膝盖是反过来的，脚是弯曲朝上的。"居上"跟"反踵"的意思相仿，指其脚底向上翻过来。关于柔利国还有另一条记录，叫作"牛黎之国"，实际上是柔利国的另一个发音。"有人无骨，儋耳之子"，即那国的居民，身子柔软无骨，而且耳朵非常大。这种描述，进一步把瑜伽术跟大耳朵，还有柔软无骨的修炼特征，更紧密地联系在一起，揭示了具有高德大能的修士和僧人的基本特征。在我们的记忆当中，有一个非常值得敬重的人物，那就是老子，他自命为李耳，而且还加上一个字号叫老聃，这个"聃"，就是大耳朵的意思。这种描述让我们触摸到一个修炼瑜伽术的国家，它不在华夏地区，而是在更遥远的印度和尼泊尔一带。

另外还有一个"交胫国"，"为人交胫"，就是两条腿互相交叉。这看起来是对腿部反常姿态的描述，与其说是某种生理病态，不如说是对瑜伽修行者盘坐姿势的精准描述：屈膝，大腿交叉，脚底朝上。

先秦时代的印度与中国，曾经是一个文化共同体，在当时的知识、思想与信仰世界的层面上，两者之间有过亲密的交流和对话。

值得注意的是，在那个年代，曾出现过充满戏剧性的"三棵树现象"：

第一棵树叫菩提树，在树底下盘坐的是释迦牟尼。他在那树下见证了无上正等正觉，实现了"成道"的伟大理想。

第二棵树叫李树，在那树下盘坐的，是道家的创始人老子。[6]

第三棵树叫娑罗树，在树下盘坐的是另一个伟人，中国人可能对他并不熟悉，他的名字叫大雄，是耆那教的教主，被弟子们尊称为摩诃毗罗，也即"伟大英雄"之意，简称大雄。这种娑罗树比较奇特，是一种高大的蕨类植物。

三位圣人分别在三棵大树下，通过盘坐，获得了一种精神层面上的重生。他们的盘坐图式几乎一模一样。三棵树就是三个摇篮，分别孕育了三位圣人和三种伟大的教义，我称之为神树下的盘坐效应。

这种宗教学上的偶合现象从何而来？要回答这个问题，我们应当把记忆拉回公元前600年前后，也就是雅斯贝尔斯所说的"轴心时代"。那时的中国正处于春秋时期，而印度则被婆罗门教所统治。祭司们制定了无比繁杂的法典，叫作《摩奴法典》，里面对人的生活方式有着极其琐细的规定。其中有一条特别引人注目—— 一个人如果过了五十岁，头上长出白发，脸上布满皱纹，那他就必须放弃一切社会资源，离家出走，隐居山林。这其实是古印度社会处理老龄化问题的一种特殊方式，美其名曰"修炼"，看起来十分人性化。[7]

这位老人离家出走后去到哪里呢？当然，他会无奈地走进树林，成为"林居者"，即居住在树林里的人，去找一棵合适的大树，然后坐在树底下，以"反足"和"交胫"的姿势修炼，直到老死为止。这就是所谓"林居者"的特点。

然而有趣的是，当时的印度各地兴起了一个叛教运动，称为沙门运动，那是一群从事宗教变革的修士，他们要革除婆罗门教的繁文缛节，去寻找全新的真理。[8]释迦牟尼是其中的一位，他二十九岁就出家修行（还有一种说法是二十五岁），按照常人的看法，这个年龄正是成家立业、服务社会的大好时光，而他居然离家出走，弃绝一切社会责任，这无疑是严重的离经叛道行为。

老子的情况则恰巧相反。跟释迦牟尼不同，他五十岁以后才出家修行。因此道典《神仙传》说他"生而白首"，也就是说，他"出生"的时候，就已是白发苍苍的老人。[9]这看起来完全不合常理，所以历代学者都质疑这个陈述，认为它不过是一种来自道教的神话叙事而已。

但如果我们把这个"生"视为一种隐喻，那么一切疑问就迎刃而解了：老子的"生"不是肉体的诞生，而是在修炼中实现的一次精神重生。换句话说，他获得世界真理的时刻，已在五十岁以上，所以才会满头华发。

《山海经》对于反踵国、交胫国、柔利国的记载，粗略地描绘了包括沙门修士在内的瑜伽术士的模糊身影，记录了这个亚洲邻国的文化和哲学特色。我们要赞美这部伟大的典籍，它保存了上古历史的真相。


## ●《山海经》是伟大的地理志

《山海经》所记录的地理范围究竟有多大？这个问题看似不大，却在学界引出一场旷日持久的争论，直到今天都没有定论。学者的观点大致可以分为三类：第一是华夏论，也就是说，它代表了整个华夏地区，即传统意义上的中国；第二是区域论，就是它描述了中国的某个局部地区；第三是世界论，认为它的涉及范围超越了近代民族国家的想象性边界，而覆盖了全球。[10]

区域论认为，《山海经》所描述的，只是古代中国的某个局部区域。比如，第一种著名的说法是山东说，它认为《山海经》记录的是夏代中国的山川风貌，其范围大概以今山东省为中心，属于齐鲁文化的一部分；第二种是湖北说，即认为《山海经》记录的是上古湖北的山脉、河流和物产；第三种是云南说，部分云南籍学者认为，《山海经》描述了云南西部的地理特征，甚至把《旧约》里所说的伊甸园也定位到古云南区域；第四种是四川说，主要由四川籍学者提出，他们坚持认为，《山海经》是由居住于蜀地的楚国贵族后裔，综合古代历史文献来编撰的，在战国初期或中期，这些文献被集结成了以《山海经》之名流传后世的著作。这种地域化的"乡学主义"心态，非常耐人寻味，因为每个地域的研究者，都希望《山海经》仅属于自己的故乡。

所谓世界论，就是把《山海经》放入全球地理的视野中，持守这种观点的，既有中国学者，也有西方学者。中国学者中，最具代表性的是章太炎，章太炎很早就发表《法显发现西半球说》，开了中国学者探讨这个问题的先河。此后，学者卫聚贤也提出，殷商被灭以后，部分族人逃到美洲，而《山海经》这样的文献，可能就记载了一些美洲特有的动植物和矿物。作家兼学者苏雪林也认为，《山海经》所描述的海，实际上是指黑海、里海、阿拉伯海、印度海、地中海，她断定此书是描述阿拉伯海与阿拉伯半岛地区的地理书，而作者则来自古巴比伦，在战国时期由波斯学者携来中国。

以上是1949年前部分中国学者的看法，20世纪50年代以后，还有一些学者（如凌纯声）认为，《山海经》是以中国为中心，东及西太平洋，南至南海诸岛，西抵亚洲西南，北迄西伯利亚的一本古亚洲地志。

一些西方学者也持这类观点。法国学者维宁（Edward Payson Vining）就认为，《山海经》中有部分记录是围绕科罗拉多大峡谷而展开的，它叙述了包括北美洲、中美洲和墨西哥湾地区在内的美洲地理。

美国芝加哥的古代史学者亨莉埃特·默茨（Henrietta Mertz），二战期间曾担任过美国政府加密机构的密码破译者。她运用密码学技术，试图证明《荷马史诗》里描述的奥德修斯和阿尔戈英雄的远征记并非神话，他们前往的金羊毛所在地，就在南美洲的蒂瓦纳科（Tihuanaco）。

不仅如此，她还根据有限的《山海经》英文译本，按照三华里折合一英里的方式，实地考察了四条美洲山脉，发现《大荒东经》及《东山经》等章节记录的山脉，跟北美洲地图上的各山峰之间，有着惊人的对应关系。她把这些奇妙的发现绘成地图，写了一本十分有趣的"《山海经》学"专著——《几近退色的记录》（*Pale Ink*）。

默茨认为，《山海经》相当精确地描写了美国内华达山脉的黑曜石和金块、旧金山湾的海豹以及会装死的美洲负鼠（opossum）。试举一例，《大荒东经》里的第一句话是，"东海之外大壑，少昊之国"，意即东海之外有一个巨大的裂谷，那里是"少昊"的国家。"少昊"就是朝阳神，或者直接指早晨的太阳。默茨认为，此处所说的就是科罗拉多大峡谷，"壑"即峡谷，"少昊"在此是一个隐喻，指太阳升起的地方。她甚至认为"扶桑"指的就是玉米，是一种中美洲特有的农作物。[11]

她还认为，《东山经》中记录的被称为"犰狳"的动物，就是会装死的美洲负鼠。《山海经》描写它形似兔子，嘴巴像鸟一样尖，眼睛像猫头鹰一样黑，尾巴像蛇一样细，一见人就装死。这可以说是精确地描写了美洲负鼠的长相，分毫不差。

更有意思的是，这段描述后面又还加了一句："见则螽蝗为败。""螽"是螽虫，"蝗"是飞蝗，实际上指的是同一种生物，即蝗虫。"为败"，通常释作"为害"，其实不妨解释成"为其所败"，也就是被它所消灭。因为美洲负鼠以昆虫为食，专吃这些虫子，所以当它们大量出现的时候，蝗虫就被消灭得干干净净了。

默茨深感惊讶的是，在跟《东山经》"余峨之山"对应的一个叫作药弓岭（Medicine Bow Peak）的地方，刚好出产负鼠，而且还有摧毁牧草的蝗虫出没。两者之间几乎严密对应。[12]

默茨的研究留下了一个巨大的谜团，那就是她很难解释：中国人是凭借什么技术来精密勘探美洲大地的？他们不远万里调研美洲的目的究竟是什么？不回答这些问题，她的研究就无法令人信服。

地理学方面的另一场争论在于，中国人是否"发现"过美洲？公元前11世纪，周朝军队消灭了殷商，末代国王帝辛自焚。此时有一支殷商军队，它的统帅叫作攸侯喜，他率领的一个十五万人的军团，突然间全部失踪，下落不明，成为殷周史上的千古疑案。以卫聚贤为代表的部分学者坚持认为，他们乘船逃到了美洲，成为那里的居民。这个说法得到了部分人的赞同。从这一方面来看，殷商文化，或者说，华夏文化和印第安文化之间，似乎存在一些耐人寻味的对应关系。[13]

第一，相似的多日和射日神话。许多美洲印第安民族中，都流传着天上有多个太阳的神话，由于太阳肆虐，造成灾难，所以要将它们射下来。这类神话酷似中国的大羿射日。在另一则印第安神话中，天上曾经有十个太阳，后来，天狗吃掉了九个，只剩现存的一个。这个神话与中国汉族和少数民族的传说也基本吻合。[14]

第二，相似的玉石崇拜。美洲各地的印第安文化遗址出土过大量玉器，显示历史上的印第安人长期保持着玉石崇拜的习俗，在世界各民族当中，只有中国人拥有相同的玉石崇拜传统。

第三，共同的雨神崇拜。长着翅膀的羽蛇神，在玛雅神话里是专门带来雨季的神，跟播种、收获、五谷丰登有关，为人类带来丰收。而中国人称雨神为应龙，这是一种长着翅膀的龙蛇。《大荒东经》中提到应龙居住在南极，当年应黄帝之请，杀掉了叛乱的蚩尤，还杀掉了夸父，因此得罪了天帝。可见他原来是天神，"不得复上"，就是不得再回到天上去了。这段文字接着说道，"旱而为应龙之状，乃得大雨"，意即他由于不能回到天上，所以不能行使行雨的职责，从而导致"下数旱"。《大荒北经》又说，"应龙已杀蚩尤，又杀夸父，乃去南方处之，故南方多雨"，再次说明他是专司降雨的神祇。

第四，共同的日神崇拜。在印加帝国著名建筑太阳门上，雕刻着日神的形象，它的头部是方的，眼睛是怒睁的，头上戴有四面发散的羽状帽冠，并且两手向外伸出，握着某种棍状物体。而在良渚文化遗址中，我们发现了一把梳子，它的背面刻着一个方头圆眼的太阳神像，戴有向四面发散的羽状帽冠，并且两手向外伸出，只是棍状物变成了一些装饰性的流线体。[15]这两件来自不同时空的雕刻作品，表达了共同的图像学特征，这绝非偶然，而必定是文化传播的结果。

所有这些考古发现，揭示了《山海经》的世界地理志本性。它记载的事物遍及世界各地，向我们描述了上古时代的全球化景观。而这必定是那些辛勤的移民、商人和旅行者的集体记忆的结晶。在后面的神话讲述中，我们还会反复应用它所提供的资讯。毫无疑问，《山海经》中栖居着中华神话最伟大的灵魂。

## 第二章

# 主宰上古时代的神界领袖

# 创世神与水神

## ● 创世大神盘古的开辟天地

众所周知，中国神话是以盘古神话开始的，它看起来是神话，但似乎又暗示了历史的真相。从逻辑上看，创世神话应该出现在非常久远的世界开端，但公认的盘古神话的最早记录，源于《艺文类聚》所引的三国时代徐整所著的《三五历记》。此书如今已经失传。

后世对盘古开辟天地时的情形，有过非常精细的描述：太古之初有一片混沌，从这混沌之中诞生了一个人，这个人叫作盘古，他开天辟地，死时身体化作万物，呼吸成了风云，声音成了雷霆，左眼是太阳，右眼是月亮，四肢五体成为四极和五岳，血液成为江河，经脉成为大地，肌肉成为田土，发须变成了星辰，皮毛成了草木，牙齿和骨头成了金石，他的精髓成了珠宝和玉石，汗液成了云雨，身上的寄生虫随风感化，变成了黎民百姓。[1]

另一部叫作《五运历年记》的文献说盘古神"龙首蛇身，嘘为风雨，吹为雷电，开目为昼，闭目为夜。死后骨节为山林，体为江海，血为淮渎，毛发为草木"。其他文献则记载，秦汉时代的民间传说认为，盘古的脑袋成了东岳，肚腹成了中岳，左臂成了南岳，右臂成了北岳，脚足成了西岳，这就是五岳的来源。

这些都是汉族的古代传说。另一个值得注意的版本，是壮族的布洛陀神话：远古时代，天地是相连的，光明与黑暗不分，世间一片混沌昏沉。这时，出现了一个蛋，注意，是一个三黄蛋，这个细节很有趣，它形成了天、地、水三界。天地如此接近，所以有个叫布洛陀的大神，用铁柱撑开天地，然后由于种种原因，太阳躲进了海里，公鸡被派去把太阳召唤出来，使大地恢复了光明。此后，布洛陀、雷王、蛟龙和老虎，四兄弟分家了，各用泥土造人，让逃过洪水灾厄的兄妹结为夫妻，天下才有人烟。这是一个复杂的文本，但它跟汉族的盘古神话大同小异。[2]

我们注意到一个古怪的现象：盘古神话的文本形成时间，大概是在东汉，甚至可能更晚，跟神话叙事中的世界起源时间相去甚远，这实际上是一种时代错乱效应。真实的情况可能是，这个神虽然是后起的，但他被故意做旧了。[3]汉代人是擅长做旧的高手，他们喜欢在神话人物身上制造包浆，使他们看起来古色古香。盘古就是这方面的典型案例。

针对这个传说，史学家吕思勉很早就已指出，盘古神话并非中国原产，它是由印度传入的吠陀创世神话演变而来的。吠陀创世神话的文本，包括《摩诃婆罗多》《摩奴法典》《百道梵书》《奥义书》等古印度经典在内，记载了原人如何从混沌之蛋中破壁而出，从而化育天地万物的情节。[4]

有一则吠陀神话记载：有一个原人（puruṣa），他创造了世界。这个人有嘴，于是有了言说，有了言说就有了火。这个人有鼻，于是有了呼吸，有了呼吸就有了风。这个人有眼睛，于是有了视觉，有了视觉就有了太阳和光明。这个人有耳，于是有了听觉，有了听觉就有了"空"。"空"是印度神话中的一个特殊概念，也就是空间。这个人有了皮肤，于是有了毛发，有了毛发，于是有了天地，有了植物。这个人有了心，于是有了念，于是有了月亮。[5]这则神话表现出的逻辑思维很有意思，它坚持认为，原人身体的所有部分，都可以化育为天地万物。

此外，还有一个更早的记录，出自《摩奴法典》。《摩奴法典》对此的描写更为详细：神首先创造了水，然后在水里放了一粒种子，这个种子变成一个光辉如黄金的巨蛋，就像千万光芒照亮了众生的眼睛。有一个原人从这个巨卵中诞生，原人之名叫作梵天，他把卵一分为二，造成天地，创造出了慧根、六大分子和一切物种，并为它们命名，进而创造了诸神和众仙。[6]这些印度文献中的记述远远早于中国的盘古神话，它们有可能是盘古神话的异域原型。

根据宗教神话学家伊利亚德的观点，全球各民族的创世神话，大致可划分为五种基本类型：

第一种是潜水取土型（earth diver）。这个类型广泛分布于世界各地，它的基本主题是：造物主派遣鸟类或某种两栖生物潜入水里，取出泥土以创造大地。潜水取土主题覆盖了包括从东欧到西伯利亚、东南亚到印度、白令海峡到北美洲在内的广大地域，其中的一个重要元素，是从水中取出的泥土，它会膨胀，最后变成大地。

中国神话中的息壤故事与此非常相似。《山海经·海内经》记载：上古洪水滔天，鲧从天帝那里窃走了息壤，也就是一种能够自行生长的土壤，用以壅塞洪水，结果洪水没有堵成，反而更加泛滥。于是天帝大怒，令火神祝融下界诛杀了鲧。

第二种是破土涌现型（emergence）。在这类神话中，人从大地母亲的子宫中诞生出来，或者从尘土及其他物质当中被神捏造出来。女娲神话就属于这种类型。女娲的造人分成两个阶段：一开始，她精心地在那里造人，造到后来，她累了，就用绳子蘸着泥浆，甩溅出人来。鲁迅在神话小说集《故事新编》里，重现了这个无限辉煌的神话图景。

第三种是解体造物型（dismemberment of a primordial being），即创世神自己的身体，或者造物主之敌的身体，演化成了世间万物。巴比伦创世史诗《埃奴玛·埃立什》是这个类型的代表。它应该是世界上现存最早的神话记忆。它描写道：创世之前，世间只有一片茫茫大水，从这原始之水当中，诞生了众神和群妖。他们分别代表秩序和混沌，两者展开激烈斗争，结果是诸神领袖马尔杜克以箭射杀了群妖之首提阿玛特，把他的身体分成两半，一半成了天空，一半成了大地。[7] 从这个神话派生出的北欧神话有类似的情形：天神奥丁杀死了强有力的冰巨人，并用他的尸体创造出世界万物。

第四种情况是破壳而出型（cracking of a cosmic egg），就是说，创世神从某个柔软物中破壳而出，或者通过某种方式，把混沌转变为秩序，从而创造了整个世界。盘古神话兼具这两种类型的特点。

第五种是无中生有型（ex nihilo），它的意思是：世界凭着神的意志或者语言，从虚无之中诞生。亚伯拉罕宗教神话是这一类型的代表，这也是后世基督教神学展开思辨的基本法则。比如，《圣经·创世记》如是指出：神创造天地，地是空虚混沌，水面非常黑暗，神的灵运行在水面上。神说要有光，于是就有了光。神看光是好的，于是就把光和暗分开了。这是一段漫长的颂诗。众所周知，自从神说"要有光",就有了光以后,光明和黑暗这两种基本的宇宙元素就在世界上的所有神话中生长起来,变成一个最为基本的神话要素。在后起的波斯祆教中,它的神学基本法则就是光明与黑暗之争,是一种典型的二元论宇宙观。

以上所讲的五种神话类型不是彼此孤立的,事实上,它们互相交叠融合,出现在世界各民族的创世神话当中,为世界和人类的诞生提供着不朽的话题。

## ● 创世女神:补天造人情未了

盘古虽然是人类和万物的始祖,但大多数人对他没有投入太多的情感,这是因为他只是一个遥远而模糊的形象,难以亲近。在上古诸神中,大家更加喜爱的,其实还是女娲娘娘。女娲神的事迹比较复杂,她出现在许多上古和中古文献之中。我们可以把这些事迹归为三类:

第一,造人的功绩,这是人们印象最深的部分。《太平御览》记载:当年开天辟地的时候,还没有人,乃有女娲"抟黄土作人"。造到后来,因为任务太艰巨了,"力不暇供"(力量跟不上),于是她拿着绳子放入泥淖中蘸取泥浆,然后挥舞它们,由此造出了第一代人类。这个故事的叙述细节清晰地分为两个部分:一开始是用手抟土,把东西揉成球形,谓之"抟"。第二个阶段,实在没有力气了,于是用绳子蘸着泥浆挥动起来,点点泥浆溅落在地,变成了人类。有人认为,这种双重造人法试图暗示人类的阶层分化:前一部分的人类属于精英,后一部分则属于平民。

第二,缔造万物和推进文明的功绩。在缔造万物方面,《说文解字》对"娲"的解释是"古之神圣女,化万物者也",只是语焉不详,没有任何具体说明。但在创造文明方面,则有比较具体的记载——她作为婚姻之神,推动了人类的婚配。女娲非常聪明,她知道,光靠自己的力量造人,会把自己累死的。所以她让男女自己去谈情说爱,结为夫妻,然后由他们自己去造人,造出许多小宝宝来。

为了进一步促进人类的繁殖,女娲还发明了一种叫作笙簧的乐器[8],近似于现存的芦笙，是西南少数民族的常用乐器。但它绝非寻常乐器，而是一种具有魔法和巫术力量的法器，吹奏之后，可以大幅度提升人类的繁衍能力。笙，据说就是"生"的谐音，它象征着诞生和繁衍。我们不妨称这种巫术为谐音巫术，这是中国人特有的文化发明，而女娲应该是这项发明的专利权持有者。

第三，女娲作为救世主或拯救者的功绩，她拯救了危机四伏的世界。这方面的说法，有三个不尽相同的版本。在《列子·汤问》里，女娲看到"物有不足"，就是天地有很多漏洞，于是她就开始补天了，继而又发生了共工氏与颛顼氏争天帝的地位，怒而触不周山的事件。所以是女娲补天在前，天地危机在后。《淮南子》的说法，却是天地一开始就出了大问题，受到了严重毁坏，女娲的功绩是"炼五色石以补苍天"。这个版本，是灾难发生在前，女娲补天在后，而且根本没有提到灾难的制造者。最后一个版本，来自《路史》的注疏，说是"共工触不周山，折天柱，绝地维。女娲补天，射十日" [9]。这个版本虽然简短，但信息量最大，它表明，是共工制造了灾难，然后女娲才来补天，还顺便射下了十个太阳。这里非常古怪的一点，就是把大羿射日的功劳，也归到了女娲身上。

在研究了女娲的丰功伟业之后，我们不妨再来看看，女娲的长相到底是什么样子。一个具有如此伟大功绩的女神，或者说大母神，在后人的绘画里，尤其是在现代人的画像上，往往把她想象成一位丰乳肥臀的性感美女。的确，硕大的乳房和浑圆的臀部，往往表达了旺盛的生命力。在红山文化的出土文物中，大母神的塑像向我们提供了最有力的证据。她虽然乳房不大，但肚子隆起，显示出明显的怀孕迹象。

然而，近年来中国学界有人宣称，女娲的原型是青蛙，因为青蛙具有很强的繁殖力，并且女娲的"娲"，跟青蛙的"蛙"在发音上也很接近。[10] 在考古发现方面，也找到了一些上古时代青蛙崇拜的证据，某些青蛙的雕刻品在一些古老的遗址被发掘出土。

难道这位亲爱的大母神女娲，果真是一只跳来跳去的绿皮青蛙吗？古人对此似乎有不同意见。《列子·黄帝》认为，庖牺氏、女娲氏，还有神农氏、夏后氏，他们要么是蛇身人面，要么是牛首虎鼻，所谓"此有非人之状，而有大圣之德"。

在现已出土的汉代贵族坟墓里，那些画像砖上面的伏羲、女娲，总是以人首蛇身、尾部互相交缠的形象出现，看起来似乎不太雅观，却表达了严肃的生殖崇拜情感，寄托了人们在女娲和伏羲的庇护下，实现家族繁衍的强烈愿望。

蛇崇拜其实是一种全球性的生殖崇拜，因为蛇不仅具有强悍的生殖力，而且具有强大的蜕皮再生能力。在古埃及神话以及玛雅文明的阿兹特克神话中，蛇的蜕皮象征着重生。埃及神话里，司掌生殖和发育的女神伊西斯，便是通过蛇的帮助而获得了疗愈的神力。在希腊神话当中，蛇是生命的象征，代表着死亡和重生。

双蛇交尾的形象最早出现在苏美尔和阿卡德亚神话中，后来又被希腊神话吸纳。希腊医药神阿斯克勒庇俄斯有一个代表符号，就是一条蛇盘卷在一根权杖上面。这个符号，后来往往与信使和智慧之神赫尔墨斯的双蛇杖（Caduceus）混淆在一起，成为全球医学界的视觉标志。联合国世界卫生组织和许多国家的医学机构，都以蛇杖作为自己的标志。

另外一种表达方式，是通过一种衔尾蛇的形态来表达蛇的重生能力。在图形上，我们会看到一条蛇或龙，吞食着自己的尾巴，由此构成一个圆环。这个圆环有时也会扭曲成一个横放的阿拉伯数字"8"，这种衔尾之蛇名叫乌洛波洛斯（Ouroboros），它代表着自我循环和无穷大，是许多宗教、神秘学，尤其是炼金术的重要符号。心理学家荣格认为，衔尾之蛇是人类心理的一个重要原型。

在弄清了女娲的长相之后，我们面对的第二个疑团，就是女娲的神格，也就是她在神界里的身份和职司。要是不掌握这一点，对我们而言，女娲就依然是一个陌生的女神。

女娲的名字里隐含着重要的密码，但它不是藏在"娲"字里，而是藏在那个"女"字里。大多数人都被这个"女"字所迷惑，因为它看起来只是一个关于性别的界定。女属于阴性，跟男性相对，表面上看似乎没有毛病。但真正的要害其实在于那个"N"的发音。要是把视野放宽，去观察世上各古老文明的神话，你就会发现，几乎所有水神之名的首字母，都是以"N"开头的。

我的研究发现，最原始的宗教起源于非洲，然后在美索不达米亚地区发展壮大，形成最为古老的"巴别神系"，由于智人的全球殖民活动，这些神话和神的名字也被带到了世界各地。在神名的结构中，位于词首的那个音素是最稳定的，它犹如钻石，历经上万年岁月的磨损也不会改变。我把它叫作神名的DNA标记，可以用它来辨认神祇的身份。[11]

水神名字里的DNA标记，就是这个开头的"N"这个辅音。创世时代的元老神，大多数都是水神，他们既是创世主，也是众神之母，有时甚至是人类的始祖。比如，在古老的埃及神话里面，代表原始之水和混沌的神叫作努恩（Nun），它是雌雄同体的，在作为一个女性神的时候，它是蛇首女身的形象，跟女娲的人首蛇身正好颠倒过来。它生出了一大堆神，是一切神的始祖。

在美索不达米亚神话体系里面，也有一位类似的神，叫作宁马赫（Ninmah），这个大母神是创造天地的母亲，也是给众神以生命的母亲，她帮助自己的儿女们用泥土创造了人类。从名字、身份或功绩来看，这两位女神似乎都是女娲的姊妹。

一个更加有趣的现象是，《山海经·大荒西经》里有一段关于女娲的描述。它说"有神十人"，"十"在古代是个概数，也就是十来个人的意思，"名曰女娲之肠，化为神，处栗广之野，横道而处"。袁珂先生把它解释为女娲死后，她的肠子化成了十个神。这种解释是有严重问题的，因为肠子是一种塞满秽物的器官，让它化为神明，而且数目还很多，显然是对神的严重不敬。

但只要我们换一个角度，把"女娲之肠"的"肠"解读成"船"，一切就会迎刃而解。"肠"字与"船"字的古形非常相近，它很可能就是"船"字的误记。于是，只要用"船"字置换"肠"字，整段语义就会呈现出一个崭新的面貌——

在"女娲之船"上，载着十来位神灵，"处栗广之野"，也就是漂泊在寒冷而辽阔的大海上，"横道而处"，这个"道"字是"涛"字的假借，是在说"横涛而处"。重新翻译后的这段文字，跟《旧约·创世记》里的描写极为相似。

《创世记》这样写道，诺亚和他的三个儿子闪、含、雅弗，还有诺亚的妻子和三个媳妇，共八个人，都进入方舟，水势浩大，方舟在水面上漂来漂去，也就是所谓的"横涛而出"。

对这两个神话文本进行比较分析，至少获得了以下两点认知：

第一，《山海经》里的女娲神话具有全球性特征，它跟苏美尔神话、希伯来神话都有关联；第二，我们意外地发现，犹太神话中的诺亚，原先应该是一个水神，后来才被犹太教人格化，成为抵抗洪水的英雄。女娲和大洪水有着密不可分的关系，她是伟大的拯救者。没有她，就没有我们的今天。我们要在这里表达对这位大母神的崇高敬意。

水神系无疑是一个庞大的家族，可是，由于那些神话典籍已经遭到焚毁，他们的成员于今已经所剩无几。我们现在能够看到的上古水神，较为古老的是《山海经》里记录的北海神禺强[12]。水神们管理着各个水系，这位北海神就分管北海。后来又出现了四海龙王，分管各个海域。

上古神话里还有一个专管河流的河伯，叫冰夷。冰夷很奇怪，他本来是风神，不知为何跑去当了河神，这个公案至今都没有得到合理的解释。在晚起的河神里，有一位管理洛水的洛神，名叫宓妃，我们大家之所以知道她，是因为她被曹操的儿子曹植所爱。曹植还写下一篇著名的《洛神赋》，从此天下人都知道，世上原来还有如此容颜绝世的水神。

在贵州遵义地区，有一条著名的河流叫赤水，因为位于红土地带，平时泥沙俱下，红土把河水染红，所以叫作赤水。但是，每年总有一段时间，河水会重新变得清澈，茅台酒厂就挑这个时候，一边祭奠河神，一边取水，把取来的水储存在大水罐里，用它去酿造茅台。因此，当你们在享受茅台酒的醇香之际，请不要忘记赤水水神的存在。

## ● 天梯终结者颛顼及他的妖怪儿女

颛顼的名字听起来颇为古怪，却是华夏上古大神中非常重要的一位，其地位极为崇高，据称，他是黄帝的曾孙，昌意的孙子（用《山海经》之说）。天才诗人屈原曾经无比自傲地宣称，自己乃是高阳氏的后代，暗示自己秉受了同样的神性血统，足以与包括楚怀王在内的任何人分庭抗礼。[13]所谓高阳氏，就是大神颛顼的另一个名字。或许正是由于屈原的缘故，颛顼在中国历史上曾受到过高规格的礼遇，甚至在汉代被封为"五帝"之一，负责分管阴冷黑暗的北方，与主司南方的火神祝融遥相对峙。

《山海经·大荒东经》说，日神少昊在东海之滨养育了颛顼。而《史记·五帝本纪》载，颛顼生下的儿子叫穷蝉，成为日神舜的高祖。[14] 如此看来，颛顼应当属于日神族系，但他的名字里却缺乏日神系常见的语音标记"S/H"，这无疑是非常奇怪的现象。苏雪林认为，颛顼的原型，应当出自巴比伦神话中的水神埃亚，意即颛顼应当是水神系而非日神系的成员。[15]

《山海经·海内经》从侧面印证了苏雪林的这一推断。它记载道，黄帝的儿子昌意，当年在河边（请注意是"河边"），生下了颛顼的父亲韩流。这位韩流的长相可谓十分古怪：颀长的脑袋，细小的耳朵，人的面孔，麒麟的身体，长着猪的鼻子、嘴巴和蹄足，还是罗圈腿，模样奇丑无比，似乎是一种大水怪。不知其究竟何德何能，竟然生出了颛顼这样的超级水神。

事实上，颛顼的诞生，与这位水怪"爸爸"没有丝毫关系。当年，他的母亲女枢因为目睹白虹贯月的奇景（北斗第七星瑶光凌月而过），感而怀孕，生下颛顼。[16] 既然他是水神家族的成员，又有北斗星宿的血统，在五帝分配工作时，他自然就被派到了水神系的传统领地北方，去看顾那些在寒风里恐惧战栗的苍生百姓。

在颛顼统治北方大地的年代，每逢严冬时节，人们只能蜷缩在狭小的土屋里，心情极为压抑。据《吕氏春秋》记载，颛顼不忍目睹这种情形，于是用他所管理的水产品——扬子鳄的皮，做成大鼓，用鳄鱼的尾巴做成鼓槌，发出洪亮阔大的声音，以此激发人类的生命意志，这种鼓称为"鼍鼓"，是一种价值连城的宝器；他还指导自己的下属飞龙，模仿八风的声音，谱写了叫作《承云》的圣乐，专门用来祭拜天帝。颛顼对于音乐事业的贡献，完全不亚于伏羲和黄帝的乐官夔。[17] 为了纪念他的文化伟绩，先秦时期的史官还以他的名字命名了一种先进的历法，叫作"颛顼历"。

颛顼是一个有双重性格的大神，除了热衷于文化事业，他还有出人意料的一面，就是骁勇好斗。为了捍卫水神系的地位，他曾与地神共工展开过殊死恶战，由此导致了大洪水的暴发。古怪的是，人类非但没有怪罪颛顼，反将这个罪过推到共工身上，而颛顼则保住了北方大帝的地位。不过，关于不周山之战的主角，文献记载向来混乱无比，共工的对手时而变成火神祝融，时而变成帝喾，甚至还会变成女娲、大禹和神农。

颛顼不仅神力盖世，文武双全，而且还拥有惊人的生殖力。中国古人为什么这么喜欢他呢？我推测，其中很大一部分原因，是出于生殖崇拜的心理。据说，他有二十四个孩子，只比黄帝少一个。其中，有八个是治国安邦的贤者[18]，而另外一些则是妖精和狞厉的恶鬼，著名的有魍魉、梼杌、虐鬼、小儿鬼、穷鬼等[19]，还有一些非善非恶的精灵，比如长着三张脸的三苗、人面鸟嘴有翼的鸂头等等。[20]

颛顼生下一些人类和精灵也就罢了，为什么还偏要生出这么多怪物呢？事实上，在上古神话中，生殖力是人们辨认神性力量的重要标记。如果某位神灵拥有大量后代，并且种类繁多，不仅有神灵，还包括精灵、妖怪和人类等，其在神界的地位必定不同凡响。

颛顼在历史上最重要的一个举措是"绝地天通"，即中断人神之间的对话通道。当时，天空与大地之间，有天梯相勾连，就像今天的电梯一样方便。其中最著名的有"建木""蟠木"和"扶桑"，以及一些高山，如"登葆山""不周山"，它们同时是巫师们出入天界的要津。

巫师是人神之间的信使，他们负责为双方传递信息。然而，这些巫师或者因为心怀鬼胎，或者由于法力有限，往往传递出错误的讯息，不仅玷污天神的名誉，也扰乱人间视听，所以必须严加禁抑。

颛顼因此面临着一个难题——是驱逐那些巫师，还是直接除掉他们？巫师的数量如此之多，将他们统统消灭，势必会引起人类的不满。结果，他做了一个出人意料的决定。颛顼身边叫作"重"和"黎"的大力神，分别掌管天空和大地，他们一起出手，一个向上托举天空，一个在下面压住大地，使得天地间的距离越来越遥远，神树与高山再也无法触及天空，丧失了"天梯"的功能。人神之间的对话通道，就此被彻底切断了。[21]

这场斗争以颛顼的胜利告终，并且被载入史册，但对于人类而言，这并不是一件好事。自从颛顼"绝地天通"之后，由于无法获得来自神明的启示，人类的堕落似乎不可避免地开始了，一切不义与恶行充塞人间，使大地被淹没在人的罪恶里，这是他万万不曾想到的。

# 地神

## ● 改天换地的共工革命

早在大母神女娲的年代，共工就开始兴风作浪，第一个起来制造麻烦。据《淮南子》记载，他因为怒气冲天，以至于用脑袋去撞击不周山，使擎天柱被折断，固定大地四角的绳索也松了。于是，天朝西北方向倾斜，日月星辰也随之移动，东南的大地向下塌陷，河里的水都朝那个方向流去。[22]

这个神话是在向我们表明，共工因为跟神争斗，所以破坏了世界的稳定结构和秩序。因此他变成了中国神话里千夫所指的恶神。然而，这个共工究竟是谁？他为什么要这样做？古代典籍众说纷纭，一片混乱，所以我们还需要从头开始梳理。

首先，让我们看一看共工的长相。据《归藏》残篇记载，共工的容貌比较奇怪：人面，蛇身，朱发。[23] 人面蛇身，这点跟女娲和伏羲很像。那时候，很多大神好像都是这个模样，只是共工比人家多了一头红色的头发。但红发并非什么邪恶的标记，《山海经》里的妖魔鬼怪如此之多，也没见过哪一位是长红头发的。此外，中国人自古就崇拜红色，视之为生命力的象征，所以红发只能表明，共工具有强大的神力。

其次，让我们来检视一下他的身份。《山海经·海内经》说，是火神祝融生下的共工。《左传》还说，"共工氏以水纪，故为水师而水名。"[24] 这是说，共工遵循的是水的法则，担任的是水官的职务，而且用水的声音来命名，所以他被世人视为水神。正因为共工是个水神，所以由他来发动大洪水，就变得理所当然了。

最后，再让我们来看看共工作乱的原因。各种文献的说法，在这一点上显得尤其混乱。《文子》和《淮南子》说，共工是跟颛顼争当天帝。[25]《史记·补三皇本纪》则说，共工是跟火神祝融相斗，也就是父子相残。倘若共工果然是个坏人，他为了夺取权力，想要动手干掉自己的老爸，倒也符合逻辑。然而，祝融是个火神，却生出一个水神来，弄得彼此水火不容，这是非常不合逻辑的。

还有的文献，把共工的作战对象变成了神农、女娲、重、黎或高辛氏。前面两位众所周知，后面的重、黎，切断了天梯，应该是两位非常厉害的大神。[26]高辛氏，又叫帝喾，是黄帝曾孙，也是一位上古的超级大神。

这样看来，共工几乎得罪了当时统治世界的所有正派大神。但真的是水神共工一手制造了大洪水吗？根据我对神名的认识，"共工"的上古拟音的第一个辅音是"G"，这显然是地神的语音标记。如果他是地神，水系就不是他的管辖范围。从逻辑上讲，洪水就一定跟他无关。只要仔细研究一下，就会发现，除了《淮南子》《列子·汤问》，几乎所有古代文献，都没有把大洪水的灾难归咎于共工。

《列子·汤问》的描写比较客观，它说女娲补天的原因是嫌"物有不足"，也就是觉得组成世界的物质不够用了，以至于天穹也就是宇宙的天花板，东边缺了一块，西边少了一块，弄得支离破碎。女娲这时决定，取大地上的五彩宝石，去修补苍穹上的那些漏洞。请注意，这些漏洞跟共工毫无关系，而是因为盘古大神弄一个"烂尾工程"，女娲是来替他"擦屁股"的。这笔账要是都算到共工的头上，那可真是一个天大的冤案了。

共工非但不是坏人，反而是大地重建的英雄，因为他履行了一个地神的基本职责。他用头撞击不周山的行为，并不是要发泄怒气和摧毁这个世界，而是更新了世界架构的初始设定。在原始天空上，日月星辰都是固定的，现在它们开始移动了。在原始大陆上，水是死气沉沉的湖泊，现在由于大地西北角的隆起抬升，开始流注到东南大海之中，使大地充满了运动和变化的生机。

从天文学角度看，共工是天体运转的第一推动者。由于他的原因，地球开始自转，日月星辰也随之移动，从而出现斗转星移的现象。另外，从地理学角度看，从青藏高原到东部平原，中华大地总体呈现为阶梯式下降的地貌，可以说，共工神话以一种隐喻的方式，解释了中华民族生存空间的基本特征。

共工并非毁灭造物的恶神，而是一个伟大的革新者。正是他，把人类带入了新的天地。然而，人类非但没有为此表示感谢，反而将他作为罪魁钉上了神话的耻辱柱，这无疑是一个令人感伤的结局。


## ● 地神鲧的受难与复活

在共工离开我们之后，又出现了一个超级地神家族。这个家族的第一位地神，是那位失败的治水英雄鲧。他的名字里有一个"鱼"字旁，这暗示他的出生可能与水相关，但是从神格的角度看，鲧却是一个典型的地神，为什么这么说？首先是因为，他的名字是以辅音"G"或"K"开头的，研究表明，这就是地神的标志。

全世界的神名，只要是以"G"或"K"开头的，就很可能是地神。比如，苏美尔的地神叫"Ki"，埃及的地神叫"Geb"，希腊的地神叫"Gaea"，希腊语的"ge"这个词，就是土地的意思。"鲧"的上古音接近于"kun"，"禹"的上古音则接近于"ga"，"启"的上古音接近于"ki"，它们都是以"G"或者"K"开头的。所以说，这是一个典型的地神家族。

第二个理由，是鲧手里拿着一件地神的标志物——息壤。这个所谓的"息壤"，究竟是个什么宝贝？你可千万不要小看它，它是一块能够随意变大和缩小的神土，它可以从平地上变出高山，也可以从水里变出大地，甚至在洪水面前变出高大的堤坝。总而言之，它代表了地神的巨大威力。当然，这件名叫息壤的神物，平时是由天帝亲自保管的，根本不让地神染指。

这里的天帝，《山海经》没有明说是哪一位，但很有可能是日神帝俊。在鲧的时代，洪水频仍，水神经常发动战争，用大水去侵占地神的地盘，冲垮河堤，淹没土地和人民，天下一片荒凉。治理洪水的责任，本就属于地神，但因为没有息壤，地神失去了神通，跟一个凡人没有太多的差别。

据《山海经》记载，鲧是一个爱惜人民的善神，他实在不忍目睹眼前的惨象，就从天帝那里偷走了息壤，到人间去治理洪水。这无疑是触犯天条的行为，无论最后什么结果，他都将遭到天帝的严惩。虽然如此，但鲧还是无所畏惧。为了人类的生存，他已经将自己的生死置之度外，拿着息壤去堵住洪水。

开始的时候，息壤似乎是很有效的，它化作大山，顿时堵住了洪水前进的道路。鲧正欣悦之时，水神驱动大水，卷土重来，冲毁了息壤制造的山岳，给生灵带来更大的灭顶之灾。这个结果是鲧万万没想到的。他不知道，对于治水而言，不疏而堵，水患只能愈演愈烈。

天帝之所以藏起息壤，纵容水神兴风作浪，也许正是为了借此惩罚那些道德沦丧的人民，而鲧的行为破坏了天帝的计划，他为此非常恼怒，于是派火神祝融到人间去，用雷电和烈火杀死了鲧。

鲧的肉身死去之后，他的真身化为"黄能"，"能"读如"乃"（阳平），是一种两栖类的神兽，一般认为是三足鳖，然后躲进了一个叫作羽渊的深潭。他的肉身依旧躺在羽山的脚下，尸体三年都没有腐烂，而且肚子变得越来越大，就跟怀孕了似的。[27]

屈原在长诗《天问》中说，鲧的亡灵虽然化作黄能，被当作恶神的典型，承受着世人的唾骂，但他不甘于自己的失败，翻山越岭前往西方，要请巫师救活自己。就在求巫的漫长道路上，他看见遭到洪水灾害的人民流离失所，寝食难安，心里非常难过，还劝大家要播种黑米，除去水边的杂草，显示出一个地神的高风亮节，就连屈原都为他的命运愤愤不平。

再回过来看看那个三年不腐的鲧的肉身，它的腹部越变越大。祝融非常好奇，用一把非常锋利的宝刀，剖开了鲧的肚子，结果从里面跳出一个小宝宝来，那就是鲧的儿子禹。[28]我们知道，鲧虽然犯了错误，好心办了坏事，是一个典型的失败者，但他贡献出治水的大英雄禹。这可以算是大功一件。

令人尴尬的是，关于鲧的大肚子，历史上出现过各种质疑的声音，一个男神怎么能够怀孕生子，这不是非常荒谬吗？你看，有人就是这么拧巴，一定要用现实生活的逻辑去解释神话。有人说，这个故事实际上是男性养育后代的古老制度的折射，这种解读也非常牵强。

还有一种说法，出自一本叫作《吴越春秋》的野史，书中说，鲧娶了当时来自一个叫有莘氏的小国的女孩，名叫女嬉。婚后女嬉一直没有怀孕，好像是得了某种不孕症。后来，在巫医的指导下，她吃了一种叫薏米的食物，吃完之后，好像跟人交合一样，有了某种神奇的感应，随后就有了身孕，最后剖开肚子，在一个叫作高密的地方生下了禹。这个高密，很可能就是莫言的小说《红高粱》故事的发生地——山东高密。但也有人认为，是禹的另外一个名字。这些说法也许更符合日常生活的逻辑，却失去了神话的色彩，变得十分干瘪乏味。

也有人说，鲧其实是一位大母神，所以才会怀孕生子，只是因为真身已经离去，肉身成了植物人，所以在生产过程中难产，这才用刀把肚子剖开，弄成了一次剖腹产。这种推测似乎不无道理。

是呀，为什么鲧就不能是一位女神呢？在那个年代，女性曾经拥有很大的权力，甚至可能存在过一个漫长的母系氏族社会。虽然这种理论目前尚有争议，但上古时期的许多大神确实都是女性。她们在创世的过程中，扮演了至关重要的角色。女娲是如此，鲧可能也是如此。

故事讲到这里，地神鲧的形象已经跃然纸上，仿佛就站立在我们眼前。我们得知，她是一位伟大的女神，为了消除人类的苦难，不惜触犯天条，盗取息壤，就像那位盗取天火给人类的普罗米修斯那样，并因此献出了生命。就在死后，她仍然不屈不挠地产下了自己的英雄孩子。这是一个惊心动魄的受难神话。鲧向人类展示了至高的善爱，她庇护了这个大地上最脆弱的种族，给予我们爱、生命和希望，使我们最终战胜那覆灭一切的洪水与无边的黑暗。


## ● 大洪水时代的超级英雄

禹是众神中唯一从尸体中诞生的一位，这使他获得了传奇般的名望。鲧在死后孕育了他三年，比常人的十月怀胎整整多出二十六个月，仅仅是这一点，就足以把他跟常人区别开来。但跟地神鲧略有不同的是，从文献记录来看，他更像是半神半人的英雄。

鉴于他是鲧的儿子，继承了地神的血统，所以理所当然地要秉承地神的事。于是，当时的国王尧，就在舜的大力推荐下，任命他为"司空"——这是一人之下、万人之上的重要官职——负责新一轮的洪水整治，拥有非常大的权力，可以调动包括军队在内的所有资源。[29]

禹的年代，由于天灾人祸的倒逼，人们开始谋求改革。他吸取了鲧的失败教训，大胆变革，放弃原先用息壤堵水的错误战略，改为以疏导河流为主，利用水向低流的自然趋势，疏通被泥土淤堵的河道，引河水进入大海。经过长达十三年的努力，最终平息了滔天的洪水。由于治水有功，世人就尊称他为"大禹"，也就是"伟大的禹"的意思。[30]

不仅如此，禹还使用"规"和"矩"这两种工具来测量大地，绘制地图，进而把中国分为九个州，甚至还铸造了九座巨大的铜鼎，用来象征统治九州的权力。[31]可惜这九座铜鼎，在秦灭六国之后就销声匿迹，成了当时最大的文物失踪案。据说，秦始皇多次派人到水里打捞，却一无所获。[32]

但这禹铸九鼎的故事，很有可能只是一个神话而已。在禹的时代，中国人其实还不懂得金属铸造法。尧是东亚陶器的发扬者，这九只大鼎，很可能是一套用泥土烧制的陶器，上面描绘着九州的地貌和产物。而传到东周的九鼎，应该是殷商或西周时期铸造的青铜仿品。但即使是这种金属仿制品，到了今天，也应该是价值连城的宝贝了。

正当禹在治水前线辛苦奔走的时候，中原地区的政治格局发生了巨大变化。地神尧因为管理无方，而且年事已高，遭到日神舜的逼宫，被迫交出了自己的权柄。舜统治中国六十年之后，又把王位传给自己的儿子——年轻的日神商均，他自己则在南巡时死于苍梧之野，也就是无边无际的南方森林里。

为了防止禹篡夺政权，商均开始派人去追杀禹，禹被迫逃往一个叫作涂山的地方，也就是他的九尾狐妻子的故乡。因为禹有地神的基因，又在长期的治水工程中建立了极高的政治声望，他在组织军队和资源调配上的权力，此时已经无人可以抗衡。

禹对舜把权力交给无能的儿子，早已感到非常不满，而商均非但没有自我检讨，反而派人追杀他，迫使他放弃了最后一点妥协的念头，于是愤而起兵造反，又在涂山召开诸侯大会，宣布成立夏国，自己担任国王。四周小诸侯国的君主，眼见大禹势力强大，纷纷背弃商均，去投靠禹王。禹胜利后，看在舜的面子上，没有杀掉商均，而是把他贬到一个叫作虞的地方。商均在此成立了个新的小国叫"虞国"。[33]

涂山大会被视为夏朝建国的重大标志，也是地神家族从日神家族手中夺回权力的象征。不难想象，禹在大会上身着礼服，手执玄圭，一副神气十足的样子。这种玄圭，据说是一种上尖下方的黑色玉器，是当年由尧授予他的，用以表彰他的治水功绩，同时也象征着神圣权力。

禹拿着这个玄圭，对来自四方的诸侯行礼，他说："我的德行有限，不足以服众，如果我有骄傲之处，请大家当面告知，否则就是置我于不仁不义之地啊！"那些原先对禹有所忌惮的诸侯，看到他的谦卑态度，也就打消了疑虑，顺应大局，向他表达了敬佩和服从。[34]

然而，法家的代表人物韩非子，对这段历史却有完全不同的意见，他愤愤不平地说："舜、禹、成汤和周武王，这四个国王，本来都是臣子，是在杀掉国君之后才登上了王位的。这种行为，居然受到了天下人的赞誉！"[35]

他的意思是说，其实禹是在杀死舜之后，才登上了王位。或许这才是历史的真相。但在通行的传说里，禹的德行，足以跟尧、舜并列，而治水理地的功绩，则远远超过了他们，因此，他最终被后人追认为中国上古时代最伟大的贤王。


## ● 大禹和九尾狐的爱恨情仇

谈论大禹其实是一个文化难题。虽然他出生的时候是一个半神半人的人文英雄，但是，到了司马迁的笔下，就变成了一个纯粹的历史人物。司马迁说，他是黄帝的玄孙，也就是黄帝的孙子的孙子。辈分不算太高，但好歹拥有纯正的黄帝血统。由于司马迁的缘故，禹的神话色彩已经变得十分稀薄，但我们仍然能够找到一些传奇的碎片。

禹是一个具有许多弱点的英雄。在这之前，我们在讲《山海经》的时候，专门提到了九尾狐，这种狐狸具有强大的法力，能够魅惑人类，让他们丧失心智，任其摆布。非常不幸的是，禹居然中了头彩，被一只来自涂山的九尾狐所迷惑。

据《吴越春秋》记载，禹当年已经三十来岁，从事治水差不多五年，成了一名光荣的大龄青年。他生怕结婚太迟，违反当时的习俗，于是就向神灵祷告说：

"唉唉，我想要结婚了，请一定满足我的心愿。"

这个祷告后来居然实现了，有一条九尾白狐化成人形来找他。顺便一提，这条九尾狐来自会稽的涂山，也就是今天的绍兴。这一带过去盛产美女和狐狸精，临近的诸暨，在春秋时期还出过两个灭了吴国的"超级狐狸精"，一个叫西施，另一个叫郑旦。

禹一见那位百媚千娇的美女，眼里就放出光来，大声赞美说："唉唉，白色是我喜欢的服饰，九条尾巴也是王者的征兆啊！"诗人屈原在《天问》里透露了两人初次幽会的场景，说当时正逢春暖花开，他们很快就在桑林之中野合起来，然后禹就娶了九尾狐为妻，因为她美若天仙，娇小可爱，所以给她起了一个名字叫女娇。刚刚相识就跟对方火速结婚，这实在是有欠考虑。他们其实彼此都不太了解，而这就为后来的悲剧埋下了种子。[36]

禹公务繁忙，婚后根本顾不上跟娇妻缠绵，据说三过家门而不入。女娇对丈夫也慢慢失去了兴趣。《庄子》里曾经提到过，禹每天都在野外作业，日晒雨淋，不仅皮肤晒得很黑，变得瘦骨嶙峋，而且还身患风湿性关节炎，走路的时候后脚迈不过前脚，只能勉强跟跄着行走，模样非常滑稽。[37]

两个人之间缺乏了解与关爱，这样的婚姻怎么能够维持下去呢？尽管如此，为了守住这个家庭，女娇没有乘机出轨，反而做了最后一次努力。据说，她跑到治水前线去探望丈夫，结果很快就有了身孕，这却孕育了更大的危机。

关于两人关系的最后结局，《淮南子》是这样记载的：禹为治水而化为大熊，力大无穷，足以开山辟路。有一天，他事先吩咐女娇，听见鼓声的时候再来送饭，而女娇却把开山时石头坠落的响声当作鼓声，赶紧跑去送饭，却目睹一头模样凶暴的大熊正在拱开山坡。

女娇知道这一定是自己丈夫所化，心里感到非常后悔，觉得自己实在不该嫁给这么一个可怕的怪物，于是不顾自己已经有了身孕，转身撒腿就跑，而禹在背后紧紧追着。女娇眼看逃脱不掉，就化成了一块巨石，大禹吁请她把孩子还给自己，结果石头裂开，从中诞生了启。[38]

前面我们说过，禹是从鲧的肚子里通过剖开肚子而出生的，但是《淮南子》认为，他是从石头里蹦出来的。《山海经》对此的解释是：鲧死了之后，身体没有腐烂，是因为他先已化成了石头，然后从石头里蹦出了大禹。[39]父子两代都生于顽石，这在中国神话体系里是极为罕见的事件，它似乎暗示了鲧、禹、启家族的地神身份。

如果他们都是地神，什么才算是代表大地的标志物呢？我们可以想象，最普遍的象征，无疑是幅员辽阔的土地，再就应该是高山和巨石。在新石器时代，石头对人类具有十分重大的意义，同时代表了地神至高无上的权力。从石头里诞生的神话，其实是在重申这个家族的地神身份，象征着地神的伟大、坚硬以及不可征服的力量。

# 日神

## ● 日神帝俊、羲和夫妻的儿孙们

帝俊和他的妻子羲和，是日神系的重要代表。先说帝俊吧，这个"俊"字也写作"夋"，也就是去掉单人旁，上古拟音接近于"slongs"。名字以"S"开头，这不是日神的发音标记吗？所以，我们从一开始就认出了他的身份。

我们也应该注意到，S和H是经常会互相对转的，比如希腊日神赫利俄斯（Helios），在罗马拉丁语里叫作索尔（Sol）；再比如我们前面提到的舜，他的名字的中古发音以"S"开头，但在上古，它的发音却是"hljuns"，是以"H"开头。

当舜这位日神被世俗化之后，日神的职位就发生了空缺，这是令人难以忍受的，幸亏《山海经》推出了另外一位日神——帝俊。这两位大神事实上拥有共同的外部原型，只是由于传播通道不同，所以形成了两位不一样的神明。

在《山海经》里，帝俊被提到的次数远超过黄帝，这显示他是一位极其重要的神祇，甚至可以说，是《山海经》神系里的首席大神。但他的事迹其实是模糊不清的。我们只知道，他有一个妻子，名叫羲和，是一位美丽的太阳女神，她的事迹比帝俊稍微丰富一点。

《山海经》里的十八个分册，都分别提到了这位女神，例如，有座大山名叫天台山，海水从南边流进这座山里，那里有一位叫作羲和的美女，她跟帝俊生下了十个小太阳，又生下十二个小月亮。《山海经》甚至记载她在甘甜的泉水里给小太阳们洗澡的情形。虽然只有短短一句话，却给人带来无限的遐想空间，那个场景是如此的美妙而浪漫，引发了无数古代读书人的想象。[40]

帝俊做过的唯一值得注意的事情，就是将红色大弓，还有绑着素色丝线的短箭，送给了狩猎神大羿。这种短箭带着丝线，所以猎手能够方便地找到被射中的猎物。帝俊派大羿去人间诛杀妖怪，安抚那些生活艰难的百姓。[41]

这本来是件好事，它显示了帝俊对人类的关爱，但这个过程中发生了一个很大的意外，那就是十个小太阳因为过于调皮的缘故，一起跑到天上去，造成十日并出的景象，于是人间大旱，民不聊生，他们所造成的灾难，比那些妖魔鬼怪带来的更加严重。

现在看来，问题的关键似乎在母亲羲和那里：她有没有履行自己作为母亲的管教义务呢？好像没有。当然，孩子太多，她也实在管不过来，摁住了这个，又跑了那个。那年头又没有幼儿园，他们家好像也没请保姆，而帝俊一直在天上值班，管理着全世界的照明事务，根本无暇顾及家里的事情。

小太阳闯下了如此严重的灾祸，帝俊与羲和束手无策，而当时的人类国王尧，就更加焦头烂额。他看见下界的大羿，就去求他出面终结这场灾难。为了天下百姓，大羿只好接受了请求，接连射出十支短箭，射下了那些调皮捣蛋的小太阳。那些小火球一个接一个从天上掉下来，大地逐渐变得清凉起来。黎民苍生载歌载舞，欢庆他们度过了这场浩劫。[42]

然而，帝俊和妻子羲和眼看自己的孩子们接连死去，他们对此又该是什么心情呢？虽然《山海经》和《搜神记》都没有记载，但我们不难想象他们心中的丧子之痛。尽管如此，帝俊还是强忍着自己的悲伤，继续照常上班，给人类送去光明和温暖，因而我们也没有找到关于日神罢工、天昏地暗的记载。

让我们感到宽慰的是，日神夫妇虽然失去了十个孩子，但他们并没有绝嗣。众所周知，全世界的日神，都是生殖繁衍的高手，他们诞育了一大堆儿女。帝俊跟羲和这对太阳神夫妻，除了生下十个小太阳之外，还生下了十二个小月亮，然而她们的下落，似乎没有什么人去追问过。不仅如此，他们夫妻还生下了晏龙、帝鸿、后稷、禺号等四个奇人，其中，后稷是周人的老祖宗，而帝鸿，有的文献说，他就是中华民族的祖先——轩辕黄帝本人。[43]

除此之外，帝俊与羲和夫妻俩甚至还生下了四个国族，它们分别叫作三身国、中容国、季厘国和黑齿国，应该都是信奉日神的民族或部落。[44]其中的三身国，指的或许是以三相神著称的印度。印度神系喜用一个本体加三个位格，由此产生三位一体的神明，其中最有名的无疑是梵天、湿婆和毗湿奴。

黑齿国位于中国西南一带，姜姓，可能是西羌的一个支系，今天云南的傣族、基诺族和布朗族，都还保留着用黑色树汁染黑自己牙齿的风俗。帝俊的儿子们也不含糊，他们分别生下了聊耳国和牛黎国。这两个地方都位于印度地区，而且都修炼瑜伽，由此可以推断，帝俊跟印度有某种密不可分的关联。

再说太阳神羲和的工作。大诗人屈原在《离骚》里说，他命令羲和驾驭着日神的战车，扬着鞭子，从东方朝西方奔驰，徐徐驶入黑暗的深渊。[45] 屈原为什么敢于对日神下令？因为他是一位大祭司，而且还是大神颛顼的后人，所以可以跟神灵毫无障碍地沟通。至于这个驾驶战车的御者到底是谁，在历史上还引起了一些误解。

首先是把羲和当成了男神，而跟帝俊的形象混同起来，这其实是很煞风景的事情；然后是许多后世文人认为，这种战车由六条龙或者六匹马牵引，而羲和只是为日神驾车的一名车夫而已。这些解释非常可笑，因为他们根本就没有意识到，日神其实就是驾车者本人。

在印欧神话体系里，所有的日神都是战车的驾驭者。比如希腊神话里的日神赫利俄斯，就是一位驾着驷马战车的武士，他英俊高大，头戴金色冠冕，身披紫色长袍。他的太阳神的职掌，直到很久以后，才被阿波罗所篡夺。

在印度神话里，日神的名字叫作苏利耶（Surya），印度史诗《摩诃婆罗多》赞美他是宇宙的眼睛，所有存在的灵魂，所有生命的起源，以及自由和精神解放的象征。他的形象跟赫利俄斯大同小异——长着金色的头发、三只眼睛和四只金色的手臂，驾着一辆两个轮子的战车，由七匹神马拉着，轰隆隆地驶过天空，为世界驱除黑暗，带来光明。

苏利耶的妻子是朝霞女神乌莎斯（Ushas），她既是苏利耶的妻子，也是他的女儿，丰乳肥臀，身披用彩霞制成的衣裳。他俩也生下许多儿子，其中最厉害的叫因陀罗，是雷电之神，也是众神之王；另外一个叫阎摩，专门分管阴间的亡灵。

顺便一提，苏利耶的战车为什么要用七匹马，而不是六匹或者八匹马呢？因为这里的"七"数，是每周七天的象征。在计时法上，印度跟中国的最大不同在于，它采用了古巴比伦的星期计时法，也就是把每个月分为四星期，每星期七天。为什么叫"星期"呢？那是因为每一天都由一颗星辰来代表，所以是一个星斗轮回的周期；而中国沿用的是三旬制，也就是把每月分为三旬，每旬十天。

说到这里，一定会有人问：那十个小太阳，是否也具有某种象征价值呢？事实上，古代曾经存在过一年十个月的历法，称为太阳历法。大羿射日的神话所暗示的正是这种历法有严重缺陷，并不能满足人类的需求，所以被大羿取缔了，转而采用了月亮历法，也就是依照月亮的运行规律，把一年分为十二个月。

那么，阴历难道就没有问题了吗？当然，月亮历也有它的问题，所以，最后形成的是一个阴历加阳历的阴阳混合历法，这就是我们今天都在使用的农历。神话里的十个太阳弟弟和十二个月亮妹妹，其实象征的是不同的月份编制体系。这样一来，或许有助于我们更好地理解上古神话跟日常生活的关联。[46]

朱熹先生在《楚辞集注》里说羲和是尧时代管理四时的官员，也就是史官，言下之意，既不承认她是日神，更不承认她是女神。[47] 这是儒家的立场，但无论如何，女神羲和却越过《山海经》的文本，始终照亮着这个民族最幽暗的记忆。

### ● 日神舜的受难、崛起和陨落

舜跟尧和禹三者并列，是中国古代贤君之一，他的事迹是一个男版灰姑娘的故事。他从一个草根青年逆袭成为国王尧的乘龙快婿，最后又爬上高位，成为伟大的国王，这个故事几乎可以说是家喻户晓。但是，舜真的只是一个世俗国王吗？

我们来看一看，"舜"的发音是以"S"开头的。我们知道，全世界的日神名字分为两种：一部分以"H"发音开头，一部分以"S"发音开头。现代英语当中的太阳是"sun"，巧的是它跟"舜"的发音几乎一模一样，实际上它和罗曼语的"sol"，都来自原始印欧语的同一词源。所以我们从一开始就怀疑舜的真实身份，他不是世俗的国王，而是一位伟大的日神。

一定会有人质疑说，通过发音来进行推论，不免有牵强附会之嫌。那我们不妨根据《史记·五帝本纪》以及其他古代典籍所留下的蛛丝马迹，来做进一步的分析。

首先，我们注意到，舜的母亲名叫握登，有一天，她看见了一条巨大的彩虹，于是感而怀孕，把舜生在了一个叫姚墟的地方。[48]请注意，彩虹是雨过天晴的天象，它与太阳有密切的关系。更有意思的是，他的出生地在姚墟。这个"姚墟"是地名吗？要是这么想，那你就上当了。

"姚墟"指的是二十八宿当中的"墟"（虚）宿，它的位置在北方，代表冬天和黑夜。在冬至那一天的半夜，它会出现在天顶上，就像每天的子时一样，代表新一年的开始，给人以无限的期待和希望。对中国人来讲，冬至阳生，这是一个绝处逢生的好日子，所以要吃顿饺子来庆贺一番。

太阳在名叫"墟"的星宿所在之处涌现，这是一种象征性描述，它向我们暗示，日神从最深沉的黑夜中奋力诞生，而它将战胜这黑暗，为人类带来光明。但是，就像我们一直被教导的那样，尽管前途是光明的，但道路是曲折的。日神在他上升的路途当中，遇到了我们难以想象的困境。

舜的父亲是一个盲人，他的名字叫瞽叟，意思就是瞎老头，代表着拒绝光明的顽固势力，而他的亲生母亲很早就去世了，取而代之的是一个邪恶而残暴的继母，名叫壬女，"壬"代表北方的黑暗水系，是日神的天敌。一个拒绝光明的盲人，加上阴寒的水系，这已经构成了日神舜生长的最大困境。

但这还不够，他俩还生下一个舜的同父异母弟弟，名字叫象。象，古人解释为大象，错得实在离谱，它的真正所指，是阳光照在大地上所产生的那种阴影，代表着白昼时刻的黑暗力量。就是这三个人，合谋要杀害舜，置他于死地。毫无疑问，这意味着一场光明与黑暗的殊死斗争。

有一次，舜爬到粮仓顶上去糊泥巴，瞽叟就在下面放火烧粮仓，但舜借助两个斗笠，像长了翅膀一样，从粮仓上跳下来，逃走了。[49]第二次，瞎眼父亲又让舜去挖井，这一回舜事先得到了情报，因此有所准备，提前在井壁上凿出一条通往别处的暗道。当井挖到深处时，父亲跟他那个叫作象的儿子一起，往井里倾倒泥土，想要活埋舜，但舜又借助暗道逃走了。[50]虽然舜在两次谋杀中侥幸逃生，但他身边的黑暗势力，是极其强大而险恶的。

但舜并非孤立无援，他在家族内部有自己的支持者，首先是尧的两个女儿娥皇和女英，她们是他的妻子。也有人认为，她们是一对太阳女神，这个"皇"，是煌明的意思，"英"，也就是光华，代表了太阳的明亮。[51]

舜还有两个女儿，一个叫宵明，指的是夜晚的光明，还有一个叫烛光，顾名思义，指的就是夜晚的照明之火。这四个女人，要么跟白天的光明有关，要么跟夜晚的光明有关，她们时刻都在力挺日神，帮助他把光明带给人类。[52]

现在，舜已经不再孤独了，有了这四个女人的支持，舜就有战胜黑暗的力量，所以，尽管黑暗每天夜晚都来统治世界，但人类终究会在第二天重见太阳。

在舜的家族里还有一个神秘角色，她是舜的同父异母妹妹，名叫敤首。古代典籍里说，她是绘画第一人，但她没有站到自己的母亲一边，反而把他们要谋害舜的消息暗自传递给娥皇、女英，帮助舜从那个暗道里逃走。

这个"敤首"的"敤"字，从象形的层面上看，有摘取果实、向神灵献祭的意思，同时也有操办和刻写的意思。她画出来的"画"，其实就是太阳升起降落时的时辰刻线，也就是圭表上的那些线条，所以我一直认为，她是典型的日神女祭司，负责用圭表来计算和报告太阳行走的时间。这些八卦状的线条，在古人看来，就是人类绘画的开端，所以把敤首称为绘画的第一人。[53]

关于舜的家族成员的分析，这里就先告一段落。下面我们来看看舜的晚年。伟大的日神老了，他在巡游南方的时候，不幸染病死去，埋葬在苍梧之野。这个地名从字面上看，指的就是长满深青色大树的森林，象征着太阳的陨落之地。

根据西晋张华的《博物志》记载，舜的妻子娥皇和女英，因为丈夫的去世非常伤心，她们失声痛哭，眼泪溅落在毛竹上，留下了斑斑痕迹，后人把这种竹子叫斑竹，又叫湘妃竹。[54]

这个关于舜的死亡故事，和一则希腊神话极为神似。相传，太阳神赫利俄斯有一辆太阳战车，他每天都要驾着它飞上天空，巡视大地，给人类带来光明。有一天，赫利俄斯的儿子法厄同，偷偷驾着父亲的太阳车上天去了，因为技术实在太烂，太阳车失去控制，向大地俯冲，距离地面太近，以致大地燃烧起来，人民呼天喊地，生灵涂炭。天帝宙斯不得已，用闪电把法厄同击毙。

小家伙化作一团火球，从天上掉下来，葬身大地。他的妈妈，名望女神克吕墨涅，还有三个统称为赫利阿得斯的日光女神妹妹，互相抱头痛哭，一连哭了四个多月。最后三姐妹化成了三棵白杨树，她们的眼泪则化为晶莹剔透的琥珀。[55]

舜坐车巡游南方，法厄同驾战车巡游大地；舜的妻子的眼泪化成竹子上的斑点，法厄同的妹妹化为杨树，眼泪变成了琥珀。这种相似到底是巧合，还是传播和改造的结果呢？我们在这里暂且不下结论，至少有一点是可以肯定的，舜的晚年事迹，包括他死后，他的妻子的反应方式，实际上都属于日神叙事的结构。

通过上述细读和符号学解析，我们不难发现，舜的家族故事是一个充满象征意义的寓言，体现了日与夜、光明与黑暗的二元戏剧冲突。我相信，这则寓言是中国神话体系里最精妙的密码文件，它非常巧妙地隐藏了日神的真相，以待后世的解码和还原。


## ● 日神少昊：海上丝绸之路的文化礼物

在中国神系里，少昊跟舜、帝俊还有羲和，都属于日神家族，但并非同一个来源，相对而言，他是一个比较独特的存在。比如，帝俊的故事里有战车，但少昊跟战车关系不大，反而跟船发生了纠葛；再比如说，帝俊和舜的故事里都没有鸟类，但在少昊那里，鸟却成了故事里的主角。这都显示出少昊神话的特立独行。

导致少昊神话独特性的根本原因在于，它的原型不是从西部大陆的传播路线输入的，而是来自东方的海上，应该是海上丝绸之路的文化结晶。

我们知道，任何贸易都必须是双边的，有什么东西输出，就一定会有另外的东西被输入。过去，在研究丝绸之路的时候，人们总是习惯于谈论输出，而很少谈论输入，这是一个很大的认知误区。

根据考古发现我们了解到，在公元前1000年以前，也就是距今三千年左右，南方丝绸之路就已经形成。四川盆地生产的丝绸，被贩运到埃及，实现了单一货品的全球贸易垄断。既然如此，埃及出产的各种珍品，它的黄金、亚麻布和青金石，还有它的神话，为什么就不能被输入到中国，成为创立第二代神话的素材呢？按照我的推测，少昊神话的原型，应该就是某条埃及货船舶来的文化礼物。

东晋时期的小说集《拾遗记》，讲述了少昊的父亲和母亲恋爱生子的浪漫故事。故事说的是从前有个名叫皇娥的仙女，晚上独自在天宫织布，由于寂寞难耐，就丢下手头的活，独自一人乘木筏去游玩。她随风漂到了一个叫作穷桑的地方。

所谓穷桑，是一棵高大的桑树，也就是生命树的一种形态，它的果实硕大饱满，一万年才结一次，据说吃下它可以获得永生。皇娥在这棵大桑树下散步，意外邂逅了一位容貌出众的青年，他自称是白帝的儿子，而他的真实身份，就是那颗每天早晨在苍穹上闪闪发光的启明星，中国人叫它金星，也可能是埃及天狼星的化身。

他跟皇娥相遇，两人一见钟情，迅速燃起爱情的火焰，然后携手登上木筏，一起出海游玩，以琴歌相和的方式互诉衷情。又过了一些日子，皇娥诞下了她跟金星的爱情结晶——少昊。

尽管这个故事做了大幅度改造，但仍可以看出埃及原型的蛛丝马迹。埃及神话里的日神拉（Ra），是正午的太阳神，从埃及第五王朝（前2494—前2345）开始，成为埃及最高神。他诞生的时候，世界只是一片混沌黑暗的大水，叫作努恩（Nun）。

努恩跟大母神女娲一样，拥有巨大的创世力量，从她体内升起了一座叫作本本（Ben-Ben）的小山，山顶上站着一位威风凛凛的大神，那就是日神拉。这个故事在向我们暗示，拉其实是从水神的身体里诞生的。

拉的交通工具是太阳船，白天坐一条船穿过人间，晚上则坐另一条船穿过黑暗的冥界，而在第二天早晨重新诞生。[56] 回过来看少昊的出生，他的父亲金星和母亲皇娥就是坐着木筏谈恋爱的，他们的舟筏也穿过了白天和黑夜，由此诞生了少昊。在这里，少昊神话跟拉神话保持了某种微妙的同位性。

在埃及神话里，有一个主管黄昏的日神，叫阿图姆或阿吞（Atum），后来跟拉合并，被称为拉·阿图姆。少昊由于在"昊"字前被冠以"少"字，以致很容易被当作司管早晨太阳的神。他早年的行为，也的确像是一个朝阳神，诞生在东方的海上，像早晨的鸟儿那样充满生气。

根据《山海经·西山经》等材料的记载，少昊在晚年领着一个叫作该的儿子，也就是金神蓐收，去当了西方的大神，两者共同管理着黄昏的太阳和西方一万二千里的广阔领土。[57] 这跟正午的日神拉与黄昏日神阿图姆合并的情形，几乎一模一样。

我们知道，埃及还有一位很有名的大神叫荷鲁斯，他是法老的守护神，后来在埃及神系里，他跟拉也发生了合并，叫作拉·荷鲁斯。由于荷鲁斯被沙漠之神赛特挖出左眼，只剩下一只眼睛，所以他是"独眼神"，但他的这只独眼非常有名，世人称之为"荷鲁斯之眼"，代表太阳的价值，直到今天，这只眼睛都是全球时尚设计界的基本元素。

无独有偶，《山海经·大荒北经》也有记载："有人一目，当面中生，一曰是威姓，少昊之子，食黍。"（"一曰是威姓"不通，必有脱字，可能是"一曰是，威姓"）。这就是在说，北方海外有一个国家，叫作"一目国"，这个国家的人（神）只有一只眼睛，长在脸的中央，据说是少昊的儿子。这里的所谓"一目国"，应该就是崇拜荷鲁斯的古埃及。

拉有各式各样的形象，最常见的是鹰首人身，头顶上有一个日盘，还有一条盘曲在日盘上的眼镜蛇。有时候，它是一轮金色的圆盘，要么是中间带一个点的圆圈。这些似乎就是"昊"字的起源。"天"的象形字是一个人形，上面加上中间带有一点的圆圈，由此组成"昊"字。汉字"昊"，仿佛是被设计出来描述"拉"的专用字符。

在埃及神话中，所有的生命都是由拉神创造的。他创造了季节、月份、植物和动物。在中国神话里，少昊为了治理自己的国家，设立工正、农正，分别管理手工业和农业，同时还订立度量标准，观测天象，制定历法，发明乐器并创作乐曲。他俩的功绩也都大同小异。

拉的长相是鹰首人身，看起来就像一个"鸟人"，而在少昊神话里，他所建立的国家被进一步发挥成了鸟国。他的官员几乎全部都是禽鸟：他的总管是凤凰，掌管四季天时的是燕子、伯劳、鹦雀和锦鸡，掌管兵权的是鸷鸟，负责建筑和营造的是布谷鸟，掌管法律和刑罚的是鹰鸟，专门提不同意见的言官是斑鸠，还有五种野鸡，分别掌管木工、金工、陶工、皮工、染工五种工艺。[58]

不仅如此，由于埃及神话里太阳和鹰鸟的二象性，导致中国神话也出现了日鸟的二象性，这甚至影响到了我们的日常语言。在北方方言里，"日"等于"鸟"，而"鸟"又有男性生殖器的意思，于是这三者产生了微妙的联系。

山东不但有少昊的神话传说，甚至还有一个他的陵墓，位置就在曲阜，是一座台锥形的石头金字塔，顶部建有一个微型神庙。这座少昊陵的样式，在整个中国都是独一无二的，它跟本土的坟墓造型截然不同，而是典型的来自异域的金字塔结构。

据说，少昊陵是宋代所建，但应该是那时完成了最后的修葺工作，而真实建造时间，可能早于汉代，甚至在先秦。历史上，它曾经被当作祭奠黄帝的地点，后来才恢复了少昊陵的身份。跨越半个地球，太阳神的庙宇恒久地屹立在东方大地上，向我们揭示出神话传播的真相。

作为东夷人的故乡，山东的地理位置是非常独特的，来自埃及的货船，只要越过马六甲海峡，就能在东南季风和黑潮的鼓动下，便捷地抵达山东沿岸。同时，渤海湾还是前往辽东半岛、朝鲜半岛和日本列岛的必经之路。在海上丝绸之路上，山东曾经扮演过非常重要的角色，而少昊神话，就是丝绸之路送给东夷人的精神礼物。

## ● 日神祭司帝喾与占卜术"喾易"

喾，古人称其为"帝喾"，许多典籍往往把他置于"五帝"之列，司马迁在《史记·五帝本纪》中也把他跟黄帝、颛顼、尧和舜相提并论，列为五帝中的第三位。[59] 他在上古神系中的重要意义可见一斑。其实，喾当年不过是禹国的一位祭司而已，仅仅负责对诸神，尤其是对日神和水神的祭祀。

禹国很少为人所知，它是夏国的一个面积不大的邻国，都城建于蒲坂，即今山西永济，其上层阶级属于印欧族系分支，也就是大名鼎鼎的斯基泰人，外貌与更早入驻的东亚居民殊为不同：身材高大壮硕，以一种双尖长矛——也不妨称作双叉戟（比三叉戟少一个矛头）——与牛皮盾牌作为武器。这个族群游弋在广阔的北方草原之上，少数人踏上了黄河中游的土地，面对那里的风景和沃土，放下了长矛和弓箭，娶了温婉的当地女子，一边耕种庄稼，一边放牧牛羊，过起了田园诗般的生活。

喾出身于古老的贵族家庭，身上有斯基泰人的血统。他出生之时，刚被剪断脐带就能说话，甚至喊出了自己的名字，令所有的家人大吃一惊，以为遇见了神迹。全国都在流传这个消息，人们说，禹国有福了，上天为他们赐下了一位神子。

嚳十二岁时已享有盛名，到了十五岁的时候，就开始辅佐年迈的国王，成为禹国的大祭司，负责对日神舜与水神颛顼的祭祀，从神明那里接受谕示，并且传达给国君和民众。作为一颗耀眼的政治新星，嚳在禹国乃至整个中原地区都有着显赫的声名。

嚳何以能够如此少年得志？这不仅因为他是血统尊贵的"神三代"，更是因为他拥有罕见的通灵能力。在颛顼切断人神之间的联系后，人类陷入了对自身命运的巨大迷茫之中，他们不知道自己应当何去何从。因此，作为一个能够"上达天听"的少年，对于重建人神之间的对话渠道，他负有某种重大使命。

那么，嚳究竟掌握了怎样的通灵秘密呢？

通过对"嚳"（嚳）这个字本身的研究，我们发现了其中的奥妙。该字的上半部分，是两只手抱持着"爻"，即"卦"中的每一根卦线。它的下半部则是祷告的"告"字。显然，这个字形象地描述了一个祭司以占卦的方式向神灵求告的场景。

通过"嚳"字所提供的线索，我们发现，嚳或许从地神大禹那里学会了使用圭的技术。圭表以坚硬的木头制成，形状很像一把曲尺，将它竖起来对着太阳时，横者为"圭"，竖者为"表"。阳光照在表上，会在圭面形成一道阴影，随着太阳位置的移动，阴影会随之在圭面上移动。嚳将日影变化的轨迹画成一道道刻线，因而可以根据这些刻线来推定每天的日程，形成一个白昼计时系统，这个计时系统被称为"易"，即"周易"之"易"。

"易"字，属于典型的象形结构，上面是一轮太阳，下面是代表日光的斜线，用以象征时间的移动。在确定每年的节气之后，还可以通过它形成关于时节变化的历法系统。借助这种简陋的工具和基本的经验，嚳发明了太阳时钟与太阳历法。当然，圭表还可以用于丈量土地、划分田野，大禹早已做过这样的实践。

留在圭面上的那些日影刻度，成了爻线的起源。嚳把刻线分为长短两种，相互配合，三根线构成一个组合，叫作"卦"，嚳又将它们分别命名为乾、坤、离、坎、震、兑、巽、艮。但是在发明的初期，它们可能只是被用来标定一天的八个时辰。

訾命令那些助理祭司，必须按时观测日光照射在圭表上的位置，然后敲击王宫里的钟鼓。钟声代表长爻，鼓声代表短爻，两种声音结合起来，足以表达卦的名称，使王宫内外之人，都能知晓现在所处的时刻。为防止钟鼓受到日晒雨淋，訾下令建造了钟楼与鼓楼，它们分立于王宫两侧，有时在城市的两端，仿佛两个守护时间的巨灵。

在都市以外的乡村，訾用更为简单的铜锣和竹梆子作为代替。他任命一些村里的更夫来负责夜间的报时，以较长的锣声代替钟声（长爻），而用较短的梆子声代替鼓声（短爻），以此向乡民宣示时间的刻度及其名字。这种报时方法延续了数千年，直至20世纪中叶，广大的中国乡村都还在沿袭这种古老的传统。

接下来，訾展开了祭司制度本身的改革实验。古代祭司所面临的最大难题，在于不知道如何接受来自神灵的谕言，这种兆示无所不在，但并非每一个祭司都能领会。一旦他们接收不到神的讯息，又迫于国君和民众的压力而必须给出交代，就极易假传神谕和代神立言。因此，人神之间急需一种更为清楚和确定的通信方式。

于是，訾在爻线的基础上发明了易卦。"圭"字加上"卜"字，就成为"卦"字，这意味着，"卦"是用"圭"的长短线来进行占卜的一种巫术，可以利用它来推断神灵的旨意，从而预知人间的祸福吉凶。这项伟大的发明，使人神之间的关系得到修复，人类的命运也从此有了转机。

这种神奇的占卜术，我称之为"訾易"，以此区别于据说经周文王整理的"周易"。出于保守秘密的需要，"訾易"并未得到广泛传播，它的应用者，仅限于极少数的高级祭司与贵族成员。

然而，"訾易"最终人间蒸发了，几乎无人知晓它的存在。商朝的时候，似乎有人发现过它的一些残片，称之为《连山》或《归藏》。又过了很久，一名叫作姬昌的政治家，也就是周文王，重新发现并整理了这种失传已久的秘术，并用它来演算整个民族的政治命运。最终，其子武王以此引领周人击败纣王，推翻了庞大的殷商帝国，并建立起全新的国家与文明。"訾易"就这样在周朝获得了重生。

# 文明神与火神

## ● 大发明家伏羲是如何创造文明的

　　春秋战国时期，发生了中国神话典籍的第二次大焚毁，但在楚国的南部，也就是今天湖南一带，聚居着一些从波斯逃亡而来的拜火教徒。根据岑仲勉先生的考证，当年，他们因为亚历山大入侵波斯而东行，其中一部分取道北线，也就是从新疆经过河西走廊，进入甘肃和陕西一带，为秦国的发展做出了重大贡献；另外一支走的是南线，他们经过印度、泰国和越南，从广西进入中国境内，定居在湖南一带，热情投身于楚国的文化建设之中。

　　1942年，在湖南长沙东郊的王家祖山上，一座楚墓被四个盗墓贼所发掘，一份写在绢帛上的秘密文件开始在文物圈流传，它高38.5厘米，左右宽46.2厘米，全篇共有900多个汉字。其中许多字都难以被今人识读，这就是著名的长沙子弹库楚帛书。

　　这份密件出土不久，到了收藏家蔡季襄手里，结果在上海被一个叫考克斯的美国人获取。1946年，他带着这份密件前往美国，后又几度易手，现存放于华盛顿赛克勒美术馆，[60]我几年前曾经专门去华盛顿参观这家著名的私人美术馆，可惜未能窥得帛书的原貌。

　　这是目前出土的先秦时期唯一以汉字书写的创世神话文献，填补了我们此前所说的汉族创世神话的空白。我们首先要感谢那位战国年代的墓主，是他在大焚毁的背景下，为我们保存了这份密件。

　　这份写在楚帛书上的密件，保存了汉民族创世神话的最高机密：在天地尚未形成，世界处于混沌状态之时，先有伏羲、女娲二神结为夫妇，生下四子，但名字都很怪异，不像是寻常的汉语。他们开辟天地，代表四时，并且造出天盖，使它旋转，还用五色木的精华加固它。

有趣的是，诸神都参与了这场伟大的创世运动，比如说，炎帝命令祝融去安排四神的工作，日神帝俊生出了日与月，制定了它们的运转规则。地神禹和契管理大地，制定历法，使星辰升落有序。共工氏制定十天干（十进制），增设了闰月制，又把一天分为宵（黑夜）、朝（清晨）、昼（白昼）、夕（黄昏）四个时间段，把历法和时间法修改得更加精准。[61]

楚帛书神话，应该是第二代神话的样板，其间已经融合了许多外来因素，比如祝融，他是一个非常神奇的大神，来自波斯，原型是琐罗亚斯德，"祝融"是这个名字的前端，也就是"琐罗"的发音。关于他的情况，我们以后专门来讨论。

我在这里只想告诉大家，写在这份密件上的创世神话，已经不是从商周传下来的第一代神话，其中涌现了一些异乡神的面孔，他们跟本土众神，例如炎帝合在一起，构成了全新的神圣家族。

在这份文献里，伏羲和女娲的作用更像是众神的父母，他们诞育了众神，再由众神去组织世界结构，建立空间和时间的秩序。除了生下四个孩子，他们本人好像没有直接从事创造活动，这大概是因为，创作这份神话密件的作者，显然还没有想好该怎么描述他们的业绩。对于伏羲的崇拜者来说，这无疑是一个很大的缺陷。

这个缺陷，到汉代才被文人加以补正。人们在给女娲撰写神圣履历的同时，也没有忘记给伏羲添加丰功伟绩。假托孔子之名编撰的《周易·系辞》，实际上是秦汉年间文人的作品，里面对伏羲的功绩进行了具体讲述："古者包牺氏之王天下也，仰则观象于天，俯则观法于地，观鸟兽之文与地之宜，近取诸身，远取诸物，于是始作八卦，以通神明之德，以类万物之情。作结绳而为网罟，以佃以渔。"

唐朝的司马贞在《三皇本纪》里进一步完善了他的来历："母曰华胥。履大人迹于雷泽，而生庖牺于成纪（地名，据说在今天甘肃一带）。蛇身人首。有圣（人）德（品德）。……始画八卦，以通神明之德（旨意），以类万物之情

（模仿世间万物的情感和欲望）。造书契（文字）以代结绳之政（结绳记事的制度）。于是始制嫁娶（制定婚姻法），以俪皮为礼（用成对的鹿皮作为迎娶的聘礼）……养牺牲（用来充当祭品的家畜）以庖厨（发展烹饪），故曰庖牺（烧煮那些牺牲品的人，也就是厨师）。"[62]

这是中古时期人们对伏羲事迹最完整的描述。当然，这些都不是上古神话的本来面貌。就是这些描述，制造了大量谜团，反而让伏羲的身世变得更加扑朔迷离。

这段文字的第一个关键点，是伏羲之母华胥氏的怀孕方式。他没有直接的父亲，而是由母亲在雷神的地盘——雷泽的岸边，踩到了巨人的脚印——应该就是雷神本人留下的，回去后居然怀孕，诞下一位大神来。这类故事叫作感生神话。

在这个故事里，脚印等同于脚足本身，而脚足又象征着男性生殖器，这意味着，伏羲的父亲就是雷神，作为雷神的儿子，他理所当然地掌管了天上的雨水和雷电。直到今天，当年曾经被楚国接管的吴越地区的方言，还把闪电叫作"hoxi"。上海郊区的方言就是如此。

这段文字的第二个关键点，是它把伏羲和太昊等同起来。那么，我们要问的是：太昊到底是谁？"昊"字，天上高挂着一个太阳，这是一个典型的会意字，代表天上的太阳，也就是日神。因为叫作"太昊"，而"太"有高的意思，所以"太昊"应该是正午的日神，跟他相对的是"少昊"，是早上初升的太阳，又叫朝阳神。

为什么要把伏羲跟日神混合起来呢？这是因为，作为雨神和雷电神的伏羲，扮演创世大神的角色，能量显然非常匮乏，需要用日神的神格来加持。光是布施雨水还不够，加上日神的属性，加上光照和热力，才能大大拓展作为天空神的神格，为他成为全能的创世大神奠定基础。

既然有了日神的身份，他发明八卦也就顺理成章了。因为"卦"字的字形，就是一个"圭"加上一个"卜"，也就是用圭来占卜的意思。八卦的真正发明者，是日神大祭司帝喾，而文字的发明权属于仓颉，但在神话中，为了烘托大神的伟大性，这种功劳是可以由祭司们任意分配的。

是的，每一个神话体系，都需要伏羲这样的文明大神，他发明的八卦、文字、乐器、渔网和烹饪技术，每一项功绩都跟文明相关，所以他不仅是雷雨神、天空神和日神，更是文明神，他对文明的伟大贡献，尤其是文字和契约的发明，足以让他名垂千古，所以从汉代开始，他就跟女娲一起，被人供奉在神庙和墓穴里，主管生命、死亡和亡灵的重生，也分管他们在来世的幸福。

在印度神话里，有一个跟伏羲非常相似的大神，名叫伐楼那，是天空神、雷雨神和宇宙规律的守护者，主管契约和法律，而且还分管黑夜、冥界和亡灵，骑着那伽大蛇，跟另外一名叫密多罗的大神形成对偶。他们应该就是伏羲和女娲形象塑造的最直接的原型。[63]

当然，还有另外一个原型，那就是美索不达米亚地区的对偶蛇形象。这种形象大多出现在金器或者陶罐上，两蛇以众神的权杖为轴心，互相缠绕，尾巴在下部交缠起来。中国神话的缔造者们，借鉴了这些来自异域的传说和图式，创造出自己的创世大神。从此，中国神系终于有了自己的主神。


## ● 火神祝融与他的原型琐罗亚斯德

在世界各国的神话里，火神的地位一般都比较崇高。比如说，希腊神话里的火神赫菲斯托斯，是奥林匹斯十二主神之一，他不仅主管火，而且还是工匠的始祖，但是性情比较怯懦，不敢擅自把火种送给人类，要不是普罗米修斯盗取了火种，人类到今天恐怕还在黑暗的大地上摸索。为了纪念这位自我牺牲的伟大神明普罗米修斯，古希腊人在每一次奥运会之前都要在神庙前点燃圣火，以赞美火焰所带来的文明、希望和未来。

在中国东部的夷人聚居区，人们所信奉的是一位叫作炎神的火神，后来，他的名字被改成了炎帝。这本来应该算是本土最早的一位火神，但是，他的名字常常跟一个叫神农氏的农业神混同在一起。炎帝的"炎"字，就是上下叠加起来的两个"火"字，用以表达烈火熊熊燃烧的情形，由于他在一场大战中被黄神（黄帝）击败，所以就失去了接受中原民众崇拜的机会（他后来被人重新祭奠，是因为混合了神农氏的神格）。另外，还有一位叫燧人氏的，发明了用燧石取火的方式，他的功绩虽然被后人记住了，但他究竟是谁，我们至今仍然是一头雾水。

《山海经》神系里真正的火神，是那位身世诡异的祝融。《海内经》是这样记载的："炎帝之妻，赤水之子听訞生炎居，炎居生节并，节并生戏器，戏器生祝融。祝融降处于江水，生共工。"

根据这份族谱，祝融显然就是炎帝的后代。从逻辑上讲，这是对的。因为神格是需要世袭的，火神的后代，当然应该就是火神。此外还有一个叫吴回的，据说也是火神，但有人说，他就是祝融，还有人说，他是祝融的兄弟，《山海经》里没有出现关于他的内容，我们最好把他当作祝融的另一个名字。[64]

关于祝融的事迹，其实文献的记录并不太多，值得一提的有三条：第一条，《三皇本纪》说，他曾经跟共工开战；[65] 第二条，《山海经》说，因为鲧治水失败，天帝派祝融将其诛杀；[66] 第三条是《墨子》说的，在成汤，也就是商的开国领袖讨伐夏的时候，天帝命令祝融在夏国都城的西北角放火。[67] 第三条是祝融介入人类战争的唯一记录，但这看起来根本不像是一位大神的作为，倒像是一次特工小组的秘密行动。

祝融作为大神而没有什么神迹，却在湖湘一带受到高规格的崇拜。在南岳衡山的最高峰上，众所周知，有一座专门祭祀祝融的神庙，那座山峰也被称为祝融峰。这实在是件很不寻常的事情。

另外，根据历史记载，祝融还留下了一些后代。比如说，"牟"这个姓氏，据说就是祝融的后代。还有一个"芈"姓，也就是电视剧《芈月传》的那个"芈"，同样是祝融的后代。[68]

大家千万不要小看了这两个姓氏，因为它们是我们揭开祝融身世秘密的重要线索。这两个以"M"音开头的字，跟"W"音开头的字有密切关系，因为在上古音里，"巫"这个字的读音就是"ma"。所以"芈"或者"牟"可能就是巫师或者祭司的后裔。巫师或祭司当年曾是支撑楚国宗教政治的重要群体，他们既然是祝融的后代，那么，祝融扮演楚国大祭司的可能性就很大了。

湖湘地区作为楚国南部的重镇，曾经接纳过大批波斯拜火教徒。提出这个观点的，是与陈寅恪同时任教于中山大学的著名史学家岑仲勉。[69] 众所周知，波斯拜火教创始人的名字叫"查拉图斯特拉"（Zarathushtra），它的希腊化拼法是"琐罗亚斯德"（Zoroaster）。巧合的是，去掉"图斯特拉"或者"亚斯德"的尾音，保留"查拉"或"琐罗"的头音，会非常近似汉语"祝融"的发音。

在公元前6世纪左右，琐罗亚斯德创立的拜火教成为波斯帝国的国教。可惜好景不长，来自马其顿的亚历山大大帝，用战争征服了波斯帝国。在大概公元前4世纪下半叶，拜火教遭到严重摧残，其中一部分教徒向东方逃亡，并兵分两路，最终进入中国境内，北方的一支经过河西走廊，定居在今天的甘肃、陕西一带，而南方的一支就侨居在湖湘一带。

由于这个宗教崇拜火焰和光明，因此，他们的教主和首席大祭司，就顺理成章地被中国人误认为是火神的化身，这是完全符合逻辑的。屈原所在的年代，拜火教可能已经影响到了整个楚国，甚至被楚国王室吸纳到自己的政教体系里面，以此支撑他们统治的合法性。

屈原的《天问》，在句式上几乎完全模仿拜火教的圣经《阿维斯陀》。他在《天问》里向神灵发问，追问各种关于世界的终极问题。大家不妨对照阅读一下，《天问》除了内容属于楚地的本土文化，形式、修辞与内在精神上，都与《阿维斯陀》高度神似。[70]

在拜火教中，火神是最高神之子，象征着清净、光辉和活力。祭司是圣火和对圣火进行祭祀的专业管理者，他们要负责组织祭礼，敬奉圣火，而且要确保火焰长明，永远都不能熄灭，而祝融峰山上的那座祝融庙，应当是当年供奉长明圣火的地点。屈原的职业身份，除了众所周知的三闾大夫，很可能还兼任了楚国拜火教的祭司。他所写下的《九歌》，本来就是在祭神仪式上所唱诵的赞美诗。

正是因为有了屈原这样的祭司，异乡神祝融才能以火神的名义降临东亚地区，接受中国人的祭拜，由此被华夏神谱所接纳，成为其中的重要成员。反过来看，拜火教也塑造出了屈原这样的伟大诗人，使他成为一个率先觉醒的先知，带着人民的痛苦与希望，喊出自己的愤怒和悲伤。某种程度上，屈原是中国版的琐罗亚斯德，他追寻火焰、光明和公义的精神，引领人们去抗争现实世界的黑暗。

# 大母神

## ● 异乡神西王母的前世今生

在中国人的信仰体系中，西王母扮演了极其重要的角色，她是生命神、医药神、刑罚神和死神的多重组合，并始终活跃在中国人的视野里，历经两千多年而无衰减的征兆，这是一种极为罕见的现象。

但是，只要我们追根寻源就会发现，《山海经》原典中关于西王母的描述只有三段，分别来自《西山经》《海内北经》和《大荒西经》，它们是后人重构西王母叙事的主要依据。由于比较碎片化，我们不妨把三个段落中的字句连缀起来，拼贴出一个相对完整的图景。

西王母住在山洞里（"穴处"），而山洞的地点，位于昆仑之丘，又叫玉山（"玉山，是西王母所居也"），她在沙漠的边上，前有赤水，后有黑水（"西海之南，流沙之滨，赤水之后，黑水之前"）；在神格上，她"司天之厉及五残"，也就是主管天灾和五种刑罚；她的长相是"蓬发戴胜"，披头散发，戴着月牙形的头饰，凭靠着几案，长着老虎的牙齿和豹的尾巴，"善啸"；她的身边，还有三只大鸟相伴。[71]

《山海经》的描述，跟我们认知中的西王母，即那个慈眉善目的王母娘娘，是完全不同的两种人设，反差强烈，怎么看都不是同一位大神。但至今为止，没有任何人给出一个合理的解释。她们是同一位女神吗？是谁改变了西王母的容貌和性情？

让我们先来研究一下她的名字。西王母，从字面上看，似乎就是"西方的王母"，但实际上，王母的原型，既非女人，也非汉人，更不是人们所热烈谈论的所谓青海母系氏族部落的首领。她的真实原型是湿婆，来自印度，是吠陀教最伟大的神灵之一。

巧合的是，湿婆的名字，其梵语用拉丁字转写为"Shiva"，跟"西王"的发音非常近似。她是印度教三大主神之一，兼具创生与毁灭、创造与破坏的双重力量。《山海经》里的西王母，"司天之厉及五残"，是掌管上天灾难、五种刑罚以及生命毁灭的凶神。在这一点上，她似乎继承了湿婆在破坏和毁灭方面的神格。

湿婆的造型特点，首先是一头竖起的蛇发。同时，他也是舞蹈之神，经常披头散发地跳起创造与毁灭世界的天舞，这也符合《山海经》里描述的"蓬发"特征，并且，他一边跳舞，一边发出长啸，符合《山海经》所说"善啸"的特点。

另外，在湿婆的扮相中，一弯新月是他最令人瞩目的头饰，在关键时刻，它会变成一只能够喷射出烈焰的眼睛。《山海经》中的西王母，平时也戴着这种新月形头饰。湿婆曾经杀死老虎，并把虎皮围在腰间；他还有多个法身，其中一种恐怖相，就是青面獠牙之貌，跟《山海经》中描述的"豹尾虎齿"也密切呼应。

湿婆为苦行之神，常年在凯拉斯山（梵：Kalashi/Kailasa）的石洞里修炼瑜伽，借助严格的苦行和沉思，获得了神奇的力量。《山海经》形容西王母住的地方是"穴处"，倘若指一个高贵女王的宫殿，这的确不可思议，但若把"石穴"解释为湿婆的闭关修行处，一切疑窦便可解释得通了。

这座凯拉斯山到底在哪里？说出来大家都知道，它就是西藏冈底斯山的主峰冈仁波齐山。对于苯教、印度教、佛教和耆那教而言，它具有重大的文化象征意义，被四教共同视为"世界中心"，其地位跟希腊神话中的奥林匹斯山一样崇高。

每年夏秋两季，许多信徒都要穿越沙漠和戈壁，前往那里转山朝拜。"昆仑"是形容它的高大，而"玉山"是形容其峰顶终年覆盖白雪，像白玉那样洁净。[72]

冈仁波齐山的东南侧，是玛旁雍措，它是苯教、印度教等诸教公认的圣湖，不仅是湿婆与其妻雪山女神沐浴嬉戏之地，也是中国人所描绘的王母行宫，即"瑶池"真正所在。四大宗教的教徒，每年都会成群结队地前往朝圣，以圣水洗濯自己身上的罪孽。

《山海经》说，昆仑之丘位于赤水之后，所谓"赤水"，指的正是玛旁雍措。"赤"，《说文解字》释为红色，后来被引申为纯净圣洁之意。在它的西面，还有一座被当地人称为"鬼湖"的拉昂措，属于内陆咸水湖，它毫无生机，一片死寂，没有植物和水生物的踪迹，《山海经》因此称其为"黑水"。

更有意思的是，《山海经》形容"此山万物尽有"，这是什么缘故呢？朝圣者在冈仁波齐山上看到的，只有巉岩和积雪，但在印度神话中，这座山上居住着财神俱毗罗，也就是《山海经》里陆吾的原型。山上有一座巨大的花园，它是世上最大的宝窟，聚藏着全世界的珍宝，由夜叉和紧那罗，也就是飞天来把守。既然是财神的宝窟，那当然是"万物尽有"了。[73]

《山海经》描述，在西王母的住处，有三只青鸟，专门负责为大神取食，它们的外表是"赤首黑目"，一只名叫大鹜，一只名叫少鹜，还有一只名叫青鸟。这种鹜鸟，可能指的是青藏高原上的秃鹫，青鸟可能是指金雕，又叫大鹏金翅鸟，是印度教的神圣鸟类。根据藏学家的研究，就在阿里地区，当时出现了一个名叫"穹"的部落，他们崇拜"穹"鸟（khyung），也就是金雕。"穹"的发音，跟上古汉语"青"（tsyeng）字接近，应该就是青鸟的原型。[74]

经过这场神学细节比对，西王母和湿婆之间的对应关系，已经呼之欲出。我们不难推想，西王母的原型，是印度大神湿婆，但他在进入中国之后，经过历代的反复改造，不仅他的性别产生了变化，他的容貌乃至神格也改变了。

### ● 周穆王和西王母的爱情悲歌

《山海经》西王母的形象，提供了一个范例，证明《山海经》对于事物的描述，具有某种罕见的准确性。在早期文明时代，这种叙事的准确性达到了令人惊讶的程度。编撰者提供了空间坐标，却没有对素材添油加醋。这是隐藏在全球地理叙事背后的知识理性，它抵制了对幻象展开自由加工的原始冲动。但是它过于简略，就像绣像小说里的插图，未能完整讲述西王母的各种细节，这严重妨碍了人们对这位神秘大神的崇敬和追随。

为了解决本土化问题，西王母的形象亟待改造和加工，以满足崇拜者的欲望。首先，是改变他的性别。湿婆不仅是生命与毁灭为一体，光明与黑暗为一体，而且也是雌雄同体的，这为他的性别转化奠定了基础。

魏晋南北朝是先秦文化转型的一个重要时期。西晋太康年间，由于盗墓贼的"辛勤工作"，一部著名的传记体史书得以重见天日，它就是《穆天子传》，据说是一部来自战国时期的文献。作者详细描述了一位周代国王——周穆王，跟女神西王母相会的浪漫场景。在谈论这场历史性的幽会之前，我们不妨先搜索一下男主角的背景资料。

周穆王的生活年代，大约是公元前1000年，正是丝绸之路开始繁荣的年代。周穆王似乎毕生都热衷于征服、旅行和贸易，然而对他自己宫廷里的妃嫔们毫无兴趣。

但是"丝绸之路"这个名词的表述，其实是不够精确的。它的正确命名应该是"丝玉之路"，因为当时的国际贸易，主要对外输出丝绸，而输入的则以玉石、青金石、猫眼石和琉璃珠串等为主。[75] 尤其商周两朝，玉是人与神沟通的重要法器，但中原本土的玉质不佳，严重影响了神人之间的通信状况，所以要前往西部地区，也就是今天的新疆、青海和西藏地区去寻求良玉。结果，在青海找到了"昆仑玉"，在新疆则找到了"和田玉"，后来才弄清楚，它们是同一个品种。那么，究竟是谁发现并启动了这场贸易呢？极有可能是我们的这位男主角——周穆王，他充当了上古丝玉之路的重要推手。

根据《穆天子传》记载，周穆王乘坐着八匹骏马拉的战车，带领一支包含文官、商人和卫兵的队伍，从今天的陕西省出发，开始了反复多次的西征。他的北线行程，经过宁夏、甘肃；走中线，过新疆喀什而抵达中亚，包括塔吉克斯坦、巴基斯坦和阿富汗；他的南线行程，经青海而抵达冈底斯山主峰，甚至喜马拉雅山的北麓。整个过程充满了冒险色彩。由于这个原因，《穆天子传》可以称为第一部冒险题材的纪实文学作品。

周穆王表面上在游山玩水，实则肩负重大使命，由于西部多为蛮荒之地，路途遥远而艰险，实在不是一条理想的观光线路。周穆王的主要目标，至少有以下四个：

第一，寻找传说中的西域女神西王母；第二，寻找玉石资源，以彻底解决宗教祭器的材料问题；第三，寻找自身的民族之根，据说周人的祖先是西戎人，而他们的祖地，郭沫若认为在今伊朗北部；第四，寻找某种神秘巨鸟的羽毛。《穆天子传》记载，周穆王曾经派出六支特种部队去寻找这种羽毛，可以猜想，它或许具有强大的巫术力量，但这种巨鸟是不是金雕或秃鹫，我们就不得而知了。

《穆天子传》的描述，完成了西王母的转性。西王母从此不再是"豹尾虎齿"的怪物，而是美丽高贵的女神。这种性别转换，跟观世音由男身转为女身的情形非常相似，显示在深层心理上，中国人对大母神式文化偶像的急迫需求。

《穆天子传》描写道，在一个良辰吉日，周穆王拿着白色玉圭和黑色玉璧，以及大量丝织品送给西王母，女神悦纳了这份厚礼。

次日，西王母在瑶池边上安排了一场筵席，两位难分难舍的恋人，展开一场充满哀怨色彩的对歌。西王母唱道：白云悠悠，山峦绵绵，路途遥远，山川阻隔，希望您万寿无疆，还能回来看我。周穆王则唱和说：我必须回去治理国家，等到天下大同了，我还要回来见你，顶多也就是三年时光。这恍如今日藏族青年的对歌场景，情侣们刚刚陷入热烈的爱恋之中，却要面对长久诀别的事实。"悲莫悲兮生离别"，实在令人无限唏嘘。

除了《穆天子传》，《列子》也记载了这段浪漫而哀婉的人神之恋，细节大同小异，据说也是晋人的作品。[76] 两本书彼此呼应，一下就坐实了这段令人神往的传奇。古怪的是，此后再也没有人来续写故事的结局，只有唐代的《仙传拾遗》，简单地提到了一个细节："西王母降穆王之宫，相与升云而去。"意思是说，西王母降临周穆王的宫殿，然后两人双双升入云端，离开尘世，换言之，就是成仙去了。[77] 这无疑是后世的庸俗文人所能设想出的最圆满的结局。

跟魏晋浪漫主义不同的是，汉朝人更多地展现出实用主义的精神。他们觉得人神之恋终属不伦，于是给西王母配了一位对等的神灵夫君，号为"东王公"，就像他们给女娲和伏羲拉郎配一样。也有人认为，东王公其实就是周穆王的转世。在汉族民间社会里，人们甚至称西王母为"王母娘娘"，仿佛她是自己的一位邻家阿姨。

世俗化精神彻底改变了神话的品格，使它留下了一个庸常而亲切的面目。这是西王母仙话的起点，也是西王母神话的终结。

# 月神与箭神

## ● 月神嫦娥的飞天传奇

嫦娥又叫常仪、常羲或姮娥，据《山海经》记载，她最初是日神帝俊的众妻之一。帝俊赠送宝弓给大羿，派他去整顿乾坤，为了激励他努力工作，还把自己心爱的嫦娥也送给他。[78]大羿受到如此优厚的待遇，简直令人眼红。

然而，大羿和嫦娥的婚姻，表面十分美满，事实上却危机四伏。本来就是奉旨成婚，双方并没有多少感情，为了拯救黎民苍生，大羿又不得不到处征战，不仅要诛杀各路妖怪，甚至还射下了帝俊的十个太阳儿子，如何顾得上跟娇妻缠绵？夫妻之间，自然也就日渐有了隔阂。

大羿为民除害的壮举，虽然受到民众的称赞，无疑大大得罪了日神帝俊，也使自己的妻子疏远了。嫦娥长期独守空房，内心无限寂寞，逐渐生出了离家出走的念头。她的流言与传奇，就是从这个环节开始。

据《淮南子》等古籍记载，因为得罪日神而被贬落人间的大羿，为了重返天庭，向西王母求取了不死药，悄悄藏在家里，只有嫦娥知晓这个秘密。[79]

鉴于西王母的原型被认为是湿婆，那么，"不死药"的概念，很可能也源于印度神话，它或许跟著名的仙酒苏摩（Soma）有关。苏摩是一种神秘的菌类植物，把它放入水中浸泡，然后榨出黄色的液体，用羊毛筛过滤之后，再加入牛奶、水和面粉，经过发酵工序，就能酿造出苏摩神酒。

《梨俱吠陀》声称，苏摩酒是天神饮用的甘露，喝过它的人，可以获得永生，还能得到超自然的力量，这说不定就包括了飞升月宫的能力。但是，不死药在印度还是液体，到了中国，它就变成了丹药，大概是因为药丸更易于携带、保存和收藏的缘故。[80]

这件事情的蹊跷之处在于，嫦娥在窃取"不死药"之后，完全可以躲到地球上任何一个角落，但她偏偏要飞到人们抬头就能看见的月亮上，那个地方不但寂寞冷清，而且毫无隐私，她的一举一动，都被地球人看得一清二楚。

嫦娥为什么要做出如此古怪的选择呢？也许只能这样解释：她既然下定决心与大羿分手，就必须去一个他无法到达的地方，而只有月亮是凡人的禁地。嫦娥为了阻止大羿追来，一定吞下了所有的仙药，没有给他留下任何机会。

许多人觉得，嫦娥的行为太过冲动，因此她后来为此而深感悔恨，但事实并非如此。据《搜神记》透露，嫦娥在做出重大的移居决定之前，曾经咨询过著名的巫师有黄，得了一个"归妹"的卦象。这个问卦的细节，足以证明她并不鲁莽。有黄对她解释道，这是一个吉卦，说明她去了月球之后，会有更大的发展空间。

嫦娥从巫师那里得到验证，说明自己移居月球的决定是正确的，这才放心服下药丸，身体变得无限轻盈，然后飞身一跃，登上月球，成为那里的第一代移民。不幸的是，有黄没有告诉她，在飞升的过程中，她的身体会发生变形，从一位绝世美女，变成了一只模样丑陋的蟾蜍。

当时的月球居民，除了嫦娥，还有另一个怪人，就是著名的园艺家吴刚。由于学仙时犯了错误，他被师父贬在月亮上伐树。那树也真是古怪，砍了又长，循环不休，而吴刚犹如一个中国版的西西弗斯，不停地做工，又不停地回到原点，[81]至于他到底犯下何等大错，以至于要遭受如此长久的苦难，却是我们难以弄清的谜团。

吴刚辛苦伐斫的神树月桂，其实是一株伟大的宇宙生命树，据说它高达五百丈，蕴含着无限的生命能量。这种神树在马王堆帛画、汉魏画像砖上都有刻画，广汉三星堆甚至出土过它的青铜模型，树上停栖着的九只禽鸟，可能就是西王母派来的青鸟。

另一本道家典籍《云笈七签》透露，月亮上的桂树其实有七棵之多，又被称作"药王"，只要吃下它们的叶子，人的身体就能变得晶莹剔透，仿佛水晶玻璃那样。这种神奇的水晶化过程，其实就是成仙的标志，可见其药效的确不同凡响。吴刚的使命，就是每天从根部把整棵大树伐倒，采集它的叶子，以向嫦娥的制药作坊提供原料。

移民月球之后的嫦娥，无法享用永生的妙处，更无法获得独身的欢乐，却化为蟾蜍，丧失了美丽的容颜，这种内心的巨大创伤，恐怕是常人所难以体验的。她成天握着石杵，以捣烂吴刚摘下来的桂叶，用它们来炼制不死药，指望吃下它以后，能恢复自己的真容。出乎意料的是，月桂的药效竟是如此缓慢，人间几千年过去了（天上的时间表截然不同），她的身体没有发生任何变化。[82]

这种遥遥无期的药物研发，惊动了地球上的凡人。晚唐诗人李商隐怜香惜玉，发出感慨说，"姮娥捣药无时已"，同时为她的命运感到无限悲伤，"嫦娥应悔偷灵药，碧海青天夜夜心"。[83] 月亮虽然皎洁美好，却是一片令人窒息的荒漠，对于嫦娥而言，孤独的永生无疑是最严厉的惩罚。

由于嫦娥住在月亮上，所以大家误认为她就是月神。其实她只是一个候补的角色，真正的月神，早期的名字叫作望舒，曾经为楚国大祭司屈原拉过车，后来却再不见于中国神谱，也不知他究竟去了哪里。后来又冒出来一个新的，也不住在月亮上面，而是在人间鬼混，人们管他叫"月老"，又叫"月下老人"，是一个喜欢恶作剧的老头，犹如金庸小说里的周伯通。

除了管理月亮，月老还要负责人间的婚姻。他每天都从口袋掏出红丝线来，绑在他认为般配的男女身上，让他们彼此恋爱，结婚生子。庞大的红线工程，耗费了月神的大量精力，以致他根本无暇回到月宫去巡视自己的领地。久而久之，月亮就成了外来移民嫦娥的地盘。当然，另外一种可能是，嫦娥发动了政变，推翻了月老的统治，把他赶到人间，去做负责婚姻的媒神，自己则登上了月亮女神的宝座。

● **大羿与后羿的双胞奇案**

自从嫦娥逃往月亮之后，羿的内心被寂寞和怨恨所缠结，时日既久，性情大变，竟然成了一个超级恶棍，与过去的那个射日英雄判若两人。他看中了河伯的美丽妻子，就给河伯强安罪名，用箭将他射死，还把他的其他几个娇妻美妾都占为己有。[84] 他还到处征战，滥施暴力，弄得民不聊生，怨声载道。[85]

或许由于作恶多端，羿的晚境十分凄凉，甚至连生计都难以维持，否则又何必靠开办"箭学武馆"来糊口呢？即使是这种小本生意，后来也难以为继。羿有一个名叫逢蒙的徒弟，因嫉妒老师拥有不可超越的高超箭术，干脆举起桃木做的大棒，将他一闷棍打死。可怜的大羿，英雄兼流氓一世，却丧命于一个小瘪三之手。[86]

问题在于，那位备受敬仰的超级英雄羿，最后真的堕落成一个自暴自弃的恶棍吗？难道这就是所谓大羿神话的真相？典籍里时而称"大羿"，时而称"后羿"，这两个名字所指称的，是否为同一个人物？神话典籍里的蛛丝马迹，似乎要将我们引向一个完全不同的结论，而要揭开这一切谜团的真相，我们必须先从那只皎洁可爱的小白兔说起。

"玉兔"，月球上最著名的动物居民，它协助嫦娥捣药的形象早已深入民心，成为华夏神话美学的不朽场景。但就在20世纪30年代，著名学者闻一多曾经提出十一种证据，以证明"玉兔"就是蟾蜍，言之凿凿，极为令人信服，但限于篇幅，这里不加以转述。[87] 只是世人总觉得蛤蟆形象可憎，不如玉兔来得可爱，因而在中国民间，玉兔的形象最终还是替代了蟾蜍，成为除嫦娥之外最受欢迎的月球形象代言人。

然而，"蟾蜍"并非"玉兔"的本相，只要为它加上一张尖牙利齿的大嘴，以及一条粗壮的尾巴，它立马就会变成如假包换的鳄鱼。也就是说，蟾蜍有可能只是鳄鱼造型的一个变体而已。这种鳄鱼，中国古人称之为"猪婆龙"，而它应该就是嫦娥的前夫——大羿的本来面目。

更加有趣的是，这只被称作"羿"的猪婆龙，跟埃及神话中的涅伊特（Neit）有着诸多相似之处：

第一，"涅伊特"一词的发音，跟"羿"的上古拟音（ŋees）相近。第二，涅伊特是狩猎与战争之神，而羿同样是猎人与射手。第三，涅伊特的象征物是一副盾牌，上面有交叉成"十"字的两支羽箭，而"羿"字的大小篆写法，都是两支并列的羽箭。最奇妙的是，涅伊特的盾牌和其上交叉成"十"字的羽箭，其实就是"十"和"日"两个符号的叠加，居然在中国被误解为"十日"，从而演绎出

"羿射十日"的著名神话。第四，涅伊特总以鳄首人身之形显现，而羿则喜欢以鳄鱼的讹形——蟾蜍现身。第五，涅伊特拥有特殊的魔法力量，这与安魂仪式密切相关，其形象通常被绘制在死者的棺材上，用以治病、驱邪和保佑永生，而羿的形象也大量涌现在汉代以来的石棺上，手持"不死之药"，用以助人祛病、延年以及实现长生的梦想。[88]

羿和涅伊特之间的相似性如此之高，足以说明，这一神话与印度神话和埃及神话有共同的源头。这里还有一个问题：如果大羿就是变形为蟾蜍的鳄鱼神，那么，那只居住在月球上的蟾蜍，究竟是嫦娥女士，还是大羿先生呢？

这仿佛是一个难以索解的谜团，因为大多数古代文献都认为，在月亮上捣药的乃是嫦娥本人。然而，20世纪60年代初，从河南南阳小西关汉墓中，出土了一块绘有嫦娥奔月形象的画像石，它无意中为我们的疑问提供了答案。[89]

通过这块画像石，我们可以清楚地看到：嫦娥正在飞向月球，她梳着高高的发髻，头戴冠冕，上半身尚未变形为蟾蜍，但是下半身却已开始蜕化，露出了鳄鱼式的后肢和尾巴。更令人惊奇的是，在月亮上，一只陌生的蟾蜍张开了四肢，仿佛正在迎接她的到来。根据我们之前的推断，这只蟾蜍不可能是别人，只能是大羿自己。

这块画像石所提供的线索，迫使我们去重新寻找嫦娥奔月的真相。传世文献告诉我们，大羿射杀了帝俊的十个太阳儿子，由此开罪了天帝，政治前途大为不妙，甚至可能要面对更为险恶的生存危机。很可能是出于这个缘故，他才前去向西王母求取"不死之药"，由此启动了举家移民月球的逃亡计划。

这样看来，应当是大羿先于嫦娥抵达月球，而嫦娥只是前去会合的第二拨移民。然后，他们以"玉兔"或"蟾蜍"的名义在那里定居，成为夫妇恩爱的范本，犹如梁山伯与祝英台的双双化蝶。

大羿和嫦娥也双双化作了蟾蜍，虽然外表不免令人尴尬，毕竟还属于同一个物种，甚至还携手获得了永生，也算是值得大家祝福的美事。令人费解的是，这块画像砖出土于1964年，长久以来为学术界所广泛引用，但研究者对上面所刻画的事实长期熟视无睹，这不能不说是神话学研究史上的一个重大疏漏。

如果上述的推论成立，那么一个新的疑问就接踵而至：在大羿奔赴月球之后，那个在地面上倒行逆施的又是谁呢？我推测，他其实是大羿的替身——"后羿"。这个冒名顶替者，有可能是某个上古小国的君主，据说擅长射箭，喜欢打猎。这个"后（後）"字，既可作"国王"讲，亦可指时间先后的"后"。所以"后羿"一词，也不妨翻译为"大羿的继承者"。

在大羿逃亡之后，后羿僭替了大羿的名号，却没有继承他的精神，反而暴虐横行，涂炭生灵，罪状多到罄竹难书的地步，最终被自己的学生逢蒙出手反杀。不仅如此，之后的夏代又出现了另外一个擅长射箭的后羿，他是有穷氏的国王，被自己的臣子寒浞杀死。无论哪一个版本的后羿，其最终结局都是死于非命。

令人遗憾的是，由于诗人屈原和历史学家司马迁不明真相，以至于那些后羿所犯下的罪行，都被放到了大羿的头上，使他蒙受了几千年的不白之冤。[90] 希望我们的这场讨论，能够为这位伟大的射日者平反昭雪，光复他作为英雄的不朽美名。

# 父神和祖先神

## ● 三皇五帝：中国神界的最强天团

有人问我：你认为中国神话都是破碎不全的，但我们不是有"三皇五帝"吗？这难道不是一个完整的神系吗？那么我们就来看看，所谓的"三皇五帝"，到底是一个怎样的谱系，它是否真的像奥林匹亚神圣家族一样，足以支撑中国神话的整体结构。

让我们先看看"三皇"。他们是由哪些神灵组成的呢？不同朝代的不同典籍，说法各有不同，加起来足有五位之多。《尚书大传》说，他们是燧人、伏羲、神农，这里强调了燧人氏对火的贡献[91]；《三字经》说是伏羲、神农和黄帝，但因为黄帝已经在"五帝"之中，不宜同时出任两个职位，所以这个名单也不太靠谱。

相对而言，我比较认同纬书《春秋·运斗枢》，即《史记·补三皇本纪》所沿承的说法，也就是女娲、神农和伏羲三位，一位始祖神，一位火神和农业神，一位文明神，他们三位一起承担了中华民族创世的主要工作。

让我们再看看"五帝"的名单，这群神明的级别，略低于"三皇"，但也都是神界的实力派大佬。但是具体到每一个神的名字，各种典籍立刻众声喧哗，一片混乱。

《大戴礼记》和《史记》列黄帝、颛顼、帝喾、尧、舜为五帝。

《尚书正义序》和《帝王世纪》则认少昊、颛顼、喾、尧、舜为五帝。

《战国策》宣称，五帝的队列应当由伏羲、神农、黄帝、尧、舜所构成。[92]

《吕氏春秋》的版本则为太昊、炎帝、黄帝、少昊和颛顼。[93]

在这些版本之中，司马迁的《史记·五帝本纪》无疑是影响最大的一种。

刚才我提到的每一份名单，都有自身的合理性，谁都无法压服谁。如果把所有被提名的大神都列举出来，那就应该有八位之多（除去与"三皇"重复的两位），加上前面的五位，总共有十三位大神，足以形成"五皇八帝"的架构。只是人们出于对汉代以来"五行"神学的信奉，又迷恋《老子》中的"三生万物"原理，所以喜欢弄成"三皇五帝"的形式，结果由于这个器皿的容积太小，无法纳入所有的大神，弄得左支右绌，破绽百出。

如果上古诸神真的构成了一个赫西俄德式的神谱，或者一个像漫威那样的复仇者联盟，那我们一定可以读到更加精彩的神话故事。可惜，这个"三皇五帝"的神圣家族，不过是一个后人补缀的叙事，它最早出现在战国时期，而在西汉趋于成熟。它表面上像是神话，却有着历史化的叙述；相对于真实的历史记录，它却又更接近于政治寓言，或者说，一种乌托邦式的政治神话，在这个框架里，寄托着秦汉时人对于理想中国的政治想象。

这是周秦时代的典型思维，也就是承认有一个象征性的权力中心，即以周天子为代表的中央王国，然后是四方的各个方国，当然，这个"四"是一个虚数，代表着众多的诸侯国或"诸夏"，它们是共存共生的，各国都保持着自身的独立主权与文化特色。但是，始皇帝嬴政终结了这种古典政治的原则，他通过统一战争荡平六国，推翻"五帝制度"，形成了一帝独尊的新格局。

墨家的代表人物墨子，以四种不同颜色的龙作为比喻，预言了现实世界里的这场血腥征伐，他说："黄帝在东方杀掉了青龙，在南方杀掉了赤龙，在西方杀掉了白龙，在北方杀掉了黑龙。"[94]墨子所说的四条龙，表面上是指所谓的"四帝"，其实是指包括宋国在内的诸夏各邦。墨子是先秦时代最伟大的先知，他清晰地预见了东周列国的悲剧性结局。

又过了四百多年，曹操的谋臣蒋济，写下一本叫作《蒋子万机论》的书，回顾了黄帝剪灭四帝的过程，并为他的暴力征伐做了一次公开辩护。他的意思大致是，黄帝本来是一个非常仁慈的大神，在他刚刚统治中国的时候，实施的是扶持百姓生活和发展经济的政策，并不热衷于打仗。但四帝各举旗号，互相勾结，入侵黄帝的地盘，边疆冲突日起。黄帝出于无奈，只好打造兵器，讨伐四帝。言下之意，就是劝世人不要误解祖先，把他当作一个灭霸一样的坏蛋。

我们都知道，在流行电影《复仇者联盟3》中，反派大主角灭霸为获得蓝、红、绿、黄、橙五块"灵魂宝石"，先后杀死了数名漫威英雄，而黄帝为了获得最高权力，同样杀死了青、红、白、黑四位大神，夺走了他们的一切，其中除了炎帝，另外三位都是他自己的子孙。

黄帝首先征服了炎帝和祝融的地盘，然后又先后讨伐了伏羲、颛顼和少昊，其中只有跟炎帝之间的那场战争被历史文献所记载，但对于之后的三场战争，后人其实一无所知。我们不禁要问：伏羲如果被黄帝杀死，难道女娲会无动于衷？颛顼如果被黄帝杀掉，难道他的后裔屈原不会在《天问》中痛斥这种暴行吗？日神少昊如果就此陨落，难道大地不会被无尽的黑夜所笼罩？

我们根本无法回答这些问题。我们只知道，在这场权力的游戏中，黄帝对他的四方对手实施了"大灭"，也就是彻底消灭了他们的势力，以至于"天下四面归之"，尊黄帝为"皇天上帝"。后世传为美谈的"三皇五帝"，最后其实只剩下了"一帝"。最终，黄帝把自身变成了一个孤家寡人，无限沉重地面对着诸神的黄昏。

## ● 揭开祖先神黄帝的女神真容

众所周知，我们在尚未降生之时，就被人设定为"炎黄子孙"，但老祖宗黄帝的真实形象，其实谁都不太清楚。目前唯一略有参考价值的，是汉代画像砖上的一幅传为黄帝的侧身像，头上戴着汉代式样的皇冠，前后垂有那种门帘似的冕旒，双手朝外张开，回头望着身后，一望可知是汉朝人的想象，并没有太大的事实意义。

话分两头。1959年，湖南宁乡出土了一座人面四方鼎，轰动了整个考古界和文物界。这座鼎的四面，出现了四个一模一样的写实风格的浮雕人面，圆形的大眼，弯曲的月眉，颧骨高突，嘴形宽大，唇角微微下垂，柔和的线条中透露着三分威严，有点大观园里贾母的意思。

这种样式的铜鼎，在已经出土的商周青铜器里，可以说是绝无仅有，因此，这座人面四方鼎，现已成为湖南省博物馆的镇馆之宝。大家不但诧异于它的独特风格，而且也对这个青铜器上的人脸感到十分好奇，不知它究竟属于何方神圣。

直到一天，文史大师饶宗颐写了一篇文章，把黄帝跟这座人面鼎联系起来，认为这上面的人像，即是古史所记载的华夏祖先神黄帝，人们这才恍然大悟。[95] 原来，传说中的黄帝远在天边，近在眼前，他就现身在这座鼎上，一直沉默不语。

另外，通过对仰韶半坡遗址的发掘，研究人员发现，公元前5000年前后，东亚地区很有可能处于女性统治时代，即"母系氏族社会"。因此，当时的人们信奉女神，无疑是一件天经地义的事情。人面方鼎上的头像，在柔美中透露着威严，与其说是一个彪悍的男神，不如说其更接近于一位性格刚烈的大母神。

事实上，黄帝，本名当作"黄神"，是一位来自西戎的地方神。[96] 当时的西戎人，基本上是一些牧人和猎人，他们一面放牧、狩猎，一面展开掠夺战争，是一个极其彪悍的民族。黄神，应当是西戎部落所信奉的大母神。

为什么说黄神与游牧民族有关？因为甲骨文中的"黄"字，刻画的乃是一支箭垂直穿过田地的图像。它所表达的意思是：那些马背上的骑士，用弓箭征服土地，或者用箭来分配和丈量土地——你的箭射得越远，你所占有的土地就越大。这无疑是骑马射箭风俗的一种明显痕迹。一个小小的"黄"字，暗示了黄神所统率的民族的真实身份，而且表达了游牧民族向农耕生活转型的强烈意愿。

司马迁在《史记》中称黄帝为"轩辕黄帝"，给其加上一个"轩辕"的名号。这个"轩"字，指的是一种有帷幕的车辆；"辕"字，指的则是车辆前部的两根直木，用来驾驭拉车的牲畜。无论"轩"字，还是"辕"字，显然都与大型车辆有关。

驱动这种车辆的畜力可以是牛，也可以是马，但是马的可能性似乎较大，因为斯基泰人当时已经学会驯养家马，并由此习得了骑马和驾驶马车的技术。他们以这种先进的交通力量，征服了欧亚大草原。

那么，为何黄神要以车辆为号？关于这一点，古今无人曾给出令人信服的答案。然而，如果最初信奉黄神的乃是游牧民族，那么，用自己赖以维生的交通工具去命名这位大神，就是情理之中的事情。

反过来，这个"轩辕"的名号，也进一步证明了黄帝乃是女神的推断。司马迁在《史记·天官书》里说，轩辕星乃"女主象"，预兆着人间会发生得到女子或失去女子的事件。《淮南子·天文训》也说，轩辕星座是上帝妃子所居住的地方。既然"轩辕"在天上代表女性，并且是上帝的妃子，又有什么理由要在大地上扮演男性角色呢？

在黄帝的"英雌"形象中，保留着早期游猎部族的鲜明特点：面容刚毅，手持弓箭和双叉戟，驾驭着双轮战车，率领着她的人民驰骋在中原大地之上，向敌人发起无情的进攻。

鉴于炎帝的子民姓"姜"，字符里带有明显的女性标记，所以炎帝也可能是一位女神，因此，所谓炎黄大战，可能就是两位女神之间的争斗。

在研究黄帝真实面目的同时，另外还有一个疑问萦绕在我们心头——黄帝的形象难道从开始就如此高大伟岸吗？研究的结果表明，并非如此。黄帝之所以有今天这样崇高的地位，是拜历史上的三次"整容手术"所赐。

第一次是在战国年间，由道家黄老学派主导，改"黄神"为"黄帝"，并将他与老子相提并论，初步奠定了他在整个中原地区的权威地位；

第二次是在西汉年间，以司马迁为代表的儒家知识分子，以修史的方式，再次为黄帝"整容"，伪造了以黄帝为开端的帝王世系，使他转型为中华民族的第一祖先；

第三次是在西汉末年，由国家图书馆馆长刘歆率领他手下的学术写作组，炮制出大量赝伪古籍，以此抬高黄帝的地位，从而为王莽篡位的"合法性"寻找血统神学的根据。[97]

经过三次"整容"的黄帝，从女神变成了男神，性情反倒温和起来，胸襟也变得非常博大，发明了农耕时代所有的必需品。由于黄帝后来变性为男神，所以一些跟女性有关的发明，像镜子和梳子、养蚕和纺织之类的，就由他的四个老婆分担了。他还特别关心民众的性爱、生殖、繁衍和美容之类的事务。在南方，他进一步接管了灶火、巫术、医疗、寿命以及地下亡灵的生活，俨然是一个全知全能的祖宗。

在道家伪托的对话式文献中，黄帝扮演了一个意态谦卑和虚心求教的君主，发出天真的疑问，而由一些身份不明的隐士作答，说出关于政治、权术、战争、医学和养生等问题的真知灼见。在一部名叫《素女经》的典籍里，他还采访了一个自称"素女"的女神，从而产生了一场关于房中术的著名对谈。借助这种方式，黄帝教导他的人民，通过性生活去实现三个重大的战略目标：第一是欢乐，第二是长生，第三是繁衍后代。

## ● 黄帝与蚩尤：中华起源之战

黄神是一个野心勃勃的大神，他不断向东南方向扩张，却遇到了一个巨大的障碍，那就是中原地区先民的精神领袖——炎神。他应该是祝融之前的更古老的火神，"炎"字，就是两个"火"叠加在一起，一方面形容火势很大，另一方面，我们可以想象他左手一团火，右手一团火，是火的制造者，一个玩火高手。

炎帝还有一个名字，叫作"烈山氏"[98]，顾名思义，是让山燃烧起来的意思。这指的应当是用放火烧山的方法开辟田地，种植庄稼，也就是后人说的"刀耕火种"。不仅如此，炎神还教会了他的子民生火煮饭，从食物里获取必要的能量。

炎神的另一个身份，叫神农氏（许多学者认为这是两个不同的神祇），他以这个身份发明了很多专利，比如，他发明了最原始的犁具，教会百姓播种五谷，用草药治病，还建立了最早的以物易物的集市，这是商业贸易的开端。伟大的文明火焰就此被点燃，它像一个魔咒，推动东亚人向农耕文明的方向一路狂奔。

炎神的长相，最初可能为羊头人身，因为他的人民以"姜"为姓，这个"姜"字，则是一个羊头女身的形象，这意味着她可能跟黄神一样，最初是以女神形象出现的，并且跟牧羊有关，后来却转变为牛头人身，仿佛《西游记》里的牛魔王。这种性别转换，显然跟男权社会的确立有关。

炎神的出生也较为特别，《太平御览》引《帝王世纪》说，他的母亲叫作女登，是一位国王的妃子，在外面游玩的时候，梦见一条神龙进入她的身体，醒后就有了身孕，生下伟大的炎神。这位炎神，生下来三天能言，五天能下地行走，七天就长全了所有的牙齿，五岁时掌握了许多农业知识和技巧。他的神性在幼年时期就已经充分显现。

根据史书记载，炎神出生在今天的陕西省宝鸡市，这就意味着，当时炎神的管辖区曾经到达陕西一带，几乎拥有大半个华北地区。之后，在西来的黄神的逼迫下，他的领土不断向东萎缩，而且他的族人从游牧逐渐转为农耕，种起了粟米和水稻，变成了一群爱好和平的农夫。

但黄神并不满足于他的胜利成果。他发起了第一场大决战，要彻底消灭掉炎神及其拥护者。因为战场位于阪泉，所以后人称之为"阪泉之战"。司马迁在《史记》里用非常简洁的语言，描述黄神率领六种野兽组成的大军，包括黑熊、棕熊、狼、花豹、云豹和老虎，向炎帝发起了大规模进攻。双方接连打了三仗，打得天昏地暗，血流漂杵，最后以炎神的失败而告终。[99]

炎神失败之后，他所统治的地盘，只剩下一个狭长的沿海地带，大约相当于今天的辽宁、河北、山东和江苏，刚好位于湿润多雨的季风带上，背后是茫茫大海，退无可退。炎神知道自己无法对抗黄神，灰心丧气，从此金盆洗手，退出江湖，再也没有在历史中露面。但他手下却出了一位勇冠三军的战神，名字叫作榆罔。他的长相很像炎神，牛头人身，但背上多了一对翅膀，浑身刀枪不入，看上去几乎不可战胜。

榆罔不甘于炎神的失败，为了给炎神复仇，在韬光养晦一百多年之后，他向黄帝再度宣战，发动了第二次大决战。这场大战发生在涿鹿，所以后人管它叫"涿鹿之战"。但有的人认为，涿鹿跟阪泉其实是同一个地方。如果是这样的话，为什么要把对决的战场选在上一次失败的地点呢？无论如何，为了赢得这场战争的胜利，榆罔做了长时间的战备，这一次他志在必得。

决战的时刻来临了。两边的军队里敲响了兽皮大鼓，战士们的呐喊声震动天地。榆罔手下有战将八十一人，个个都是铜头铁额，八条胳膊，九个脚趾，力大无穷。[100] 他们运用刀、斧、戈等先进兵器，跟黄神打了九场大仗，双方各有输赢，一时难分轩轾。此时，榆罔施展出自己最拿手的法术，用大雾困住黄神的军队，天地间伸手不见五指，榆罔趁机发起进攻，打得黄神的军队晕头转向。[101]

不仅如此，他还从天界请来了风伯飞廉，弄得飞沙走石，人马都无法站立；然后又请雨师作法，电闪雷鸣，风雨大作。来自干旱地区的黄神军队，何曾见过这种阵势，全都陷在泥泞之中，寸步难行，从而被榆罔的军队打得落花流水。

黄神虽然屡战屡败，但他死活不肯认输。见对方请来风伯、雨师，他也针锋相对地从海边请来另一位风神，名叫风后。风后可能是一位分管海风的神灵，也是大陆风神飞廉的对手，所以被黄神加以利用。请他来对付飞廉，果然一举奏效。然后，黄神利用指南车，认出了飞廉所在的位置，再率兵发起攻击。飞廉被迫分心去对付那些彪悍的武士，手里放风的法术就被延缓下来，风势随即减小。

据《山海经》记载，黄神还请来了雨师的对手——旱神女魃，要她出手制止暴雨。女魃是一位身穿青衣的美丽女神，但性情暴烈，她一出现，天下就会发生大旱。她作法止住了大雨，逐步扭转了战局。[102]

黄神使出的必杀技，是请来一条神龙助阵，这就是应龙。这种龙跟其他中国龙不太相似，想来是龙族里等级最高的一种，背上长着大鸟的翅膀，是鹰和蛇的混合体。很久以后，它或许跟随商朝的残兵败将去了美洲，在那里被当作羽蛇神来崇拜。[103]应龙发动神力，口吐洪水，一下子冲垮了榆罔的军队。这是致命的一击，黄帝就此赢得了决战的最后胜利。

由于历史总是胜利者书写的，所以这位不幸的失败者榆罔，就被史官们弄成了一个恶魔，而且还得到一个诋毁性的诨号，叫作"蚩尤"，仿佛一条怨气冲天的虫子。久而久之，人们渐渐忘记了这个失败者的原名"榆罔"，而更习惯于叫他"蚩尤"。


## ● 蚩尤、夸父和刑天的英雄喋血

炎神何以会受到人民的普遍爱戴呢？除了发明制造、保存和运用火的技术，教会人民种植庄稼和生火做饭，还教会人们在食物里面放盐——虽然这是一个很小的细节，但却意义重大，因为盐不仅是最重要的调味品，更带来了人体生命代谢的核心元素钠。

炎神不但发现了盐的重要性，教导人们如何使用盐，还掌控了关键的盐业资源。这种资源有两种来源，一种是沿海地区出产的海盐，一种是内陆地区的湖盐或者井盐。在上古时代，谁掌握了盐业资源，谁就掌握了最重要的战略物资。不仅可以用它来凝聚人心，还可以展开国际贸易，换取自己所需的一切物资，犹如当代全球经贸体系下的石油。

黄神和炎神的战争，除了争夺土地和人民之外，有没有更重要的目的呢？显然，那就是争夺位于今天山西运城的解州盐池。这座盐池，位于阪泉或者涿鹿附近。著名宋代学者沈括在他的《梦溪笔谈》里，描述盐池方圆一百二十里，含盐的卤水是红颜色的，当地人称为"蚩尤血"，盐池中间有一眼泉水，却是淡水，有了这水，盐卤就能自发生成结晶，所以它的产量与质量都天下无双，难怪黄神和炎神以及蚩尤都要为此拼死一战。[104]

第一次大战，主角是炎神，盐池被黄神夺走，第二次在这里又打了一仗，这次的主角是炎神的旧部榆罔，也就是蚩尤，想要夺回这座盐池。但他还是失败了，不仅失败了，还被黄神擒住并杀害。然而关于蚩尤的结局，史书上却没有太多细节，给大家留下了许多想象空间。

19/1年底，在湖南长沙马王堆，一家军队医院在挖防空洞的时候，无意中发现了一座西汉年间的古墓。后来从中出土了大批文物，其中最有名的，是一具保存完好的贵族女尸。在这些文物中有一系列神秘的帛书，帛书里有一份文件，叫《黄帝四经》，它向我们透露了蚩尤被捕后的情形：

黄神在抓住蚩尤之后，为了复仇和警告那些潜在的敌人，决定用最残酷的刑罚来对付他。她先用大木枷把蚩尤囚禁起来，对他施以酷刑，然后剥下他的皮，蒙在木板上，做成射箭用的靶子，让士兵们都来练习射箭，据说那是最早的射箭比赛；她还剪下他的头发，绑在竹竿上，高挂起来，叫作"蚩尤旗"，在那个年代，这种把头发剪掉的做法，是对人的一种极大羞辱，老百姓远远望去，都会感到非常害怕，再也不敢有所反抗；她又下令，把蚩尤的五脏六腑全部掏出来，在胃里充气，把它做成一只皮球，叫大家都来踢球，看谁能最先把球踢进洞里去。

在捍卫盐池所有权的同时，黄神还顺便拿下了盐业的下游产业——酿造业的生产和经销权。据说，当时最畅销的食品是苦菜酱。这是一种什么样的酱菜呢？史书里没有明说。总之，黄神在残酷折磨过蚩尤的身体之后，下令把剩下的部分全部剁成肉末，然后掺进苦菜酱里，强迫全体民众消费这批"御制产品"，以这种方式来重申她的权威。[105]

据马王堆帛书记载，黄神向全体子民颁布自己的最高指示：你们不许触犯我的禁令，不许拒绝吃我赏赐的肉酱，不许制造社会动乱，不许违反我的政策办事。谁要是触犯禁令，偷偷倒掉肉酱，或者蓄意制造动乱，大搞反叛行为，知错犯错，擅自改变社会制度，擅自调动军队，那么，就请看蚩尤的下场吧。我会叫你俯首为奴，吃自己的粪便，求生不得，求死不能，在地底下给我当垫脚石。[106]

这段演说毫无保留地展示了黄神残忍无情的性格。因为这场战争的最终胜利，黄神的地位得到了巩固，由神变成了统治人间的"黄帝"。虽然英雄蚩尤死无葬身之地，但是那些带血的木枷的碎片散落在荒野之上，化为凄丽的枫树。每逢蚩尤殉难的秋天时节，枫叶都会变得殷红如血，象征着蚩尤含恨不屈的灵魂。[107]

蚩尤手下的八十一位战将，大多数都没有留下姓名，只有两位被后人记住，一位是众所周知的夸父。[108]他是巨人族的领袖，协助蚩尤挑战黄神的权威。他朝太阳运行的方向，也就是黄神的队伍勇猛地冲锋，最后战死沙场。夸父逐日的"日"，或许与他和黄神的交战有关，因为黄神请来旱魃施行魔法，制造炎热的天气，使巨人的队伍陷入缺水的绝境，最后被应龙轻易击败，这可能是传说中夸父"被渴死"的真相。

蚩尤手下另一员著名的战将，就是刑天，虽然他铜头铁额，却还是被黄神的士兵斩下了脑袋。但他不甘心就此倒下，竟然以自己的两乳为目，以脐为口，挥舞着大斧与盾牌，继续跟敌人浴血奋战，很像是欧洲中世纪传说中的无头骑士杜尔拉汗（Dullahan）。这个悲壮的场景，被陶渊明写成著名的诗句，使刑天成为人们永久追思的英雄。[109]

还有一部分蚩尤的残兵败将，他们躲过了黄神的追杀，向着南方的森林和大山逃亡，成为"九黎"或"三苗"的祖先，并教导当地先民，向他们传授水稻种植的农耕技术。迄今为止，南方的众多少数民族仍然在祭拜炎帝与蚩尤，把他们视为自己的祖神，并且缅怀他们的壮烈事迹。

## ● 感生神话：中国版的圣母玛利亚

感生，就是母体在没有男性参与的情况下，通过神圣的感应而怀孕生子。世上传播最广的案例，无疑是圣母玛利亚在马槽里生下耶稣的神迹。[110] 这类圣灵感应的故事，不仅在欧美流传，在中国也有各种各样的版本。

比如，就殷商的起源而言，《诗经·商颂·玄鸟》记载，当年，天帝命令黑色的大鸟降临人间，诞生了叫作"商"的伟大部族。这个高度简约的故事，由于省略了大量复杂的细节，使人完全不明所以。

司马迁在《史记·殷本纪》里，为此添加了更多的细节：商的开国元勋契，他的母亲名叫简狄，在一个阳光灿烂的日子，简狄跟两位闺蜜一起到郊外游玩，经过一座风景幽美的池塘，她们就脱下衣服跃入水中沐浴。

这时，有一只黑色的大鸟在附近下蛋，简狄一时好奇，就走过去拾起了鸟蛋，不料就在她仔细端详时，竟然鬼使神差地将它一口吞进了肚子，仿佛身不由己地受到了某种神秘力量的感召。回去之后，简狄就怀孕了，后来生下了伟大的儿子契。

对于这个传说，郭沫若在《青铜时代》一书里解释说，这只黑色大鸟，指的就是男性生殖器，而鸟蛋指的就是睾丸。他认为这是一个谜语，暗示当时发生的一次秘密野合，只是当事人简狄不愿让自己偷情的真相暴露，更不愿说出孩子父亲的名字，所以就编出了一套"感生"的说辞来瞒天过海。[111]

周祖后稷的诞生，跟殷商始祖诞生的情形几乎一模一样，犹如简狄事迹的一个镜像版本。《诗经·大雅·生民》说，王后姜嫄祭拜天帝，祷告神灵，希望能赐给她一个儿子，她从神庙里出来之后，正走在路上时，一不留神踩上了巨灵所留下的大脚趾印，结果发生感应，怀孕而诞下儿子后稷。由于后稷无父而生，姜嫄认为这婴儿是不祥的妖孽，竟然不恤母子之情，把他委弃在小巷里，指望那些过路的牛马会踩死这个孩子。

当时正值寒冬腊月，地上的婴孩哇哇大哭，可是，那些牛马经过之时，纷纷绕道而行，根本不敢触碰他的身体。姜嫄守在远处，一看这招不灵，又想把婴儿扔进树林，但附近人来人往，不便下手，只好另觅一个无人之处，将他遗弃在冰冻的河面上，企图使他冻死或淹死。

不料，此时忽然群鸟翔集，它们张翼成幕，将他围在当中，在雪虐风饕之中掩护着这个婴孩。心狠手辣的姜嫄这才意识到，这个孩子一定不是凡人，于是回心转意，将孩子抱回宫中，交给国王夫君，并给他取名为"弃"，也就是"丢弃者"的意思。

这则后稷传奇，跟殷契的故事大同小异，甚至主人公名字的发音都接近，只是有了一些细节变化，其中巨人的大脚趾，可以视为是男性生殖器的另一种隐喻；还有一个变化，是多出了一个"三弃圣婴"的桥段，故事编得更加曲折，引人入胜。

周代的人口数量已经有了很大改观，民族的生殖繁衍，不再成为国王的首要使命，王后无端怀孕生子，假如没有合理解释，必然会产生严重的政治后果。所以，王后姜嫄只能在契的故事的基础上添油加醋，炮制出一个新的传奇，来欺瞒丈夫和整个宫廷。

以上两则精心编撰的传奇故事，为东亚地区的上古种族叙事提供了卓越的原型，从此开启了中华感生神话的书写浪潮。此后，关于伏羲、炎神、黄神、少昊、颛顼、尧、舜和禹等神祇的出生，都被东汉王莽时代的文人们强行添加感生的桥段，其总数竟然达到176个，可以说是蔚为大观。[112] 这种感生神话的玩法，甚至被人弄到孔子身上，让他的出生都变得神异起来。

《史记·孔子世家》记载，"纥与颜氏女野合而生孔子，祷于尼丘得孔子。"意思是说，一对年龄和地位都相差悬殊的男女，也就是鲁国士大夫、六十六岁的叔梁纥，跟颜家只有十五岁的女孩颜征在，在尼山上祷告天帝，并进行了神圣的交媾，女子怀孕后，诞下了一名伟大的婴儿孔丘。一些人认为，孔丘的名字，其实源自当年野合的山头。虽然严格地说，这个故事的主题并非"无父感生"，却也暗含"天降圣人"之意，足以令孔子的身世蒙上一圈神圣的灵光。

鲁国故地的民间传说，对这个圣婴故事做了进一步渲染：由于孔子出生时相貌奇丑无比，令老爸叔梁纥吓了一大跳，以为是一个残疾的婴儿，赶紧将他抛弃在尼山脚下的一个山洞里。我专程考察过这个尼山脚下的山洞，看起来很小，但足以遮风避雨。颜征在得到这个消息之后，一边哭泣，一边寻找儿子，不料竟在那个山洞目睹了奇迹——婴儿安详地躺在那里，一只雌虎正在为他哺乳，一只苍鹰则扇着翅膀为他驱除炎热。[113]

# 其他

## ● 华夏诸神的四场大战

在讲过水神、地神、日神和火神之后，大家一定想要了解，众神之间到底发生了怎样的战争。现在我们就来盘点一下，发生在中国上古神界的四场重要战争。

第一次神界大战，时间约在人类的旧石器时代。故事中的大反派，是地神系的共工，根据上古至中古的典籍记载，为了争夺世界的统治权，他跟女娲、祝融、颛顼、帝喾、重黎等各路大神同时开战，打得天昏地暗，令整个世界都陷入巨大的危机。可以算是中国神话史上最早、规模最大的一场恶战，人类为此承受了无比深重的苦难，此后的大多数文献，都把责任推给了共工，让他去背负最沉重的黑锅。

我把这场恶战称为"创世纪之战"。这场混战中有没有真正的赢家呢？当然没有。在这场大战里，输得最惨的是共工，他同时丧失了权力和荣誉，但其他神灵也没有任何收获。

第二次神界大战，时间约在人类的新石器时代早期，主要爆发在日神系和水神系之间。日神帝俊与妻子羲和的地位，当时真是如日中天，但因为过于傲慢和懈怠，没有好好管教孩子，结果铸成大错，十日同时挂在天上，导致大地上气温急剧上升，庄稼枯死，生灵涂炭。这时候，英雄大羿出现了，他是一位典型的水神系猎手，高举弓箭，毫不留情地杀死了帝俊的十个儿子。

日神家族从此遭到了沉重打击，威望扫地，一蹶不振，所以这场战争不妨称为"射日之战"。但是，水神系有没有乘机得到复兴呢？事实上，非但没有，女娲大神似乎也在此期间悄然离去。日神系和水神系两败俱伤，此时地神系乘虚而入，变得日益强盛起来。

第三次神界大战，通称"炎黄之战"，爆发时间应该是新石器时代中期。以炎神为代表的火神系，与以黄神为代表的地神系，在华北平原上展开了两场惨烈的大战。他们究竟为什么而战呢？据史学家钱穆透露，这是为了争夺食盐的开采权，[114]所以我替它想了一个别名，称为"盐池之战"。

关于这次战争的细节，以后还要详细讨论，这里我只想提醒大家，日神与火神是天然的神圣同盟，但由于日神系的衰落，火神系也就难以得到日神系的支援，因此，这场战争的结局，从开始就已经注定了——黄神夺取了整个华北地区的控制权，炎神被驱赶到了南方地区，在那里苟延残喘。如果没有后来异乡神祝融的加入，火神系的命运会变得非常难堪。

第四次神界大战，是地神系与水神系的战争，时间大约是人类的新石器时代晚期。水神系制造了滔天的洪水，使得人神共愤。地神系奉命发起反击，此时，地神系的新一代中出现了一位天才，那就是大禹。他战胜了洪水，瓦解了水神系的势力，导致水神系从此四分五裂，只能转化为一些地方性的小神，像河伯、洛神之类，水神系彻底丧失了整个中华世界的统治地位。

更重要的是，禹还彻底改革了神灵的治理方式。地神开始更理性地统治大地。他测量了土地，绘制了地图，盘点了其领地上的所有动产和不动产。这种精细的量化作业，有效提升了地神的权威性，为地神对人类的统治奠定了基础。从此，各路地神化身为土地公，成为基层的管理者。

中国神话里的战争故事，跟希腊神话到底有什么不同？这是一个值得追问的问题。

首先，发动战争的欲望动机截然不同。中国神灵的欲望被展现得相对单纯，他们之间的争斗，倘若不是为了争夺权力，就是为了维持宇宙运行的秩序。然而，希腊诸神之间，经常为了情欲而争风吃醋，那场著名的特洛伊战争，就是因为一个绝世美女而爆发的，她的名字叫海伦，就连整个神界都为她而分裂成了两派。所以，希腊神话更注重情欲动机，更接近人性中那些最隐秘的部分。

其次，战争的叙事形式也大不相同。中国神话的战争故事相对比较简单，人物性格更加扁平和概念化，读起来像是概括性的故事大纲。希腊神话中的诸神战争，人物众多，他们的性格和关系也相当复杂，读起来一波三折，惊心动魄。就文学性而言，希腊神话确实具有更大的文学魅力。

最后，蕴含在神话战争里的悲剧精神。中国神话中的人文价值展现得很不充分，使读者很难直接从中获取灵魂的教益。比如"精卫填海"，单独从文本来看，它只是一个纯粹的复仇故事，它是否能向我们提供一种直见性命的精神启示？我认为答案是否定的。希腊的战争神话大多属于悲剧型作品，就像亚里士多德所说的那样，它们能够唤起读者对故事人物的同情，以及对命运无常的恐惧，让读者的感情从中得到净化和升华。

为什么中国神话中的战争叙事会显得如此单薄？原因我们此前早已谈论过了，那是因为，那些可能最具有精神价值、闪耀着启示光辉的神话，已经在四次文化大焚毁中化为灰烬，荡然无存。剩下的这些，要么是一些肢体不全的断章残句，要么是从域外引入的只言片语，我们又如何能指望这些神话碎片去承担传递中华文化精神的重任呢？

## ● "帝"与"天"的美索不达米亚原型

如果查询一下网络对"帝"字的解释，会有一个词条告诉我们，说"帝"的古字是个象形字，是对花朵的形态的精确描写（"象花萼全形"），也就是"蒂"的本字。这种说法，最早来自国学大师王国维，[115] 但它实在是个天大的误会，因为"帝"与花朵毫无关系。"帝"是崇高的光线的源头，它指向的是太阳或者星辰，而不是那些依赖太阳的光热才能存活的地面植物。

几年前，我的一个学生去巴格达大学做访问学者，他爱上了一位学考古的伊拉克女孩，就装作很有文化的样子，在纸上画下一个甲骨文的"帝"字送给对方，说我送一朵中国花给你，于是姑娘笑了，觉得他很傻很天真。

我们都知道，伊拉克位于著名的美索不达米亚地带，最早的人类文明就诞生在那片土地上，那里出土了很多刻满楔形文字的泥板，还有一些印章，上面发现了一种形如"米"字（八角星）的神秘符号。经过考古学家破译之后，人们才知道，原来那是一个象形文字，它模仿了天体发光的形态，用以代表神灵（deity）和天体（heaven），它的发音是"帝歌"（dingir）或"迪摩尔"（dimmer），请注意，它的开头辅音是"D"这个音。

有趣的是，在中国商朝时期，甲骨文的"帝"字，其字形同样作"米"形，它的上古拟音是"deegs"，具有同样的辅音音素，语义同样是天神。我们需要了解的是，苏美尔的八角星符号，大约出现在公元前3500年，在历经2300年的漫长传播之后，也就是在公元前1200年左右，它似乎终于抵达了中国。

早在20世纪初，西方学者波尔已经注意到这个奇怪现象，他认为中国的"帝"字，起源于西亚美索不达米亚地区。这个看法得到了中国学界"甲骨四堂"之一的郭沫若有保留的支持。[116] 他认为，殷人所使用的甲骨文"帝"字，从字形、发音及所指的神格，也就是形、音、义三个方面，完整地复制了苏美尔的"帝歌"。并且，殷人把"帝"奉为最高天神，并热烈地崇拜。

只要读一下那些龟甲上的卜辞，我们就会发现，殷人向"帝"祈祷的主要目的，在于祈求雷雨，祈求不要下冰雹和刮大风，祈求打仗胜利，祈求城市建造的成功，等等。[117] "帝"是全能而仁慈的，在大多数情况下，他满足了国王和贵族的愿望。

另一种看法认为，这个"帝"字，最初泛指所有发光天体和日月星辰，但后来则窄化为专指北极星。北极星，又叫作帝星、天极星或紫微星，它看起来仿佛在夜空中固定不动，而所有的星辰都在围绕它旋转，向它致敬，因此被视为星星里的王者。道教尊称它为"紫微大帝"。在地面上，北极星有一个跟它相对应的坐标，那就是中国皇帝的宫城，所以皇宫又称"紫禁城"，意思即是紫微上帝的宫殿，草民禁止入内，所谓"王者之宫，以象紫微，故谓宫中为紫禁"[118]。

苏美尔人的天神"帝歌"，以放射状的方式向世界各地传播，不仅到达中国，而且成为各民族神话的一个核心语词。比如，亚述语的天体叫"Tanru"，古雅利安语的天神叫"Dyaus"，印伊语族早期众神的总称叫作"Deva"，梵语称明亮的星星为"Tara"，突厥语的天空神叫"Tengri"，等等。

"帝"在东亚经历了两次重大传播。它首先成为商代宗教的关键词，出现在大量龟甲和牛骨上，专指上天的最高神。从秦汉开始，它又被用来称呼人间的君主。目前传世的儒家"五经"，大多是春秋战国和秦汉之际的作品，这时，"帝"字虽然已经被"天"代替，但仍然顽强地表现自己的存在。根据我的统计，"帝"字的出现，在《尚书》中有34次，《诗经》中有44次，《礼记》中有70次，《春秋》中有1次，包括在《易经》中都出现了11次。

再说"天"字。周朝灭掉殷商之后，考虑到必须跟前政权划清界限，保持自己的信仰主体性，所以放弃了对"帝"的崇拜而另起炉灶。由于周人队伍里有许多突厥人，所以周的祭司可能借用了突厥语里的"天"这个词，以作为对上帝的称呼。

但文王、武王和周公似乎都没有意识到，这个"天"字（突厥语为"Tengri"［腾格里］）其实就是"帝"的一个衍生品。今天的蒙古族、柯尔克孜族、哈萨克族等民族，用"腾格里"或"长生天"来指代天神和世界的主宰。位于内蒙古和甘肃交界的中国第四大沙漠，就是以"腾格里"命名的。

我们不妨来看一下，"帝"和"天"两者之间的共同点：它们都来源于异乡神"帝歌"这个名字，都是指天神，都拥有"明亮的蓝色天空之神"的各项属性——高高在上、蓝色、明亮、博大等等，字头辅音是"D/T"。唯一不同的是，文字发生了彻底的变化。

在周代甲骨文里，"天"字采用象形手法，刻画人头顶圆球（太阳）的样子，或者在人的头顶上，加上一条短横线来代表"天空"。因此，"帝"和"天"两个词应该出自同一个语源。直到春秋战国时期，"天"仍然保有人格神的显著特征，后来才慢慢蜕变出大自然、宇宙、自然运行规律等派生性语义。

我所要追问的是，商帝国和周帝国，这两个当时东亚大陆上最强大的国家，有什么理由要信仰一个异乡的天神？逻辑上只有两种可能：一种可能是统治殷商的贵族具有外来血统，他们把自己民族的信仰变成了国家信仰[119]；还有一种可能是，殷商的统治者接受了西亚移民所带来的信仰。无论如何，这都表达出了殷商社会的高度开放，它甚至开放了自己国家的最高信仰。

汉代以来，"帝"和"天"这两个语词被明确地划分开来。"帝"的地位下降了，主要用来称呼"人帝"，即世俗君主。"天"则继续停留在形而上的位置，专门用来称呼"天帝"或最高神。后来，这形成了一个悠久的历史传统。

从此，中国人一生至少要磕三种头，第一种磕头礼的对象是自家父母，这是儒家孝道的日常表达；第二种是世俗君王，人们要通过磕头来表达对普遍皇权的服从；第三种磕头礼的对象是"天"，也就是神，以此来表达对他的崇敬。即便是自称"天子"的皇帝本人，每年也要隆重地祭天。直到今天，北京依然保留着明清两代帝王祭天的场所，那就是举世闻名的天坛，如今，它只是一个开放给普通游客的世俗景点。

## ● 十二金神和秦帝国的崛起

现在我要来谈论一下发生在秦帝国的怪事。众所周知，秦始皇在灭掉六国之后，为了维持统治，收缴了民间所有的铜质兵器，将它们熔解之后，浇铸为十二座巨大的铜像，放在自己的皇宫门口。这些铜人每座高约16米，按另一种算法则是13.6米，重量有30吨，可谓气势宏大，令人叹为观止，几乎就是秦帝国的一个超级形象工程。

《汉书·五行志》记载了这个异常事件，它声称，在今天甘肃的临洮，突然出现了十二个巨人，每个都高达五丈，光是鞋子就长达六尺，身上穿着夷狄，也就是外国人的服装。秦始皇听说之后，就下令销毁兵器，浇铸铜像来模仿他们的形象。

这段神秘的记载，究竟在表达什么？世界上真有如此高大的巨人吗？为什么秦始皇不把他们带到京城，而只是用铜像去临摹他们呢？只有一种解释——那是十二座巨大的神像。如果这样解释的话，它们又是什么样的神像呢？

我曾经反复言及，临洮这个地方并不简单，它是波斯拜火教徒的根据地，那十二个巨人，应该就是他们所铸造的神像，分别代表拜火教的十二位大神。综观当时的东亚地区，只有拜火教在崇拜十二个大神，并且在每个月份里轮流祭祀他们，由此形成十二月神体系。[120]

那么，秦始皇何以要按照十二神的形象铸造铜人，并且放在自己的阿房宫，让它们充当自己的守卫者呢？没有任何史书对此做出解释。一种合理的推测是：

波斯帝国的威名，在先秦时期已经波及东亚，秦始皇意图借助这个帝国的余威，去震慑那些残余的六国敌对势力。他要通过十二大神的铜像昭告天下，在秦帝国的背后，有着强大的西亚势力的支持，所有反对者不得轻举妄动，否则必然死无葬身之地。

毫无疑问，秦帝国从未真心吸纳过祆教的教义，也未曾学会大流士的智慧与仁慈，那些巨大的金属造像，不过是一群可笑的政治玩偶，它们注定无法捍卫这个残暴的政权。短短十四年后，这个表面上不可一世的帝国，就被楚国贵族项羽所领导的复辟力量推翻，成为历史上短命的政权之一。

无论如何，秦始皇曾经征服过六国，把大部分东亚地区置于他的主权之下。只就这份功业而言，自然是前无古人。遥想当年，与六国集团相比，它的政治制度、农业技术和文化传统，无疑都是最落后的一个。

出人意料的是，经过几个世纪的奋斗，这个西陲小国成为一股崛起的政治力量，它击败了东方霸主齐国，甚至摧毁了南方超级大国楚国，横扫整个诸夏世界，缔造了一个前所未有的东亚帝国。虽然它的国祚仅十四年之久，但对中国历史的命运产生了无限深远的影响。

秦国最终战胜六国的秘密是什么？一种流行的解释是，这是始于商鞅变法的改革成果。商鞅改革事业的核心，是户籍制、郡县制和统一度量衡。一百二十年后，秦始皇嬴政在此基础上继续推进制度改革：第一，进一步统一度量衡；第二，统一车辆的轮距和轨道；第三，统一文字；第四，统一货币；第五，修筑高速公路和普通公路；第六，修筑烽火台和长城；第七，修建人工水渠；第八，建造豪华陵墓；第九，建造豪华宫殿阿房宫[121]。这九项超级工程，构成了秦始皇的最大政绩。[122]

商鞅变法和秦始皇变法是发生在秦国的两次最重要的变法。没有人怀疑秦国贵族的智商和变革能力，但问题在于：为什么六国都没有这类改革，唯独秦国推出如此系统和大规模的制度创新，而且在一百多年的跨度中，保持了良好的连贯性？谁才是这场变法的幕后推手？

要想彻底弄清这个问题，就必须打开眼界，去眺望整个亚洲的历史状况。就在公元前6世纪，西亚地区出现了波斯帝国，它的第一个王朝叫作阿契美尼德王朝，是当时世界上领土最辽阔的国家，横跨亚洲、欧洲和非洲。

但不幸的是，它遇到一个致命的对手——马其顿王国的亚历山大大帝。在这个战争天才的打击之下，强大的波斯帝国土崩瓦解。波斯帝国覆灭之后，它的贵族和骑士阶层，也就是上层祆教徒，开始向四处逃亡，其中一部分人徙往远东地区。北部的大本营，就在甘肃临洮地区，中国历史上称其为"狄人"。

这些狄人凭着自己的聪明才智，融入当地生活，成了秦国的政治幕僚和能工巧匠。他们向商鞅、秦始皇和李斯，提供了大量来自本国的宗教神话和政治管理经验。而秦始皇这边呢，除了引进波斯的十二大神，他还会引进波斯的其他先进制度和工艺技术吗？[123]

带着这样的疑问，我考察了一下阿契美尼德王朝的业绩，结果意外地发现，原来秦始皇所实施的所有改革措施，几乎都来自波斯帝国，就在三百年前，国王大流士就已经推行了"书同文、车同轨、量同衡"的新制度，而且还建造了高速公路、人工水渠和豪华陵墓。秦始皇几乎是"全盘西化"，完整地拷贝了这个西方超级帝国的政治文化制度。[124]

自从我在五年前提出这个观点以来，最近几年，秦帝国和波斯帝国的交流关系，受到了一些考古学家的高度重视。比如说，在秦之前，中国从来没有出现过任何写实主义人物塑像，而兵马俑雕塑的出现，就像是天外来客，完全没有自身的继承关系。原秦始皇陵兵马俑坑考古队队长段清波就认为，这种艺术观念和技法都不是本土的，应该是借鉴波斯的。

由于在兵马俑坑附近发掘出波斯人的遗骨，他还进一步认为，是波斯工程师以波斯皇帝的陵墓为蓝本，主导了整个秦始皇陵的设计。陕西省考古研究院的考古人员还发现，就连兵马俑坑青铜水禽的铸造和镶嵌技术，也来自西亚地区。[125]

有人可能无法接受这个事实，因为它动摇了历史教科书的通常说法。但不妨遥想一下，一千年以后，我们的后代将如何看待今日中国的改革开放呢？他们会认为我们这个时代的一切都是自己发明创造的吗？我们的录音机和播音设备，我们用来收听节目的手机和车载收音机，我们的互联网和数码语言，我们用来写作和阅读的电脑，它们的原理和技术，不都是从外部引进的吗？

只要想清楚这点，就不会质疑我们的先祖了。他们跟我们一样，对外部世界抱着开放、学习和吸纳的积极态度，并因此得到了巨大的回报。是的，没有秦国的变革，就没有秦帝国的诞生，同样，没有学习和采纳"书同文"的制度，中华民族各族就无法凝结为强大的"汉字共同体"，拥有长寿生命。这不是逻辑推论，而是历史的真相。

## 第三章

# 管理日常生活的诸神（上）

# 母亲神

## ● 守望中国家园的三位女神

之前我曾经提到过中国人的原始大母神女娲，但她已经在神话史上消失多年，大家以为她早就离我们而去，但后来才发现，她依然留在我们身边，只是换了一个名字，叫作傩，也叫傩母，每年都在接受世人的祭奠。[1]我们还提到过，一位变性的王母娘娘，她的前身是印度大神湿婆，到了中国后，在《山海经》里保持了原来的面貌，但到了《穆天子传》里，摇身一变成了美丽温婉的女神。

为什么中国民间社会更渴望母神而非父神呢？那不仅是因为，男神的数量已经够多了，而女神的数量却严重不足，更重要的是，同世界上其他国家一样，中国人也普遍拥有强烈的恋母情结，需要温柔的大母神呵护他们的灵魂。正是出于广大民众这样的心愿，新的母神才会不断涌现。

这里我想要谈论一下大母神家族的其他成员。首先来认识一下骊山老母，这是中国神话史上最具传奇色彩的女神。看过电影《这个男人来自地球》的朋友们一定会记得，电影里有一个名叫约翰的男人，他在自己家里对几个朋友声称，自己已经有14000岁，从史前一直活到现在。他宣称自己认识哥伦布和凡·高，还见过佛陀，甚至表示自己就是耶稣基督。这部电影所谈论的是一个永生者的回忆。永生者拥有人类的全部知识、经验和技能，所以他本身就是神一样的存在，而且很容易被人当作神来膜拜。

我们今天要谈论的骊山老母，就是一位类似的永生者，跟约翰相比，她还掌握了道家的神奇法术。她出生于大约公元前1000多年的殷周之际，并且是秦始皇的祖先。据说，当年秦始皇巡游骊山时，曾经跟她邂逅，还贪恋她的美色，骊山老母一怒之下，放弃妙龄女子的面貌，而以老妪形象出现在世人面前，这才有了"骊山老母"的称号。[2]

根据神话传说，她乘坐岁月的船舫，首先穿越了战国年代，收齐宣王之妻钟无艳为弟子。[3]渡过唐朝时，她看见幼年的李白过于顽劣，无心读书，就在他面前磨起了绣花针，用铁杵成针的动作来点化诗人（这是神话传说，请千万不要当真）。[4]后来，她又收即将成为薛仁贵夫人的樊梨花为徒。[5]途经宋朝时，她还收了另一个叫穆桂英的徒弟。南宋年间，她甚至收了蛇精白素贞为自己的弟子。[6]最出人意料的是，到了明代，她不惜救出打算自杀殉情的痴心女祝英台，还教了她一手神奇的法术（这则传说试图解释祝英台"化蝶"后的去向）。

人们很快就发现，骊山老母是妇女和儿童的庇护者，她乐于帮助那些没有受到启蒙的儿童和身处险境的女性，让他们成为自己的徒弟，学习改变世界的本领，并在历史上留下英名。她的神话故事，鼓舞着无数中国女性去抗争黑暗，寻找自己的生命价值。

第二位大母神是九天玄女，她是富有智谋的女战神，在道教神谱中具有很高的地位，据说仅次于王母娘娘。她头戴金色帽盔，脚踏风火轮，手持斩妖宝剑，一副雅典娜的扮相，但有时也胯骑白鹤或足践金莲，在白云之间翔舞，犹如一位凌波仙子。

九天玄女的"玄"字，是黑色的意思，在五行神学中，黑色象征水，所以她过去可能是一位水神。当年，在黄帝大战蚩尤的时候，她曾经向黄帝面授机宜，帮助他战胜对手。吴越争战的年代，她帮助越国打败了吴国；在唐朝，她又帮助薛仁贵征服了东辽。她帮助人类打仗，主要是通过传授天书的方式，也就是提供秘密的兵法和韬略。要是以"天书"来统计她的功绩，那么中国历史上的许多著名战争，背后都有她的影子，就连《水浒传》里的主人公宋江，在被人追杀的危急关头，都是靠着九天玄女梦授天书渡过难关，成就了"替天行道"的造反大业。

九天玄女的形象，超出我们对一般大母神的想象，是男神和女神、父神和母神、战神和智慧神的混合体，在漫长的中国历史中，她成了所有失败者的守护神。

第三位大母神是女海神妈祖。跟前面两位女神相比，妈祖的年龄最轻。她出生的年头，大约在公元1000年，也就是北宋早期，地点就在今天的福建莆田的湄洲岛。她的诞生过程，充满了神秘的感生色彩。据说，她母亲梦中吞下观世音菩萨馈赠的药丸，睡后就怀了孕，将近分娩的时刻，有一道红光射进屋里，光辉夺目，香气飘荡，还伴着隆隆的雷声，就连大地都变成了紫色。母亲感到腹中一阵震动，于是生下了妈祖。有趣的是，直到满月，这个神奇的女婴都一声不哭，她的父亲姓林，给她起了一个名字叫"默"，也就是沉默不哭的意思。[7]

林默长大后成了一个巫女，能够预测吉凶，还能乘着席子渡过大海。当乡亲们遭遇风暴的时候，她总会出现在灾难地点，帮助那些渔民摆脱困境。据说她因为善于驾驭船只，曾救下过无数人的生命。在一个狂风大作的黑夜，海浪滔天，许多渔船无法进港，林默为了营救他们，不惜把自家的房屋点燃，让熊熊大火为渔船指引航向。

妈祖的不同之处在于，她死后才成为大神。在一次营救渔民的行动中，她不幸被海浪吞没，从此化成了神灵。经常有航海者看见她身穿红衣，在海面上飞翔，专门救助那些遭遇海难的渔夫。为了得到她的保佑，水手们先是在船上供奉她的神像，后来又在陆地上建造神庙加以祭祀。她的地位也不断提升，从一个地方小神，变成了国家钦定的航海保护神，甚至超越国界，成为海内外华人社会共同祭祀的大母神。

把妈祖崇拜推向高潮的一个重要人物，是明朝的三宝太监郑和。当年他奉皇帝之命七下西洋，远航南洋、南亚、西亚和非洲，船队人数多达17000人，要是没有海神娘娘的保佑，又怎么能全身而退呢？早在第一次下西洋之前，郑和就率先在泉州建造妈祖庙，祈求她的保佑，而且还把这种信仰带到了南洋各地。

郑和敬拜妈祖，除了需要海神的支持，还有一个机密原因，那就是他自幼在战乱中失去了母亲，内心隐藏着强烈的恋母情结。有一个细节很能说明这一点，他的舰队在福建长乐等待东北季风，在乡村散步的时候，他遇到了一位要饭的老太太，觉得很像他自己的母亲，就收留了她，派人悉心照料，还为她建造了一座木楼，名叫梦母楼，用来寄托他对母亲的无限思念。妈祖，应该就是郑和心中另一位伟大的母亲。[8]

## ● 观世音菩萨的性别之争

在中国宗教信仰史上，最深入人心、受到最广泛敬拜的神明，无疑是观世音菩萨。她象征着无限的慈悲和博爱，是众生的母亲，也是第三代神话中东方女神的代表。观音菩萨在东亚大陆的强大影响力，令其他所有男神都黯然失色。[9]

与人们所崇拜的其他神灵相比，观世音菩萨的形象变化多端，光是佛教传说里，她就具有三十三种法相，其中比较为人所熟悉的，有杨柳观音、渔篮观音、送子观音、四臂观音等等。每一种观音，都代表着民众的一种心愿。比如，杨柳观音专门负责为农民降雨解除旱情，龙头观音负责匡扶正义和为民除害，白衣观音负责超度亡灵和鬼魂，莲花观音负责助孕产子，琉璃观音负责丰收和人畜平安，渔篮观音负责为人祛除病痛。

最引人注目的是千手千眼观音，她拥有十一张面孔、四十二只手臂，每个手掌上都有一只眼睛，代表千面、千手和千眼，被用来观看、倾听和照料无量众生，救助他们脱离苦海。无论她的法身怎样变化，观世音美丽、圣洁和放射着母性光辉的形象，永远都是饱受苦难的广大民众的精神安慰。

关于观世音形象的最大争议，在于其究竟是女神还是男神。有一种看法认为，对于观世音菩萨的信仰，早在公元2世纪就在印度西北部出现。当时，他的形象是身穿王族服饰，戴着王族头巾，手持一朵莲花，留着八字胡须，并且有着平坦的胸部。这显然是一个典型的男神形象。其实，佛教初入中国之时，观世音菩萨的外形，仍然是这种留着八字胡须的印度王子的形象，比如敦煌佛像就保持着这一风格，但到了唐朝的时候，武则天企图假借佛教经义来证明自己身为女皇的正当性，公开宣布自身为女菩萨转世。

为了讨好这位大周女帝，各地寺庙对所塑造的菩萨像，包括观世音在内，展开了一场轰轰烈烈的转性运动，从此之后，观世音以女子或中性的形象面对世人。[10]探访洛阳龙门石窟的游客不难发现，原奉先寺里的那尊卢舍那大佛，正是按照武则天的形象来塑造的，它的面部线条具有柔和的女性化特征。

观世音菩萨向女神转型的另一个原因，据说与古印度兴林国的妙善公主有关。印度佛教神话宣称，兴林国国王有三位美丽的公主，大公主和二公主都在宫中侍奉父母，只有三公主妙善自幼出家为尼。国王苦苦劝她回宫，但她坚决不从。于是，怒气冲冲的国王派人拆毁了寺庙，并且驱逐了那些僧尼。

这个渎神的举动得罪了天神，他使国王全身长出了五百个脓疮，百般医治都不见起色，后来，终于延请到一位名医，说是此病须用亲骨肉的手与眼作为药引方能医治。国王向身边的老大和老二求救，但两位公主都不愿做出如此大的牺牲。

老三妙善得知了这个消息，竟然不惜剜去自己的双眼，并且斫下双手，这样才治愈了父亲的恶疾。妙善的自我牺牲不但感动了父王，而且也感动了释迦牟尼大佛。为了让妙善能够继续救助苦难众生，他将千手千眼赏赐给她，从此，妙善公主就成了千手千眼菩萨，而后，她又与观世音菩萨的神格发生融合，称为千手千眼观世音菩萨。[11]

曾经有一些西方学者认为，观世音菩萨的原型与耶稣基督有关。BBC为此拍摄过一部专题纪录片，名叫《耶稣在印度》，来探讨这个极具争议性的话题。对于这种奇谈怪论，或许佛教徒还有包容它的可能，但对于基督徒而言，则普遍难以接受，因为这几乎是在暗示，耶稣基督的思想源自东方的佛教。

但人们也不难发现，耶稣的慈悲、博爱与正义的神格特征，与观世音菩萨有所重叠。更加有趣的是，耶稣生平中十二岁到三十岁的这段时间，在福音书中是一段空白。

19世纪末的俄国旅行家尼古拉斯·诺托维奇（Nicolas Notovich），来到位于印度西北的拉达克地区，也就是最早产生观世音菩萨崇拜的地方，在那里的一座古寺里发现了两部经卷，上面详细记载了一位名叫"伊萨"（Issa）的佛教大士的生平经历。

蹊跷的是，"耶稣"这个名字在伊斯兰教和佛教中的音译，就是伊萨。古卷声称，伊萨在十四岁那年，跟随从以色列出发的商队向东旅行，最后到达了印度。他先学习了六年的婆罗门教，后来又改学六年佛法，之后游学于佛土圣地之间，走遍了尼泊尔和喜马拉雅山一带。当他启程返回以色列时，年方二十九岁。[12]

因此，一些学者大胆猜想，耶稣可能就是在受难复活之后，重返印度和尼泊尔，在那里受到了佛教徒的普遍爱戴，被尊为观世音大师，而这就是观世音菩萨的本来身世。鉴于这份神秘文件已然佚失，这桩公案就成了一个不解之谜，但它至少说明，早期的观世音菩萨与男神的形象有着密切联系。

中国民众苦于缺乏充满慈爱的大母神，再加上女皇武则天的推波助澜，导致观世音在中国文化中转型为女神，从而被更多的民众所敬爱。

不过，对于这种"变性现象"，神话学还有一种解释，这种解释认为任何一位神灵，其实都是阴阳同体的"赫墨阿弗洛狄特（hermaphrodite）"[13]，他们兼具男性与女性的全部特性，从而超越了身体性别，犹如柏拉图《会饮篇》里所描述的那种完美人类。[14]

不仅如此，从神学的角度看，作为超越人类的存在，神本来就没有所谓的"男女之别"，男神与女神的性别分界，只是基于人类的认知局限而做出的可笑设定。

来自佛教的解释则更为直截了当，它认为观世音有各种化身，无论男性还是女性，都只是其外部显形而已。所以，那些聪明的僧侣和工匠，通常会将神像的外表塑造为中性的风格，以此融合男性的刚强和女性的温柔。因为，唯有在这样的造像面前，那些善男信女才可能一睹更接近神明本性的"真容"。

# 父神

## ● 谁遇见过神秘而崇高的山神

对于平原与城市的居民而言，山神是一种相对陌生的存在。但在华夏神话体系里，他们从来都是一个重量级的家族。早在两千多年前，《山海经》的《山经》部分，就记载了对应于各座山系的神灵的祭拜仪式。某种程度上，《山经》是关于山神的最古老的祭祀指南。

山神信仰最初起源于高山崇拜，这很可能是地神崇拜的一种延伸。人们总是认为，神族往往有一个固定的聚会场所，大多数情况下，它是一座高山，因为高山是大地和天庭的交通渠道，代表着诸神的意志。

华夏众神基本都居住在昆仑山上，希腊众神住在奥林匹斯山上，玛雅众神则住在一座叫作劳·拉那的大山上。中国的佛教与道教的寺观，大都建造在深山密林之中，这不仅是为了保持修炼场所的清静，更是为了亲近那些洞天福地中的神灵。

当然，并非每座山岳都能有幸被拣选为众神的根据地。世界上有着众多的山峰，那里虽然没有云集的诸神，但也有各自的领主，那就是我们所要讨论的山神。他们按照山脉的大小高低，拥有不同等级的力量。山神有呼风唤雨、控制气候的能力，也能保佑世人的健康平安、农业的丰产和畜牧的兴旺，然而反过来，他们有时也可能降下灾祸，殃及生民。

有趣的是，传说中的山神，性情比较暴躁，比其他神灵更容易被激怒，所以，中国西南地区的旅行者，但凡经过高山急峡和原始森林，都必须保持缄默，小心翼翼地前行，否则随时都会招来山神的愤怒。山里就会雷电交加，暴雨倾盆。山神还喜欢化为猎人的形象，身背弓箭，骑在马上巡视山林。倘若谁对他们有所不敬，立刻就会大祸临头，轻则染疾，重则死于非命。反过来，只要人类虔诚地膜拜和供奉，他们也会乐于帮助人们去实现心愿。

据说，山神们的身影至今还活跃在藏地的大山里。网上曾经流传过这样的异闻：四川甘孜色达的一位乡村会计曾邂逅过一位山神，奉命替他给另一个山神家族传递物品。这位藏族同胞描述道，那个山神的身材是常人的三倍，长着鬈曲的络腮胡子，是一个行踪神秘、力量超群的巨人。

历史上最早的国家级山神祭典，据说是由舜发明的。根据古代文献记载，他曾经祭拜过泰山、衡山、华山以及恒山。[15]祭山的时候，人们一般将玉石和玉器埋于地下，也有使用"投"和"悬"的祭法的，就是把鸡、羊、猪或玉石投入山谷，或悬挂在高高的树梢上。

历代中华帝王都有封禅的传统。所谓"封禅"，就是祭拜天和地，"天"即上帝，而"地"就是地神。但是，封禅的地点却必须选择一座高山，也就是借用某位山神的领地。[16]这是因为高山乃是连接大地和天空的通道，也就是所谓的"宇宙之柱"，虽然颛顼当年已经拆毁"天梯"，断绝了人跟神之间的沟通渠道，但历代皇帝依然大搞"封禅"活动，相信"天梯"还在那里。

提到泰山与衡山，它们其实是三山五岳体系的一部分。按照秦汉以来制定的祭祀规则，五岳是以中原为中心，按东、西、南、北、中五个方位命名的五座神山。其中，中岳是河南嵩山，东岳是山东泰山，西岳是陕西华山，北岳是山西恒山，南岳则是湖南衡山。[17]此外还有著名的"海上三山"之说，那就是"蓬莱""方丈"和"瀛洲"。

据《史记·秦始皇本纪》记载，当年齐人徐市上书始皇帝，声称海中有三座神山，上面住了许多神仙。秦始皇惑于徐市所杜撰的故事，派遣三千童男童女，由徐市率领，去寻访仙山和不死之药。据说，徐市最终抵达了日本，指认富士山为蓬莱，勉强算是找到了三座仙山中的一座，但所谓的不死药却始终不曾现身，非但秦始皇本人不久后就暴毙于巡游途中，即使是找到了"仙山"的徐市，也未能享受所谓的"永生之福"，连尸骨都化成了泥土。

登泰山祭拜天地，在秦汉之后，成为中国宫廷政治的重要内容。历代中国皇帝曾经在高山举行封禅不下20次，其中19次在泰山，著名的祭拜者有秦始皇和汉武帝，而嵩山只有一次，是由武则天发起的。

中国皇帝何以如此偏爱泰山呢？首先是因为泰山被视为五岳中最高的一座，所以具有至高无上的地位。还有人解释说，根据阴阳五行原理，泰山位居东方，是太阳升起的地方，也是万物发端生长的地点，因此泰山的山神有着司掌人的生死、贵贱和官职大小的能力，他既能使个体延年益寿，也能保障政治安全，让帝国繁荣昌盛。

另外还有一种说法，据说当年盘古大神在完成创世之际，他的头化为东岳，腹部化为中岳，左臂化为南岳，右臂化为北岳，而两脚则化为西岳。由于泰山是造物主之头所化，所以它理所当然地位居五岳之首。

由于泰山具有如此重大的政治神学价值，所以泰山的山神，也就是东岳大帝，地位就变得异常显赫起来。岱庙中的东岳大帝塑像，形象与人间帝王相仿，都是头戴紫金冠，身穿黄色龙袍，手持一块朝笏，上面绘有七星连珠图案，威风凛凛地立在神殿中央，身边还环绕着金童玉女。他座下的四大护法，个个都是名震天下的人物，包括华光大帝马灵耀、财神赵公明、温元帅温琼，以及关帝圣君关羽等。

东岳大帝还有一位著名的千金，叫作碧霞元君，是足以跟妈祖并驾齐驱的大母神，在妇女儿童事业方面，她又与观世音菩萨有着相似的职能。碧霞元君的现身，进一步扩大了泰山神家族的影响力。

著名的汉代史官司马迁，毕生无限崇仰泰山，在身遭腐刑之后，他决意忍辱负重，完成父辈未竟的事业，写出第一部大型纪传体史书。在给好友任安的信件中，他表达了蒙受刑辱之后的痛苦心情，并重申自己写作《史记》的意图和雄心，为此留下了一段彪炳千古的震撼话语："人固有一死，或重于泰山，或轻于鸿毛。"显而易见，在这位大史家的心目中，泰山不仅仅是一座代表帝国权力的山岳，而更是人类精神价值的象征。[18]

## ● 先农祠里的祖先神和农神

在漫长的农业时代，丰收就是农民的最高愿望。只有农业神，也就是丰产之神，能够为人类带来五谷丰登的美景。因此，祭拜农业神和丰收神，获得他们的加持和护佑，是所有农夫的夙愿。

在希腊神话中，主管农业、谷物和丰收的女神叫作德墨忒尔（Demeter），她是奥林匹斯十二主神之一，形象是一位高贵的女神，华美的金发波浪般垂落于肩，一只手持一束麦穗，象征成熟的谷物，另一只手则握着燃烧的火炬，象征着烹饪之火。德墨忒尔教导人类耕植，赋予大地生机，她的神力足以使土地肥沃、植物荣茂、五谷丰登，使人类拥有享之不尽的财富，反过来也能使万物肃杀、寸草不生，让那些靠大地为生的百姓一贫如洗。这个案例也说明，农业神跟其他神灵一样，具有赐福和降灾的双重特性。

北欧神话中的丰收神的名字叫作弗雷（Freyr），他是一位性感的男神，也是盛夏阳光以及温暖的季节性降水的象征。他有时骑一头野猪，有时则驾驶一辆金色的马车，满载果实和花朵，从田野飞驰而过，把丰沛的生命力带给农夫和他们的作物。

作为历史久远的超级农业大国，中国的农业神或丰产神，大多是兼职的神明，这是一个非常奇怪的现象。上古神系中所谓的"三皇"，也就是伏羲、神农和黄帝，都被赋予部分农业神的神格。在关于他们的传说中，伏羲发明了渔网，并教给人民渔猎的方法；炎帝/神农氏发现了庄稼的种子及栽培技术，由此带动种植业的崛起，还研发草药、制作陶器，开辟了集市贸易；其对手轩辕黄帝，据说研制出耕地的农具，确立了指导耕种的节气制度。[19]这些大神的丰功伟绩，都为农耕文明做出了重要贡献。

为了解决国家经济的根本问题，祭拜农业神的重大使命，往往由皇帝本人亲自承担。这种祭祀跟其他国家祭祀的最大不同之处是，皇帝在进入神庙行礼之后，还须亲自下地，扶犁耕种，表演一场"农夫秀"，以此来取悦农神。明清两朝的北京，除了设有天坛、地坛、日坛、月坛之外，还建造了先农坛，专门用来祭祀那些与农业有关的众神，其中最重要的是被称为"先农"的神农氏，其次则是太岁。

太岁，又称"太岁星君"，也就是太阳系里的木星。木星绕太阳一周大约需要十二年，而人的生肖也随太岁的运转而改变。为了祭拜太岁，先农坛里建造了一座太岁殿，殿中共有十二位神灵，每年循例轮换，而当年值班的太岁神，称为"流年太岁"。

在所有神灵中，太岁对于中国人的命运具有最大的影响力，他掌管着人间一年的吉凶祸福，按照传统命理学的说法，倘若某人遭遇了"命犯太岁"的现象，也就是"八字"中有与太岁相冲的元素，此人可能就面临着某种灾难。太岁不仅影响着个体的时运，也干预国家政治的运行轨道。因此，皇帝每年必须祭拜轮值太岁，希望在得到农神的庇护之余，也能得到太岁神的恩惠。

关于太岁，中国民间还有一种说法，是指那种形如肉团的古怪生物，仿佛电影里来自外星球的异形生物。事实上，它是一种由黏菌、细菌和真菌构成的聚合体，生长在地下的泥土中，具有极其顽强的生命力，即使放在暴晒的极端环境卜也难以死亡，由于非常罕见，故而在古代成了一种弥足珍贵的稀世药材。李时珍在《本草纲目》中将太岁列入"上品"，声称它"久食，轻身不老，延年神仙"，是可以使人长生不死的仙药。[20]

在中国，除了神农氏之外，真正受到官方隆重祭祀的农神，其实还有一位，那就是后稷。"稷"，也就是小米，一说为高粱，"后"则是国王的意思，所以，"后稷"这个名字翻译成现代白话，就是"小米王"的意思，后世又进一步尊他为谷神。中文里有一个古老的名词，其中"社"代表地神，"稷"代表谷神或农业神，合起来就是"社稷"，后来转义成为整个国家的代名词，可见后稷与稷米，在中国农耕文明中扮演了重要角色。

稷这种农作物的粒实非常细小，处理起来有一定难度。它最初是华北地区的主要粮食，由于水稻普遍在南方种植，而小麦是从西方传来的，早期尚未普遍种植，所以，当时的北方人所食用的，主要是小米之类的谷物，产量较低，但基本上可以糊口。若是一年当中风调雨顺，有足够的收成，人们就会萌生幸福的感觉，因为这意味着接下来的一段时间内再也不必挨饿了。后稷就是这种粮食的发明者，也是中国稷农的始祖。他率先发现了野生稷米的种植规律，并且将种植技术加以推广，从而带动了农耕文明在东亚的崛起。

我们之前曾经谈到过，这位"小米王"后稷，是帝喾之妃姜嫄因为识踏巨人的足迹，感孕而生的孩子，由于曾被母亲遗弃在野外，所以他也被叫作"弃"。《诗经·大雅·生民》记载说，弃还是小孩子的时候，就热爱种植庄稼，长大后成了一名罕见的农业高手。当时的国王尧听说了他的本领，就委任他为"农师"，相当于今天的农业农村部部长，担负起指导农耕事务的重任，成为中国稷农的始祖。[21]

　　《诗经》生动地记叙了后稷所开辟的田园生活场景。后稷的神通，首先在于他精于分辨土壤的性质，又擅长从茂密的杂草中拣选优秀的谷种，并通过人工繁育来加以改良。到了谷粒饱满的时节，这些谷物经过收割、碾压、筛糠的程序，就能被蒸制成香喷喷的面食。一旦有了粮食，就意味着，人们可以开始祭祀天神了。于是，后稷教导众人举行祭禬礼，也就是用掺入香蒿的牛脂作为灯油，来照亮献祭的现场。人们把经过剥皮的公羊加以炙烤，以供神灵歆享，燎祭的香气弥漫在祭坛之上。稷农们就趁着这个神圣的时刻，向众神祈求来年的丰饶。[22]

# 文明神

## ● 仓颉造字体系中的文明密码

衡量一种文化是否进化到文明的阶段，有四个全球公认的标准：第一是拥有强大的宗教体系和神庙建筑群，当然也包括内容丰富的神话系统；第二是拥有人口密集的城市；第三是拥有文字；第四是拥有以金属（主要指青铜器）铸造技术为核心的关键技术。在这四个标准里，文字具有标志性的意义，因为它直接关联到人类智慧的传播、交流和继承。对于一个民族、一个国家而言，文字的发明至关重要。

仓颉被公认为汉字的缔造者。关于他的身份，古代文献的记载有一些分歧。有一个说法，说他是国王，本姓侯冈，而"仓"是他的封号，或者是他担任国王的那个国家的名字。还有人说，他是黄帝手下的官员"左史"，跟他并列的另外一位造字者，是黄帝的右史，名叫沮诵，但不知什么缘故，沮诵很快就遭到世人的遗忘，而仓颉成了唯一的汉字发明人。[23]

史，是西周时期的一种官职，是国王身边权位最高的官员，专门负责观测天象、问神占卜、管理时间，而占卜最大的问题，是需要记录那些卜辞。传统的结绳方法无法完成这种工作，对文字的需求因此变得十分急迫。所以，由史官来组织团队发明文字，显然是一件顺理成章的事情。

再说仓颉的这个"颉"字，在《诗经·邶风·燕燕》里，"颉"是向下飞翔的意思。[24]整个名字的语义，可以解释为"飞临于仓国的人"。多么简洁有力的名字，它是对仓颉生命状态的精准描述。我们被告知，他是那个飞临尘世的神人，他的降临，决定了华夏文明的高度。

仓颉为什么从天而降，古代典籍里没有解释，应该是得到了天空神伏羲的加持。伏羲发明了符号记事的方法，但他还需要有人继承他的事业，把符号变成一种真正的线性编码的文字。也许正是伏羲（或许还有帝喾的加持），把符号的秘密传授给了仓颉。

仓颉除了拥有一个独特的名字，还有一副奇异的尊容，那就是"重瞳"，也就是每只眼睛各有两个瞳仁，看起来非常古怪。中国史书上记载的有重瞳的人据说只有八个，除了仓颉，还有舜帝、春秋五霸之一的晋君重耳、西楚霸王项羽、"问君能有几多愁"的南唐李后主等。

我们不禁要问：所谓"重瞳"到底是一种什么生理状态？在古代神话里，它是神异之人的标记。据说，拥有重瞳之人，不仅五脏六腑跟常人不同，而且能看到常人所看不到的鬼神，也就是民间传说中的"阴阳眼"，并有使用幻术咒语游走于阴阳两界之间的能力。

在现代医学里，有一种眼部疾病叫作"多瞳症"，属于先天性虹膜发育异常。但我不想用这种科学解释来破坏人们对于神话的美好想象。总之，根据古书的记载，仓颉就是用这样天赋异禀的重瞳，观察鸟兽的足迹，从中获得灵感，进而创造出了神奇的汉字。

文字的发明，当然是一件具有开创性意义的大事，它的重要性，可以通过众神对造字的反应看出来：当时，天上下起了粟米雨，鬼神都在夜晚号泣，龙也为此潜藏到水底，再也不敢露面，仿佛大祸就要临头。为什么会这样呢？因为文字跟文明一样，既能承载美德和营造幸福，也能为世界带来灾难。毫无疑问，鬼神们预见到了这种剧烈的人世变动。[25]

《吕氏春秋》把仓颉造字与发明车仗的奚仲、发明农业的后稷、发明法律的皋陶、发明陶器的昆吾以及发明城墙的夏鲧的功绩相提并论。[26]请务必注意，这些重大发明，除了陶器属于新石器时代，其余都是构成古文明的基本要素。

在回顾仓颉造字的神话故事之后，我还想跟读者讨论一下汉字被创造出来的真实历史。神话跟历史有某种内在的共通性，但两者之间还是存在着某些重大差异。

第一，神话中的造字年代是黄帝时代。有人认为，黄帝时代应该属于新石器时代中期，也就是仰韶文化时期，距今大约六千至七千年，而汉字真正出现的时间，大约是在商朝中期的青铜时代，也就是距今三千两百年左右。这意味着，神话和历史之间有很大的出入。当时，盘庚的侄子武丁继承王位，依靠仓颉率领的团队，在短短几十年里，完成数千汉字的创制，让已经衰落的商帝国重新走向繁荣。

武丁或许大家都不太熟悉，但他的老婆却赫赫有名，她就是商代最著名的女战神妇好。她的墓葬出土之后，因为随葬品的奢华和精美，引起考古界的一片喧哗。今天安阳博物馆所陈列的展品，基本上都是妇好墓出土的宝贝。妇好是武丁的王后，她辅佐武丁南征北战，甚至亲自挂帅，率领商朝最大的一支军队，约一万三千人，展开了一场当时最大规模的战争，成功讨伐了北方的羌人国家。这是妇好建立的赫赫战功。

第二，仓颉和沮诵建立了更为重要的文官治理格局。正是文字的发明，全面强化了殷商帝国的综合实力，开辟了"武丁中兴"的盛世景象。

耐人寻味的是，文字和青铜器技术是同时发展起来的，由于青铜铸造技术来自西亚地区，那么汉字的造字法则，是否也可能受到了苏美尔文字的启示呢？这是完全可能的。对苏美尔早期象形文字的研究表明，它不仅掌握了原始的"象形"技法，而且发明了"会意"和"指事"技法，而这在过去被认为是汉字创制的核心。

例如，在苏美尔古文字里，有"山"和"女人"两个象形字，把两者合并起来，就构成了一个新字——"女奴"，为什么是这样呢？因为山区比较贫困，所以女人多沦为平原地区居民的奴婢。所以"山里的女人"就等于"女奴"。这个会意字，含蓄地揭示了苏美尔经济地理的基本格局。

会意法和指事法，超越原始的象形造字法，展示出更强大的抽象思维能力，并为文字的自我繁殖提供了广阔的空间。

先进的青铜铸造法和造字法，被移民、逃难者和商人缓慢传播到东亚地区，引发了一场文明崛起的熊熊大火。在盘庚迁都后的几十年内，甲骨字被密集地创造出来，效率如此之高，只可能是出自官方有组织的运作，而非文化自然发育的结果。光是安阳殷墟，就发现了十五万片甲骨卜辞和四千多个汉字。根据常识，文字的发明，必然是官方权力推动的结果，并且一定是集体创作的产物，因为个体根本不具备发明文字的能力。那些闪现在玉器或陶罐上的刻画符号，它们不是真正的文字，只是文字诞生前夜的零星的工匠作业而已。

这里有必要提及一些甲骨文制作的基本背景。汉字的最初书写方式，是被雕刻在乌龟壳和牛肩胛骨上，然后凿出圆形凹槽，再放在火上加热，直到龟甲因厚薄不同而受热不均产生裂缝为止。商王身兼大祭司，他往往亲自观察，通过裂缝的纹样和走向，预测各种未知事件。这些神奇的动物骨骼被命名为"卜骨"，其上的铭文最短仅数个字符，长的则有30～40个字符，记录了王室与祖神的通信结果，其议题包括生死、战争、气候、收成和祭祀仪式等等。为了让资讯得以永久保存，殷人还把必要的文字浇铸到青铜器上，称之为"金文"。

这场造字运动，揭示出一个庞大的汉字工业体系的存在。其中，一支精英团队负责研发汉字，而原料团队则负责收集龟甲和牛胛骨，工匠团队对甲骨进行清洗、打磨和凿孔，祭司团队负责炙制裂纹，并由专业的刻写匠人把国王说出的卜辞镂刻在甲骨上。最后，还需要一个庞大的图书馆（有可能是地下石室）来收藏和管理这些甲骨，以便随时能够进行检索和查阅（在殷商灭亡之前，这些卜骨遭到了有组织的大规模掩埋）。

正是基于这样的需求，一个以仓颉为首的祭司集团，按照占卜的语义需求，不断创造和发明出新的甲骨文字。毫无疑问，只有经过数代祭司的共同努力，才能取得如此辉煌的造字成果。

那些祭司，似乎主要来自黄河沿线的河南、陕西和山东。仓颉的生平事迹十分稀缺，他死后却创造了一个奇迹，那就是在中国大陆拥有最大数量的墓地。目前已知的仓颉墓，大约有十来处，遍及中国北方黄河中下游流域。其中，在河南就有开封、新郑、南乐、虞城、原阳、洛宁、鲁山七处，陕西白水一处，山东寿光和东阿两处。此外，西安的仓颉造字台和新郑的凤凰衔书台，据说都是仓颉造字的处所。

一个人拥有这么多墓地和纪念地，就连大神伏羲和女娲都不曾受到如此厚爱，这显然是不合情理的。只有一种解释，那就是这些实际上是仓颉团队众多成员的墓地。他们生前都在仓颉的名义下辛勤工作、创造文字，死后又被人以仓颉的名义分别埋葬在各地。无论如何，仓颉们都是华夏民族的文化英雄。

## ● 风神飞廉吹来了什么风

"风"是自然世界中最常见的气流现象，但没有人知道，"风"这个汉语字词，其实起源于风神的名字。我们不妨来看一下"风"的发音，它是以"F"或者"V"这样的唇齿音开头的，有趣的是，泛亚地区风神的名字，基本上也都是以"F"或"V"打头的，比如波斯和印度的风神，名叫"伐由"（Vayu）或者"伐陀"（Vata）。

甲骨文所刻画的"风"（  ）字，是一头鹿的形状。晋代学者形容风神飞廉长着鹿的身体，豹的斑纹，蛇的尾巴，脑袋形似雀鸟，却生有一对鹿角。在印度神话里，风神则是骑在鹿或羚羊身上的。为什么会产生这种微妙的差别呢？我推测，这可能是在符号传播过程中产生的变异。

最早描述风神飞廉的汉语文本，是诗人屈原的《离骚》，在这篇著名的长诗里，他形容自己像神明一样，骑着飞马在天上自由奔驰，去求索宇宙天地的奥秘，前方有月亮女神望舒手持灯笼照亮夜空，而身后则是风神飞廉在追随护驾，可以说是一个极其奢华的阵容。其中的月亮女神望舒，查遍群籍，都无法找到她的魅影，与此相反，风神飞廉却声名煊赫，在历史典籍中有大量记载。

根据古代文献记载，飞廉曾是战神蚩尤的师弟，在蚩尤与黄帝的那场世纪之战里，他帮助蚩尤，把黄帝的大军围困在凄风苦雨之中，几乎使他们全军覆没。但是后来女神旱魃介入，飞廉不幸为她所击败，传说葬身于沙场之上。[27] 当然，风神是不会真正死亡的，他一直自由地穿行于世界各地，成为生命、呼吸、自由、速度和力量的象征。

风神拥有大量假名、代名和异名，应该都是"风"字的上古同音词，其中出现频率最高的是"飞廉"，另外还有"冰夷""冯夷""凭夷""丰降""风媖"

等，这些都是由于发音而造成的拼写混乱。即使在崇拜风神的大诗人屈原的《离骚》中，也时而将他的名字写作"飞廉"，时而又写成"丰隆"。当时神话传播的混乱程度，由此可见一斑。

不仅如此，飞廉的神格也比较混乱，有五六种变格，他有时是风伯或风姨，顾名思义是司管风的，有时却变成了河神，跑去管起了黄河，有的时候又成了气象神，兼任云神、雷公或雨师的角色，实在令人捉摸不定。不仅如此，风神的性别也陷入了扑朔迷离之中。道教认为，风伯是一个白发老翁，左手持轮，右手执扇，做扇轮子状，称风伯方天君。到了唐宋以后，他又变性为风姨和风后，成了一位性情暴躁、喜欢怒声咆哮的女神。

事实上，对于风神飞廉的崇拜，是普遍见于亚细亚地区的文化现象，它起源于古老的印伊神话。刚才已经提及，风神名字的印伊语形式是"伐由"（Vayu）或"伐陀"（Vata），在古波斯的《阿维斯陀》里，他是一名身形强健的武士，在高空发出战吼的时候，能够改变时间流逝的速度。

在印度吠陀神话当中，伐由是管理风与空气的主要神灵之一，骑在一头印度白斑鹿或者瞪羚身上，动作迅捷，性格暴烈，而且力大无穷，有时也喜欢乘坐牛或马所牵引的战车，掌管着人类和动物的呼吸，是大地上一切生命的主宰。他曾经摧毁过宇宙中心须弥山的峰顶，将它扫进大海，变成今天的斯里兰卡岛；然而他也乐善好施，赐给他的信徒以财富、牛马、荣誉及避难所，并帮助他们驱除敌人。由于风神善于救治人的生命，所以他也是一位医药神，出于这个原因，古印度人也把医生叫作"伐陀"（Vata）。

在中国历史上，许多印度修行者、高僧、医士和艺术家，穿越内亚地区的广漠戈壁，进入东亚腹地，投入了华夏文明的怀抱，并在其间扮演了重要的历史角色。其中最引人注目的，除了达摩之外，就是魏晋时代的神医华佗。

这位华佗很有意思，因为他居然以印度风神兼医药神"伐陀"自居，不仅如此，他还掌握了印度的外科手术技能，并能熟练运用印度植物曼陀罗花的提取液制造"麻沸散"，为病人解除手术过程的痛苦。[28]华佗的名字与技能都表明，这位神医即便不是印度人，也应该是印度医生门下的中国弟子。

然而，传统中医学只有切除皮肤囊肿之类的小型手术的案例，而完全没有剖腹和开颅手术的历史。为什么如此庞大的中医药体系，会忽略掉大外科部门呢？许多中医师都无法回答这个问题。在我看来这主要是出于伦理方面的考虑。《孝经》声称："身体发肤，受之父母，不敢毁伤，孝之始也。"出于伦理的要求，病人拒绝用手术刀来解决体内的病灶，导致外科手术成为中医学最大的禁区和空白。

在小说《三国演义》中，生性多疑的僭主曹操，以为开颅手术是一场政治谋杀，结果枉杀了这位以梵语"医生"为名的神医。[29]然而，印度风神对于华夏文明的影响，并未因为政客的滥杀无辜而中断，反而越来越大。

让我们再回头看看风神伐由的故事。那天风神正在天上飞行，巡视自己的广阔领地，突然发现地上有一只性感可爱的母猴，于是就降临地面去吸引它，如愿以偿地弄出了一个神与猴的混血宝宝——哈奴曼。

这只名叫哈奴曼的神猴，拥有四张面孔和八只手臂，可以自由飞腾于天空之上，随意变换自己的外形和身体，而且还有移山倒海的神力。它的神迹，被明代作家吴承恩移植到神话小说《西游记》里，它成了一只叫"孙悟空"的猴王，由此演绎出中国家喻户晓的传奇。[30]

不但如此，印度风神甚至还在中国留下了一个强大的世俗部族。根据近年发现的"清华简"的记载，秦人将飞廉奉为自己的"先祖"。[31]天水是秦人的发祥地，今日的天水风都庙，到现在都还供奉着风神飞廉，是目前全国仅存的风神崇拜遗迹。在风都庙四周，有大型土堡围城，山势高峻。据说，那里的风势一年四季都很强劲。两千多年以来，它坚持以这种独特的方式，向人类展示风神的宏伟力量。

《史记·秦本纪》则记载道，风神飞廉与儿子恶来一起，化身为人类，在殷纣王的朝廷里做官。虽然降格为世俗人物，却依旧保留了风神的某些特征，比如：飞廉善于奔跑，所以成了君王的信使，他的儿子恶来力大无穷，于是成了皇帝的卫士。后来，周武王发动叛乱，一举推翻商朝，砍下了纣王的脑袋，当然也杀掉了飞廉和恶来。

但是，飞廉的后裔并未因此受到牵累，反而受到了天神保佑。他的子孙也繁衍得越来越多，最后形成一个性情强悍的部族，那就是秦人。他们负责为周王朝饲养马匹，守卫边疆，抵御西戎的入侵，并在这个过程中不断发展壮大。

为什么秦国能战胜六国，建立起东亚地区第一个超级帝国呢？或许就是缘于背后有风神支持。不幸的是，秦国国君横征暴敛，辜负了风神对它的期待，所以秦朝仅仅存在了短暂的十四个年头，就为神明所抛弃，土崩瓦解，沦为千古唾骂的反面教材。

# 爱神

## ● 爱神句芒和他的春神面具

在讲过风神之后，我们现在要来谈论一下他的亲戚——春神句芒。

句芒，后世又称"句龙"或者"芒神"，是《山海经》神系的成员。《礼记》声称，他是古代神话中的春神与木神，主管世间万物的发育生长，还说他是东方青帝少昊的后代，以及大神伏羲的助手，与伏羲共同管理广阔的东方原野，并在迎春祭祀活动中扮演重要的角色。[32]

据一本叫作《燕京岁时记》的清代民俗手册记载，立春的前一日，顺天府，也就是今天北京市的各级官员，必须到东直门外，迎接用泥土塑造的春牛，把它放在衙门前面，然后在立春当天，用红绿两色的鞭子来抽打它。这就是所谓的"打春"仪式。在这场符号仪式的表演里，牛成了春神的象征和替代物。

另外，有钱人家的女子，会在立春这天制作"春饼"，也就是一种卷上配菜的薄饼。配菜可以是任意一种菜肴，比如肉丝、豆芽、黄瓜、豆腐等等，后来被人配上烤鸭，据说就成了北京烤鸭。这种吃法，至今还在厦门、潮汕等地流行。

穷苦人家的女子吃不起春饼，只好去买过冬的萝卜来吃，这种仪式则称为"咬春"。如果说"打春"是催促外在春天的降临，那么"咬春"就是要唤醒在自己体内沉睡的春天、春情和春心。

这种仪式并非直到清朝才出现，而是有着相当久远的历史，至少，《周礼》已经记载了祭拜春神的国家仪式。在这种政治仪典中，君主本人必须下地躬耕，举鞭抽打耕牛，让犁翻开土地，然后再象征性地播撒种子，大臣们则在四周围观，一边还有乐队演奏庄严的乐曲。这种祭拜春神的仪式，与祭拜农神的仪式没有太大的区别。

春神句芒的形象，是一位在春天里身骑水牛的牧童，头梳双髻，手拿柳条制作的鞭子。句芒开始播种的日子，是二十四节气中的"芒种"，而句芒又叫"芒神"或"芒童"，这个时候的句芒，兼具播种、耕作和繁殖的农神的神格。

但是，句芒本来并不是农神，他的真实身份是爱神。为什么这么说呢？众所周知，"春"在汉语里是一个典型的双关语——它一方面指向农作物的播种、萌发与滋长，一方面则隐喻着叫春、性爱和繁殖。但奇怪的是，在中国文化中，"句芒"的爱神语义被人悄悄抹除了，只剩下农神的部分。

要是我们进一步追究句芒神的来历，就会发现，他的原型是印度爱神伽摩，也就是"Kama"。句芒这个名字，先秦古音读若"kosman"，与"Kama"的发音极为相似。"Kama"这个梵语名词，不但代表爱神，还意指性欲和性快感，也就是"春心"，进而泛指一切爱欲、希望和激情，以及所有那些令人愉悦的感官生活。

据《毗湿奴往世书》记载，伽摩是大神毗湿奴，也就是克里希纳的儿子，但有时也被说成梵天的儿子，他主管春天，能够把一片凋萎的森林迅速变成鲜花盛开的花园，而且还能点燃人和神的爱欲，这与希腊罗马神话里的爱神丘比特极为相似。[33]

伽摩是印度神系中最英俊的少年（有时是蓄须的青年形象），他身骑一只大鹦鹉，手持甘蔗制成的蜜汁大弓，弓弦由一排嗡嗡叫的蜜蜂组成，而箭头则是五朵鲜花。这五朵花中，包括了莲花、阿育王花、杧果花、茉莉花和蓝莲花，分别代表爱情的五种形态。一旦被伽摩的爱情之箭射中，无论是神灵还是凡人，心头都会燃起难以熄灭的爱欲之火。

一切生物的交配、繁育与生死，是伽摩最重要的三大使命。但是，在进入中国变身句芒之后，除了保留下名字的发音、丘比特式的俊俏童颜，以及大神之子的高贵出身，句芒神的其他细节都在传播过程中发生了微妙变化：句芒跟自己的鹦鹉坐骑，合并成了人头鸟身的新造型，也就是《山海经·海外东经》里"鸟身人面"的形象；他的身份，也变成了放牛的牧童，弓箭则变成了牛鞭；爱神和农神的双重神格，变成了单一的"司春"职能。

异乡神句芒就这样改头换面，融入了华夏诸神的谱系。

耐人寻味的是，在汉语词汇里，"春"就是性爱的别名。如果使用"春"字进行构词，我们面前就会涌现出大量指涉情欲的语符，如叫春、怀春、春心、春情、春宫、春药、春梦、思春之类的"春语"。尽管如此，它仍然保留着春天、繁殖、生育和播种的基本语义，由此拯救了来自异乡的爱神句芒，使他不至于被严厉的儒家伦理所剿灭，而是以农神的面貌，继续混迹于诸神的行列，并以暧昧的方式，指导中国人的情爱生活。

句芒现身人间的唯一记录，在《墨子·明鬼》里：从前有一天，秦穆公在祖庙里看见有神进入庙门，向左面走去，这个神长着鸟的身体、方形的面孔。秦穆公吓得撒腿就跑，神说："你不必害怕，上苍因你有德行，决定给你奖励，派我赐给你十九年的寿命，还让你的国家兴盛发达，多子多孙。"秦穆公赶紧叩头问道："敢问大神的名字？"对方回答说："我就是句芒。"

这段有趣的记载，含蓄表明了句芒神的真实身份，句芒向人类许下的繁衍众多子孙的承诺，从另一侧面，重申了他作为爱欲和生殖之神的本质。

## ● 巫山云雨中的性爱女神瑶姬

由于句芒的农神化转型，中国神谱中从此缺少了一位爱神。针对爱神的缺席，中国人发明了一种别样的策略。从战国开始，陆续诞生了一批民间的性爱女神，其中最著名的代表就是巫山神女。

相传她是炎帝的女儿，原名叫作瑶姬，可惜未及出嫁的芳龄即已夭折，被安葬在湖北巫山的南坡。《山海经·中山经》说，她还有另一个名字，叫"女尸"。这个"尸"，应该不是指她死亡的肉身，而是一种职业名称，即把自己作为牺牲品向神献祭的女祭司。在炎帝举行的祭祀仪式中，她以"炎帝之女"的身份，成为人类向神灵献祭的祭品，年纪轻轻就捐出了自己的生命。

举行这种祭司自我献祭的仪式，通常是由于发生了某种非常紧急的危机，比如严重的水灾、旱灾、瘟疫，或者是可怕的部落战争，整个族群都面临灭绝的命运。在这样的危急关头，需要祭司本人，尤其是未成年的少女祭司，去充当人类的祭品，以此取悦神灵，祈求他们的庇护。

瑶姬自我牺牲之后，她的灵魂化作一株叫作"薋草"的神奇植物。《山海经》描述说，这种植物有着嫩黄的颜色，叶片成对生长，结出的果实形似菟丝子。女人如果食用它的果实，就能增加妩媚指数，变成惹人喜爱的尤物。请注意，《山海经》说它形似菟丝子，应该不是一种随意的类比，略有中医药常识的人知道，菟丝子正是一味专用于滋阴壮阳的药材，甚至可能具有某种催情功效。

《太平御览》收录的一部文献认为，这种薋草其实就是山间的灵芝草。[34]

另一种说法则与此相反，说是女祭司所化成的薋草，为了获得重生的机会，一直在山中刻苦修炼，白昼吸收太阳的精华，夜晚汲取月亮的甘露，过了许多年，居然修成一位美丽的女神，被世人称为瑶姬。无论如何，在生殖力受到高度重视的母系氏族社会，繁衍就是最高的美德。我们注意到，瑶姬是女祭司、催情草及其媚术的三位一体，她的使命，就是用药草和仪式来制造暧昧的氛围，有效地推动部落男女的交媾、生殖和繁衍。

瑶姬在中国历史上暴得大名，得益于一个著名的文学八卦。当年，楚怀王在御用诗人宋玉的陪同下，到巫山一带行猎，中途突然感到困倦，就在帐篷里睡着了，梦见一位美人前来相会，自称"巫山之女"，在此间徘徊流连，情愿为国王铺好枕头和茵草席子。这番话引得楚怀王龙心大悦，于是就和她热烈地云雨一番。临别之际，楚怀王追问她的来历，她意味深长地答道："我住在巫山的南面，高山的险峻之处，清晨变成云雾，黄昏化为雨水。"恋恋不舍的楚怀王，在巫山上修筑了一座朝云观，以纪念这场令人神往的"一夜之情"。[35]

后来，楚怀王之子顷襄王，在宋玉的陪同下前往同一地点游玩，并做了一个类似的美梦，但这一回，顷襄王的求爱遭到了瑶姬的拒绝，她的神态圣穆高远，一副凛然不可侵犯的模样。其中的具体原因无人知晓，宋玉也没有留下任何解释，我们只知道，神女瑶姬似乎对这个楚国的二世祖没有什么兴趣。顷襄王为此感到非常沮丧，哭着从梦里醒来，无限失落地讲述了梦中的奇遇，并下令宋玉写作《高唐赋》和《神女赋》，来记录这两场令人惆怅的神交。[36]

《高唐赋》用巫山云雨的象征，描述了国王和女神的爱恋，从那时起，"巫山云雨"这个成语就变成了男女交媾的浪漫隐喻，而瑶姬也从植物神摇身一变，成为性爱女神，跟男性爱神句芒一起，鼓舞着所有那些热恋中的痴男怨女。晚唐诗人李商隐用这个色彩凄迷的神话作为背景，写下脍炙人口的诗句"神女生涯原是梦，小姑居处本无郎"，以此表达对可望而不可即的恋人的无限眷慕。

有趣的是，上古时代的女神，几乎都出身名门望族，这是华夏神谱的一个重大特征。巫山神女似乎也不例外。《高唐赋》注解说，她是炎帝的女儿，名叫瑶姬，《墉城集仙录》却指出，她是西王母的第二十三个女儿。当然，无论是哪位大神的后裔，她的血统显然都不同凡响。[37]

南宋文人陆游无法抑制他对巫山神女的好奇心，曾专程前往重庆奉节凭吊。在旅行随笔《入蜀记》中，陆游如是写道：巫山十二峰中最纤奇峭丽的一座，被民间称为"神女峰"。从前，每逢八月十五月圆之际，就有音乐声在山顶盘旋，四周的猿猴也发出呼应的啸声，直至翌日清晨才逐渐平息。在他登临巫山的那天，碧空如洗，唯有几片白云，栩栩飘浮在神女峰巅，仿佛翩然起舞的鸾鹤。陆游对这个景象感到十分讶异，以为那是一种奇迹，但他并没有意识到，在所有这些地理奇观的背后，都镂刻着远古巫风的不朽生命。


● **湘水女神娥皇、女英之"变形记"**

在中国历史上的众多爱情女神中，娥皇和女英构成了妇德叙事的初代原型。她们是国王尧的女儿，又是舜帝的爱妃，东汉文人刘向在《列女传》中记载说，她们曾经帮助大舜机智地摆脱父亲瞽叟、后母壬女和兄弟象的迫害，成功登上王位，事后又鼓励舜以德报怨，宽容并善待那些仇敌。[38]她们的美德被世人记录在册，受到儒者和民众的广泛赞扬。

前面已经说过，舜在中国神话谱系中扮演了日神的角色。但日神不应是孤独的，尽管他炽热难当，也依然需要来自妻妾的温存与关怀。于是，不知从什么时候开始，舜降格成了人间帝王，而尧的女儿娥皇和女英，则成了他美丽贤良的妻妾。他们与大舜构成了"一夫一妻一妾"的结构，而这正是中国古代传统家庭的样板。事实上，娥皇和女英的真实身份，很可能是太阳神的女祭司，也可能是朝霞女神的化身，她们辅佐着日神，助他成长和壮大，并且伴随他一起死亡。

草根出身的舜战胜了地神尧，成功取得王位，与两位爱妃泛舟海上，度过了一段甜美的蜜月。这种场景很像埃及神话中日神的工作形式：日神白天乘船渡过阳世之河，又在黑夜乘船渡过冥河，由此循环往复。晋代王嘉的《拾遗记》则描写了日神少昊的航行活动，他们的舟船以烟熏的香茅为旌旗，又以散发清香的桂枝为华表，并在华表顶端安装了精心雕琢的玉鸠，这是历史上最古老的风向标，它可以在水手调整帆具时提供指示。

舜帝晚年时巡幸南方，却在一个叫作"苍梧"的地方猝然病故，明代王象晋的《广群芳谱》里记载说，娥皇和女英闻讯前往，一路失声痛哭，她们的眼泪溅落在山间的野竹上，形成褐色的斑纹，世人称之为"斑竹"，也叫"湘妃竹"。在放声痛哭之后，她们飞身跃入湘江，为伟大的夫君殉情而死，其情状之惨烈，实在令人震撼，足以表明她们是忠于丈夫的模范妻子。唯有如此，她们才能进入帝国的贞烈排行榜，成为《列女传》的重要表彰对象。

但《水经注·湘水》对于她们的死因，有着截然不同的说法。书中说，大舜出征南方，而这两位妃子则是随军家属，她们或是在湘水里溺亡，或是在游泳时不幸发生了意外。[39] 然而，《水经注》的文字过于简略，使人完全不得要领。结合《竹书纪年》《韩非子》等文献的记录，实际情况则可能是：大禹发动政变，推翻了舜的统治，舜很可能是被迫逃亡到南方，遭到政敌追杀，在这种走投无路的情形下，娥皇和女英才选择了投江自杀。[40] 娥皇与女英生前是贤妻良母，死后却一改温柔敦厚的风格，性情大变，成了暴怒不安的"湘君"和"湘夫人"，在湘江流域和洞庭湖水系兴风作浪。她们出没时总是风雨大作，雷电交加，仿佛要把冤死的怒气泼向人间。并且，她们四周时常会出现古怪的神灵，长相像是人类，手足却缠着毒蛇，似乎是娥皇和女英的护法，使她们的气焰变得更加嚣张。[41]

更令人感到惊讶的是，在中国历史上，除了孟姜女，只有湘夫人姊妹敢于向暴君公开叫阵。据《史记·秦始皇本纪》记载，当年秦始皇南巡，在湘江地界突遭风暴，几乎无法渡江航行。他感到十分惊恐，便问侍从说："这是湘君干的吗？"手下的博士回答说，的确听说过这回事，她们是尧的女儿、舜的妻子，地位崇高，因此埋葬在这块风水宝地。秦始皇听了勃然大怒，当即派遣三千名苦役犯，砍伐湘水四周的树木，使茂盛的森林变成了一片赤地，借此向娥皇和女英发泄私愤。这种可笑的复仇行动，根本无伤女神的毫发，而只是泄露了暴君内心的胆怯和恐惧。

娥皇、女英所引发的风雨，它既是宣泄怨恨的手段，又是向世俗皇权发起的挑战。她们不仅激怒了像秦始皇这样的皇帝，也点燃了来自世俗社会的爱火，成为民间男子所迷恋的对象。

大祭司屈原在《九歌》中率先展开了对她们的赞美。他激情洋溢地形容湘夫人降临白色沙滩时的情形：她目光邈远，神色哀恻，现身水际的时候，秋风袅袅地吹动起来，洞庭湖上扬起涟波，树叶在空中飞沉，一派哀婉凄凉的景象。屈原的情愫在不可抑制地生长。他代入祭司长的角色，精心修葺"爱巢"，等待湘夫人的到来，仿佛一场痴情的单恋。尽管湘夫人最终没有露面，但屈原的颂辞已经在历史上产生了巨大的回响。[42]

这是被浪漫的楚文化所浸润改造了的形象。从母系社会后期到父权社会早期，楚人的浪漫席卷中国长江流域中段的大片领地，成为一种罕见的话语力量。屈原是这方面最杰出的文本代表，他的诗歌将浪漫与政治融为一体。但是，意义并不限于推进种族繁殖，也是诗人自我神性的证明。在中国历史上，还没有任何诗人像屈原一样，公开表达对女神的仰慕，因为这种互动足以验明他的神性血统。


● **最美女神宓妃和她的粉丝们**


在以美艳著称的上古女神中，洛神宓妃是当仁不让的代表。在她的绝世姿容面前，娥皇和女英甚至也要黯然失色。

宓妃的身世，像大多数神话人物一样，各种文献有着分歧。大多数典籍都说，她是上古大神伏羲的小女儿，也就是"三皇"的后代，在血统的高贵性上，超过了其他几位爱神。也有清代学者不同意这种说法，认为宓妃并非伏羲之女，而是他的妃子。这个意见得到了现代学者游国恩的赞同。[43]尽管存在各种争论，但宓妃在神话界的高贵地位，依旧显得不可动摇。

宓妃成为洛水女神的经过，跟炎帝之女精卫的故事尤为神似：同样是在游泳的时候不幸溺亡，只是她没有像精卫那样化为厉鸟，以衔石填海的方式，展开悲愤的复仇行动，而是转型为管理洛河的水神。[44]宓妃这样做的动机是什么呢？大约是为了阻止洛水再度肆虐，淹死其他的无辜生灵。这种釜底抽薪的方式，比起精卫式的填海复仇，似乎更加理性而有效。

宓妃成为洛水女神之后，和隔壁的黄河水神谈起了恋爱，很快成了河伯的妻子。请注意，这个被称为"河伯"的黄河水神，并非寻常的小神，他叫冯夷，也就是伟大的风神飞廉，或者说飞廉的众多化身之一。他的形象是鱼尾人身，有着银白色的头发，眼睛和鳞片熠熠生辉，身上散发着水神独有的香气，是一位英俊迷人的男子。《抱朴子·释鬼》中说，冯夷当年在过河时淹死，天帝怜恤他年轻有为，就任命他为河伯，管理黄河水系。

风神怎么会被河水淹死呢？这在逻辑上难以解释。我猜想，这大概是飞廉为了掩盖风神的身份而编造出来的说辞而已，他的真实目的，是以此来接近那位美丽的洛水女神。还有什么事件能够比同样的不幸经历，更能把一对俊男靓女紧密地联系到一起呢？

飞廉以河伯的身份居住在黄河中时，十分讲究排场，犹如一位尊贵的国王。屈原在《九歌》里形容说，他的宫殿用金光闪闪的鱼鳞作为屋顶，大堂上绘有蛟龙的图像，城墙用鲜艳的紫贝砌成，整个宫室都涂着朱红色的颜料，一派帝王气象。他自己则喜欢乘坐荷叶为盖的水车，由两条龙牵引，上天入地，在昆仑山和黄河之间自由往返，享受着奢华的生活。[45]屈原的祭文里没有提到宓妃，但我们不妨想象他们在黄河上出双入对的场景，一定是风起云涌，气象万千。

但是在民间，就有坏人利用河伯的威望，对百姓敲诈勒索。最典型的案例，发生在战国初期的魏国邺县。一些地方小吏、乡绅和女巫互相勾结，说是河伯要娶媳妇，每年都要遴选民间美女献给河伯，其实是利用这个名义横征暴敛，弄得民不聊生。西门豹奉命担任县令，揭穿了这个阴谋，狠狠惩罚了那些坏蛋，当地百姓才算摆脱了苦难。这件事被司马迁记录在《史记·滑稽列传》里，还收入了今天的小学教材，成为家喻户晓的故事。

虽然这件事足以证明，河伯娶妻是一个子虚乌有的骗局，但河伯的名声却被这些坏蛋败坏了，从此落下一个风流成性的恶名。不仅如此，宓妃的美貌，还引来了另一个恶人的垂涎，那就是顶替大羿之名的国王后羿。这个国王善于射箭，因此以大羿自居，他贪恋河伯之妻宓妃的美色，用箭射伤了河伯，夺走了他的爱妻。这个举动使大诗人屈原义愤填膺，从而在《天问》里愤怒地质问这个冒牌大羿：为什么要以卑劣的手段夺走我心爱的宓妃？

不仅如此，屈原还在《离骚》中回顾了他暗恋宓妃的心路历程："吾令丰隆乘云兮，求宓妃之所在。"意思是说，当年他曾命令云神丰隆乘云驾雾，去寻求宓妃的住所。他把兰佩解下，拜托伏羲手下的大臣蹇修用这个向她求爱，而宓妃起初半推半就，忽然又拒绝了他的求爱。

对此屈原无法掩饰内心的失望，他抱怨道：宓妃晚上回家到穷石后羿那里过夜，清早又在洧盘河洗濯头发，她一味看重美貌而骄傲自大，成天放荡不羁，寻欢作乐，虽然容颜美丽，却不懂人间的道德礼法，我将放弃她而另作他谋。[46]

关于宓妃的品行，东汉著名文学家王逸在《楚辞·天问》注解中提到，后羿强夺河伯之妻宓妃的故事根本不是真的，而只是他做的春梦而已。[47]但这段注文非但没有解除后羿的罪名，而且还强化了宓妃的风流色彩，使她从此成为无数中国文人的意淫对象。

这种文学意淫分成了两条路线，一种可以称为"赞美模式"。这方面的代表作，毫无疑问是曹植写作的《洛神赋》，该文形容她的外貌"翩若惊鸿，婉若游龙"，远远看去，就像是太阳从朝霞中升起，走近来看，又像是芙蓉俏立在碧绿的波纹上，体态适中，高矮合度，双肩瘦削，纤腰婉约，秀颈修长，肌肤如玉，云鬈高耸，明眸皓齿……可以说，曹植在她身上堆砌了一切用来赞美女人的语词。

另一种就是"艳遇模式"，唐传奇和《聊斋志异》里，都包含了某某文人与洛神的艳遇故事。[48]

宓妃所守望的家园洛水，是中原最重要的河流之一，它滋养了汉文化，促进了它的发育生长。据说，当年洛水里曾出现过一只神龟，背上刻有一种奇特的文字，记录着宇宙时空的密码，世人称之为《洛书》，跟《河图》一起，并列为中国历史上最神秘的文本。

## ● 欲望三部曲：花神、媒神和保育神

中国植物神体系中的花神崇拜，是爱神崇拜的一种变体。无论在东方文化还是在西方文化中，花都是女性的象征，因此，中国农村普遍喜爱以花的名称来命名女孩，像"菊花""牡丹""红梅"之类。[49]

但是，花神崇拜的出现较晚，直到明朝，才开始出现"百花神"的称呼，也仅仅是一种语词游戏而已。最典型的例子，是长篇传奇小说《镜花缘》，它一开篇就说，蓬莱岛上的百花仙子为给王母娘娘做寿，动员全体花仙子，策划了一场百花齐放的超级花秀，甚至还把百花按品质分成了三个等级。[50]但这只是小说家的私人想象，而非民间文化中的共同信仰。

直到清代中期，天津杨柳青年画里才出现了真正的"花神"形象，他们跟不同的男女人物对应，分别代表十二个月，共二十四位花神。女性花神的名单上，是一些著名的美人，像杨贵妃、西施、貂蝉和王昭君，而男性花神的名单上，则是一些大名鼎鼎的文人墨客，像屈原、陶渊明、苏东坡以及欧阳修等，他们以采花者的身份，充当了爱欲与浪漫情怀的代表。花神，毫无疑问就是爱神的别名，只是因为打着花神而非爱神的旗号，更容易避开卫道士的攻击。

恋爱先于结婚，这是现代人的基本生活逻辑。但在古代社会，大多数婚姻都是"父母之命，媒妁之言"的结果，毫无情感可言。与这样的制度相对应，就出现了一类比较特别的神灵，称为媒神，他们是专门为男女婚姻牵线搭桥的。其中最有名的就是月老。关于这位老先生的来历，我们并不是特别清楚。他最早现身于唐代小说中，可能只是一个虚构人物[51]，但也可能有着更深远的神话背景，因为在苏美尔和阿卡德神话里，月神就是一位老人，名叫南纳，长着天青色的胡子，每天乘坐他的新月船巡游夜空。

跟南纳相比，中国月老的头发和胡子都是银白色的，他也没有乘坐自己的新月小船，而是坐在大地的台阶上，背靠一个大布袋，在月光下翻阅图书，其实更像圣诞老人的模样。他手上的那本《幽冥之书》，可能来自冥府，记录着有缘众生的黑白名单；那个布袋里装的，也不是寻常的圣诞礼物，而是一些红色丝线，用来绑住那些有缘人的双脚。一旦被它拴住，哪怕两人出身世仇之家，门第悬殊，嫫妍不等，甚至相隔千山万水，最终也一定会结为夫妇。对于众多的单身青

年而言，这看起来是比圣诞老人的馈赠更加美妙的礼物。

在中国神话谱系中，媒神往往是一些不太起眼的小神，他们在神界的地位，比爱神和植物神更低。由于月老缺乏权威，所以人们又请出了上古大神女娲，由她来担任人间的媒神。这也完全符合逻辑：当初，女娲嫌造人的工作过于劳累，于是把人分成男女，让他们彼此婚配，生儿育女，这样，她就再也不必费力劳神地造人了。[52]

这个策略果然一举奏效，女娲就这样成了神话里的首席媒神，人们还专门修建了女娲娘娘庙，用最高级的牛、羊、猪三牲来祭祀她，希望能够婚姻美满和多子多福。女娲的神力当然不容置疑，在她离开人间之后，人类非但没有迅速消亡，反而由于拼命繁殖，而弄得大地上挤满了人类。这种状况大概是女娲万万没有料到的。

媒神完成任务之后，婚姻神就登场了，他们的使命是保证人们婚后生活的幸福美满。其中比较有名的，是"和合二仙"。这对小神常见于年画和门神画中，形象是两个扎丫角髻的胖男孩，打着赤脚，一副嬉皮笑脸的样子，一个身穿红缎衣服，手举绽开的荷花，另一个穿着绿缎衣服，手中捧着一个盒子。据说，他们是寒山和拾得这两位唐代高僧的化身，象征着婚姻美满与家庭和睦。[53]

再下一个环节，就是怀孕和分娩。在这个阶段，希腊神话有一位著名的分娩女神，她就是阿尔忒弥斯，罗马神话里的名字是狄安娜，她主管丰产、孕育以及接生、保护新生儿。中国神话没有如此细致的分工。上古时代，曾经有一个名叫女岐的女神，她从未与男人交合过，却生下了九个孩子，因此一度被当作生育女神，后来却被人渐渐遗忘了，以至于在分娩生育的这个重大环节上，中国人却缺乏专职神灵的庇护。[54]在没有办法的情况下，人们只好请出床神——床母，后来又请出观世音菩萨的分身——送子观音，来祝福妇女怀孕，也顺便保佑产妇和婴儿的生命安全。

最后一个环节是如何养育孩子，保证他们健康成长。南宋以后，主要是在明清两朝，主管这个领域的保育神出现在南方沿海地区，她们的名字叫作"七星娘娘"。七星娘娘是谁呢？就是七位来自古希腊的美丽女神，她们专门保佑孩子从婴儿到十六岁期间的成长。

在七夕那天的黄昏，母亲会带着孩子前往七星娘娘庙，献上名叫"七味碗"的供品，祈求女神的保佑。这种"七味碗"就是七碗不同款式的糕点，即汤圆、米糕、油饭、桂圆、红蛋、莲子、花生，分别献给这七位充满爱心的女神。到了孩子十六岁时，父母会再次备好丰盛的供品，带着子女前往七星娘娘庙祈福，让孩子在供桌下面爬三圈，站起来之后，这个孩子就算是成人了。严格来说，七夕节就是妇女儿童节，也是成年礼的纪念日，而不是现代中国人所谓的"情人节"。

# 凶神

## ● 重温战神的烽火岁月

战神是专门向死神和冥界输送亡灵的力量。毫无疑问，没有战神的存在，就没有地下世界的繁荣。

综观全世界所有的古老神系，其中都不会缺少战神的身影。例如，希腊神话中的男战神是阿瑞斯，女战神则是阿尔忒弥斯，埃及神话中的战神是塞特，北欧神话中的战神则是提尔。

不仅如此，出于争夺神权的需要，尽管并非战神出身，许多男性神祇也酷爱手持兵器，摆出一副战神的英姿，其中最常见的兵器是三叉戟、长矛、棍棒和弓箭。比如，希腊海神波塞冬，北欧主神奥丁，印度大神湿婆，大多手持长矛或三叉戟，具有战神的鲜明特征。希腊智慧女神雅典娜，由于掌管军事谋略，所以同样具有战神的品格，头戴武盔，手持长矛和盾牌，一副威风凛凛的姿态。

希腊主神宙斯比较特殊，他手中拿的是装饰华丽的雷霆之杖。这根短棍是用来击打敌人的吗？不，它其实是一个闪电制造器，类似于科幻电影中的激光枪，足以使对手化为灰烬。这是冷兵器时代唯一的热兵器，其先进性达到了不可思议的程度，直到今天，它都是热门的超级武器。

在上古时代，战神的品格具有强大的传染性，它甚至感染了爱神。就连爱神丘比特，为了使人被爱火所点燃，居然也动用了弓箭这样的攻击性武器。幸好他是个顽皮可爱的童子，而且射出的箭矢也不会带来伤害，否则难免会被当作一个善飞的刺客。

中国本土到底有哪几位战神呢？说到这个话题，人们首先会回忆起蚩尤的大名。蚩尤以他的悲剧性事迹向我们证明，他是一位不折不扣的战神，尽管惨死于暴虐的黄神手下，却用鲜血捍卫了自己的名誉。不仅如此，他的队伍中还有另外两员著名战神，那就是夸父和刑天，他们在死亡和命运面前表现出了崇高武德，至今都是人们所传颂和崇敬的对象。

排名第二的战神，应该就是地神共工。他的性情鲁莽暴躁，为了捍卫地神的权力，不惜四处与众神开战。他的敌人包括女娲、颛顼、少昊和祝融，都是上古时代的顶尖大神，可见共工的非凡勇气与强悍的力量，这暴露了他鲜明的战神品格。

中国神系中还有一位排名第三的战神，那就是水神大羿。他高举弓箭，征讨不平，驱逐和消灭了横行江湖的六大妖兽，并不惜得罪主宰世界的日神帝俊，向肆虐天空的十个小太阳发起挑战，将他们逐一射杀，令人间的温度恢复如初。

第四位战神是太白金星。先秦时代的众多阴阳家，都将他奉为武神和战神。他掌管着战争方面的事务。一旦金星在某个特殊的时空坐标上现身，那必然是"天变"的预兆，暗示着革命的爆发和政权的变更。[55] 太白金星的另一个重大贡献，就是跟天宫织女皇娥生下了日神少昊，这个伟大的儿子，是阳光、和平与丰收的象征。

以上四大战神，无疑构成了中国第二代神话中的四大金刚。他们的共同特点在于，都是男性，而且彼此互不相识。在某种程度上，这是一件值得庆幸的事情。如果几大战神同时现身，一定会闹得世界大乱，地覆天翻。

接着我们要去认识一下第三代神话中的战神。跟第二代不同，新一代的战神居然是一对夫妇，名叫真武大帝和九天玄女。真武大帝来源于上古的玄武崇拜，所以他又被称为玄武大帝。道教经籍如此描绘真武的形象：披发黑衣，金甲玉带，手持宝剑，圆睁怒目，足踏龟蛇，一副令人生畏的样子。[56] 关于他的夫人九天玄女，此前曾经提过，这是一位精擅兵法和策略的女战神，在严格意义上，她应该是运筹帷幄的军事家和谋略大师，而不是冲锋陷阵的武士。[57]

除了这些大神，还有一些著名的历史人物，他们也兼战神的职能。比如关帝关云长，他虽然成功转型为一位财神，但手持青龙偃月刀的威武形象，以及他生前的武将身份，使人忍不住要将他与战神联系起来。

119

为什么中国人对战神情有独钟呢？因为数千年来的人类史，基本就是一部战争与死亡史。长久不衰的和平年代，其实并不多见，即使是作为文明黄金时代的唐宋两朝，除了昙花一现的"盛世期"之外，同样是连绵不断的战争与人祸。倘若没有战神的庇护，众生的命运只会更加悲惨不堪。

战神的存在绝不意味着人类嗜血和好战，恰恰相反，战神崇拜所折射出的，是人们对于战争的无限恐惧。同时，战神也是公平与正义的化身，他们所要反对的，恰恰是泛滥于人间的暴力、暴政和暴行。在这个意义上，战神还肩负着和平之神的重任。

耐人寻味的是，也许是因为战神兼顾了和平神的使命，所以，世界上各民族都只有战争之神，却没有神格上独立的和平之神。为了弥补这个缺陷，经历了两次世界大战浩劫的西方国家，纷纷模仿古希腊雕塑的女性造型，打造起和平女神的雕像，以此表达对战争的厌倦与对和平的渴望。

1924年，上海外滩出现了一座"一战"纪念碑，又称为"和平女神像"——在宏伟的大理石贴面的底座上，站立着一位张开翅膀的青铜女神，她的左手安抚着在战争中痛失父母的儿童，右手则伸向了那位失去儿子的悲伤母亲，试图以此抚慰他们受到的战争创伤。为什么今天去上海旅行的游客看不到这座雕像呢？那是因为早在1941年，由于缺乏制造武器的铜材，日本占领军拆除了和平女神的铜像，然后把她改造成了杀人的子弹。这无疑是对和平女神的最大亵渎。

## ● 刑神蓐收和狱神皋陶

在中国的刑罚之神中，最著名的无疑是西王母。据《山海经》的形容，她"豹尾虎齿"、"司天之厉及五残"，也就是主管天上的灾祸和刑罚。由于西王母后来转型为温柔敦厚的王母娘娘，所以，她原来的面貌与神格，也一并为世人所淡忘。[58]

真正在中国神谱中扮演惩罚者角色的，一般我们认为是蓐收。有的典籍声称他是日神少昊的儿子或叔叔，因为分管夕阳和秋天，所以还有一个叫作"红光"

的别名。[59]更多的典籍认为，他是少昊的助理，分管着西部世界的广阔荒原。《山海经·海外西经》中记载，"西方蓐收，左耳有蛇，乘两龙"。郭璞在注解里进一步解释说，蓐收是金神，长有人的面孔、老虎的爪子，皮肤上覆盖着白毛，手持一种叫作"钺"的兵器。这种兵器其实就是斧头的别名，原本是一种刑具，用来执行斩首或腰斩的死刑。这件处刑的利器，揭示了蓐收作为刑神的真实身份。

诗人屈原在《楚辞·大招》里描述了这位刑神的尊容：在西方苍茫的沙漠里，有一位神灵，长着猪的脑袋、竖起的眼睛，尖牙利齿，披头散发，还发出狂笑。这段描述，向我们进一步展示了这位刑神的狰狞面目。为什么要让一位分管夕阳与秋天的神灵，来主管人间的刑罚与灾祸呢？这大概是因为，黄昏和秋日都是生命最后时光的象征，标志着生与死的边界。蓐收就伫立在这个边界上，用死刑将活人送入无限暗黑的冥界。

在这方面，他跟埃及日神阿图姆非常相似。他虽是主管黄昏的日神，但同时分管生命和死亡。不过不同的是，他能把国王的亡灵从金字塔里提取出来，投放到美丽灿烂的星空，而不是恐怖阴森的地狱。

关于刑神蓐收，《国语》里还有进一步的记载，它说北方有个小国叫作虢国，它的国王在神庙里做梦，看见一位神灵，形象跟《山海经》的描述一样，站在西边的柱子跟前。国王非常害怕，转身就要逃走。那位凶神却说："站住，上苍已经下令，叫晋国攻击你的城门。"国王从噩梦中惊醒，赶紧找来史官占卜，史官说："如果他长得如您所描述的那样，那应该就是蓐收吧，他是天上的刑罚之神，应该是代表上苍的旨意，要降下灾祸。"国王听后非常生气，就把史官关进监狱，又下令全国百姓为这个梦祈福。然而六年之后，国王的噩梦得到了应验——晋国借道虞国进行偷袭，一举灭亡了虢国。[60]这个故事从侧面验证了刑神的强大力量。

在上古神系中，除了像蓐收这样专职主管死刑的刑罚之神，还有一种主管司法和牢狱的神，被称为"狱神"，体现了刑神的另外一种职能。历史上最有名的狱神，非皋陶莫属。早在舜做国王的年代，他就被任命为大法官，负责法治、审判和监狱管理的事务。[61]传说，他的脸是青绿色的，仿佛一只削过皮的冬瓜，尖利的嘴巴看起来像是鸟喙。[62]长相可以说是奇丑无比，但他不仅能够英明地审理案件，还参与了立法工作，制定刑罚[63]，这些刑罚后来演变为著名的"五刑"——

第一种是"墨刑"，就是用颜料在脸上刺字或图案，毁掉罪犯的容貌；第二是"劓刑"，就是割掉罪犯的鼻子；第三种叫"刖刑"，就是砍去腿或剜去膝盖；第四种叫"宫刑"，就是毁坏人的生殖器；第五种叫"大辟"，也就是死刑，是五刑中最为严厉的一种。[64]

根据史书记载，皋陶是一位正直无私、廉明公道的法官，据说在他主管司法的时代，天下没有出现过滥用刑罚和冤枉好人的事件，那些邪恶的罪犯畏惧他的存在，纷纷远走高飞。[65]

皋陶不但制定了刑罚，而且也是监狱的发明者。当时的监狱非常简陋，甚至连墙壁也没有，只是一圈露天的栅栏，把犯人关在里面，外面派两条狗看守，所以"狱"这个汉字，中间是一个"言"，左右各有一个"犬"，形容犯人只能跟两只狗对话。就这么一个简单的汉字，淋漓尽致地描绘了这个戏剧性场面。虽然这种原始监狱过于简陋，但起码具备了关押犯人的功能，因此，皋陶就理所当然地被世人奉为狱神。[66]

那么，皋陶凭什么能明辨是非而从无差错呢？他真的有洞察秋毫的本领吗？事情恐怕并非那么简单。事实上，他拥有一件神奇的法宝，那就是他的坐骑獬豸。这是一种集牛、羊、鹿和麒麟的特征于一体的神兽，它最明显的标志，是头上长有一只独角，可以视为东亚版的独角兽。

东汉思想家王充在《论衡》里告诉人们，獬豸是一头独角羊，它的天性是判断人有没有犯罪。因此，皋陶在断案遇到难题时，就会把它牵出来，让它直面嫌犯，只要嫌疑人有罪，它就会用那只独角去触碰他，甚至直接将其杀死，从而大大提高了审判的效率和准确度。在某种意义上，獬豸才是真正的法官，没有它的神通，皋陶的司法公正将难以为继。[67]

尽管如此，皋陶还是受到了中国民众的广泛崇拜，到了两宋时代，民间对他的供奉，已经遍及州县两级监狱，直至明代都是如此。在著名的山西洪洞县苏三监狱里，至今还保存着一座狱神的坐像，样子像是一位表情和善的老者，据说他就是皋陶，身边站着两个小鬼，一副凶神恶煞的模样，可能代表着狱卒的形象。这是目前唯一保留下来的皋陶像，它身上残留着中国人对这位刑狱之神的模糊记忆。

到了清代初年，皋陶的形象开始淡出，取而代之的是西汉丞相萧何。萧何之所以被奉为狱神，是因为他在追随刘邦造反之前，是一名县衙里的刀笔吏，汉兴之后，又在秦朝法律的基础上，制定了汉朝最重要的法典《九章律》，对汉代和以后的刑法，有过重大贡献。可惜，尽管他对皇帝刘邦忠心耿耿，依旧无辜被其关进监狱，戴上了沉重的刑具。对于一位狱神而言，这无疑是最尖锐的命运反讽。[68]

# 食神

## ● 饕餮神是如何从妖兽变为神灵的

对于一个把美食奉为时尚的国族而言，饕餮是最古老的文化象征，也是中国神系里最惊世骇俗的妖兽。关于它的来历，古代典籍里始终语焉不详。著名史籍《左传》宣称，它是缙云氏的儿子[69]，而据《史记正义》透露，这位缙云氏不是别人，正是华夏民族祖先神黄帝的别名。倘若这个说法为真，那么饕餮就应该是黄帝的亲生儿子。由于黄帝长期忙于发明创造以及和诸神作战，以致对自家公子缺乏必要的管教，从而惯出了一个好吃懒做的熊孩子。

《史记集解》中有另外一种说法，称饕餮本姓姜，是黄帝的死敌炎帝的后代。这个玩笑就开得有点大了——为了捍卫黄帝的尊严，把那些优秀的后裔都列在黄帝名下，而把不肖子孙都推给了炎帝。对于炎帝而言，这实在是一种不公道的做法。

在中国妖怪谱系里，饕餮的尊容，应该算是比较凶恶的。《神异经》形容它身体像牛，长着人的面孔，眼睛却藏在胳肢窝里，专做吃人的勾当。在这部奇书中，还有另外一个桥段，描述饕餮身上覆盖着许多毛发，头戴豕形帽冠，性情像豺狼一样贪婪，喜欢积蓄财富，却不吃五谷杂粮，而是酷爱肉食，热衷于偷袭老弱病残或落单的旅行者，完全是一个阴险而卑劣的恶棍。[70]

在上古神话传说里，有所谓"四凶"的说法，为首的就是饕餮，其他三个则分别是梼杌、穷奇和混沌。[71]

饕餮真的是《神异经》所描写的这种长相吗？长时间里，没有人能够回答这个问题。直到《吕氏春秋》提醒大家，那个周朝的大鼎上，铸刻的就是饕餮的样子，它们看起来有首无身。将这样的形象放在鼎器上，无非是想告诉世人：那些吃人的妖怪，来不及吞下食物，自己就先行灭亡了，这难道不是恶有恶报吗？[72]

《吕氏春秋》的这种说法，在历史上广为流传，几乎成了一种定论。然而，青铜器上的所谓"饕餮纹"，到底是什么样子的呢？人们通常看到的，是一张妖兽的面孔，以鼻梁为中轴线，两侧作对称排列，大眼、有鼻、双角，多数情况下没有下唇、下巴以及身体。对于这种图像特征，有一种更开脑洞的解释，那就是饕餮过于贪吃，结果不知不觉吃掉了自己的身体，最后连下巴和嘴唇都没有放过。

这种说法乍一听很荒谬，却完全符合上古神学的逻辑。跟它在逻辑上相似的，是出现在图坦卡蒙法老墓穴中的《冥界书》里的衔尾蛇（Ouroboros），其名字的含义是"自我吞噬者"（self-devourer）。跟饕餮的神学含义完全一样，两者都是生命自我吞噬的象征。

也有人怀疑，所谓的"青铜器饕餮纹"，其实跟"饕餮"毫无干系。青铜器上的这种纹饰，应该是上古大神的本尊形象，否则，天子和诸臣在祭祀宴饮的时候，总是与这种凶兽为伍，实在是很不吉利的事情，完全不符合古代神学的逻辑。有人试图用"兽面纹"来代替"饕餮纹"，但这是个换汤不换药的说法，只不过从饕餮扩展到了所有妖兽的范围。[73]

这个普遍现身于青铜器上，被人不断朝拜的大神究竟是谁呢？有人认为，"饕餮纹"最早出现于良渚文化遗址，被称为"良渚神徽"。神徽通常雕刻在祭祀神灵所用的玉琮上，形象是一位方脸大神，骑在一头神兽（"饕餮"）身上。这位方脸大神有时也会以另一种形式出现——在一把用玉磨成的梳子上，方脸神张开双臂，独自站立，而神兽则不知去向。[74]

这个梳子上的方脸神，跟南美洲玻利维亚的蒂瓦纳库文化（Tiwanaku）的遗址中，太阳门上的那个太阳神形象，有着高度相似的特征：方脸、大眼、头部的线条由两条平行线构成，两手向两侧张开，头戴羽状帽冠，实际上表现的是太阳光线所形成的芒刺。这位安第斯文明的太阳神，显然是上古中国人向美洲迁徙的重大证据。中国人把他带到了美洲，却遗忘了大神的名字，但美洲印第安人捍卫了他的太阳神身份。

如果这位方脸大神是东夷人崇拜的太阳神帝俊或少昊[75]，那么出现在青铜器上的"饕餮"，应该就是太阳神的坐骑了，只有这种等级的神兽，才有资格驻守在国家神器的表面，象征着太阳神的权力，并以肖像和浮雕的形态，让祭祀者产生敬畏之情。但是作为太阳神坐骑的神兽，断然不可能是一头吃人的凶兽，也就是说，它跟吃人的饕餮妖兽，完全不是同一个物种。

在中华农业文明巅峰的唐宋时代，农作物的产量和品质都在大幅提升，而菜肴、香料及其烹饪方法，也进化到了前所未有的高度，光是开封府的小吃，就已经饮誉天下。其中保留至今的有灌汤包子，它由南宋王朝带入江南，成为长江三角洲流域的经典小吃。

食物的丰饶所带来的后果就是，它终结了古老的饥饿模式，让一种曾经被视为罪恶的贪吃习性，变成了可以被容忍和鼓励的嗜好。于是，古代典籍里关于饕餮凶残本性的记录，被时间逐渐淡化，而饕餮就在"超级吃货"的名义下，重新回归了日常的市井生活，以一种充满喜剧色彩的方式，成为人们用来互相取笑打趣的佐料。

大文豪苏轼曾经写过一篇《老饕赋》："盖聚物之夭美，以养吾之老饕。"意思就是：何不收集那些肥美的食物，来滋养像我这样的饕餮之徒呢！苏东坡就以这种戏谑性自嘲的方式，为妖兽饕餮展开了戏谑性的平反。

不仅如此，由于世人的不断鼓励，饕餮的地位逐渐上升，最终被中国人奉为食神，指望它来庇护那些贪吃的食客、厨子，以及餐馆的老板。

饕餮从妖兽向食神的转型，是农耕文明的一个重大胜利。它意味着，在食物变得丰盛之后，人有希望成为饕餮神的儿女，甚至像它一样生活，也就是获得饮食的自由。对于部分中国人而言，饮食自由意味着享有人生的最高自由，与此相比，其余一切自由都在可以放弃之列。

在中国神话史上，还没有任何一种妖兽，能够在人的强大食欲召唤下，成功地完成向神灵的激进转型。毫无疑问，中国人创造了一个口唇信仰的奇迹，它不仅改变了一个妖兽的命运，也改变了中国人的文化习性。人们不难看到，许多餐馆都争相供奉财神关公，但关公是食神吗？不，关公并非餐馆的真正主人，他不过是护财的门神而已。只有食神饕餮，才是餐馆里的主神，它隐身在灶台、桌案、菜肴、杯盏和肠胃之间，欣然接受食客们早中晚三次的热烈祭拜。

## ● 写在人类五官上的神学

在器官神学方面，现在我要来谈谈眼睛崇拜。四川广汉三星堆遗址中最引人瞩目的文物，显然就是那些形形色色的"眼睛"。其中最不可思议的是青铜面具上的"纵目"，最长者达到三十厘米，犹如焊接在眼睛位置上的两根圆柱体，发射出神圣而诡异的气息。

古蜀文明提供的神圣眼睛图像，具有哪些基本形态呢？第一种，就是刚才所说的立体"纵目"；第二种，是垂直方向的平面"纵目"；第三种，则是占据面部四分之一的硕大眼睛。

作为面部器官之首，眼睛从古以来就是重要的宗教器官，它通常是伟大的日神的象征。这种眼睛，不但构成了甲骨文的"日"字，也出现在古埃及日神拉与荷鲁斯的形象里。太阳就是荷鲁斯的一只巨大眼睛，被称为"荷鲁斯之眼"。这只眼睛还出现在印度太阳神苏里耶的形象里，成为他额头上的"第三只眼"。

眼睛崇拜引发了古怪的数量竞赛，在佛教经籍的记载中，释迦牟尼有五只眼睛，除了一对肉眼，他还拥有智慧之眼、理解之眼和全知之眼。在佛教造像中，观世音菩萨的眼睛甚至多达千只，但它们不在面孔上，而是长在一千只手的掌心里。

在中国本土文化体系中，眼睛同样是重要的政治器官。金文的"民"字（　　），就是一只被锥形物所刺瞎的眼睛，这意味着人民必须是盲目的。[76]专制权力企图利用这种刺瞎手术，让人民陷于永远的黑暗和愚昧之中。因为民众的眼睛一旦雪亮起来，就会识破统治者的谎言，看透苦难背后的真相。与此截然相反的是，国王和祭司都拥有大而明亮的眼睛，足以洞察世间的一切。毫无疑问，眼睛就是权力，而巨大的眼睛更是强权的象征。

在甲骨文里，"夏"是一个长着巨眼的男人，而"蜀"则是一条蜷曲的生物，模样有点像蚕宝宝或蛇，头上顶着一只夸张的巨眼。

眼睛在面部的地位是无与伦比的，然而，有没有比它更厉害的器官呢？有，那就是耳朵。

耳朵是一对奇妙的智慧型器官，是人体构造中最具哲学意味的零件。哺乳动物的耳朵大多长在头顶，因此地位比较崇高，但人类的耳朵却有所不同，它们谦卑地下降到脸部的两侧，往往被下垂的头发所遮蔽，看起来似乎无足轻重。不可否认的是，与动物相比，人类耳朵在生理上发生了严重退化，但是在精神方面，它们却拥有一个至高无上的地位。

耳朵神学由古老的宗教哲学所推动，被记录在《吠陀经》《摩奴法典》和《道德经》里，它要求人进行热烈的倾听，以获取关于世界大音的消息。我们应该懂得，在文字还没有被广泛运用的口传时代，在泥版、莎草纸、青铜器和丝帛的缺席下，谛听是真理和教义传播的关键一步。

由于耳朵所具有的神学价值，历史上出现过一场经久不息的大耳造型运动。在很多佛教、印度教和道教的塑像中，由于头发的退避，耳朵的形象变得引人注目起来。我们可以清晰地观察到那些生在头颅两侧的器官，外耳硕大、耳垂丰满，认真接纳来自神灵的旨意，并过滤掉那些虚假、邪恶的消息。山西云冈石窟和洛阳龙门石窟的大佛像，每一座都拥有颀长的耳朵，几乎垂及肩头，可以视为耳朵神学的形象代表。

道家如何看待耳朵和聆听的重大意义呢？这首先体现在老子的诞生传说里。司马迁在《史记·老子列传》中记载说，老子名叫"李耳"，谥号叫"聃"，也就是大耳朵的意思。这种命名显示出圣人与耳朵的密切关系。[77] 在《道德经》里，耳朵的重大意义被反复提出，生恐人们会忽略。老子甚至提出了"大音希声"的命题，试图提醒世人，不要过度依赖世俗的声音，因为最高的声音，往往就深藏在沉默之中。这表面上是对耳朵的否定，却在更高的层面上，强调了耳朵和谛听的伟大意义。[78]

那么，人的耳朵只是接纳外部消息的器官吗？回答是否定的，因为它同时也是自我身体的表达者。这一点，可以从中医学的论著里得到证实。《黄帝内经》说："耳者，宗脉之所聚也。"一只小小的耳朵，包含了所有脏器、经脉和穴位甚至整个身体的信息。那些有经验的中医师，甚至可以从耳朵的形状和颜色里，发现身体隐藏的病症。

在著名面相学指南《麻衣相法》中，耳朵的形状是阶层和命运的象征。书中说，耳朵长得厚实坚挺，轮廓分明，耳洞里生出毫毛的，就表示这个人聪明、富贵和长寿。那些耳朵色泽白皙、光明润泽的人，甚至可能名扬四海。

与此相反，耳朵粗糙、焦黑、瘦薄，或者是一副招风耳，则代表此人愚蠢而粗鄙，活该一生受穷；倘若形状反背或歪斜，还会穷得上无片瓦、下无立锥之地。所有这些相差悬殊的命运线索，都被清晰地书写在耳朵上，揭示出耳朵与命运的秘密关联。[79] 毫无疑问，在所有五官之中，耳朵是值得我们特别关注的器官。

## ● 请盐神给生活加点滋味

现在，我们来认识一下饕餮神最重要的助手——盐神。我以前曾经说过，盐不仅是食物的首要调味品，更是重要的生命资源。在斯拉夫文化圈，面包蘸盐为欢迎贵客的隆重礼仪，象征着一种最慷慨的赠予。在构成中国味觉体系的"甜酸苦辣咸"五味中，盐是最重要的一味。没有盐，就没有人间美食的存在。[80]

中国最早的盐业，发源于山东沿海地区，那一带诞生了三位最重要的盐神[81]：

首先，海盐生产工艺的创始人宿沙氏。早在炎帝神农氏的时代，在山东胶州湾一带的东夷部族中，诞生了一个叫作宿沙氏的大发明家，他是一位擅长渔猎的高手。大概是在煮海水的过程中，他偶然发现了盐的结晶体，而且，蘸着盐粒来食用烤熟的兽肉，味道鲜美无比。在这个过程中，他先是发现海盐及其提炼方式，继而又发明了盐作为食品调味剂的用法。无论从哪个角度看，他都是当之无愧的中国首席盐神。[82]

在盐被发明和生产出来之后，它的贩运业务就被提上了议事日程，而一个名叫胶鬲的商业奇才应运而出。胶，指的是胶东。鬲，是一种用来煮盐的陶器。这个名字显然是蓄意编造的。据说，这位胶鬲先生是东亚地区的第一位盐商。他的背景跟草根出身的宿沙氏全然不同，原本是殷商王朝的贵族，但在纣王的暴政之下，他只能改名换姓，远离政治，成为一名大商人，而他的主营业务，就是把沿海地区出产的鱼盐贩卖到内地。也许因为业务做得太大，结果被周文王发现，考虑到他是一位商业奇才，便擢拔他担任朝廷要职，成为国家管理团队中的商务大臣。后来，胶鬲也被人追封为盐神，排名第二。[83]

第三位盐神在他们当中最为有名，那就是春秋时期齐国的政治家管仲。他实施制度改革，发展经济，令齐国得以迅速崛起，为它成为战国七雄之首奠定了坚实的基础。由于海盐业是齐国的核心产业，管仲为此制定了第一部中国盐政大法，但其核心原则只有两条：第一，按人口分配食盐；第二，国家专营并严禁走私。这构成了历代统治者管理盐业的法理依据。管仲之所以能够成为官方祭拜的盐神，正是因为他率先实现了国家对盐业的绝对垄断。[84]

说到盐业资源的问题，一定有人好奇：古代中国到底有哪些类型的食盐呢？按照盐的来源，除了刚才所说的取自海水的海盐之外，还有出自内陆湖的湖盐，从盐井中获得的井盐，从裸露的地面上采集的矿盐与土盐，等等。有趣的是，几乎每一个特定的盐种，都有自己独特的庇护神。

以井盐为例。四川盐源县的纳西族人所供奉的井盐神，是一位年轻女子。当年她在牧牛的时候，看到鹿群在池边饮水，她所放牧的牛羊也常常麇集在那里，感到十分好奇，就自己尝了一口，发现池水竟是咸的，连忙把这个秘密告诉族人，于是人们就在此处挖井打水，取出盐度极高的井水，入锅煎熬，煮出白花花的盐巴，令当地人摆脱了食盐匮乏的困境。这口井因此被后人叫作"白盐井"。为了表达对发现者的缅怀和崇敬，人们在盐井附近建立了一座祠庙，称为"开井娘娘庙"。

四川自贡向来以盛产井盐著称，那里的盐民，供奉梅泽为自己的盐神。他是一位聪明的猎人，在狩猎时发现鹿群喜欢舔舐某处的泥土，觉得很奇怪，将泥土抓起来一尝，发现是咸的。于是他就地掘井，取出盐水，熬制成盐，并把这种原始煮盐技术传授给当地居民。

此类地域盐神不胜枚举，大多具有盐源发现者和制盐技术发明者的双重身份，比如福建莆田祭拜的是一位名叫陈应功的盐神，他是海水晒盐法的发明者；天津盐民供奉的"盐姥"，则是矿盐的发现者。这些盐神发现盐源的模式大同小异，大多是从动物的异常行为中得到启示，一跃成为地方盐资源开发的鼻祖，由此带来制盐业的繁荣，从此被视为盐神并受到当地居民的供奉。

所有这些盐神应该有一个更准确的称谓，那就是"盐祖"或"盐宗"，他们中大多数不具备神通，不过是被传说加以神圣化的常人。只有一个例外，那就是西藏人所祭拜的"盐湖女神"，她是咸水湖的人格化象征，代表着大自然的盐资源本身。盐贩在收购食盐离去之前，要将做成牛羊形状的糌粑投入盐湖，以此向女神表达感恩之情，并祈求她保佑马帮一路平安。

中国各地都有敬奉的盐神，似乎互不买账的样子。盐神最明显地体现出中国江湖文化的帮派特性。这是由于食盐资源较为稀缺，所以制盐和贩盐都面临着被盗匪抢夺的风险，是一个必须依靠武装保护的行业。另外，由于盐业被国家垄断，食盐走私是一种铤而走险的地下生意，需要帮会武装力量的介入。因此，盐帮曾是中国最大的黑社会组织之一，入会的成员必须走进神庙，面对盐神的塑像，焚香结拜，宣誓同生共死。没有盐神和盐神庙，盐帮就会丧失自己的精神家园，无法形成牢固的精神共同体。

四川省资中县罗泉镇有一座祭拜盐神的大庙，其中供奉的却是山东人管仲、分管发财事务的财神关公和管理炉灶的火神祝融。这显然已经超越了地域的限定，恐怕只有官方神庙才能做到这点。此地从秦朝开始，就已经井架林立，盐灶遍地。清朝年间，它曾经拥有1500多口盐井，盐的品质据说已臻于完美状态。1925年，它出产的食盐获得了巴黎世界博览会金奖，与晚清的瓷器、茶叶和丝绸一起，成为中华农业文明的辉煌代表，并为中国现代餐饮业的发展，提供了最古老的味觉要素。

## ● 酒神杜康和仪狄的悬殊命运

中国北方酿酒业长期祭祀"造酒仙翁"，但具体的事迹已经湮灭，目前人们还记得的酒神只有两位，那就是杜康和仪狄，其中杜康的名望，远远超过了仪狄。这种不平衡状态产生的原因，是曹操的那首《短歌行》里面"慨当以慷，忧思难忘？何以解忧？唯有杜康"的名句，对杜康发明的美酒做出了高度评价。因此，杜康成了家喻户晓的酒神，而女酒神仪狄却被大多数人所遗忘，被掩盖在时间的尘土之下。

关于杜康的身份，有人说他是黄帝的臣子，又有人说他生活在春秋战国年间，还有人说他是一名汉代的地方官员。我个人比较认同的观点是，杜康就是夏朝人少康，而杜康的身世，曲折离奇，完全可以演绎出一部惊心动魄的长篇小说。

杜康原本是夏国国王的后代，因为遭受外族入侵，夏国被灭，全家被迫出逃，在流亡途中，杜康的母亲生下了杜康，当时为他取名叫少康。少康长大后，越过边境，逃到了临近的虞国，国王赏识他的厨艺和酿酒技术，派他担任宫廷的厨师长，还把两个女儿嫁给他，后来又赠送他一块方圆十里的土地和五百名士兵。少康以这些资源为基础，启动了他的复国计划，最终战胜对手，实现了夏国的复兴。历史上把这场惊天动地的事变，称为"少康中兴"。[85]

让我们回到酿酒的话题。晋代学者江统所著的《酒诰》记载，当年杜康落魄的时候，因为十分贫穷，舍不得把吃剩的高粱饭丢弃，就倒在大桑树的树洞里，时间一久，它开始发酵起来，散发出一种迷人的香味。杜康由此顿悟出造酒的原理，结果酿出了中原地区的第一坛美酒。这种用高粱酿成的酒，古人称为"秫酒"。[86]

跟杜康完全不同，仪狄是一位美丽的女性。"仪"这个字，在古汉语中通"娥"，也就是"姑娘"的意思，所以，仪狄这个名字译为现代白话文，就是"狄姑娘"的意思。有人认为，仪狄是大禹时代的祭司，因为"仪"还可以解释为祭祀。又说她是一名主管酿酒的官员。还有人说，她是日神舜的女儿，因此跟宵明和烛光是同胞姐妹。[87]

如果仪狄是舜的女儿，而杜康是夏国的国王，那么仪狄的辈分无疑比杜康高出了许多。要是以发明时间而论，仪狄才是真正的酒神。为避免两者的冲突，古人提出了一种中庸的说法，说是"仪狄作酒醪，杜康作秫酒"。[88]意思是说，衡量两人贡献的标准，不应该是时间的先后，而应该是他们发明的品种。仪狄发明的是酒醪，而杜康发明的是高粱酒，由于这个缘故，两人各有贡献，平分秋色，可以并列为中华酒神，这样一来，也就没有什么可争论的了。

用高粱酿制的秫酒，在发酵工艺上，最初跟醪酒没有本质区别，但后来，高粱酒引入了蒸馏法，这种工艺可以生产出高纯度的白酒，其中最有名的就是茅台，它是用单一高粱品种酿造的白酒，成为现代中国酒徒的最爱。

再说这种"酒醪"，也就是醪糟，南方称之为酒酿，是一种用糯米烧煮发酵而成的食品，上面有一层液体，颜色浅黄，味道甘甜，带着微醺的酒香，过滤掉米粒之后，就成了米酒。把专用酒米加以浸泡、蒸煮、拌曲和压榨，可以制成颜色暗红的黄酒。

不知从何时开始，有人竟然用这种暗红色的酒浆，来隐喻女儿新婚之夜的出血现象，还美其名曰"女儿红"。为了满足世人的"处女情结"，女儿的父母会在其出生的那天将一坛黄酒（最好亲手酿制）埋于地下，直到女儿出嫁和新婚酒宴上才拿来饮服。这是一种语义暧昧的象征仪式，它旨在向新郎、家属及其全体宾客宣告，咱家女儿在肉身和道德上都是纯洁无瑕的。

在明清两朝，黄酒是贵族的饮品，《红楼梦》里描写的酒宴，所饮服的其实都是黄酒，它性情温和滋补，怡情而不伤身，使人不易失态，较为符合儒家伦理的规范，因此是有教养的贵族的佐餐首选。

白酒则与之相反，它过去一直是贫苦百姓的琼浆。我曾经多次到贵州遵义进行民俗调研，发现赤水河作为川黔之间的重要商贸通道，历史上曾经盛行"十八帮"的组织，光是食品行业，就有盐帮、糖食帮、茶帮、米帮、油帮和酒帮等。这些帮会成员，白天辛苦劳作，晚上聚会宴饮，用烈酒寻求欢乐，发抒江湖豪情，同时也借此驱除寒气和病痛。白酒最初只是底层草民的生命伴侣，后来则成了为大众所喜爱的饮品。与此相反，黄酒的地位则大幅下降，成为坊间百姓的普通饮料。

让我们再看看仪狄的命运。据《战国策》记载，仪狄发明醪酒之后，把它献给国王大禹品尝，大禹喝了之后，觉得香醇可口，但他非但没有奖励仪狄，反而开始疏远她，并放出话来，说后世一定会出现酗酒误国的君王。这段记载导致仪狄的形象一落千丈，沦为一个用美酒蛊惑国王的妖女。[89]

大禹的警告难道是在危言耸听吗？当然不是。这是一个精准的预言。夏朝的最后一个国王桀，正是由于酗酒无度，荒废朝政，以致丢掉了整个王国。几百年后，商纣王重蹈覆辙，沉迷于酒色之中，结果再次丢掉了江山。[90]

鉴于这些惨痛的教训，周文王上台之初，就颁布了全民禁酒令，要求酒类只能用于祭祀，犯禁者一律逮捕，重者还要杀头。另外，儒家也试图在道德层面上，约束酒精在日常生活中的使用。所以，在中国所有行业神里，只有酒神没有自己的神庙和祭司。他们的待遇，甚至连盐神都不如，与希腊酒神狄俄尼索斯的尊荣相比，更是望尘莫及。

尽管如此，和对待食神饕餮一样，中国人依旧在自己的舌尖上，修建起了他们的酒神庙，以饮酒的实际行动，来敬拜两位伟大的发明者。在中国的大多数朝代，饮酒一直是文人的美德。魏晋时代著名的竹林七贤，个个都以酗酒著称。一代枭雄曹操，也酷爱喝酒，还发出"对酒当歌，人生几何"的感慨。盛唐诗人李白更以"饮中八仙"著称，在他那些汪洋恣肆的文字之间，洋溢着狂热的诗情和熏天的酒气。欧阳修被贬到滁州做太守时，每日纵酒狂欢，留下了著名的行酒文《醉翁亭记》。

酒是君主和王权的死敌，却是文学家永远的情人。


## ● 茶神陆羽和他的陌生同党们

在德国哲学家尼采那里，酒神跟日神相对，而在中国，酒神则跟茶神相对。茶神是酒神的天然克星。酒神感性，茶神理性；酒神狂放而充满激情，茶神静笃而富于哲思，两者形成了鲜明的对比。长期以来，儒教推崇儒茶，佛教推崇禅茶，而道教推崇道茶，其实大同小异，殊途同归。茶神从这些不同的角度，引导着世俗社会的精神生活。

为了祈求茶叶丰收，茶农们指望从茶神那里得到庇护和恩典，但他们所祭拜的茶神，大多是由其他神灵或文人、英雄兼任的，在这份名单里，出现了农神神农氏、医圣张仲景、药王孙思邈和药圣李时珍，甚至还有蜀国丞相诸葛亮。他们都是兼职而非专任的茶神，所以在作为茶神的权威性和独特性方面，存在着显著的先天不足。

只有陆羽是超越地域局限的专业茶神。他生前写下了世界上第一部茶学专著《茶经》，全面阐述近千年来茶叶种植、加工和茶汤制作的方式，具有极大的创造性价值，开辟了一个全新的饮茶时代，在茶界的影响力无人匹敌。在缅怀和敬拜他的时候，儒家把他视为茶道导师，于是就尊他为"茶圣"，道教和佛教把他当作祭拜和祈求的对象，于是就尊他为茶神。如今看来，陆羽作为中华首席茶神的地位，任何人都难以撼动。

跟作为酒类发明者的酒神完全不同，陆羽并非茶的发明者。根据陕西考古研究院的报告，目前发现的最古老茶叶，出土于汉景帝的墓葬，距今已有两千多年的历史。[91] 更有学者声称，在有八千年历史的杭州跨湖桥遗址中，发现了茶树种子、原始茶和煮茶用的陶釜，但这个发现尚未得到考古界的普遍确认。尽管如此，中国人喝茶的开端，远在陆羽诞生之前，这一点是确定无疑的。

陆羽为什么能以一介凡人之身，而被推崇为茶神呢？探究其中的原因，恐怕并不是因为他发明了茶，而是因为他在茶道艺术上做出了无与伦比的贡献。除此之外，还有一个鲜为人知的原因，就是他充满神异色彩的出身。

陆羽原本是一名可怜的弃婴。唐玄宗开元二十一年，也就是公元733年，一个深秋的早晨，著名高僧、湖北竟陵龙盖寺的智积和尚，路过郊外一座小桥，忽然听见桥下有禽鸟发出哀鸣，走近一看，只见芦苇丛里，几只大雁正张开翅膀，守护着一个男婴，这个奇异的场景，使人联想到当年后稷的出生场景，两者大同小异。在中国文化符号体系里，这种情形象征着一位神灵或者圣人的诞生。

智积和尚知道这个婴儿不同凡响，于是把他抱回寺内收养起来。当地人为了纪念这个神迹，将这座石桥命名为"雁桥"，而附近的街道则称为"雁叫街"。[92]今天，由于自然界受到严重破坏，我们鲜有机会听见大雁的叫声，更不可能出现大雁呵护人类婴儿的感人场景。但值得欣慰的是，陆羽所推动的饮茶风尚，已成为现代人重要的日常生活方式。

那些目不识丁的茶农，从来没有读过陆羽的《茶经》，他们有什么理由非要崇拜他不可呢？从逻辑上说，他们崇拜的行业神，一定是跟自身经验和记忆有关的对象。正是基于这个原因，那些更接当地茶园地气的茶神才会应运而生。光是中国茶主要产地的福建，就诞生了十几位茶神，其中最有名的，是建瓯茶民供奉的张三公。他的茶园是宋代唯一的皇家茶园，而他本人则贵为朝廷钦封的茶神。因为有皇家的权威背书，张三公虽然名气不大，却拥有自己的神庙，附近的茶农也常来烧香礼拜，祈求风调雨顺、茶叶丰收，香火一直延续到今天。

而白毫银针的产地福建政和县，茶农祭拜的是一位勇敢的女茶神，名字叫志玉。清朝时期，当地暴发大规模瘟疫，夺走了许多百姓的性命。据说只有一种神树的汁液，才能救治众生。但神树有黑龙守护，听见它啸声的人，都会变成石头。志玉的两个兄弟，勇敢地前去寻找神树，都先后化成了石头。志玉得到一位神秘老人的指点，事先用糯米做的糍粑塞住耳朵，从而战胜了黑龙的声音魔法，接着，她又用兄弟留下的宝剑和弓箭杀死黑龙，得到了这棵神树。

这棵许多人为之献出生命的神树，其实就是一株古茶树。志玉用井水浇灌，让它开花结籽，又把茶树的汁液洒在被石化的兄弟身上，让他们得以起死回生。志玉把茶树带回故乡，种在山坡上，人们纷纷去采摘它的叶子，用这些叶子治愈了可怕的瘟疫。

在完成治病救人的大业之后，志玉又把从茶树上摘下的叶子晾干，用巧手搓成整齐漂亮的针形。这些茶针披着雪白而闪亮的毫毛，散发出清新可喜的香味，这就是我刚才提到的"白毫银针"。志玉不仅救苦救难，还发明了新的茶种，当之无愧地成了女茶神，受到后世茶农的敬拜。

关于各路茶神的神话传说其实还有不少，其中大多数已经遭人遗忘。他们用生命和才华所培育的茶道精神，却散发出永恒的香气。到了晚清年间，茶神庇佑下的中国红茶，通过远洋贸易，进入了日本、英国、俄罗斯和美国，成为跟咖啡和可可并重的全球三大饮料之一，改变了亚洲和西方世界的日常生活方式。不仅如此，1773年英国殖民当局强征茶叶税，引发北美独立战争，导致美利坚合众国的诞生，改写了世界近现代史的发展方向。

## 第四章

# 管理日常生活的诸神（下）

# 医药神

## ● 医药神是如何征服疾病的

中国神话里最早的医药神，原本是西王母。当年，她赐给大羿不死之药，结果被他的妻子嫦娥所窃取，飞往月球，成为一名无限寂寞的月神。吴承恩在神话小说《西游记》中，向人们透露了王母娘娘的另一个秘密——原来她不但拥有永生的丹药，还有一个秘密的蟠桃园，树上结满了使食用者长生不老的仙桃，就连天上的众神，都争先恐后地想要品尝这种神奇的水果。

但是，西王母长期居住天庭，她的仙丹和蟠桃都是为神仙们预备的，与人类毫无干系。风神飞廉也一度担任过医神，但在下凡时被周武王所杀，之后就再也没有露面。此外还有炎帝神农氏，他是精通草药的专家，在被黄帝打败之后，也销声匿迹，不知去向。由于这些原因，中国大地上的人们，只好把目光转向了那些从事自然疗法的医师，指望他们能够替人祛除病痛，延年益寿。

在漫长的农业文明时代，中国医药的秘密主要掌握在两类人手里：第一类是道士，他们掌握了治病救人的技能，能够替人排忧解难。道教太平道的起源，也始于张角的符水治病运动。

另一类是民间医药师，这些人中也涌现了一些天才，像魏晋的针灸学创始人皇甫谧、元代名医朱震亨，以及明代医药大师李时珍、清代名医叶天士等。虽然这两条路线都是人才辈出，但真正被人们奉为医神或医圣的，大多都是道教人士。为什么出现这种情况呢？这也许是因为，道教是一种宗教，推出各路神仙和圣人，本来就是它的分内之事。

中国史上最重要的医神究竟是谁？今天的内陆地区，知道他的人已经寥寥无几。他的名字叫作吴夲，道教称其为"吴真人"。他在北宋年间出生于福建泉州。相传吴母将要分娩时，看见太白金星、南陵使者、北斗星君三位神仙，护送一位仙童飞临她家，说是紫微星君前来投胎。婴儿降生时，整个屋子金光灿烂，香气弥漫，屋宅上空还盘绕着五彩祥云，当地的民众认为这是不可思议的祥瑞之兆。[1]

吴夲十七岁时，登上昆仑山，谒见了西王母。西王母耗费了七天七夜，向他传授治病的神方，还有除魔祛邪的法术，希望他日后能够济世救人。[2]吴夲二十四岁中举，担任御史，但心里始终牢记着西王母的教诲。他为朝廷效力数年之后，就断然辞去官职，返回故乡，开始炼丹制药、济世救人的医师生涯。据说他疗法高明，医德高尚，救治了无数民众。五十八岁那年，吴夲采药时失足掉下悬崖，抢救无效，就乘着白鹤升天而去。他的诞生和死亡模式，跟所有道教仙人的传说几乎一模一样。

吴夲去世以后，当地民众为他修建了一座小庙，传说病人只要前去烧香，就会自动痊愈，十分灵验，所以民间将他视为医神，道教则尊之为"保生大帝"。在中国和东南亚地区，目前已有两千多座他的祠庙，拥有上亿名信众，香火旺盛的程度，几乎可与妈祖媲美。

在此方面，佛教僧人也不甘示弱，推出药王和药上两位菩萨，作为自家的医药代表。药王和药上是一对亲兄弟，共同担任佛陀的左右侍从，因为虔心供养出家人，而且施舍良药，救助众生，得到人们的普遍赞美，从此成为中国人尊奉的药神。可能是由于病人太多，药王、药上两位菩萨忙不过来，所以佛教又推出了药师佛，他拥有更大的法力，不仅能够治病救人，还能消灾延寿，甚至帮助孕妇生产，使出生的婴孩健健康康……可以说满足了信徒们的一切美好愿望。

与佛道两家的医神相比，世俗社会中同样有声名卓著的医圣和药王，一位是张仲景，另一位叫孙思邈。张仲景的贡献，在于他的传世巨著《伤寒杂病论》，这部医学经典确立了辨证论治的原理，是中医临床的基本法则，构成了中医学的灵魂，它的地位可以与《黄帝内经》相提并论。

另有一位神奇的药王孙思邈，他的故事具有更多的传奇色彩。他自幼体弱多病，因此爱好道学，修习炼丹之术，希望找到通往健康和长生的道路，结果成了唐代最有成就的炼丹术士。[3]

炼丹的基本方法，是收集各种植物、动物脏器和矿物原料，让它们在水与火的熔炼中产生化学反应，从而成为使人永生的丹药。世界上可用于炼丹的原材料有几千种之多，令人无从选择。唯一的方法，是寻找民间秘方，在此基础上展开进一步的实验。因此，孙思邈耗费毕生精力，广泛收集和整理古代单方，并且把那些医治普通病症的药方编成了两部集子，叫作《备急千金要方》和《千金翼方》，同时收集了那些关于永生的秘方。

必须指出的是，炼丹是一项极其耗时耗财的工程，原材料稀缺而且昂贵，而一旦失败，就只能全盘放弃，从头开始。为了获得足够的资金，孙思邈不得不到处行医，收取高价诊费，甚至设法从朝廷那里获得资助。虽然这耗费了他的大量精力，但这些举动反而为他赢得了"药王"的巨大名望。

孙思邈行医炼丹的一个重要贡献，是在炼丹过程中意外发明了"硫黄伏火法"，也就是将硫黄、硝石和木炭组合在一起，炼制丹药，而这，竟然促进了黑火药的发明。在英国学者、《中国科学技术史》作者李约瑟看来，黑火药是推动古代历史发展的重要能量。当然，他还有一个最大的收获，就是彻底改变了自己的虚弱体质，相传一直活到了一百四十岁。

孙思邈的事迹说明了炼丹术促进了中医药的发展，没有那些辛勤实验的炼丹术士，就没有中药学的进步。


## ● 神秘的炼丹术

地球上有两个热衷于永生的古代文明，一个是埃及，另一个就是中国。埃及神话建立在对永生的渴望上。古埃及人相信，人死之后，只要保存好尸体，灵魂就会返回不朽的身体里，并且与它重新结合，进入永生状态。为了实现这个目标，埃及人把大量的精力都耗费在研发制作"木乃伊"的技术上，以致古埃及成了世上最擅长保存尸体的国家。

中国人的永生概念与埃及人完全不同，中国道教试图使人相信，可以通过服用一种长生不老药来阻止死亡的发生，但这种药物需要以炼丹的方式加以制造，由此推动了炼丹术的诞生和流行。

根据《山海经》的记载，西王母是第一个掌握不死药的大神，而且，她也愿意把这种神药赏赐给其他人，比如箭神兼射日英雄大羿。但《西游记》却告诉我们，王母娘娘的丹药来自"太上老君"，也就是道教祖师爷李耳，他通过炼丹的方式，从炉火中炼出了丹药。

道教的基本主题就是炼丹。从目的看，它可以分为炼丹术和炼金术两类。顾名思义，炼丹术是为了养生，而炼金术是为了发财。从路径看，炼丹术则可以分为内丹术和外丹术。所谓内丹术，也就是通过打坐、入静、调息和观想等手法，试图达成健康长寿的目标。而外丹术，就是在辟谷之外，通过采气和服药，来追求长寿甚至永生。

为了制造这种神秘的药品，首先必须建立设备齐全的实验室，也就是所谓的"丹房"，添置各种设备，还要购买和采集大量植物、动物脏器和矿物，把它们投入丹炉中去炼制。这是一个极其复杂的过程，不仅耗费时间，而且耗费钱财，绝非等闲之流的道士之所能。为了避人耳目和防止干扰，道士们还需要躲进终南山之类的深山老林。因此，炼丹这项事业，在外人看来就变得十分神秘。不过从历史文献来看，历代迷恋不死药的皇帝，最终都成了炼丹实验的小白鼠，没有一个逃脱掉被丹药毒死的命运。

根据《中国科学技术史》提供的材料，不死药的配方，主要是硫黄、硝石、砒霜和红汞，这些都是含有剧毒的重金属矿物。炼丹的关键步骤，就是要想方设法祛除药材的毒性，尤其是其中红汞的毒性。这是一个漫长的研发过程，不幸的是，皇帝们总是急于求成，逼迫道士们提前交货，而且往往服用过量，结果只能是暴毙而亡，而他们的死亡，又反过来毁掉了炼丹术的声誉。[4]

不难发现，不死药宛如一个魔咒，引发了历代皇帝的寿命竞赛。秦始皇嬴政对不死药有着无限的期待，结果上了江湖术士徐市的当，派出三千童男童女随他出海，求取长生不老的仙药。

汉武帝向秦始皇学习，到东海之滨去求助神仙，还派几千人出海去寻找蓬莱，当然最后都一无所获。汉武帝身边的方士同样不在少数，其中最著名的是李少君和栾大。这位栾大的颜值和口才都极佳，或者说善于忽悠，汉武帝被他弄得神魂颠倒，对他寄予了极高的希望，不但加官晋爵，还把自己的亲生女儿卫长公主下嫁给他，指望以此换来自己的长生不老药，最后却发现，这个魔法师女婿其实是个骗子，才愤怒地下令将他腰斩。⁵这个故事在历史上成了千古笑谈。

秦皇汉武中了魔咒，唐朝皇帝也同样未能免俗。唐代的太宗、宪宗、穆宗、武宗、宣宗五位皇帝，为了实现长生不老的梦想，相继献出了自己的生命。以唐太宗李世民为例，他早年曾经嘲笑秦皇汉武，但人到晚年，身体逐渐衰弱，于是开始思考长生的问题，然后也迷恋上了炼丹延命之术。五十一岁那年，他遇见一位自称三百岁的西域僧人，吃了他进贡的所谓"不死药"，结果中毒身亡。⁶

明朝的嘉靖皇帝，因为成天追求长生不老，每日炼丹服药，竟然三十年不理朝政，以致国家出现各种危机。然而，丹药没有给他带来任何健康的迹象，反而弄得他身体衰弱，性情暴躁，看人不爽，动辄大刑伺候，甚至砍掉下属的脑袋。宫女每天辛苦地替他采集甘露，稍不留神就会遭受打骂，生不如死。宫女们忍无可忍，于是联起手来，想要把他勒死，然而未能成功。可惜皇帝虽然逃过一劫，还是不思悔改，继续炼丹服药，最终还是死于非命。⁷

炼丹术虽然未能产生令人满意的结果，但它作为一种思维方法，成了中国人的重要精神遗产。炼丹术思维的特征，第一是材料的广泛采集，第二是对材料巧妙地筛选和重组，第三是放进容器，运用水和火的力量进行烧制。

在这种炼丹术原理的指导下，中国人发明了强大的中草药合剂，也就是筛选各种药材，将其放入药罐煎煮，熬出一碗治病的汤药；还发明了独特的烹饪术，基本原则与炼丹术完全一样，也是采集食物原料，对它们进行筛选和组合，然后放进容器里加以烹饪，最后做出无比鲜美的菜肴。在炼丹的过程中，中国人还意外发明了最不可思议的黑火药——这一中世纪人类战争中的大规模杀伤性武器。

炼丹术的概念最初源于印度，但在中国得到了全面升华，形成一个庞大复杂的体系，然后又向西回传，进入欧洲，不仅影响了整个中世纪，而且孕育出了近代药学和化学。中国道士做梦都不曾想到，他们努力了一生，虽然没有制造出真正的不死药，却促成了近代科技的诞生。

# 福禄寿财喜神

## ● 寿神彭祖的八百年春秋

关于寿神彭祖，民间流传着许多传说，而且他受到广泛的敬拜。但彭祖并非严格意义上的神灵，在中国人的心目中，他只是拥有长生不老之术的仙人而已。彭祖的名字叫作篯铿，又叫彭铿，他的身上流有高贵的血统，据说是颛顼帝的来孙，火神吴回之孙，某位鬼方首领的外甥，等等。[8]

彭祖的身世，与其他各路神仙一样，史籍中的记载大多自相矛盾，混乱不堪。一种说法声称，彭祖出身贵族，并且还是数朝元老，历经尧舜禹三代的政治变迁，又在商朝担任了国家图书馆馆长，到了周朝还当过柱下史，也就是掌管中央的奏章、档案、图书以及地方上报材料的官员。按照这条记录，彭祖毕生都是一名政府要员，似乎追求声名。[9]

另一种说法截然相反，它说彭祖自幼喜爱清净，不汲汲于世俗之物，也不经营自己的名望，更不修饰车马和穿戴，只以长生为自己的最高目标。到了春秋年间，他已经活了将近八百年，面容却还像小孩子一样，每天步行五百里地；辟谷的时候，可以整年不进食任何东西。这个说法在民间尤其流行，因为它更符合世人对彭祖的想象。[10]

第三种说法来自所谓的彭祖自述，他声称自己是遗腹子，出生前不幸丧父，三岁那年，恰逢西周末年的犬戎之乱。周幽王迷恋酒色，不理朝政，以致无法抵挡犬戎的兵马，被杀死在骊山脚下，周朝领土惨遭蹂躏。母亲没有办法，就把彭祖托付给了那些难民。彭祖跟着他们向西逃亡，一直逃到西域，此去就是一百多年。

至于他后来如何回到东土，又如何在彭城（即今江苏徐州）一带定居，他并没有细说。他只是强调，自己此生一共丧妻四十九人，丧子五十四人，数次遭受困苦和磨难，以致气血萎缩，形容枯槁，身心备受折磨和创伤。[11] 但世人宁可相信，这不过是彭祖的自谦之词。他们眼里的彭祖，是一位了不起的仙风道骨的神人，由于掌握了长生秘术，所以能超越普通人的寿限，成为修身养性的最高模板。

但是，我想要提出第四种说法，那就是彭祖根本不是一个人，而是一个庞大的组织，称为大彭国，所以才能从尧舜时代一直传到周朝末年，他们的领土，就在今天的义安山，古称大彭山的脚下，后来又迁移到今天的徐州。[12] 从一个小小的部落，逐渐发育为颇具实力的方国，据说还曾经协助夏国平息王子武观发动的叛乱，后来又和殷商帝国一起讨伐那些叛逆的邳人。这个说法更加符合历史常识。

但彭国人不去钻研养生之术，反倒到处征伐，助纣为虐，实在跟世人眼中彭祖热爱和平的性格不符。我在神话小说《长生弈》这个故事里，塑造的彭祖的传奇面貌，完全超出了人们的想象。

盘点一下彭祖留下的养生遗产，人们最感兴趣的是这些要素：

第一，用导引行气的方式来维持身体的年轻状态，也就是今人所谓的"气功"。

第二，用日常的食疗法来养生治病，这方面的典型例子，就是当年国王尧一度病重不起，喝下彭祖熬制的茶籽野鸡汤之后，很快恢复了健康，这一故事也成为最古老的鸡汤传说。不仅如此，这个传说还从另一个侧面，把彭祖推到了医圣和药神的高度。

第三，用植物、动物或矿物制造药品，比如水桂、云母、麋鹿角、甘酯、灵芝草等。

彭祖发明的三大炼养方式，为道教修行乃至全民养生，开辟了意义深远的道路。东晋炼丹大师葛洪，在《神仙传》中对彭祖给予了高度评价，说他在商朝末年已满七百六十七岁，却丝毫没有衰老的迹象。即便到了八百多岁，也没有像常人一样衰老得不成体统，而是以出走的方式辞别东土，西行进入戈壁沙漠，前往印度或波斯，其行走路线跟老子完全一致。这条文献记录令人不禁猜测，他就是参与印度沙门运动的中国留学生。据说，这才是其得道成仙的关键，而他的真实寿命，至今都是无从索解的谜团。[13]


## ● 女寿神麻姑的勾魂手

中国历史上的寿神，除了此前提到的彭祖之外，还有一个著名角色，那就是麻姑。由于她名气太大，魏晋以降，各地都出现了以"麻姑"为名的传奇女子。《太平广记》记载了一位叫作"麻姑"的女人，现身于东晋孝武帝时代，因为吃了蛇肉，吐血而死，但并没有她成仙的记录。[14]安徽宣城也出现过一名"麻姑"，不过有趣的是，当地人都姓麻。到了唐代，又冒出一位"麻姑"，姓黎，字琼仙，据说是李唐宫廷中放出的宫女，然而真实身份相当可疑。由于这些"麻姑"真伪难辨，麻姑的真实形象，变得扑朔迷离起来。

得到大家公认的麻姑，应该是东晋后赵的将军麻秋之女。一本叫作《列仙全传》的笔记小说，描述麻姑的父亲是一员杀人如麻的番将，当有小孩啼哭不止的时候，母亲只要说出麻秋的名字，孩子就会吓得立马停止哭泣，屡试不爽，可见麻秋是个恶名昭著的坏蛋。

当年，麻秋强迫民工修建城墙，不分昼夜，每天要干到公鸡报晓才让他们休息，弄得那些工人生不如死。麻秋的女儿麻姑，与父亲截然不同，她心地善良，同情那些可怜的苦力，于是使出一计，模仿鸡叫，其他公鸡听到之后，以为早晨已至，纷纷跟着打起鸣来，民工们从而得以休息。整个故事的情节，犹如"周扒皮"和"半夜鸡叫"的反转镜像。

麻秋知道真相后勃然大怒，想要严惩女儿，麻姑赶紧逃进大山，躲在一个隐秘的岩洞里，潜心修道，最终修炼成仙。[15]另外一个说法则声称，麻姑在松树下挖到一支形似婴儿的千年茯苓，吃下之后，她就成了神仙。

但东晋最著名的道士葛洪，对此持有不同意见。葛洪认为，麻姑是汉桓帝时代的人物，这就把麻姑的出生年代，往前推了两百年左右。他在《神仙传》里讲述了一个新版麻姑故事：仙人王方平在某年七夕节下凡，来到吴地居民蔡经的家里。王方平见过蔡经的家人后，就派人请麻姑前来相见。麻姑奉命前往蓬莱回来之后，便赶到蔡经家，初见之下，年纪只有十八九岁，高绾宫髻，长发及腰，衣饰光华耀眼，容颜惊艳得难以形容。麻姑与王方平相见之后，便取出随身携带的食物，大多是各种花果，盛放在金盘玉盏里，屋宅内外都弥漫着香气，接着又拿出肉干给大家吃，说是用麒麟肉做成的。麻姑还对王方平说："自从上次见面以来，东海已经三次变成了桑田。"王方平笑道："圣人都说，东海又要干涸了，很快就要扬起尘土了。"这段对话在历史上非常著名，诞生了"沧海桑田"的著名成语。

尽管这只是一种庄周式的隐喻，但故事中关于麻姑寿命的记录，还是给人们留下了深刻的印象。麻姑跟彭祖的最大区别在于，麻姑的年龄是以地貌巨变为尺度的，而彭祖只是以纪年为尺度，两人的境界实有天壤之别。仅在这一点上，麻姑就超越彭祖，成为中国人长寿信念的最高代表。

不仅如此，每年三月初三，也就是上巳节那天，在王母娘娘的生日筵席上，麻姑都会进献自己酿制的灵芝酒，被世人称为"麻姑献寿"。

让我们再回到前面的故事现场。王方平跟麻姑在高谈阔论宇宙时空的沧桑变化时，屋主蔡经根本听不懂两位神仙的对话，百无聊赖之中，难免偷窥起了神仙姐姐的容颜，发现麻姑的玉手仿佛做过"美甲"，纤细修长的指甲，犹如鸟爪一般。蔡经一时色胆包天，心想要是用麻姑的玉手来替自己抓背挠痒，那该有多么舒服啊！

这个欲念刚一冒头，王方平就洞察了他的心思，大喝一声："大胆！麻姑乃是神仙，你竟敢想用她的手指来挠痒！"说罢，就命手下的力士把蔡经抓起来，用鞭子痛打一顿。王方平说："打你是你的造化，凡人哪有这样的福气。"然后，两位神仙向蔡经的邻人传授了长命延年和治病救人的秘术。这场"文武双全"的宴会结束后，他们便双双升上天空，不知所终。

葛洪所记载的这个故事，在中古时期广泛流传，唐代大书法家颜真卿，还用楷书抄写了这个故事，顺便也记下自己在担任抚州刺史时，关于麻姑的所见所闻，然后刻成石碑，以此表达自己对麻姑的无限景仰。这篇碑文的标题就是《麻姑仙坛记》。

麻姑的纤指，也因此成为历史上众多文人竞相赞美的对象。李白说："明星玉女备洒扫，麻姑搔背指爪轻。"[16]李商隐则叹息道："直遣麻姑与搔背，可能留命待桑田。"[17]清代剧作家孔尚任在悲剧《桃花扇》里，借用剧中人的台词说："只愁今夜里，少一个长爪麻姑搔背眠。"

在这些诗句与台词之间，缠绕着男性文人对女神的欲念和幻想。诗人们往往这样形容美人的妙手：玉掌如柔荑一样细嫩，纤指像青葱那样修长。向男人伸出纤细的手指，是女人所传递的一种暧昧的召唤。与此相比，搔痒则是更加犀利的表达，在指尖叙事的层级上，麻姑不仅是长寿的象征，同时也是性和鱼水之欢的隐喻。

## ● 老寿星的容貌、坐骑和装备

由于中国人对于生命和长寿的迷恋，中国神话中至少出现了三位寿神。前面我们谈及彭祖和麻姑，而现在要讲述的，是另一位老寿星，那就是南极仙翁，又称老人星和南极老人。他原本是天空中亮度仅次于天狼星的恒星，也是南半球最明亮的星辰。据说，在公元14000年的时候，织女星会接管北极星的位置，而寿星也会变成南极星，因此便具有主宰人类命运的巨大潜质。

寿星在夜空中持续不断地发射光辉，向人类炫耀自己的健康和长寿，因此被中国人奉为寿命的庇护神。秦始皇统一六国之后，在长安附近的杜县，建造了一座寿星祠，从而启动了中国寿星崇拜的漫长历程。[18]

作为"福禄寿"三星之一，寿星本来只是一个星宿，但出于民间信仰的需要，它逐渐被人格化，成为一位神仙，在长相上也具有了令人难忘的鲜明特征。在明清两代的民俗年画里，他长着硕大的脑袋、修长的耳朵，手捧仙桃，身旁站立着仙鹤或梅花鹿，背后有时还有一棵大松树。

寿星身上最引人注意的地方，是他隆起的硕大额头，外形十分诡异。有人把寿星的巨大脑袋，解释为对寿桃形象的模仿，也不乏道理。桃类与长寿有什么关系呢？在日常生活中，桃子不宜多吃，因为食用过多会引发上火、腹胀和腹泻。

但在中国神话体系里，寿桃却是让人延年益寿的仙果。东方朔在《神异经》中记载，食用它令人延年益寿。《神农本草经》也记载，"玉桃，服之长生不死"[19]。《西游记》中，王母娘娘的后院里著名的蟠桃树，据说三千年开花，又三千年结果，食用后能长生不死。

所有这些记录都试图表明，桃子具有令人长寿的功能。

在道教体系中，桃树全身都是宝物。除了桃果能使人延年增寿，桃木还能够驱魔辟邪。道士们驱魔用的宝剑和镜子，往往是用桃木制造的。人们还把桃木做成版画，上面刻着神荼和郁垒二位门神的图像，挂在大门两边，以便吓走那些试图入侵的鬼怪，这就是门神和对联的起源。[20]今天的农村妇女，为了防止淫邪之鬼上身，还喜欢把桃枝放在枕头底下，作为护身的法器。

然而，桃花的命运，却与其他家族成员不尽相同，它在春天里妖艳而狂热地开放，是女性和情欲的象征。据说，好的情况下，它是墙里桃花，但坏的情况下，则会成为墙外桃花，也就是出轨的意思，可能给家庭带来不可估量的祸害。中国风水学的一个重要原则，就是绝对不能在前庭后院种植桃树，否则必然会生出桃色祸端。中国文化对于桃树家族的态度，一方面无限热爱，一方面又充满忧虑，始终处于一种矛盾的状态。

大多数神灵都有自己的坐骑，寿星当然不例外，只是他的坐骑不是走兽，而是飞禽，也就是白鹤，又称仙鹤。这种大鸟羽毛洁白，姿态优雅，叫声清亮，象征着高雅、圣洁和长寿，在鸟国中的地位仅次于凤凰。据崔豹《古今注》的说法，"鹤千岁则变苍，又二千岁变黑，所谓玄鹤也"，意思是仙鹤至少能活三千年以上。在道教神话里，仙鹤是众多仙人的交通工具，就连道士的死亡，也要用"驾鹤归西"的语词来代替，暗示他将在仙鹤的指引下得到永生。

由于仙鹤是一种清高孤傲的禽鸟，作为长寿符号，人类必须为它寻找一个伴侣。在道教的叙事和绘画里，它往往与松树结合，"松鹤延年"之类的成语就源于此。松树和柏树作为常绿乔木，是植物界的不死象征。据说，只要长期服用松叶、松根和松子，就能获得长生，修成仙人。不仅如此，仙鹤与松树都是出尘之物，是灵魂高洁的代表，这两种仙物的组合，还构成了圣洁的文化意象。

寿星有白鹤作为坐骑，还有仙桃和松树作为装备，再加上梅花鹿，用来暗示另一位禄神的存在，在符号学上似乎已相当完美，但还须加上另外一件道具，那就是寿星手里的拐杖。老人需要拐杖来帮助行走，这本来完全符合常理，但在汉朝，为了响应"以孝治天下"的政治口号，皇帝向七十岁的老人授予专用木杖，它长约两米，顶上镶有一只玉石雕刻的斑鸠，因此得名"鸠杖"。当时，只要是手持鸠杖的人，不但会受到百姓的普遍尊敬，而且还享有政治、经济和法律上的特权。[21]

尽管这种"鸠杖待遇"在历史上只是昙花一现，明朝政府甚至下令，要彻底取消汉代以来的国家祭祀寿星的制度，但民众还是非常缅怀那个年代，因此执意要给年画上那些老寿星的手中添加一根鸠杖，上面还挂着一只藏有续命仙丹的药葫芦，以此来提醒那些统治者，应该诚心向汉代皇帝学习，从政治、经济和法律方面，善待那些年事已高的普通百姓，让他们能够安心颐养天年，唯其如此，中国老人才能真正实现长寿的梦想。

## ● 禄星及其三个代表

在谈过寿星或寿神之后，我们不妨来认识一下禄星或禄神。禄神，是中国神话体系中主管功名利禄的星官，长相为一个头戴官帽、身穿官袍的老人，手持如意、元宝和卷宗之类的吉祥物，或者举着一只盘子，上面不是仙鹤和莲瓶就是状元帽，脚边还站着一头梅花鹿，如同寿星的坐骑是仙鹤那样，禄星的坐骑就是梅花鹿。

但是，在中国历史上，禄星的面貌是极其复杂的。人们往往会提出这种问题：北极星、文昌星、魁星和奎宿是一回事吗？这种认知上的淆乱，给世人的祭拜带来了巨大的困惑，值得在这里仔细辨析一番。

先说北极星。它是北半球天空的主宰，曾被殷商时期的中国人视为上苍，所以又叫帝星，后来又管它叫紫微星，成为地上王权和皇宫所在地的象征，在紫微斗数的命理学体系里，它主管人的官禄，职能跟禄星有重复之处，但地位崇高。

这颗星的位置在天空上相对静止，而其他星辰都环绕它旋转，仿佛位于宇宙的中心。但由于天体运动的原因，在不同时期，北极星的角色，事实上是由不同星辰担任的。公元前3000年左右，它由天龙座α担任，现在则由勾陈一扮演，而再过一万两千年左右，它的角色将被织女星所代替。

再说北斗七星。这是北方天空上最重要的星辰组合之一，它们构成一个带柄的长勺，而斗柄的延伸处则指向北极星，所以它们是北极星的指引者。北斗七星中的四颗星，也就是天枢、天璇、天玑、天权的总称，古代叫作"魁星"或"魁斗星"，还有一种说法，认为它仅指北斗七星的第一星天枢。它被视为分管文运兴衰的星辰，能够保佑那些参加科举考试的秀才名列前茅。

在历史上，"魁星"往往与另一个"奎星"相混淆。奎宿是二十八宿之一，也即西方白虎七宿的第一宿，共有十六颗星。这两种星宿彼此相混的重要原因是，它们不但发音相同，而且所担任的职能也完全一致，都是主宰天下文运的吉星。

接着说说文昌星。司马迁在《史记》里表明，在北斗七星的正前方，另外还有六颗星，形成半月形状，统称为"文昌宫"，又叫文昌星，因为总是跟北斗七星相伴升起，因此辨识度相对较高。其中第四颗星叫作"司命"，就是大熊星座的f星，又称"文昌帝君"。[22]屈原在《楚辞·九歌》中称之为少司命，战国年间就已列入国家祀典的行列。有时，所谓"文昌星"是特指这颗星，专门掌管人世间的文运昌盛，保佑考试的举子实现金榜题名的人生理想。

文昌六星里的第六颗叫作"司禄"，专管人间的文运和官禄，所以后世称之为禄星。请注意，帝星、魁星、奎星、文昌星和禄星，这是五种完全不同的星辰，它们的管辖范围不尽相同，但也有重叠之处，彼此间关系密切，在天空中也挤在同一个方位和区间，甚至名字也经常互相串线，因此过去往往被人们混为一谈。

明朝以来，中国人喜好把禄星跟福星与寿星并列起来祭祀，合称"福禄寿"，从而产生了最受民间欢迎的三联神，他们并肩站立在一起，成为生活吉祥如意的最高象征。

跟天上的所有星辰一样，禄星也无法逃脱被人格化和世俗化的命运。为了替禄星找到一个人间代表，古人可以说是费尽心机，最后，他们找到了比干来担任这个角色。众所周知，比干是商纣王的叔父，曾任殷商帝国的丞相，但由于反对纣王的暴政，被亲侄子剜心而死。

周武王击败殷商帝国之后，感念比干的高义，又出于笼络殷商旧民的考虑，于是把比干封为周朝的国神。这个国神的功能接近于禄神，于是人们就把比干当成禄神来祭拜。在小说《封神榜》里，比干又被封为文曲星，而在民间传说中，他还是文财神之一，这是因为在市井百姓的观念中，只要升官，就能发财，两者间存在必然的逻辑关联。

禄神的另一个俗世代理人，是一个法术高明的道士张远霄，又叫张仙，也有说法认为他其实是唐太宗或后蜀亡国之君孟昶。[23]他不仅擅长用弹弓消灭妖魔鬼怪，还能为那些祈求生育的父母送去大胖小子，所以被称为"送子神仙"。大概是由于苏东坡的缘故，他被人跟禄神联系在一起，禄星的职能也因此扩大了，拥有了保佑官运和送子的双重作用。后来，民间画像上的禄星，常常会牵着一个小男孩，或者怀里抱着一个婴儿，很像是一位男版的送子观音。[24]

苏东坡父子究竟跟张仙有什么关系呢？当年，苏东坡的老爸苏洵，曾经写过一篇名为《张仙赞》的长诗，回答了这个问题。他说自己的两个宝贝儿子苏轼和苏辙，就是张仙托梦送来的。两兄弟长大之后，参加同年的科举考试，在同一个考场上双双考中进士，一时轰动朝野，张仙也名声大噪，从此代替比干，成为新一代的禄神。[25]苏洵写下《张仙赞》，就是为了表达对这位神仙的无限谢意。

尽管有比干和张仙这样的奇人来扮演禄星，但人们还是感觉神力偏弱，于是又利用谐音巫术，让梅花鹿来强化禄神的价值。鹿是一种温驯可爱的动物，长着华丽的鹿角和白色的斑点，在动物界以善于奔跑著称。它原本是风神飞廉的坐骑，代表速度、灵巧和祥瑞。据说有一种白鹿，能够活到一千年以上，所以鹿也成了长寿的象征。在流行科举考试的年代，因为发音与"禄"相同，鹿从此又有了功名利禄的象征意义，成为禄神在动物界的最高代表。


## ● 财神家族的十大成员

财神家族，是一个主管世间财源的神圣家族，至少拥有十位成员，人们为什么需要这么多财神呢？也许是因为，中国人口众多，发财欲望也特别强烈，远远超出其他民族，所以需要众多的财神来助其实现梦想。

中国财神主要有两个来源，第一是《山海经》神话，第二是道教神话。首先是《山海经》神系里的陆吾，他人首虎身，一直被误以为是看守天帝花园的神兽，但其真实身份，却是来自印度的财神，而且还是夜叉国的国王，本名叫作俱毗罗，负责主管全世界的财富。他的领地原来在斯里兰卡岛上，也就是《山海经》里的奇肱国，拥有一辆能够在天上飞来飞去的梦幻战车，后来那个地方被长着十个脑袋的大魔王侵占，战车也弄丢了，陆吾就只好投靠西王母，把财富仓库搬到冈仁波齐山，跟他的空中花园（悬圃）合并起来。[26]

《山海经》还说，在陆吾看管的花园里，到处是奇珍异宝，包括青金石、美玉、黄金和白银。看管财富花园的，除了陆吾和他的夜叉们，还有另外一支精灵队伍，那就是紧那罗，也就是敦煌壁画上的飞天，《山海经》称之为"英招"，他们不分男女，都善于歌舞，还会散发出迷人的香气。[27]

为什么我们会忘掉这位财神的存在呢？大概是因为他的花园离我们太远，照顾不到东方的中国人，所以他就逐渐退出了人们的视野。为了填补这个空白，在道教创立之后，道士们组建起一支五路财神的团队，后来又补充了一个四方财神的团队，加起来总共有九位财神。

先说五路财神的第一位，中财神王亥，他是夏朝年间的人物，最先发明了贸易和商业，由于他，人们把这个新的帝国叫作殷商，把从事贸易的专业人士叫"商人"，把用于交换的物品叫"商品"，还把商人所从事的职业叫"商业"。作为中原地区的财神，王亥当之无愧。[28]

第二位是东方财神比干，上节已谈过，此处不再重复。第三位是南方财神柴荣，五代后周的第二位国王，也是《水浒传》里小旋风柴进的老祖宗，在发展经济、让百姓过上富裕生活方面有所建树，受到百姓的好评。

第四位是西方财神关公，这位手持青龙偃月刀的武财神，死后成了扶弱济贫、弘扬正义的化身，其形象深入民心，甚至普及朝鲜和越南等国的民间社会。由关公来庇护世人的财产，也是理所当然的事情。

第五位是北方财神赵公明，因为原先当过瘟神，手里掌握着"大规模杀伤性武器"，足以让各路强盗都闻风丧胆，所以被推举为正财神，执掌并守卫世间财源，是五位财神中的最高权威。

鉴于五个方向还有一些空间上的缺漏，道教后来又补充了另外四位财神。第一位是西南财神端木赐，字子贡，善于经商之道，手上拥有大量财富，是孔夫子七十二门徒里的首富。儒家向来崇尚道德，鄙视商人，他们的队伍里居然出了一位子贡这样的财神，实在是一件非常诡异的事情。[29]

第二位是分管东北方向的财神李诡祖，又称财帛星君、增福真君。据说，他是太白金星下凡，血统比较高贵，所以成了最受民间欢迎的财神，明清两代的木版年画，还有清代和民国的钞票上，到处都是他的形象，身穿红袍，面带笑容，一手拿着"如意"，一手拿着"元宝"或"聚宝盆"，上面还写着"招财进宝"四个字，身后有两个童子为他打扇。左边有一条青龙在口吐铜钱，而右边的白虎在吐着元宝。所有这些细节都在暗示我们，这位名叫李诡祖的财神爷，具有无与伦比的神通。他的画像还常常跟"福禄寿"三星，还有喜神列在一起，合成福、禄、寿、喜、财五神。[30]

第三位是东南财神范蠡。身为越国的高官，他是美女西施的情人，但为了国家大义，他只好把自己心爱的女人送给吴王夫差。这个美人计最终得逞了，桃色战略间谍西施，通过腐蚀和瓦解夫差的意志，帮助越国消灭了吴国。范蠡急流勇退，到山东从事商业贸易，很快成为巨富，为后来齐国的兴盛，奠定了强大的经济基础。

第四位是西北财神刘海蟾。这是道教全真教里的一位重要人物，据说他拥有强大的法力。作为财神，他的形象却是样子很萌的男孩，骑在一只金色蟾蜍上，手里挥舞着一串铜钱，表演着"刘海戏金蟾"的喜剧段子，是所有财神中最讨喜的一位。

以上是"中央加上八方"的九路财神阵容。这个空间布局，照顾到了所有方位的居民，可以说是农业帝国最严密的财务战略布局，从理论上说，这个结构足以让所有人都受到财神的庇护。只是每一件好事，往往都有自己的反面，你们可能不会想到，虽然有那么多财神，但要是祭拜方式出错，那就非但不能讨好财神，反而会把他们吓跑，最终落得鸡飞蛋打的下场。

有些人喜欢在正月初五凌晨，也就是财神生日那天，燃放爆竹，说是要以此迎接财神，但爆竹里的黑火药，是用硝石、硫黄和雄黄制造的，而这些材料都是道士们用来驱鬼的。无论是神灵，还是鬼怪，都很忌讳这些东西，所以燃放爆竹的结果，总是事与愿违——财神跑了！

那些渴望财神赐福的人，其实还有一个隐秘的障碍，那就是穷神的存在。穷神是财神的死对头，专门给人带来贫困和痛苦。最早的穷神，应该是颛顼帝的倒霉儿子瘦约，而后起的穷神则更加著名，叫作马娘娘，是姜子牙的夫人，虽然结婚只有四五年时间，却给丈夫制造了无限麻烦，老爷子一生气，在封神的时候，给她封了一个"穷神"的名号，让世上所有人都嫌弃和驱赶她。这可以算是丈夫对妻子的最恶毒的复仇了。根据民间习俗，正月初六那天，也就是迎财神的第二天，是专门"送穷"的日子，只有在这一天燃放爆竹，赶走穷神或者穷鬼，你才能真正摆脱贫困，彻底改变自己的命运。[31]

## ● 福神和喜神，最受欢迎的家中贵客

在中国人的幸福观念史上，《尚书》第一次提出了"五福之说"：第一是长寿，第二是富有，第三是健康安宁，第四是拥有美德，第五是颐养天年、长寿而终。其中第一、第三和第五基本重复，所以实际上只有三福：长寿、富有和道德高尚。[32]

汉代人桓谭在《新论》里提出了另外一组"五福"，那就是"寿、富、贵、安乐、子孙众多"。[33]明清以来，又开始流行"福、禄、寿、财、喜"的说法。我们发现，直到帝国晚期，福才出现在五福的行列里，并且占据了首席的地位。这个变化表明，中国人对福神的认知和需要，经历了一个漫长的过程。

跟寿神和禄神一样，福神起源于星辰崇拜，所以本来应该叫作福星。第一代福星是岁星，也就是太阳系八大行星之一的木星。木星绕太阳一周大致为十二年，正好跟十二生肖对应，所以它在天上的位置，就成了纪年的标准，所以它又叫岁星，是主管农业的星官，它的明暗、盛衰和喜怒，决定了农业收成的好坏。在农耕文明时代，粮食满仓，是农民的最大福分，因此岁星就成了第一代福星的化身。

现存最早的岁星图像，身穿长衫，盘膝而坐，有点像一个私塾先生，却长着

一副怪兽的嘴脸，头部很像老虎，眼睛却像豹子，还压着一头大野猪。为什么会是这种古怪的模样呢？这是因为，早期的岁星，同时具备了吉祥和凶险的两面性。他既能降福人间，也会带来灾祸。但人们好像只记得太岁神的凶恶一面，而忘掉了他也有仁慈和赐福的时候，所以就开始对他敬而远之，转身去寻找其他的福星替代品。找来找去，总算找到一位叫作阳城的世俗人物，由他来充当第二代福星。

就在这个时期，岁星的性质发生了重大变化，它从福星的躯壳里脱颖而出，变成了"太岁星君"，而这是一个拥有六十位太岁的庞大组织，在六十年一甲子的循环里，轮流值守某个特定的年份，成为这一年的最高主宰和诸神的领袖。

阳城不是一座城市，而是一位唐朝官员，关于他的事迹，大诗人白居易专门写了一首叙事诗《道州民》来加以赞颂。诗里讲述说，道州这个地方，侏儒较多，长得最高的，也不会超过三尺。当地官员把他们作为稀奇的贡品向朝廷进献。这种可怕的制度，每年都在制造生离死别和家破人亡的悲惨故事。阳城担任道州刺史之后，大胆向皇帝进言，废除了这项恶劣的岁贡制度。道州民众为此欢欣鼓舞，只要一谈起这位清官，就会流下泪来。

为防止下一代忘掉阳城的恩情，他们就在每一位新生男孩名字里加上"阳"字，以纪念这位为民冒死进谏的好官。不仅如此，当地人还认定阳城就是救苦救难的福星，于是大家捐钱盖起了寺庙，把他当作福神来祭拜。

但阳城的影响力毕竟有限，所及范围，顶多也只是一个小小的道州城，也就是今天湖南的一境而已。宋元以来，在道教的大力推动下，"赐福天官"的名望变得越来越高，逐渐取代了阳城，成为人们追捧的第三代福星。

赐福天官到底是一种什么官职呢？在道教的三官崇拜体系里，天官负责赏赐福运，地官负责宽恕罪恶，水官负责消解灾难，其中天官的赐福职能，最能满足普罗大众。他们热烈响应道教的呼吁，把赐福天官当作福神，把他的塑像放进寺庙里加以祭拜。我们看到的塑像和绘画中的天官，面容慈祥，左手拿着如意，右手打开一个条幅，上面写有"天官赐福"四个字，头上还有正在飞翔的蝙蝠，它们跟"福"形成了谐音关系，所以成了福神或福星的首席象征动物。

那么，这位第三代福星赐福天官，究竟是一位什么样的大人物呢？原来他就是历史上的那位伟大的国王尧，他跟中元地官舜、下元水官禹一起，被道教所借用，创造了一个三位一体的崇拜结构。

尧的诞辰日，被道士们定为"上元节"，也就是农历元月十五，这天还有一个更通俗响亮的名称，叫作"元宵节"。人们在这一天一大早就开始准备各种祭品，然后前往寺庙或祠堂去祭拜天官，祈求他的赐福。晚上就合家团聚，围坐在一起，吃香甜柔软的糯米汤圆，然后上街放烟花、迎花灯、猜灯谜。

为了让天官更好地完成赐福的使命，人们还想出了一个招数，那就是把新年的愿望仔细写下来，绑在天灯上，然后点燃蜡烛，把灯放到天空中去，好让天官看清自己的心愿，并且尽快降下幸福和喜乐。这是人类跟天官展开亲密接触的喜庆日子。宋代词人辛弃疾在他的《青玉案·元夕》词里描写了这个夜晚的灿烂夜景："东风夜放花千树，更吹落，星如雨。宝马雕车香满路。凤箫声动，玉壶光转，一夜鱼龙舞。"

尧在世的时候，大地上洪水泛滥，天上神界也在不断征战，天灾和人祸层出不穷，生灵涂炭，吃尽了苦头。为了让民众能够摆脱危难，他费尽心机，却没有太大的改善，这是尧一生的最大遗憾。但在他死后，道士们为他提供一个良机，让他能以赐福天官的名义，向人间播洒幸福，对于尧来说，还有什么比这更加美好的事情呢？现在，他终于有机会完成生前的愿望。可惜的是，只有很少人知道这位第三代福神就是当年的尧帝。大多数老百姓只管祈福，又哪里会在乎福神的来历和感受呢？

# 行业神

## ● 全能木匠神鲁班和他的魔咒

鲁班是行业神的最高代表，全国各地至今都有专门祭祀他的寺庙，平时香火冷清，但到了每年的农历五月初七，也就是鲁班的祭祀之日，城里的匠人会放下手头的活儿，穿戴整齐地来到庙内，参拜"祖师"，上供焚香，祈求他的庇护。那一天，是中国匠人的盛大节日。

这位被当作神灵供奉的木匠鲁班，出生于公元前507年的鲁国。这一年，孔子已经四十四岁，正忙于参与鲁国的政治管理。鲁班姓公输，所以他应该叫公输班，因为他是鲁国人，所以大家还是习惯于叫他"鲁班"。据说，他出生的那天，家里飞来许多白鹤，屋里弥漫着奇特的香气。

鲁班天资聪慧，七岁时就已经从木匠父亲那里掌握了匠人之道，十五岁就野心勃勃地离家出走，开始实施游历世界的计划。他先是拜在子夏的门人座下，据说只花了几个月，他就掌握了师父的全部技艺，从此变得狂妄自大起来，鄙视其他国家的同行，自称是匠人中的王者。

鲁班仿效孔子，在各个诸侯国之间游说，向国王展示自己的手艺和发明，指望得到他们的重用，却始终没有如意。有一次，鲁班听说楚王要攻打宋国，赶紧前往楚国的都城，向国王提出了很多建议，又贡献出自己发明的新式战争武器，本想要借此建立功勋，博得楚王的青睐，没想到墨子横插一杠，也不远千里赶到那里，跟鲁班和楚王展开辩论，凭着高超的哲理和口才，说服了楚王停止攻打宋国。[34] 这恐怕是鲁班一生中遭到的最大打击，从此他的狂妄之心收敛了许多，独自回到鲁国，躲进泰山以南的小和山，悄悄地隐居起来。[35]

鲁班毫无疑问是中国工匠领域的天才，在木工、石工、泥瓦工和建筑学方面，都有卓越的贡献。相传他发明了木工的主要工具，比如锯子、钻子、刨子、铲子、曲尺和画线用的墨斗。

过去的小学语文课本，曾绘声绘色地讲述过鲁班发明锯子的故事，说他有一次进山砍树，手不当心被野草叶子划破，渗出血来，他仔细一看，发现叶子两边长着锋利的小齿，鲁班脑袋里顿时灵光一现，发明了锋利的锯子。故事虽然写得逼真，但显然是后人编造的，因为根据考古发现，铜锯最早出现的时间，应在鲁班出生前数百年，而且"锯"这个字，也早就出现在金文里了。这个案例说明，人一旦受到崇拜，就会被附加上很多与他无关的功绩，以此来烘托他的神圣和伟大。

虽然铜锯的发明遭到质疑，但还有其他许多发明，被大家视为鲁班的手笔，比如石磨、碾子，打水的滑轮和轱辘，还有用石块、砖块或陶环加固井壁的工艺。据说他还发明了开锁的钥匙，以及可以连飞三天而不落地的木鹊。假如这是真的，那么它应该算是世上最早和最强悍的无人机了。[36]

在鲁班的时代，各国统治者都在忙于争夺土地和人口，为了迎合他们的野心，鲁班还发明了作战的新式武器，其中一种叫"钩强"，在对方战船后退时可以钩住它，在对方战船进攻时可以推开它。[37]他还发明了一种能凌空架起的攻城云梯，[38]在后来的世界战争史上，这种云梯扮演过极其重要的角色。

中国人为什么会如此推崇鲁班呢？这是因为，木工是一种复杂的技艺，在各行业中具有指导性地位，加上中国建筑主要是砖木混合结构，而木头是构筑房屋的基本材料，所以在各种匠人中，木匠的地位最高。在读书人之外，木匠通常被视为乡村社会里最聪明的人物。但欧洲人不同，他们更加推崇石匠，这大概是因为，岩石是欧洲建筑的主要材料，因此他们对石匠的依赖，远远超过了木匠。

由于中国匠人总体社会地位很低，被列入三教九流中的下九流，很容易遭受上等阶层的歧视和欺凌。匠人们一方面形成地下帮会组织，通过互助的方式捍卫自身利益，一方面利用民间法术来报复那些得罪他们的雇主。

为了支持这项计划，一本叫作《鲁班书》的奇书应运而生。它是鲁班本人撰写的吗？当然不是。它是道士和木匠合作的结果，最早成书于明朝万历年间，而且背后似乎还有官府参与的迹象。

全书共分四卷，包含房屋营建、木工操作、器物摆放等技术性知识，还有木匠施工的吉时凶日、风水咒符等，是高级木匠的秘密操作指南。低等级的匠人只需学习三年，就能掌握基本的工匠技法，而高等级的叫作"匠师"，则要学习六年以上，不仅要熟练运用各种木匠工具，还必须掌握《鲁班书》里的所有风水术和巫术。

《鲁班书》向我们表明，中国传统木匠身份复杂，他们不仅是房屋和器物的营造者，有时也是帮会分子、风水师和巫师；他们不但在交往中使用黑话，还在他们的"作品"里施加巫术，以期改变物主的命运。巫术是工匠们自我保护的手段，一旦被土豪克扣工钱，木匠们就能用巫术进行整蛊和报复。

乡村社会流行着这样一种观念，说是有三种人不能得罪：第一是接生婆，第二是挖坟人，第三就是盖房子的木匠。为什么盖房子的木匠不能得罪呢？因为只要他们在造房子的时候做点手脚，你就会生病丢财，甚至家破人亡，世代都不得安宁。由于这个缘故，人们必须恭敬地对待木匠，供他们好吃好喝，哪里还有拖欠工钱的胆子。

但这种木匠秘术一旦被滥用，也会出现反噬效应，令那些施术的木匠断子绝孙。相传当年鲁班新婚不久就被征召到国都去干活，由于特别思念妻子云氏，就做了一只木鸢，只要骑上去，念上几句咒语，木鸢就能载着主人飞回千里外的家里，跟爱妻相聚。云氏对此特别好奇，自己偷偷骑上木鸢，用咒语驱动它飞上天空。不料云氏当时已经怀有身孕，这时突然开始分娩，污血流出，消除了咒语的法力，木鸢无法继续飞翔，带着云氏从半空中掉下去，连同肚子里的孩子一起摔死了。鲁班为此放声大哭，痛悔自己发明的法术反噬了自身。[39]

这个故事虽属虚构，却向世间所有木匠发出了严厉警告：千万不要滥用你们手里的法术。

## ● 向温柔的纺织女神致敬

希腊神话里有三位命运女神，她们的任务一是纺织，二是管理神灵和人类的命运。她们手里拿着纺锤、量杆、剪刀，用来编织、丈量和剪断命运之线，模样看起来很像是纺织女神，但其实，她们跟布匹和人类的服饰没有一点关系。

古希腊真正的纺织女神，是大名鼎鼎的雅典娜，她负责向女人们传授纺织技艺；她也是艺术女神、园艺女神、手工业女神；她还是航海、农业、畜牧和医疗的保护神，甚至是战争和法律女神。由于她分管的事情太多，反而耽误了纺织业的发明创造，而把这个绝佳的机会，留给了遥远东方的纺织女神。

人类身上穿的衣物，主要有这样几种类型，最初是野兽皮和树叶，而后出现了羊毛、麻布和棉布。上古时期的中国人，做衣服的主要材料是葛布，还有苎麻布，宋元以后又引进了棉花，织起了棉布，但最具中国本土特色的，还是用蚕丝做成的绸布。

在丝绸这个行业里，中国历史上曾经冒出过好几位女神，其中最有名的，是四川地区的蚕丛和马头娘娘。[40]据《蜀王本纪》记载，这位蚕丛，是古蜀国的第一个国王。"蜀"这个字的甲骨文，很像是一条长着大眼睛的蚕虫。蚕丛领导的部族，梳着椎形的发髻，眼睛朝外面突出，聚在岷山下的石洞里，没有文字，更不懂诗书礼乐。[41]蚕丛的最大贡献，就是发明了养蚕和丝织工艺，发明了丝绸。在其他方面都极度落后的情况下，独立地发明一种如此复杂而高级的织物，直到今天，我们都无法找出合理原因。

这个蚕丛，按照男权社会的习惯性思维，都把他视为一位男性，但其实更有可能是一名女性，因为女性会对柔软的物体产生更加敏锐的反应，在发明丝绸方面有更高的概率。而且，在蚕丛的年代，在四川这种相对封闭的地区，女性氏族社会可能长期存在。

蚕丛也许是中国最古老的纺织女神，她的发明带来一个重要的结果，就是形成了以丝绸为核心商品的国际贸易通路，它从成都平原经云南到缅甸和印度，又从印度到波斯，从波斯到希腊，从希腊到埃及。这是一种接力赛式的贸易方式，史学界称之为"间接贸易"，由它形成的全球贸易通路，后来被德国地质学家李希霍芬命名为"丝绸之路"。

关于蚕丛，我们找不到有关她的生平事迹的任何记载。但有趣的是，明代人声称来自三国时代的文献《太古蚕马记》，却记录了另外一个神秘的丝绸神话，书中说：远古时期有个无名氏女孩，她的父亲一直外出不归。女孩思念父亲心切，对天发誓说，无论是谁，只要能把父亲找回来，她就以身相许。家里饲养的那匹白马听到之后，突然挣脱缰绳，飞奔出去，没过几天，就驮着父亲回家来了。但是人和马又怎么能结亲呢？这不是在开玩笑吗？为了女儿的未来，父亲居然恩将仇报，躲在暗处，用弓箭射死了白马，还把马皮剥下来晾在院子里。

这天，女孩跟小伙伴一起踩踏马皮玩，一边踩一边笑骂道："你这畜生，居然还痴心妄想，要娶我为妻，实在太可笑了。"不料马皮突然卷了起来，裹住女孩的身子飞走了。人们四处寻找，却毫无结果，又过了几天，有人发现，女孩被马皮裹着，悬挂在一棵大树上，早已化成了蚕茧。人们把蚕茧拿回去，从此开始了养蚕的历史。那棵大树，因为女孩丧命在上面，所以取了个谐音，叫作"桑树"，而那位身披马皮的女孩则被奉为蚕神，又因为蚕在吐丝的时候，头部会竖起来，看上去像马的脑袋，所以又叫作"马头娘娘"。[42]

有趣的是，从图像学角度看，"马头"和"纵目"，其实不过是同一种图像的两种文字解释而已。以"蜀"字为例，在甲骨文里，它既可以被视为是一条大眼睛的蚕虫，也可以被视为是一个马的脑袋，下面连接着卷起来的毛皮。

相比而言，马头娘娘一说具有更高的神话价值，因为它不但解释了"蜀"字的造型，而且巧妙地解释了蚕的起源。它明确告诉我们，蚕是女人和公马结合的产物。他们以一种非常奇怪的方式结合，然后化成了蚕虫，或者说生下了蚕宝宝，并且永远以桑叶为自己的唯一食物。[43]

另一位比较晚起的纺织女神，名字叫作"黄道婆"。[44]宋朝末年，出生于江苏松江乌泥泾的黄四娘，逃婚到了崖州（今海南三亚一带），成为一名道姑，从黎族女人那里学会了高超的纺织技术，晚年搭乘过路商船，从崖州返回故乡。回乡之后，黄四娘将其带回来的先进的纺织工具和技术，向附近居民传播，推动了松江府甚至整个太湖流域的棉纺织业的发展。到了18、19世纪，松江棉布不仅行销全国，而且以"南京布"的名义远销日本、朝鲜和欧美。东印度公司的年采购量，曾经高达20万匹，一时名噪天下。直到英国人发明了蒸汽纺织机，制造出了价格低廉的机织棉布，松江布才黯然退出世界纺织品的舞台。

为了纪念这位伟大的纺织技术发明家暨传播家，她去世之后，就有人在道观里为她造像，供人祭拜，到了明清两代又出现专门供奉她的寺庙，名叫"先棉祠"，还修建了"黄道婆禅院"，据说香火非常旺盛。因为四娘姓黄，生前是一名道姑，死后又被纳入神仙谱系，所以她被人称为"黄道婆"。上海的布业公所，也即织布业的行业协会，更是供奉黄道婆为自己的始祖。总而言之，在黄道婆死后的五百年里，她的地位逐步提高，成为实际意义上的纺织女神。

在黄道婆的故事里，有一个疑团，至今都没有人破解。黄道婆从海南岛黎族那里带回先进的纺织工具和技术，这是不符合逻辑的。当时黎族是一个农耕技术相对落后的民族，居然在纺织术上领先于汉族，这究竟是什么原因呢？

有一种解释，那就是这技术不是黎族人发明的，而是印度人发明的。正是印度人率先种植棉花，还发明了先进的纺织技术和工具。这些技术通过马六甲海峡传播到海南岛，而黎族是这种南亚技术的第一个受惠者。黎族女人接过来自印度的纺锤，又把它转交给一个流落异乡的松江女人。

## ● 窑神爷和瓷都起源

窑神是中国行业神中唯一跟火有关的角色。在中国民间社会，只有两类人会去祭拜窑神，一类人是煤窑的窑主，另一类是瓷窑的窑主。煤窑的窑主们指望窑神能保佑煤窑出煤量大，而矿工则祈祷窑神保佑下井平安，千万不要遭遇塌方、冒顶和瓦斯爆炸。

那么煤窑神是谁呢？说出来你一定会觉得很意外，因为他就是李耳。祭拜他的理由也很有趣，说他是炼丹的鼻祖，而炼丹需要用煤作为燃料，所以老子就理所当然地成了煤业的窑神爷。

那么，陶瓷工匠祭拜窑神，是为了阻止矿难的发生吗？当然不是，它是为了防止烧窑的失败，因为要是烧坏了整整一窑瓷器，就会损失惨重，弄得不好还会倾家荡产。更加严重的是，景德镇的官窑，都是为宫廷服务，一旦完不成任务，就会受到官府问责，甚至大难临头。

中国西安碑林有一块矮小的石碑"德应侯碑"，是中国最早的窑神碑。德应侯原本是古耀州黄堡镇的山神，因为瓷工们常常到山上采集瓷石，做成瓷器，所以很怕冲犯和得罪山神，因而小心地加以祭拜。[45]

到了后来，人们的担忧渐渐从瓷土转向了窑炉，这是因为，真正决定瓷器生产成败的因素，并非瓷土，而是火和空气。所以后来的窑神，大多是跟火有关的上古贤君或神灵，比如说舜、老子和雷公。后来，大家索性开始直接祭拜火神，祭拜的对象变得更加精准，而山神和地神，则后退到辅衬和陪衬的地位。在广东佛山的古代瓷窑面前，到今天还安放着当地火神兼窑神的塑像，胖乎乎的样子，笑容可掬地望着大家，好像在给每一位勤勉的窑工加持。

窑神崇拜的主要推手，其实是窑帮组织，也就是瓷器业的秘密帮会，因为窑神可以成为凝聚会众的精神力量。为了推动窑神崇拜，窑帮每年都要在窑厂里举办盛大的祭祀活动，由"把桩师傅"，也就是窑帮的帮主亲自主持，他点燃红烛和长香，率领众人跪拜祈祷，然后燃放鞭炮。仪式结束之后，窑工们就开始拥进酒楼，一边喝酒，一边观看地方戏表演，一直闹到深更半夜。这种祭拜和团聚，可以加强帮会成员的凝聚力，同时也能稍微化解行业内部的纠纷和冲突。

既然是一个严密的帮会组织，那么加入帮会，就会成为非常重大的事件。根据景德镇窑帮的规定，师父们二十年才能收一回徒弟，因而这一天成了帮会的最大盛典，场面极其隆重，需要组织迎神队伍，前往窑神的老家去恭迎窑神。同时，还有龙灯、舞狮和高跷等表演，鼓乐声、爆竹声和欢呼声震耳欲聋。

景德镇窑帮的行规，要求窑工里不准出现女性，更不准她们踏上窑门前的那块跳板，否则就会冒犯窑神。一旦犯规，就必须马上焚香燃烛，献上供品，鸣放鞭炮，跪求窑神的宽恕。为什么会发生这种严重的性别歧视呢？这是因为，窑火是纯阳之物，而女人是纯阴之物，两者在传统文化体系里严重对冲。女人一旦进入窑炉的范围，就会冒犯窑神，冲克窑火，导致整个烧窑工程的失败。当然，这种理由今天看来是非常可笑的。

到了北宋，除了火神之外，一种新型的窑神开始诞生，他们是瓷业里的英雄人物，由于富有自我牺牲精神，成为人们心中的窑神。最早出现的瓷业英雄，是景德镇的窑丞齐宗蠖，这个所谓"窑丞"，相当于官方派到景德镇管理窑口的CEO，据说他连续九年兢兢业业，忠于职守，但有一次，因为运输失误，砸碎了御制的瓷器，心里又惊又怕，只好以自杀来谢罪。他吞下那些瓷器的碎片，非常痛苦地死去，断气的时刻，居然保持着站立不倒的姿态。

本来是毁掉圣器的大罪，弄得不好要坐牢甚至杀头，但因为他及时自杀，反而扭转了局面，从罪人身份摇身一变，成了替皇帝尽忠尽责的英雄模范，受到朝廷的大力表彰，还建立寺庙来加以祭祀。[46]

到了明代万历年间，景德镇冒出来第二位窑神，名字叫作童宾，他是窑厂里的普通工匠。太监潘相奉皇帝的旨令，前来景德镇督造青龙大缸，要求龙缸外壁的上面，必须画上青龙，下面画上海水，这还比较容易做到，真正难的是，缸体必须高达2尺、直径3尺。在这之前，景德镇从来没人做过这样的大缸。工匠们反复实验，都以失败告终，而潘相性情暴虐，不但鞭打那些瓷工，还杀掉了其中敢于抱怨的工匠，双方的冲突变得日益尖锐。

为了拯救大家的性命，童宾在午夜时分，独自跳进熊熊的窑火之中，以自己的血肉之躯去祭奠窑神，并向可恶的太监发出最激烈的抗议。神奇的是，人们第二天停火开窑一看，青龙缸居然大功告成，窑工们总算摆脱了满门抄斩的命运。

但童宾的投窑自焚，点燃了窑工们的怒火。据《明史》记载说，窑帮开始行动，焚烧厂房，要求奸宦偿命，吓得潘相赶紧逃回京城。为了平息众怒，官府不得不封童宾为"窑神"，并在御窑厂里修建祠堂来加以祭奠，尊称他为"风火仙师"。一位普通窑工，就这样以自己的壮烈牺牲，赢得了窑神的崇高地位。[47]

大龙缸的制作之所以如此困难，是因为过去景德镇的瓷器，使用的是单纯的瓷石，强度严重不足，一旦制作大型器皿，很容易在烧制过程中出现变形和坍塌。后来加入高岭土，形成二元配方，这才真正解决了这个千古难题。

这种高岭土，产自景德镇附近的高岭村，是一种白色而柔软的黏土，加入之后，可以大大提高瓷器的可塑性和耐火性。

众所周知，china在英文里是瓷器的意思，但为什么叫china呢？人们对此众说纷纭。景德镇人坚持认为，景德镇原先的名字叫作昌南，也就是昌河南边的意思，而这才是英文china这个词的真正来源。china不仅把景德镇跟瓷器，还把景德镇跟中国紧紧地联系在一起。毫无疑问，瓷器是中国的第五大发明，直到18世纪，中国瓷还是世界上最受欢迎的商品。当时欧洲人印制的世界地图，中国版块上只标出三座城市，它们是北京、西安和景德镇。

令人遗憾的是，到了19世纪，中国瓷业开始大规模衰退，这到底是什么原因呢？我所知道的原因之一，是18世纪的英国人，在掌握了中国瓷器的二元配方的同时，加入50%的动物骨粉，形成了三元配方，而这种奶白色的骨瓷，质地轻盈细腻，隐约透出光亮，是瓷器史上的革命性产品。骨瓷的出现，使英国的瓷业在世界瓷业中占据了重要的位置。

## ● 照亮青楼的五路神明

我们都知道，娼妓业是人类历史上最古老的行业之一。作为中国社会最底层的下九流，娼妓始终受人歧视和压迫，境遇相当悲惨。在求助无门的情况下，她们只能寻找各路神仙，指望从那里得到必要的庇护。

古代娼家供奉的行业神，大约有五种角色：第一种是音乐家，代表人物是伶伦，也就是黄帝时代的乐官；第二类是强盗，代表人物是盗跖，所谓男盗女娼，江洋大盗和娼妓，天生就是一家；第三种是武将，代表人物是白眉神，他代表了性文化里的战斗精神；第四种是官员，代表人物是管仲，他从行政上保证了娼妓行业的繁荣昌盛；第五种是妖怪，它们拥有强大的法力，可以帮助娼妓魅惑嫖客，更保护自身。

先说这位叫作伶伦的神仙，他本来姓张，仙号叫作洪涯，是黄帝时的乐官，史书上记载他是古乐律的创始人。[48]《吕氏春秋·古乐》说，伶伦模拟自然界的凤鸟鸣声，选择竹管，制作了十二音律，可以说是乐人、乐伎和梨园戏子的鼻祖。古代底层乐伎因为生活所迫，也会出卖色相，沦为娼妓，反过来，娼妓为了提高身份和价格，也必须学习文艺，以乐伎的身份现身，所以会尊上古乐官为自己的保护神。

值得注意的是，伶伦创作了著名的乐曲《咸池》。[49]这个咸池，其实是天上的三个星宿，《淮南子·天文训》说："日出于旸谷，浴于咸池。"咸池最初是太阳降落的地方，后来又演变为灾星，平时太平无事，一旦受到扰动，就会引发兵乱和各种旱涝灾荒。但在伶伦的手里，《咸池》应该还是描写日神沐浴的曲子，而到了后来，咸池演变成西王母身边那些美丽侍女洗澡的地方。

乐户家女子初学弹唱，一定要先参拜这位神仙，祈求能获得他的智慧和才艺，而妓女们也供养他，指望他给自己添加歌舞方面的才艺。

再说那位著名的盗跖，他是鲁国大夫柳下惠的弟弟，出身名门望族，却成了中国历史上最早的"强盗头子"。《庄子》形容他手下有九千人，横行天下，侵犯各个诸侯国，摧毁房屋，抢夺妇女和牛马，把他说成是十恶不赦的坏蛋。[50] 可是尽管他坏事做绝，却没有任何奸淫妇女的记载，所以鲁迅先生起身为他辩解说："譬如勇士，也战斗，也休息，也饮食，自然也性交，如果只取他末一点，画起像来，挂在妓院里，尊为性交大师，那当然也不能说是毫无根据的，然而，岂不冤哉？"[51]

为什么中国人喜欢用强盗和武士来充当妓院的保护神呢？荷兰汉学家高罗佩在《中国古代房内考》中，提出了自己的解释，说是这类人被奉为淫神的原因，在于中国人常常把性交视为床上的战斗，色情文学往往会把做爱过程，描写成战场上的交锋。既然床帏等同于战场，那么盗跖接受娼妓的祭拜，也就变得顺理成章了。[52]

明清两朝的娼家，经常把盗跖跟白眉神相混，视为同一个人。说是因为他的眉毛全白，所以被称为"白眉神"，又叫"花柳魔"和"妖神"，早晚向他求告，就能靠他的保佑，勾引那些浪荡公子前来嫖娼，让他们为自己挥金如土。

其实这位白眉神，跟盗跖是完全不同的两个人。他长着红色的丹凤眼，手持大刀，骑着宝马，模样跟关云长基本雷同。有人认为，当时的娼家，的确想要把战神关公弄来当自己的保护神，但因为他已经是国家祭祀的大神，被封了很多崇高的称号，所以不敢轻举妄动，只好把他的眉毛漂白，弄成另外一尊战神，甚至还故意把他跟盗跖混为一谈，但明眼人还是一眼就认出了他身上的关公原型。[53]

娼妓对白眉神十分恭敬，他的神庙必须盖在妓院建筑的中间部位，凡是接待一位新客，对方就必须要跟自己一同祭拜白眉神，然后才能进入调情和做爱的环节。古代的妓女，还喜欢在手帕上绣上白眉神的画像，藏在自己的贴身内衣里，在每个月的初一和十五这两天取出来，向他秘密祷告。为什么要这样做呢？那是因为，白眉神的法力能让嫖客变得更加专情，再也不会把目光和银子转移到他人身上。

再说第四位娼妓神，他就是春秋时的大政治家管仲。清代著名文人纪晓岚在《阅微草堂笔记》里提到，娼家之所以祭拜管仲，是因为当年他曾建立过第一个庞大的官方妓院体系。[54]《战国策》也记载说，管仲建立"女闾七百"，也就是七百个妓院组织，而齐国人都谴责他的这种荒唐的做法。[55]按照周礼的算法，一闾等于二十五家，七百座女闾，相当于一万七千五百家妓院，这在今天看来，实在是惊人的天文数字。[56]

作为官妓行业的祖师爷，管仲甘冒民众的反对而大建妓院，这到底是为了什么呢？有人对此做了分析，说可能有这样五个目的：第一，为国家增加税收，让齐国拥有重要的资金来源；第二，为社会上的有需求人士排忧解难，解决单身男子的性苦闷，而且减少强奸和暴力罪案；第三，可以让失去主人的女奴隶得到必要的安置，让她们自食其力地养活自己；第四，可以用这种方式，吸引其他国家的士大夫，让这些人才都来齐国，壮大齐国的文化软实力；第五，可以悄悄地满足一下齐桓公嫖娼猎色的渴望。当然，这最后一个目标，是永远不会被史官摆上历史桌面的。

上面提到的四位娼妓保护神，有一个共同点，他们都是人类，而且都是男人。只有第五类娼妓神比较特立独行，那就是超出人类范围的"五仙"，也就是五种被尊为"仙家"的动物妖精——狐狸、黄鼠狼、刺猬、蛇和老鼠，又叫狐仙、黄仙、白仙、柳仙和灰仙，简称"狐黄白柳灰"。它们不只是男性，更多的还是女性。有的妓院还把狐仙单独拿出来祭拜，视为娼家的保护神。在妓女们看来，这些灵物都充满强大的魅惑力，同时又行踪诡秘，变幻多端，是娼妓们必须依靠的对象，它们的存在，决定了娼家的兴衰、吉凶和生死。

# 家神

## ● 家庭的主心骨灶王爷

家神，是神界里最为亲民的一组神灵，他们最接地气，也最受世人的亲近。家神们驻扎在家庭里，分别守护着门窗、厨房、水井和中霤部位。所谓中霤，指的是中庭里承接雨水的天井。在这些家神成员里，灶神具有特别重要的地位，他的俗名叫作"灶君""灶王爷""灶君司命""东厨司命"等等。虽然只是分管厨房的小神，却具有至关重要的地位。他是家园的灵魂和主宰。

灶神起源于火神崇拜，所以他应该是火神家族的成员，但他的原型到底是谁，今天没有人能说得清楚。有人说是火神祝融，有人说是炎帝死后化成了灶神[57]，还有人说他是火妖宋无忌。

据《搜神记》记载，从前有一位底层社会的女人，生下一名男婴，刚落地就会行走，一直走进炉灶里，被火活活烧死。但其实那个婴儿并不是自己投火自尽的，而是一个名叫宋无忌的妖怪，用法术把他弄进了炉灶。因为宋无忌是妖怪，没有多少人喜欢，所以很快就从灶神崇拜的名单里消失了。[58]

还有这样一种看法，是说灶神既非火神，也不是灶头的发明者，而是一位负责厨房烹调事务的女神，名字叫作"先炊"，因为烹调必须在灶台上进行，所以对她的祭祀，就弄得跟祭灶似的，实际上，人们祭拜的不过是厨神而已。[59]这种看法其实是在提醒我们，除了祭拜灶神，也应该顺便祭拜一下那位被忽略的厨神。

据一本叫作《酉阳杂俎》的唐代笔记小说及民间传说，灶神原名叫张单，身穿黄色衣服，披着长长的头发，长得很像是一位美女，估计是那种潘安和西门庆之类的人物。他风流成性，在外面经商发了财之后，居然移情别恋一个名叫海棠的青楼女人，还休掉了原配妻子丁香。

再说这位新欢太太海棠，生性好吃懒做，后来又失火烧光了全部家产，丢下张单，自己改嫁走了。张单落得一贫如洗的地步，只好四处流浪，靠讨饭为生。腊月廿三那天的夜晚，他无意当中闯进前妻丁香的家里讨饭，被前妻认出，不由得羞愧难当，一头钻进灶洞里，结果给活活地憋死了。虽然发生了这些丑闻，但因为他姓张，是玉皇大帝的本家，所以还是被封为灶神，也算是天帝对这个倒霉蛋的一种安慰吧。[60]

还有人把灶神的原型说成是蟑螂，因为我们经常在灶头上跟这种丑陋的昆虫相遇，但说心里话，又有谁愿意把这种鬼鬼祟祟的害虫，跟令人敬畏的灶神联系在一起呢？[61]

灶神的首要职责，当然是负责人的饮食，因为饮食跟健康有关，而且煎药也在厨房进行，所以他还要负责所有家庭成员的健康和寿命。后来被纳入道教体系之后，灶神摇身一变，成了玉皇大帝派到人间考察民情的司命之神，不但负责保佑家庭成员，而且还负责监督和记录他们的善恶功过，每年一次向天帝汇报，由此来决定他们是否应该健康长寿，能活多少年岁。

在许多民间年画上，灶神身边还有左右两名童子，各捧一只瓦罐，其中一只叫作"善罐"，另一个叫作"恶罐"，这家人的言行，会随时记录并保存在这两个"文件箱"里，以便在年底进行盘点和清算，然后向玉皇大帝汇报。

这样一来，灶神就成了天帝派驻每个家庭的监督者，专门督查人的品行，而正是灶神的这个使命，引发了世人的恐慌。因为没人会保证自己的一言一行都符合道德规范。而且由于人跟天帝之间没有直接的沟通渠道，所以，万一得罪灶神，他上天去告了你的刁状，你连上诉和申辩的机会都没有。

那么这究竟是一种什么样的惩罚呢？据葛洪的《抱朴子》记载，就是夺走你的寿命，而且通常会按天来计算，轻则掐掉你一百天的寿命，重则让你少活三百天。这还只是一年里犯错的结果。试想一下，要是每年都掐掉你三百天的寿命，恐怕你只有立马等死的份儿了。[62]

为了对付灶神这种告密者，解决潜在的寿命威胁，人们首先要在日常生活里避免得罪和冲撞他。为此，老百姓制定了一系列名目繁多的规矩，比如，要保持对灶神的恭敬，不许用灶火点香，不许拍打灶头，不许把刀斧之类的凶器放在灶台上，还不能在灶前说怪话、发牢骚、叫喊、唱歌、哭泣和吵架，更不能把脏东西扔进灶膛里焚烧，献祭的时候，未成年的女孩还要回避，等等。所有这些禁忌都在随时提醒人们，千万不要得罪那个擅长告密的家伙！

中国人还需要在灶神上天汇报之前，举行隆重的祭灶仪式，目的是向灶神行贿，千方百计地讨好他，阻止他向天帝提供负面信息。由此引发了一场充满戏剧性的博弈。不仅政府要进行官祭，民间也要进行家祭。

祭灶分为送灶和迎灶两个环节。送灶的日子，通常定在十二月廿四，也就是灶神离家向天帝汇报的时间。在送灶这一天，人们要在灶台旁边摆上供品，虔心祈祷，然后把旧的灶君像撕下，连同金箔和符咒一起烧掉，就算是送灶神上天了。然后过十天左右，也就是到正月初四（也有人说是除夕夜），再举行"接灶"仪式，这个仪式比较简单，只要在灶台上重新贴上一张新的灶神像就成了。

仔细观察一下中国人的祭神仪式就会发现，本质上就是一场公开的"行贿"。但"行贿"方式却各有不同。在灶神身上，人们精心设计出了三套对付他的方案。

首先是用铜钱献祭，这等于是直接给灶神发红包。

第二是祭灶用的供品，除了鸡、猪、鱼三牲以外，还要加上一些高甜度和高黏性的食品，比如麦芽糖、糖瓜、汤圆、猪血糕之类，据说这能粘住灶神的嘴巴，让他无法开口说坏话，即便开口，也只能说些甜美的好话。[63]

第三种方案，是在献祭的时候，献上大杯美酒，甚至把酒糟涂在灶君画像上，称之为"醉司命"，意思是要把灶神弄醉，让他醉眼蒙眬，头脑混乱，从而无法实施打小报告的任务。[64]这种手段已经不只是行贿，而是在下药使坏了。

其实，这些小诡计，只能是一些自欺欺人之举而已。洞察一切的灶神，岂能让这些雕虫小技蒙蔽了双眼。

祭灶仪式揭示了一部分中国人的宗教信念。神不仅可以沟通和控制，甚至可以加以欺骗和戏弄。整个送灶和迎灶过程，充满了戏谑的喜剧色彩。这与其说是一场崇拜，不如说是人跟神灵之间的快乐游戏，它把敬拜仪式变成了美食的狂欢。在饕餮还没有变成食神的那些日子里，灶神就这样扮演了食神和寿神的双重角色。

## ● 武举子钟馗是如何当上超级门卫的

中国人喜欢给民居建筑群制造围墙，然后招募一个物业管理公司，雇用一大堆保安和门卫。但这其实并不是什么新鲜玩意儿，早在两千年前，这些门卫就已经活跃在中国人的大门上了，只不过那时候大家管他们叫门神，而现在呢，他们走下了门板，成了现实生活里的活人。

在整个家神体系里，门神这个岗位的流动性最大，随着时间和地点的转移，成员在不断增加，至今已经达到六十多位，分布于全国各地。翻查一下他们的档案，可以说是来源众多，其中包括四大天王这样的神灵、青龙和白虎之类的神兽，还有文官、武将和谋士之类的历史人物，甚至还有那些畅销小说里的著名人物。最容易被人请来当作自己门卫的，像关公和张飞，吕布和周瑜，魏征和徐茂功，程咬金和罗成，杨宗保和穆桂英，等等。凡是平民百姓的流行偶像，都有可能被拉进门卫的行列。说得好听点叫他们门神，说得不客气点，也就是画在纸上的保安而已。

既然门神是一家人的门面，所以就需要加以特别美化。即便是最凶恶的形象，也得让他们摆一个很萌的姿势，以保证那些正常来访的客人，不会被门神的表情吓跑。

门神的另外一个特点，是他们总成双成对地出现，这是什么原因呢？这当然是由门的结构决定的。中国有钱人家的大门，大多喜欢做成两个门扇对开的样子，这样才更有气魄，而且两个门扇，一个代表阴，一个代表阳，成双成对的，喻示着夫妻和合，家庭完美。

除了大门和门神是成对的，门前的石狮子也是成对的，两边的厢房也是左右成对的。你们看，对称和双数结构，永远是中国式家宅的基本逻辑。当然，我们有时也会看见独扇门的出现，但那大多是内室的门，或者大院的边门和后门，这种独扇的门，古人称之为"户"。在周朝，"户"由专业的户神来守卫，但到了后来，门神和户神就逐渐合并，被统称为门神了。

据说，在所有门神里，神荼和郁垒是最正宗的，因为他们当门神的时间最长，资历最老，所以要在这里重点说一说。

最早提到这对门神的文献，是大名鼎鼎的《山海经》。其中的一个汉代版本记载说，在沧海之中，有一座叫作度朔的神山，上面长着一棵巨大的桃树，它的枝叶曲折盘旋，直径达到三千里以上，可以说是天下第一大树了。这巨大树冠的东北部，有一道裂缝，形成一座鬼门，天底下的妖魔鬼怪，都从那里进进出出。

树上住着两位神灵，一个叫神荼，另一个叫郁垒，是一对兄弟，黄帝手下的战将，专门负责看管那些鬼怪。凡是害人的鬼怪，他们都会用草绳绑起来去喂老虎。大概是因为当时鬼怪侵害人类的案件频繁发生，为了维护社会治安，黄帝在制定法律的时候，要求人们按照时令来祭奠他们，还用桃木雕刻了神像，门扇上则画着神荼、郁垒和老虎的形象，又在门头上悬挂草绳，用这些措施来阻挡凶神恶煞的入侵。[65]

以上这段记载，向我们提供了几个重要信息：第一，鬼怪从不爬墙，而是通过大门堂而皇之地进来害人的；第二，在门上贴"门神"的画像，可以吓退鬼怪；第三，桃木和老虎也有驱鬼的功效。这就是历史上最早的"门神"诞生，从他们开始，中国人筑起了家庭住宅的第一道神圣防线。

神荼和郁垒的最初形象，是袒胸露乳，头上长着两只角，胡须怒张，手里拿着桃木剑和草绳，但在后来的年画上，他们的装备得到了改善，开始身穿盔甲，手持板斧之类的兵器。

在周朝的时候，门神的祭祀通常在每年十月举行，这正是收获的黄金季节，人们勤苦劳作了一整年，收藏好了粮食和牲畜，必须请门神来守护这些财物。后来发现这个时段有点迟了，所以到了南北朝时，干脆提前到了正月十五日，也就是每年的初始阶段。在那一天，人们会煮好豆粥，里面加一点喷香的猪油，再插上筷子，以此来祭奠和迎接门神，期望整个家宅能得到整整一年的平安。

但随着时间的变迁，上古时代的神荼和郁垒的形象变得日益模糊起来。人们需要一些更加熟悉和亲切的人物，来扮演这个重要角色，保卫自己的家园，于是到了唐代，一个叫作钟馗的怪人就冒出来，成了大名鼎鼎的新一代门神。[66]

这位钟馗，据说是道教里的万应之神，只要你得到他的青睐，要财送财，要官得官，要福赐福，可以说是有求必应，不过他的主要职能呢，还是当门神和捉鬼。

在民间传说里，钟馗的母亲有一天梦见金甲神人手捧着一轮太阳来见她，也是鬼使神差，她居然一把接过红彤彤的太阳吞了下去，立马就有了身孕。我们知道，这是一种典型的感生神话。十个月后，钟家太太生下了一个男婴，取名叫作钟馗，这个"馗"字，指的是四通八达的大道，暗示他未来一定是名震八方的大人物。

果然，钟馗学习刻苦，文武双全，是个出类拔萃的人才，可惜长相差点，皮肤漆黑，胡子卷曲，一副凶神恶煞的模样。赶赴京城参加武状元考试，虽然中了头名，但因长相过于吓人，被皇帝摘掉了功名。钟馗无法忍受这种羞辱，居然一头撞死在宫殿前的石阶上。他的自杀，据说让皇帝颇受震动，于是赶紧下令，给他的尸体穿上红袍，算是追加了状元郎的荣耀。但这件事在大唐王朝，就像是风吹过池塘的水面，只掀起了一阵微小的涟漪，很快就被世人遗忘。[67]

又过了很多年，到了唐玄宗的时代，其时皇帝的脾脏有病，请了许多医生来治，都没有见效，大臣们都很着急。有一天皇帝入睡后，梦见有个小鬼在偷宫里的财物，唐玄宗高喊抓小偷，只见一位相貌魁伟的男人跑上殿来，一把抓住小鬼，先挖掉它的眼睛，然后把它活生生地吃进了肚子。唐玄宗怕得要死，问他是何方神圣，对方答道："我就是那个武举不中的进士钟馗。"第二天唐玄宗醒来，病突然就好了。他知道这是钟馗替他杀死了附在身上的小鬼[68]，皇帝感念他的功德，就请来大画师吴道子，根据梦里的形象画出钟馗的样子，然后把画像挂在宫门上，作为守卫宫廷的门神。[69]

道教见皇帝如此青睐钟馗，赶紧把他纳入神谱，封他为"驱魔大神"，让他出入阴间和阳间，斩妖驱鬼。为了让他安于职守，人们还为他找了一位同时代的搭档、著名的唐朝宰相魏徵。两人一武一文，像两个稻草人那样守望家园，伴随中国人度过漫长的岁月。

老百姓为什么会对钟馗情有独钟呢？关于这个问题，我一直没有合适的答案。也许是因为他捉鬼的法力远远超过其他门神；也许是因为他是科举制度的牺牲品，人们对他的悲剧身世，抱有无限的同情；也许，是因为吴道子画得太好了，使得他的生动形象得到世人的喜爱，并被广泛传播。无论如何，钟馗都是一个无法忽略的文化符号。

## ● 井神柳毅：落第举子千里救美女

在周朝，中国人就有了祭拜家神的礼仪。祭拜的对象，通常是门神、户神、灶神、井神和中霤神五位。[70] 在这个团队里，中霤神是最为奇怪的一位。我们要先弄清楚什么是"中霤"。这个中霤的"霤"，又可以写成"溜"，指的是房顶上流下来的雨水，所以中霤就是承接雨水的天井，位于房屋的中央部位。只要你观察一下近代乡村建筑就会发现，这个部位的上端是露天的，专门承接阳光和雨露，下面还有一个石板砌成的蓄水池，专门用来贮存或排除雨水。[71]

这个部位，是中国民居建筑的核心，按照风水五行的分配，井神代表水，灶神代表火，门神代表金，因为大门上的门环和锁匙是金属做的，户神则代表木，因为那些内室的小门都是木头做的，上面还有很多用浮雕展现的故事场景。中霤位于住宅的中央，代表土元素，也是住宅风水的灵魂。

说到这里，我们难免要问：这位中霤神到底是谁？他叫什么名字？从哪里来，又去了哪里？可惜的是，由于文化的断裂，这些问题已经没有人能够回答了。中霤神是一个被人遗忘的小神。有台湾研究者推测说，中霤既然代表土，在五帝当中，只有黄帝主管中土，所以那位中霤神，应该就是黄帝本人。

我不太赞同这种说法。扮演家神角色的通常都是小神，怎么可能请得动黄帝这样的大神？但我不反对把中霤神跟土地神等同起来。既然中霤位于房屋中央，而中央在五行中属土，那么中霤神属于土地神系列，就是完全符合逻辑的。在中霤神遭人遗忘之后，农民们把土地公迎进了家里，用来代替中霤神的职能，这样，原先的中霤神就更没有被人召回的可能了。

由于中霤神被长期遗忘，文献资料里也没有他的踪迹，我们只好把视线转向家神团队里的最后一位，那就是井神。井神的职责，除了庇护井水饱满不枯竭，还要维持水的质量，也就是水的洁净度，以保障这家人不至于因喝了脏水而生病。所以井神跟灶神一样，担当着维护家人健康的重要使命。

古代中国人有一种万物联通的信念，他们认为世界上的水，在地下都是彼此连接的，形成了一个庞大的水体互联网。井神虽然只是一名家神，却可以在广阔的水下世界里自由出入，跟江河湖海里的水神来往，并接受东海龙王的领导，后者据说是所有地方河神、湖神和井神的总管。毫无疑问，井神并非"井底之蛙"，而应该是经历过大风大浪考验的。

世人跟井神的关系，也是非常微妙的。首先要保持对井神的敬意，通过隆重的祭祀，小心地呵护跟井神的良好关系；其次，要及时向井神汇报家里人口的变化，无论是有老人过世，还是增添新的人口，包括娶媳妇或新生儿的诞生。井神可以根据这种人口变化来调节供应的水量。

井神的祭祀方式，跟其他神灵有所不同。百姓需要在每年除夕那天封井，也就是盖上井盖，在上面放置糕点、水果和美酒，以此感谢井神一年来的劳作。封井的用意，是要让井神过一下劳动节，休息三到五天。这意味着人们必须等到初三或初五那天，才能重新开井取水。开井之前，还要焚烧纸钱纸马之类，然后用手指蘸着第一桶打上来的水，轻柔地清洗眼睛，据说那样可以让眸子变得更加明亮。

被井神照看是一种荣幸，但反过来，得罪井神的下场也是非常可悲的。袁枚在《子不语》里记载说，苏州地区的井神名叫井泉童子，顾名思义，是一位长成孩童模样的小男神，但他惩罚亵渎者的意志，却丝毫都不显得柔弱。

当时有一位苏州的举人，儿子名叫喜官，只有十二岁，性情非常顽劣，跟小朋友们一起玩耍的时候，居然把小便尿到井里。井神受了侮辱，非常生气，先是告到县里城隍那里，不料城隍跟举人关系不错，不愿治罪，井泉童子又越级告状到州府城隍那里，结果喜官当天黄昏就一命呜呼，死于非命。这个故事，是对那些胆敢冒犯井神者的严肃警告。[72]

中国各地都有自己的井神传说，其中最为有名的，应当算得上是书生柳毅的故事了。据说，唐高宗年间，柳毅赴京应考落第，在返回故乡时经过泾水河边，看见一位牧羊女，容颜憔悴，表情悲伤，柳毅上前打听，原来她是洞庭龙王的女儿，嫁给了泾阳小龙，但丈夫生性风流，却对妻子实施家暴，令她受尽折磨，不幸沦落在野外放羊，无家可归。

柳毅决计为小龙女伸张正义，历经千辛万苦，跨越半个中国，把小龙女的遭遇，告诉了她的父亲洞庭龙王，但这位父亲碍于跟泾水龙王有世代交情，居然不愿出面营救，但小龙女的叔叔钱塘龙王对此愤愤不平，率领水军北上，杀死泾阳小龙，救回了小龙女。

对于这位路见不平拔刀相助的义士，小龙女当然愿意以身相许，但为了证明自己千里送信并非贪恋美色，柳毅居然拒绝了这场婚姻。当然，经过反复折腾，两人最终还是走到一起，过上神仙般的日子，柳毅还被派去主管橘井，那是洞庭湖水底世界跟人间的唯一通道，从此成了闻名天下的井神。

这个橘井究竟在什么地方呢？目前的说法各不相同，有的说是在陕西泾阳，有的说在苏州太湖的洞庭东山，但在湖南岳阳君山的可能性更大，因为它不仅有水井作为实物证据，而且还有《巴陵县志》作为文献证据。

在中国文化符号体系里，水是爱情故事发生的背景，也是爱情本身的温柔象征。大多数爱情故事都发生在水边。比如白蛇传故事，发生在杭州西湖；雯姑跟霞郎的故事，发生在云南大理的蝴蝶泉附近；李香君和侯方域的故事，发生在南京秦淮河畔；还有谢端跟田螺姑娘的爱情故事，发生在家里厨房的大水缸边。柳毅传书的故事，让清澈的井水和深邃神秘的井洞，成了诞生爱情神话的源泉。

井神柳毅的爱情故事，向我们显示出了这个千年IP的不朽魅力。早在唐朝，就有李朝威撰写的传奇故事《柳毅传》，但这时候的柳毅，跟井神还没有什么关系。宋元明清四代，都有以此为题材的戏剧，逐渐将其跟井神挂钩起来。1949年以后，柳毅的故事还在继续流传，1952年以越剧形态首演，1962年被长春电影制片厂改编成故事片。2004年7月，中国邮政还发行了题为《民间传说——柳毅传书》的四张特种邮票。近些年，李朝威的《柳毅传》又被收进高中语文教材。有人甚至用这个故事来置换反抗暴政的孟姜女故事，把它跟梁祝、白蛇传和天仙配并列，形成2.0版的"四大民间传说"。

所有这些努力，终于让一个无名的唐朝书生，不仅从落第举子变成井神，而且因为正义和爱，成了家喻户晓的神话英雄。

## ● 床公床母的慈爱和春梦

中国人发明床的时间，应该是在周朝的中晚期。先秦出土的楚床，看起来比较低矮，有六只很短的床脚，床沿还有围栏，结构已经相当完美。但大多数家庭，还是保持着席地而眠的习惯，这样一直到了宋朝，床才开始慢慢流行开来，成为中国人的主要卧具，而伴随着床一起成长的，是中国人的床神崇拜。人的一生，有三分之一时间是在床上度过的。床是我们最亲昵的伴侣，对于我们而言，床的生命价值，超出了餐桌、书桌和其他任何家具。[73]

由于床跟人生的密切关系，所以床的安放，是一个需要慎重考虑的大事。床安放的位置和时间，据说能够决定屋主的命运，所以必须请风水先生给予指导。而在安床之后，当天晚上要行拜床神的仪式。要是打算续弦娶一位新妻，就更要祭祀床神了，他们将严格管束前妻的亡灵，以免她横生嫉妒，干扰和破坏新婚夫妻的正常生活。

床神的形象，通常是一对中年夫妻，有时候是一对老人，身穿宋代的官服，手里拿着芭蕉叶子与荷花，合起来是"交（蕉）合（荷）"的谐音，也就是男女交欢的意思。所以说，床神首先是性爱之神，也因为是性爱，所以必须成双结对，由此形成了床公和床母的对偶性结构。由于在农耕时代，床主要流行于南方，而北方人则主要睡炕，所以大多数床神故事，都来自南方，尤其是东南沿海地区。芭蕉这种南方植物，证明了床神的南方身份。

床神的另一个身份，是生育之神，人们在婚礼上敬拜床神，是希望新婚夫妻能够如胶似漆，幸福美满。据《封神演义》说，周文王有九十九个儿子，展示出惊人的生育能力，成了"多子多福"的历史模范，因而被人奉为神灵。百姓都指望能在他们保佑下，生出一大堆小宝宝来。

床神还有一个重要职能，就是助人安眠。由于睡眠的好坏决定人的身体状况，所以床神也是庇护健康的神灵。

床神的祭拜方式，也是有许多讲究的。每月的初一、十五，清明、端午、七夕、中元和重阳，都是祭拜床神的好日子。据说床公好茶，而床母贪杯，所以人们喜欢用茶来祭祀床公，而用酒来讨好床母。除此之外，还要配上鸡油饭、鸡腿、花生、糕点和水果，这些供品放好之后，就得在床头床尾焚香祭拜，迎接床神的到来。完成祭礼之后，全家人就可以坐下来，一起分享这些美味的供品。被床公床婆领受过的祭品，据说吃起来会格外鲜美，而且能让人健康长寿。[74]

除了崇拜成对的床公床婆之外，还有另外一种情况，那就是单独祭拜床婆，这到底是为什么呢？因为人们认为，女性床神能更好地担任保佑女主人分娩和育儿的责任。她的出现，可以安慰那些怀孕生子的女性，化解她们在扮演母亲角色时的焦虑、忧郁和恐惧。[75]

在儿童死亡率很高的农耕时代，一些地方的人们都坚信，从婴儿到十五岁期间，会有一位叫作"床母"的儿童保护神，默默地住在卧室里，专门负责保护孩子。孩子屁股上的那个青色胎记，就是床母留下的暗号，她要用这个来证明自身的存在。[76]

床母是母亲的神圣代表，她不仅要保护婴儿不受意外伤害，而且负有教导婴儿的责任，担任婴儿的早教和智力开发。据说孩子在睡觉时会微笑、嘟小嘴和皱眉头，正是床母教导的结果。因此，千万不要弄醒睡梦中的孩子，以免打断孩子的学习。在婴儿睡着以后，床母有时还会带着孩子的魂魄到处游玩，这时，最忌讳的是在孩子脸上涂抹各种颜料。

为什么会有这种禁忌呢？据说那是因为，孩子的魂魄一旦回家，会因为认不出自己身子而无法归位，从而造成魂魄跟身体的长期分离。这种事情一旦发生，就需要用招魂术来加以补救，在中国乡村社会，这显然是件非常麻烦的事情。

有一个关于拜床婆子习俗的起源故事，表达了某种来自母亲的育儿愿望。说的是古代有一对恋人，由于遭到父母的反对，无法成为眷属，只好像罗密欧和朱丽叶那样幽会和偷情。一年以后，女孩生下一个男婴，自己却因为难产而痛苦地死去。为了掩人耳目，男主人把情人的尸体偷偷埋在床底下。再说这个女孩，虽然已经死去，但她的亡灵却不愿离开这个屋子，而是悉心照料儿子的成长，直到他考中状元，荣归故里为止。这个感人的故事后来传扬出去，从此人们就把那种英年早逝的青年男女拜为床神，把他们当作自己孩子的守护神和天使。

故事讲到这里，你们就会发现，中国人关于床神的故事，不仅跟母亲的育儿愿望有关，而且跟暧昧紧密相连。广东澄海有一个民间传说，是这方面最具代表性的文本，说的是古代有位商人，长期在外奔波，年轻貌美的妻子在家独守空房，耐不住寂寞，就勾引家里干粗活的短工，做那苟且之事。商人回家后发现了这个秘密，用欲擒故纵的计谋，抓了个现行。妻子和那名短工双双自杀，成为轰动当地的重大血案。

商人后来重新娶妻生子，但不知什么原因，所生的孩子一个接着一个夭折。有天夜里，商人梦见前妻跟短工浑身是血地站在床前说：我们已经沦为孤魂野鬼，你要是再不上供祭祀，我们就绝不放过你的儿女。商人从噩梦中惊醒，吓出了一身冷汗，赶紧照鬼魂的吩咐，摆上供品，焚香点烛，在床前祭拜他们。说也奇怪，打那以后，他们夫妻俩生下的儿女，都能健康成长，再也没有夭折。[77]

耐人寻味的是，正是这对偷情者后来成了床公和床母，受到当地人的祭拜。这个故事告诉我们：第一，双方都是婚外情的受害者，同时也是加害者；第二，死亡不能消除仇恨，反而会让仇恨变得更加可怕；第三，通过祭祀，可以让生者和死者达成和解；第四，和解能够改变命运，为儿孙和家族创造美好的未来。

### ● 住在厕所里的紫衣女神

中国民间神话是一个庞大而复杂的系统，除了那些官方祭祀的高级神祇，还有大量低级的民间小神，执掌人类生活的各个领域，从田头、灶头、床头到灯头，万般俱全。前面我们都在谈论家神，而跟家神有点关系，又不在家神团队里的，应该就是分管厕所的神灵了。厕所往往是人们比较忌讳的地点，只有禅宗会欣赏厕所四周的风光，体会人与自然融合的美妙境界，大多数人要不是内急所迫，都会掩鼻而过，又怎么会把它跟神灵联系在一起呢？

富于戏剧性的是，中国神系里还真有厕神这种角色，但基本上都是苦命之人死后所化。第一代厕神，据说是刘邦的妃子戚夫人，她遭到吕后的迫害，被砍去双手和双脚、挖掉双眼、熏聋耳朵，嘴巴里还被灌下哑药，然后扔进厕所，像猪一样供人参观和嘲笑。[78]她的悲惨遭遇在历史上得到了广泛的同情，所以就有人尊她为第一代厕神，由此改变了她在死后的命运。

厕神的真正代表，还不是这位戚夫人，而是另一位山东女子何媚。这位女神小名紫姑，在明清两代木版年画里的形象，是一位丰腴端庄的女性，头戴红色帽

179

冠，身穿绣有花卉的紫色衣服，手里捧着鲜花，脚下踩着代表祥瑞的云朵，身边还有两位手持祭品的童子。[79]

那么这位名叫紫姑的厕神，是专管人的用厕卫生或肠道安全的吗？根本不是的，她的唯一使命，是负责回答占卜者的问题。那么她为什么会被人当作厕神呢？是因为她平常就住在厕所的深处。那么这样一位酷爱鲜花、洁净美丽的女神，为什么要以臭气熏天的厕所为家呢？在这种古怪的选择背后，究竟有什么秘密？又有谁能为我们拆解这个千古谜团呢？

南朝时期的文人刘敬叔，编写了一本专门记录各种奇闻逸事的书《异苑》，里面记载说，紫姑是某大户人家的小妾，因为姿色美丽，遭到大老婆的嫉恨，经常被迫干各种脏活重活，结果在正月十五那天，在厕所里"感激而死"。尽管没说清楚具体死法，但人们完全可以推导出一个自杀的结论。中国乡村的厕所，大多以毛竹和茅草搭建，非常简陋，不仅臭气熏天，苍蝇环绕，而且还缺少遮蔽隐私的护栏。好在紫姑丈夫的家族属于上流社会，所以死于厕所，还不至于太令人难堪。

但这则自杀传说经过多年的流传加工，最终在苏东坡笔下演化成了一个谋杀案。新版本的女主角紫姑，饱读"四书""五经"，精通音律，擅长弹奏古琴，是女子中少有的才女。她先是嫁给一名戏子，后来被寿阳刺史李景看中，于是用卑劣的手段，害死她的丈夫，然后把她强行纳为自己的小妾。但对紫姑而言，苦难的日子这才刚刚开始。李景的老婆，是一个歹毒的女人，对才貌双全的新人心生嫉恨，不但百般折磨，还在正月十五日这天，指使仆人把她秘密杀害，然后把尸体丢进厕所的粪池里。你们看，不仅谋杀，还要辱尸，其用意之狠毒，实在是令人发指。[80]

可怜的紫姑，以如此悲惨的方式死去，当然是死不瞑目，她的亡灵在厕所周围徘徊，久久不肯离去，好像要向杀手讨回自身的公道。这家人每次上厕所，都能听到时隐时现的女人哀哭，还有刀戈碰撞和呐喊吆喝之声，可见她的怨气和杀气，都已经到了爆棚的程度。关于这个记载，时间、地点、人物、事件的来龙去脉，新闻元素齐全，已经算得上是一件完美的新闻了。可惜的是，历史文献没有记录破案之类的后续报道，无法满足我们对故事结局的好奇。

令人深感意外的是，对于这场厕所谋杀案，民众们不仅兴趣高涨，而且还发展出一套奇特的祭奠仪式。每年正月十五那天，老百姓会编一个草人，用白纸贴在面部，画出女人的眉毛、眼睛和嘴巴，再给她戴上紫色的头巾，穿上紫色的衣服，放在厕所里或者猪圈边上，以此来召唤她的亡灵。

这样做的目的是为了追思这位美女吗？错了，他们只是想通过占卜，向她打听一些秘密消息而已。要是草人的分量变重，就意味着她的灵已经降临，这时，祭拜者就应该摆下美酒和水果加以祭拜，然后向她占问想要打听的事情。大概是因为非常灵验，这种"紫姑术"从此广泛流传，成了普遍的风俗。紫姑生前得不到必要的尊重，死后却成了民间信仰的焦点，这实在是件令人感慨的事情。

到了以简洁为美的宋代，邀请紫姑神的方式，也变得简单起来。人们放弃了工艺复杂的偶像制作，改用筷子在铺满细沙或米粒的簸箕上写字，而问神的对象，也从紫姑扩展到占卜者亲属的亡灵。在后世的文人手里，这种占卜术还演化成鬼魂的才艺表演。占卜师热衷于召唤已故诗人的亡灵，由他们在沙盘上写出脍炙人口的诗词，这就是广泛流行于东亚的扶箕（乩）占问模式。而一旦进入问事、算命和写诗的程序，紫姑跟厕所以及谋杀的关联，就变得遥远起来，她沦为一个专业神婆，负责解答人们的疑难问题。[81]

扶箕，又有"卜紫姑"的叫法，据说它最早在唐宋两朝传入日本，并在幕府时代，从日本传到了荷兰，再逐步蔓延到欧洲各国。它的英文叫"Sciomancy"（降神术）或"Ouija"（占写术）。世界各地还出现了研究扶箕的专业组织"灵学会"和专业"灵媒"，吸引许多著名社会人物参与。恩格斯曾写过《神灵世界中的自然科学》，对这类活动大加抨击和嘲笑。[82]

在臭气熏天的厕所跟神圣算命之间，似乎有某种不可思议的古怪联系。这种情形不但出现在东亚和欧洲，也流行于西亚和北非。古埃及人崇拜圣甲虫屎壳郎，认为太阳的东升西落，是由一只巨大的屎壳郎以滚粪球的方式推动的，他是伟大的朝阳神，叫作凯布利（Khepri），它的地位跟大主神阿蒙或者拉并驾齐驱，圣甲虫所托起的太阳光芒，照亮了金碧辉煌的宫殿、金字塔和法老的神圣权力，也给众生带来了幸福。它还可以把死者护送到冥界，保佑他们在往生的途中一路平安。

# 冥神

● **揭开冥神的神秘面纱**

在所有古代神话之中，最引人注目的场所无疑就是天堂，它汇集了人类关于乌托邦的全部想象：不需劳作就能丰衣足食，人们过着富裕和无忧无虑的生活，甚至无须饮食、穿衣和睡眠，没有黑暗、寒冷、酷热、痛苦、眼泪，更没有疾病、衰老和死亡。那么，最古老的冥界，跟天堂有什么区别呢？我的回答是：没有区别。在大多数上古神话中，冥界从一开始就反射着天堂的境况，它是天堂在地下世界中的一个模糊镜像。

这方面的例证，是印度神话中的阎摩（Yama，又译夜摩、焰摩、琰摩和夜摩天王等），他自愿迎接死亡，以便为人类找到通往冥界的安全道路，由此成为第一个经历死亡的凡人。继而，依据优先权法则，他掌握了死亡的力量，成为死亡之神，也就是所有亡灵的统治者，掌管着地狱的正义和法律、奖励和刑罚，以及狂欢和痛苦。统治冥界的阎摩神，是人类在另一世界中的伟大国王。

在最初的阶段，阎摩是一位亲切的死神，看起来一点也不可怕，他会亲自接引亡灵，穿越重重障碍，顺利抵达冥界，然后用盛宴来款待那些陌生的新客。但到后来，不知什么原因，阎摩的性情发生了反转，从一位性情和蔼的善神，变成了一位令人色变的凶神，他会动用各种酷刑来折磨那些生前作恶的亡灵。这种转型，令生前作恶之人对阎摩产生了深深的畏惧。[83]

印度神庙中的阎摩雕像，身骑神牛，绿色的面孔上虽然带着微笑，却露出两只犬齿，穿着红衣，周身环绕着火焰花环，一手拿着粗大的钉锤，一手拿着捕捉亡灵的套索，随时准备取走那些濒死者的性命。

可能早在殷商时代，死神阎摩就已经进入了中国。但出于中国人对死亡的恐惧，"阎摩"当时是被禁呼的大神，人们被禁止呼出他的名字，生怕唤醒和激怒他。而他所居住的那个冥界，也是人们谈论的禁区。甲骨文和金文中都没有"冥"的字样，直到秦代前后，才出现了代表"冥"的汉字，样子仿佛钟罩下的铜鼎（ 𓏲 ）。罩子代表地下世界，鼎器则是拷问亡灵的刑具。"冥"的小篆体还有另一种写法，是罩子底下一轮太阳（ 𓏲 ），象征太阳被锁入了地下世界。与印度神话完全不同的是，在中国，冥界从一开始就充塞着黑暗、痛苦和恐怖的气氛。由于人们长时间拒绝谈论冥神，令他成了中国神话史上最神秘的失踪者。[84]

那么死神是在什么时候进驻中国神谱的呢？据推断，在先秦两汉之际，冥神突然得到了解放，理由是，他的形象大量涌现在战国和两汉的帛画与砖石刻像上，头戴帽冠，两手插入袖口，盘腿而坐，而他面前的两位牛头虎面的刑官，正在对有罪的亡灵用刑。可惜，由于长期遭到禁呼，许多研究者难以辨识死神的形象，往往将他跟"西王母"混为一谈，这实在是一个天大的误会。

在殷墟出土文物中，人们还发现了一种奇特的祭祀物，叫作"跪人藏龟"[85]，是在龟壳中塞入一个玉制的小人，小人摆出下跪的姿态，身边还有许多海螺。这究竟是一种什么物品呢？我们推测可能是一种献给冥神的祭品。

乌龟和海螺，代表与冥神沟通的使者，祭司们把乌龟宰杀，挖去内脏，将它变成一只驶往冥界的渡船。玉人则代表死者，作为船上的乘客，他以下跪的方式，表达着对于冥神的敬畏。那些被塞入龟壳的海螺，应该是女阴的标志，在整个南亚文化区以及中国西南少数民族地区，海螺从古到今都是生殖崇拜的象征物。通过祭祀，祈求冥神对亡灵的庇佑，借助那些海螺般的女性生殖器，早日获得来世的重生。

由于龟是沟通冥神的使者，盛行于殷商时期的龟卜，就是请神龟到冥界去求问冥神，并带回他的答案，再以裂纹的方式向国王展示。此外还有一种灵蛇，扮演着冥神的宠物和护法的角色。到了汉代，灵蛇"玄"和神龟"武"被人凑成了一个复合体，名字叫作"玄武"，造型是一条蛇盘踞在龟背上。这种组合强化了神龟与冥王沟通的法力。在后来的演绎中，龟开始代表雄性，而蛇则代表雌性，又转而成为人间性爱和男女双修的隐喻，同时也含有生殖、长寿乃至永生的语义。

玄武是中国四大神兽之一，跟青龙、白虎和朱雀并列，代表北方冥神和水神。在天空中，它代表着北方七宿，由于这个缘故，冥界的所在地，也就被人挪到了大陆的极北之处，那里幽暗而寒冷，完全符合冥界的阴森气质。

阎摩在中国的第二次亮相是在什么时候呢？根据佛教入华的情况看，应该在魏晋时代。当时，适逢佛教开始在中国迅速传播。作为异乡神的阎摩，在被翻译成"阎摩王""阎王"或"阎罗王"之后，跟随佛教重返中国，与中国信徒开始了第二次握手。然而这一次，借助佛教信仰的强大力量，也就是借助轮回转世的观念，死亡的恐怖色彩大大降低了，而阎摩神也从禁呼制度中解放出来，成为冥界公开的主宰，他负责统领阴间诸神，对世间的善恶进行最后的清算，并按照公平正义的标准，进行奖励和惩罚。对于那些在贪欲中打滚的世人而言，冥神的存在就是最严厉的警告。

## ● 十大阎罗及其地狱王国 [86]

几乎地球上的所有宗教，都将世界体系划分为天界、人界和冥界三个部分。前面已经说到，中国冥界的主宰叫作阎摩，掌管着地狱和对亡灵的审判，以及人的生死轮回，就像希腊神话中的哈迪斯和埃及神话中的奥西里斯。阎罗王的原型，是印度神话中的阎摩，在早期佛教神话中，阎王是冥界唯一的主宰，但道教不甘心佛教对于地狱统治权的垄断，决定接管这个庞大的地下王国，并对它展开大幅度的行政改革。[87]

地狱改革的第一项决定，就是大幅增加阎王的职位，把原先的阎摩独裁制，变成了十位阎王的集体领导制，异乡神阎摩的权力被彻底分割，地位严重下降，沦为其中第五殿的主管。[88]

改革的第二项内容，就是在十殿阎王座下，增设了"四大判官"，这些官员长相凶恶，却都是正直善良之辈。其中，第一位叫魏徵，前世是那位著名的唐朝宰相，他负责奖励生前行善积德的鬼魂；第二位叫钟馗，非常有名的捉鬼者，负责严惩那些生前作恶多端的鬼魂；第三位叫陆之道，蒲松龄小说《聊斋志异》里的人物，他不但要负责善有善报、恶有恶报的程序，还要为冤者平反昭雪；第四位叫崔判官，是四大判官中的头号人物，身穿红袍，左手执生死簿，右手拿勾魂笔，专门为善人添寿，让恶人受罪而死。

改革的第三项内容，是在四大判官阶层之下，建立一个庞大的地方官员体系，具体由各地的城隍老爷组成。明代官方在这个体系的基础上，按照王、公、侯、伯四个等级，为城隍们分封爵位。到了清代，甚至省、州、县等各级行政单位，都拥有各自的城隍，实现了与人间官吏制度的准确对应。除了架设这三个职能部门之外，还出现了某些值得一提的特殊角色。

首先是日游神和夜游神。日游神负责在白天四处巡游，监察人间善恶。早期日游神是胳臂相连的两位，看起来犹如双体人，巡游人间的时候会大声叫喊，生怕没人知道。后来大概是经过专业培训，日游神的行为方式发生大变，双生子合并成一个人，走路悄无声息，行踪变得诡秘起来。

与日游神对应的当然是夜游神，他们共有十六位，手挽手连成一片，白昼不见踪影，夜晚才能看见，因而叫作"夜游神"。跟日游神相反，夜游神是在夜间四处游荡的凶神，专门找人的麻烦，还经常向上级打小报告，扮演了职业告密者的角色。[89]

另外，还有所谓"四大阴帅"，专门负责打理那些动物的灵魂。它们分别是：管理兽类动物亡灵的豹尾，管理天上鸟类动物亡灵的鸟嘴，管理水中鱼类动物亡灵的鱼鳃，还有管理地上昆虫动物亡灵的黄蜂。

地狱里最著名的道教神怪，应该就是黑白无常。他们是负责接引亡灵的使者，相当于西方神话里的死神。西方死神是一个性情孤僻的男子，长着骷髅脸，身披黑色斗篷，手持镰刀，浑身散发出阴郁的气息；中国的黑白无常，却是一对富于谐剧色彩的冥界小神，就像戏台上的小丑。白无常身材高瘦，面色惨白，却满面笑容，口吐长舌，头戴"一见生财"的官帽，为那些敬畏神明的人带来好运。与他相反，黑无常身材肥短，表情凶悍，官帽上题有"天下太平"四字，专门惩罚那些有罪的恶人。

此外还有一对勾魂使者，名叫牛头和马面，来自佛教，是负责巡逻和搜捕逃跑罪人的地狱警探。牛头的长相是牛首人身，手持钢叉，有排山倒海之力。由于中国人喜欢对称，所以又为他安排了另外一位叫作"马面"的同事，一起充当阎罗王和四大判官的助理。

除了这些著名的对偶性小神，冥界中还存在着一个庞大的"鬼王"体系。他们的塑像，总是裸袒上身，红发獠牙，面目狰狞。《地藏菩萨本愿经》中提到的鬼王，仅仅是高级别的，就有三十四位之多，包括以赵公明为代表的五大瘟神，其他级别更低的小鬼王，数量则在千名以上，构成了一个阵容宏大的鬼王军团，足以应对地上地下的任何事件。

道教精心营造的地狱体系，有一个位于重庆地区的现实版本，那就是丰都鬼城。这是一个气氛诡异的地点，是冥界在人间的复制品，传言从汉代起就陆续开始修筑，而且直至今日还在建造之中，前后长达1800多年，可以说是世界上建造时间最长的旅游景区。它向所有来访者都发出了告诫：举头三尺有神明，"诸恶莫作，众善奉行"，否则一定会受到来自地狱的严厉审判。

## ● 孟婆和她的忘怀汤

冥界又称黄泉，是一座光线阴暗的超级迷宫，位于地底极深之处，地形非常复杂，必须有鬼使引领，才能顺利到达。根据传说，冥界的第一个地理标志是鬼门关，亡灵必须在此接受检查，看其是否持有合法的通行证。这是一种叫作"路引"的文件，用黄色软纸印制而成，上面盖着阎王爷、城隍和丰都县令的三个印章。家属必须在埋葬死者时烧掉这张路引，死者才能畅通无阻地进入冥界。

通过这个关卡之后，亡灵要踏上一条叫作"黄泉路"的幽暗道路，路旁两侧开满了红色彼岸花，这是一种非常美丽的花朵，专门用来安慰那些心情悲苦的亡灵。在黄泉路的尽头，有一条叫作忘川的河流，那里则画风突变，河水被鲜血所染红，散发出腥恶的气味，里面漂浮着无法转世投胎的孤魂野鬼，在但丁的长诗《神曲》中，人们能够观看到类似的恐怖场景。[90]

忘川上飞架着一座桥梁，名叫"奈何桥"。这个名字表达着人在死后的不甘和无奈。越过奈何桥，就是一座叫作"望乡台"的高丘，亡灵们在那里最后一次回首人间，挥别自己一生的记忆。对于死者而言，痛苦的人生当然要尽快遗忘，但那些欢乐的回忆，总是令人无限贪恋，难以割舍。

在望乡台与奈何桥下，有一个叫作孟婆的白发老妪，是十大阎罗的助手之一，她负责向亡灵推销自己亲手熬制的魔法饮料。据说，孟婆汤用八种眼泪，包括孟婆自身的伤心泪作为药引，然后滤除其中的苦涩，而保留下甘美的滋味。孟婆汤的制作时间极为漫长，相当于人的一生，七八十年，才能熬煮出一锅绝世好汤。只要喝下孟婆的魔汤，无论多么深重的苦痛，纠缠的爱恨，坚不可摧的执念，都会在那一刻烟消云散。

那些准备投胎转世的灵魂，为什么必须服用这种遗忘汤水？按照佛教的轮回论，人的灵魂有无数次的轮回，如果不清除记忆，每次轮回的记忆就会互相叠加，导致剧烈的人格冲突，给灵魂和肉体带来极大的困惑，使人无法安心投入新一轮的人生。

关于传奇人物孟婆的来历，民间有几种说法，其中一种声称，她就是那位大名鼎鼎的孟姜女，当年因为痛失心爱的丈夫，她曾经哭倒过长城。这似乎可以解释，孟婆何以要用自己的泪水作为汤的药引。人们惊讶地发现，孟婆并未忘却那段悲痛的往事，所以才能够持续不断地流泪，并用这些眼泪来熬制遗忘的汤药，这是一种何等高尚的自我牺牲：她要用自己痛苦的眼泪去交换亡灵的记忆，以帮助他们遗忘可怕的过去。

清代学者王有光的《吴下谚联》中，记载了这样一则民间传说，与传统版本截然不同，它描述人死后行程的第一站就是孟婆庄，转世投胎者也要由此经过。某日，一名死者进入村庄，在老妪的指引下入室，这里到处雕梁画栋，金碧辉煌。这时，屏风后走出三位美人，分别叫作孟姜、孟庸和孟弋，其实都是《诗经·国风》里的人物。在这里，"孟"并非姓氏，而是排行老大的意思，因此与孟姜女没有关系。她们衣着华丽，散发着迷人的香气。

丫鬟端上茶来，三位美人亲自举杯，送到死者嘴边，他难以抵挡对方的魅力，只好一饮而尽，最后突然发现，杯底竟是一层浑浊的泥浆，抬眼看时，老妪和三位美女都已化为骷髅，豪华的庄园也变为荒野中的废墟。死者大惊失色，跌倒在地，一瞬间变成了一个懵懂无知的婴儿。他喝的是什么汤呢？当然是我们所说的孟婆汤，又叫迷魂汤。这个版本最大的不同之处在于：孟婆从一个变成了三个，并露出了骷髅神的本相。无论如何，这则传说改变了我们对孟婆的传统认知。

在望乡台附近，还有一块奇妙的三生石。所谓三生，指的就是人的前生、今生和来生。与孟婆汤相反，这块奇石可以帮助亡灵铭记他的前世今生。一个值得注意的事情是，应该很少有亡灵发现这块石头的存在，否则孟婆也就无法成功夺走大多数人的记忆了。三生石有一个现实世界的版本，就在今天杭州天竺寺后山的山脚下。[91] 据说，只要轻轻触摸一下，人就能够回忆起自己的前世挚爱。这无疑是对"孟婆汤效应"的一种情感反抗。在某种意义上，记忆就是人类生命的本质，而遗忘则是它最大的敌人。三生石给人以一种最后的安慰和希望，它向我们暗示，在吞噬一切的时间面前，爱是遗忘所永远无法消灭的对象。


## ● 人与亡灵的万古对话

在说过孟婆汤的故事之后，我们要谈论一个无法回避的敏感话题，那就是亡灵。众所周知，亡灵、幽灵和鬼魂，这些汉语语词指向的是同一种事物，那就是人在死后所保留的那种不可名状的能量。在关于冥界和死神的部分，我们曾多次涉及亡灵的话题。事实上，几乎所有人都有这样的疑问：世界上真的存在所谓的亡灵、幽灵和鬼魂吗？

实证主义的回答最初是否定的，后来又试图通过量子纠缠之类的物理学原理加以解释，神话学的回答却永远是肯定的。不仅如此，在过去上万年间，它在教徒、文学家和农夫的日常生活里，扮演了极为重要的角色。

这方面的考古学证据，可以举新石器时代的骨灰瓮为例。这是一种用来安放骨灰的陶罐，据推测，属于那些夭折的孩童。考古人员发现，在陶罐封口处，通常都凿有一个小孔，这个小孔本质上是一扇小门，它的唯一用途，就是让死者的亡灵能够通过它离开，前往冥界或是在世间寻找投生的机会。目前已发现的瓮棺葬，最早出现于大汶口文化，时间约在公元前4500年至公元前2500年之间，这表明，至少在5500年前，甚至上万年以前，中国人就已拥有了亡灵的观念。[92]

或许会有人质疑：瓮棺葬不会说话，以上不过是考古学家的推测而已。那么，有任何文字证据，足以证明亡灵在人类生活中的重要意义吗？屈原的长诗《招魂》是一个卓越的例子。作为楚国的首席大祭司，屈原奉神灵之命，前去召唤楚王的鬼魂，当然，也包括其他那些在冥界游荡和受难的亡灵。这些祭辞的风格狂热而哀怨，使聆听者感到无限忧伤。它们被文人们记录在册，并被西汉学者刘向编入《楚辞》文集，成为上古神话文学的重要典范，向我们展示着人与亡灵之间的密切关系。

屈原在诗歌里如此喊道："魂呵你回来罢，为什么要离开躯体，朝世界的四方流浪？舍弃你安乐的居所，在路上遭受惊慌？"[93]这篇辞藻华美的招魂辞，首先从东南西北四个方向，夸张地描绘了世界的险恶，以此警告亡灵不要再流连忘返，继而又展示了家园的种种喜乐：这是一个温暖明亮的场所，处处是美女、食物和珍宝。招魂者企图用这些诱人的事物来规劝亡灵，促使他们尽快返回自己的身体。

鬼魂或亡灵，到底是一种什么样的现象呢？根据佛教的观点，在人死后，灵魂要按六种形态进行轮回，永无止境，也就是所谓的"六道轮回"。同样，道教认为，人有三种"魂"，七种"魄"，合起来共有十个。三魂七魄，时刻不离人身，如果一个人因受到惊吓，或是魂魄受到某种引诱而离开身体，就会出现神思恍惚、烦躁不安的状况，此时就需要举行所谓的"叫魂"仪式，来把走失的魂魄重新召回主人的肉身。

在中国，萨满教广泛流行于从东北到西北边疆的广阔地带。按照萨满传统，整个可见世界中，事实上都充斥着灵魂以及各种无形的力量，也就是所谓的"万物有灵"现象。萨满教巫师具有一种特殊能力，借助某些工具，例如皮鼓和铜铃，还有法杖和巫刀，举行"跳神"的灵学仪式，他们就能够与那些冥冥中的灵魂展开通话。这种状态一般称为"通灵"。巫师能够从神灵或鬼魂那里获取讯息，并得到它们的援助，以此实现包括治病、驱邪，甚至改变命运在内的不可思议的愿望。[94]

在中国各地的乡村中，仍然保留着以"扶乩"的形式求神问卜的传统。在中原和南方的乡村社群中，扶乩是生者与死者之间最常见的沟通方式。[95]

对于广大的中国农夫而言，在他们的一生中，有三大关系最值得认真对待：第一，处理好人与大自然的关系，以确保能够填饱肚子，维持生计；第二，处理好人与人的关系，尤其是与家庭成员和四周邻居的关系；第三，处理好活人与亡灵的关系。

为了妥善处理第三种关系，人们发明了一系列祖先亡灵的祭拜日，除了众所周知的春节、清明节、端午节和重阳节，还有七月十五的中元节、七月三十的地藏王菩萨生日，在这些节日之外，后来还加上了冬至这天。

那么，这种沟通背后的含义是什么呢？中国农民普遍相信，祖先的亡灵具有一种超自然的力量，如果后人虔心祭拜，使亡灵们心情愉悦，它们就能保佑后人合家幸福；反过来，倘若不幸得罪了它们，就会招来严厉惩罚，使人诸事不顺，倒霉透顶。在某种意义上，人与亡灵的关系学，是中国传统文化中最神秘和最"艰深"的部分。

## ● 瘟神，财神赵公明的另类身份

从古至今，人类遭遇了无数种瘟疫，其中对人类文明造成巨大影响的有：鼠疫（黑死病）、天花、流感、登革热、肺结核、疟疾和艾滋病等。这些疫病传播迅速，具有极强的杀伤力，曾经在历史上制造过大规模的死亡，是人类心目中世间生命的头号杀手。是谁有如此强横的力量呢？显然，只有瘟神才能创造出这种恐怖的奇迹。

瘟神是死神团队的成员，或者说，是冥神和死神的亲密盟友，但瘟神却比死神更加严厉。在大多数情况下，死神只是按照工作惯例带走死者的亡灵，很少用暴力取活人的性命，除非此人实在罪大恶极。但瘟神完全不同，他会主动降下灾难，像割草一样收割活人的生命——其中有众多的无辜者——而后再让死神带走他们的亡灵。

在中国神话史上，西王母或许可以算是最早的瘟神。据《山海经》记载，西王母主管"天之厉及五残"，"厉"可以解释为刑罚或星名，但也可以通"病"字头的

"疠"，也就是瘟疫之类的烈性传染病。此外，颛顼夭折的孩子似乎也曾扮演过瘟神的角色，但他们从未在人们的记忆中占据过重要的位置。瘟神还有一位不太知名的兄弟，叫作痘神，是专职分管天花的神灵。[96]

众所周知，西王母是一位超级大神，在生命和死亡的范围内，辖理着众多的项目，而瘟疫只是其中很小的一部分，后来，他转型为女神之后，专注于医疗和长生方面的业务，不再染指瘟疫和死亡。真正的专职瘟神另有其人，他们被称作"五瘟使者"，是一个实力强悍的团队，由五位凶神恶煞组成，专门向人间散布瘟疫，制造集体性死亡，其成员包括春瘟张元伯、夏瘟刘元达、秋瘟赵公明、冬瘟钟仕贵，还有中瘟史文业。

在五位瘟神当中，最引人注目的，是主管秋季传染病的赵公明。有人一定会怀疑，这位赵公明，难道不是中国人大年初五要祭拜的那位财神吗？他怎么又变成了瘟神呢？要想弄清赵公明的真实身份，有必要回顾一下宗教史上的这段变迁。[97]

农耕时代的人们坚信，人世间可怕的灾疫和流行病，都是瘟神和厉鬼作祟的结果，由此产生了对这些反面神灵的敬畏。在魏晋南北朝时期，赵公明最初是替天帝索取人命和带走亡灵的死神，隋唐年间，道教重新修订了赵公明的身份，把他编入瘟神团队，负责散播瘟疫的黑暗事务。

据道教文献记载，隋文帝开皇十一年（591）六月某日，天上突然出现了五位瘟神力士，他们悬浮在半空中，距地面三到五丈的样子，身披五色长袍，手里分别拿着宝剑、扇子、锤子和火壶等各式兵器。这件异事被地方官员火速呈报给隋文帝。

太史公张居仁跟皇帝解释说，这五位天神就是五方力士，在天庭叫五鬼，在地狱叫五瘟。现在他们出现在天上，人间必定会爆发瘟疫，而且根本无从逃避，皇帝需要做好准备。果然，当年就爆发了大规模瘟疫，民众大批死亡。隋文帝非常害怕，就修建祠庙来祭拜他们，并且封五方力士为将军，同时规定五月初五端午节为祭祀五瘟的日子，想尽办法去讨好他们，以免他们大发脾气，惩罚自己的子民。[98]

但是，在手工业作坊和商业贸易蓬勃兴起的明代，人们对财富的欲望迅速膨胀起来，在《道藏》和《封神演义》里，赵公明一改过去的凶神恶煞形象，变成了帅气的武财神，头戴铁冠，手执铁鞭和大元宝，骑着一头黑色猛虎，威风凛凛，不仅管理和守护着人间的一切财富，主持贸易公道，而且会把丰厚的财富赏赐给虔诚的信徒。为什么会发生这种戏剧性逆转呢？大概是因为，瘟神本身特别令人生畏，如果请他来看守自家钱财的话，谁敢轻举妄动呢？赵公明就这样转型成了最厉害的财神。

赵公明被调离原先的工作岗位之后，其他四瘟也不见了踪影，瘟神的职位由此发生了重大空缺。于是，在小说《封神演义》里，姜子牙封神之时，顺便也册封了新一代的瘟神。这是一位叫作吕岳的"绝命毒师"，掌握着制毒炼药的秘术，一旦使用起来，可以瞬间造成大面积的致命打击，犹如今天的大规模生化武器。吕岳因为拥有这种独门秘器，死后被姜子牙封为"瘟瘟昊天大帝"，也就是新生代的瘟神，他率领手下的六位小神，接管了原先五瘟使者的权力。这意味着瘟疫的问题并未得到根本解决，它还在继续肆虐，收割世人的性命。

为了解决这个问题，人类使出了两面派的狡猾手段：一方面向瘟神祈祷，哀求他不要夺走自己和家人的性命；一方面又使用"禳疫"的巫术，在瘟神纪念日那天，也就是五月初五端午节，在家门口悬菖蒲、插艾蒿，身上戴香囊，喝雄黄酒，有小孩的家长，还要往小孩脸上抹雄黄。这种巫术叫作"隔离巫术"，也就是通过各种瘟神不喜欢的药材来隔离他们。

另外还有一种更厉害的"驱离巫术"，就是用麦草扎成一个体形巨大的瘟神，然后把他抬起来，通过巡游的方式，运送到村镇外的河边，放在纸船上，让其顺流漂走，或者就地放火烧掉，这种仪式叫作"送瘟神"。放到水里送走，其实是要淹死瘟神，而放火烧掉，则更是要把瘟神扬灰灭迹。这种祭祀方式，暴露出农夫们对瘟神的刻骨仇恨。

在丽江之类的旅游景点，往往会有一些商贩在河边叫卖纸船，游客可以把点燃的蜡烛放在纸船上，让其顺流漂走，就像漂流瓶一样，仿佛很罗蒂克的样子。一般游客不明白纸船民俗的来历，就会上当受骗，因为那些放走的纸船，其实与爱情无关，它们是专门用来送走瘟神或亡灵的，而点燃蜡烛，是方便它们看清前往冥界的道路。

## 第五章

# 动物、植物和器物神话

# 神兽

## ● 鹰蛇之战与龙凤和解

在世界宗教史上，鹰和蛇的二元对立，是苏美尔神话的重要主题。一组美索不达米亚的"埃塔纳"（Etanna）泥板，记载了鹰蛇之战的大量细节[1]——

鹰和蛇，原先是住在白杨树上的邻居，鹰住在树顶，而蛇安居树根，彼此一直都相安无事，而且双方都向日神沙马什发誓，要忠于彼此的友谊。但鹰因为饥饿和贪婪，背叛自己的誓言，偷吃了楼下邻居的蛇蛋。

蛇为失去自己的孩子而无限悲伤，并很快就查出了真相——原来那个小偷兼杀手，就是它最亲密的邻居。它非常生气，决心要为那些还没来得及出生的儿女复仇。它咬死了一头公牛，以此作为诱饵，悄悄地埋伏在它的肚子里，就这样守株待兔。

鹰果然中计了，就在它狂喜地享用这顿丰盛大餐时，它被蛇袭击了。蛇用柔软的身躯将鹰捆绑起来，然后折断它的翅膀，把它扔进沙漠的深坑里，要让它流血而死。

垂死的鹰开始向日神沙马什祈祷和忏悔，希望能得到赦免和救助，沙马什居然受了感动，派基什国的英雄国王埃塔纳前去营救。最后的结果是，鹰摆脱了死亡危机，重新获得了众神的恩宠，倒霉的蛇却因为自己的复仇而受到永恒的诅咒。

在神话考古学的视野里，这是历史上最古老的鹰蛇对抗故事。令人费解的是，率先违规的苍鹰得到众神的庇护，而受害者蛇反而遭到了遗弃。为什么会出现这种不合道德常识的状况呢？这是因为，虽然它不合道德常识，却完全符合宗教逻辑。鹰向神祷告和忏悔，这个关键动作，彻底改变了它的命运。这个故事试图告诉我们，只要跟神亲近，即使犯下大罪，也能得到赦免。

这场来自神界的审判，对人类叙事史产生了深远的影响。在英国作家 J. K. 罗琳的小说《哈利·波特》里，凤凰（鹰的兄弟）代表光明世界，也就是天堂、正义者和邓布利多，而蛇则代表黑暗世界，也就是地狱、邪恶者和伏地魔。当代流行小说就这样向我们重申了苏美尔人的神学信念。

鹰备受宠爱的另一原因，是它拥有令人羡慕的飞行高度，它比大地上的所有生物都更接近苍天，所以才能跟日神共舞，两者融为一体。中国人把这种现象叫作"金乌"，那样子看上去是一轮太阳，里面有一只鸟的黑色剪影。

跟鹰相比，蛇的命运则变得非常悲惨。由于苏美尔众神的判决，蛇从此只能在大地上爬行，在泥浆里打滚，而在犹太教与基督教文化里，它甚至被描述成伊甸园里的魔鬼，是引诱夏娃和亚当犯下原罪的根源。

为什么蛇从一开始就扮演反派的角色呢？著名的科普作家卡尔·萨根在《伊甸园的飞龙》这本书里告诉我们，人类对这种爬行动物有一种天生的厌恶，这种情感很可能根植于灵长类动物的创伤记忆：当时，人类刚刚从树上下来，学习在大地上行走，却要面临蛇的偷袭和伤害，这些恐惧的记忆被刻写在基因里，支配了人类的价值判断。[2]

不知道是什么原因，只有亚洲人和美洲印第安人，越出了这种基因记忆的限定。在中国，蛇的命运是截然不同的。中国的蛇族有福了，早在新石器时代，它就被当作神圣的动物，受到人们的祭拜。人跟蛇之间历来就有深厚的革命友谊。

在红山文化遗址中我们可以看到，中国蛇被塑造成一种叫作"龙"的神兽，而且盘绕成近似圆形的图形，考古专家命名为"C形龙"。为什么是C形而不是其他形状呢？除了审美和功能上的考虑之外，还有一个重要原因，这是男女生殖器的混合图式。当龙蛇展开成一字形时，它是男根的象征，而当龙蛇蜷曲成C形的时候，它就成了女阴的象征。在古老的龙蛇崇拜背后，有一种生殖崇拜的强大动力。

有趣的是，早在三千多年以前，中国人就完成了这种鹰和蛇的统一。商朝时期的中国人，普遍崇拜一种叫作"应龙"（鹰龙）的生物，也就是长着鹰翅的蛇。这是鹰跟蛇和好之后，生下的新一代杂交神兽，由于吸纳了父母双方的优势，而变得无比强大，曾经在"炎黄大战"中扮演扭转战局的重要角色。到了商朝末年，据说它又被一个叫作攸侯喜的将军带到美洲，成为玛雅人崇拜的"羽蛇神"的原型。但随着应龙移民到美洲，中国本土的鸟族和蛇族，在很长一段时间里，失去了和解的榜样，变得不知所措起来。[3]

又过了几百年光阴，到了战国年间，鸟族跟蛇族终于实现了第二次和解。从湖南长沙陈家大山楚墓里，人们发现了一幅《人物龙凤图》，上面描绘了龙蛇跟凤鸟联手合作、引导墓主人的灵魂升天的场景。在另一幅帛画里，龙蛇又跟仙鹤结成了对子。

一会儿凤凰，一会儿仙鹤，说明当时的对偶模式还不稳定，对鸟类品种的选择，还存在着一些分歧。不过人们最终还是选择了羽毛华丽修长的凤凰，因为它跟龙蛇一样，具有优雅的曲线，双方在视觉上更为般配。

不仅如此，人们还认为，龙蛇代表男阳，凤鸟代表女阴，它们的组合，象征着幸福美满的婚姻，所以当青年男女结婚时，亲友们送去的礼物，很多都带着龙凤双飞的图案，以此来表达祝福的心愿。

但在道教的世界里，龙和凤的造型，并不能完全表达阴阳五行的原理，所以通常会用朱雀和玄武来加以替换。朱雀是鹰的同类，而玄武是乌龟和蛇的合体。朱雀代表南方、太阳、火焰和一切温暖燥热的事物，玄武代表北方、月亮、冰水和一切寒冷潮湿的事物。这种对偶模式一直延续到了今天。

但跟西方神话中的鹰与蛇的仇敌关系不同，朱雀和玄武除了有对抗的一面，还有彼此亲昵和依靠的一面，就像一对欢喜冤家。

跟东方人的信仰不同，西方人一直沉浸在鹰和蛇的对抗模式之中，直到二十世纪，德国哲学家尼采才提出鹰与蛇和解的想法，这比中国人整整晚了两千多年。在他的《查拉图斯特拉如是说》这本代表作里，伟大的先知查拉图斯特拉，身边总是伴随着这两种生物：苍鹰高傲地盘旋在天空，代表精神、自由和理性，而聪明狡猾的毒蛇，则生活在大地上，代表肉体、物质和智慧。尼采说，它们看起来不像是两个对手在搏斗，倒像是两位老朋友在一起游戏，尼采对这种图景给予高度赞赏，认为人类就应当这样，构成鹰蛇共同体，并由此达到灵与肉的平衡。[4]

对于思想家而言，思想永远飞行在实践的前方。中国人也是如此，虽然很早就确立了"龙凤呈祥"的生命理想，但直到今天，我们中的很多人都还没有实现灵与肉的完美结合，恰恰相反，被蛇的欲望所缠绕，沉浸在对物质、金钱和肉体的迷恋之中，无法自拔。

## ● 龙兽崇拜：帝王的权力腰带

龙是中国文化体系中的首席神兽。关于它的来历，有各种说法。

有人认为它的原型是蟒蛇，因为原始龙的形状，跟蟒蛇最为接近。

另一种说法，认为它起源于扬子鳄，因一部分龙的造型，有着长长的嘴巴和尖利的爪子，看起来跟鳄鱼非常相似。

第三种看法，认为龙源自野猪，因为红山文化的部分古龙造型，跟还没出生的猪胚胎非常相似。

第四种看法，认为龙起源于马。《周礼》称"马八尺以上为龙"[5]，屈原《离骚》管快马叫"飞龙"[6]，《拾遗记》也把为周穆王拉车的八匹骏马称之为八龙。[7]

当然还有第五种可能，是说龙有不同的造型起源，然后被人合并成了同一种神兽。在发生合并之后，为了加强龙的法力，它又被添加了其他动物的肢体和特征，比如加上鹿的犄角，以增加它的威严；加上鹰的利爪，使其比鳄鱼更加犀利；加上熊或者马的脑袋，以及一条麒麟的尾巴，另外还有鱼的触须和鳞片，甚至苍鹰的翅膀。

所有这些神奇动物都在为龙加持，把它改造成一个天下无敌的超级神兽，可以在大地、海洋和天空上自由飞驰，呼风唤雨，无所不能。

龙是最古老和最强大的复合兽。

在这里特别值得一提的是第六种看法，认为龙是一种真实存在的中生代生物，很可能是恐龙的远亲。据《竹书纪年》记载说，在夏朝年间，曾经有人饲养过这种来自黄河和汉水的动物，分为雌雄两种，而且一旦饲养不当，还会自行死去，跟普通生物没有太大的区别。[8]在古代文献里，有过不少关于这种生物被发现的记录。

据说，公元1878年，也就是光绪四年，福建沿海渔民捕获了一条"海龙"，长1米左右，头上长着短角，嘴边有长须，脊背像蛇一样弯曲，全身附有鳞片，一对爪子很像鹰爪，跟绘画和雕刻上的龙长得几乎一模一样。它出水时还活着，但很快就窒息而死。船主通过一名走私商人，用高价卖给了日本收藏家万代藤兵卫，万代后来又把它捐给了大阪的瑞龙寺，成为镇寺之宝。这是目前世界上关于龙的唯一生物学证据，但它的真实性受到了广泛的质疑。

强大的龙诞生在人间之后，被国王、贵族和祭司当作自己的守护神。到了秦汉两朝，龙变成了尘世最高权力的象征，皇帝开始以龙自居，自称"真龙天子"，喜欢身穿龙袍，头戴龙冠，就连宫殿建筑也要加上龙形装饰，以此来强调帝王的至高无上。龙成了皇帝的权力腰带。

元代统治者甚至垄断了龙的形象使用权，其中双角加五爪的龙，只能由皇帝专用，不过四爪和三爪的龙纹，民间还可以自由使用。但到了清朝，就连四个爪子的蟒龙，也成了贵族和官员的专用符号。

平头百姓除了顶礼膜拜，根本就没有使用和亲近的权利。在龙的崇拜链里，老百姓是最底层的一族。

中国的龙兽崇拜，其实分成了两条路线，一条是跟帝国的权力结合，成为皇帝和贵族的象征，另一条则跟佛经里的龙王神话结合，成为水体神话的一部分。我们被告知，龙王是各种水体的主宰，统领水族的各种生物，还负责在人间行云布雨。其中，分管海洋的叫作龙王，分管大河大湖的叫作龙君或龙伯，分管小河或池塘的叫作小龙。你看，龙族的世界跟人类一样，也是等级分明的。

道教认为龙能行云布雨、消灾降福，代表人间的各种祥瑞。龙不但能降雨消除旱情，浇灭火灾，还能给人带来福利，所以在求雨的同时，人们总是会顺便提一些其他要求，比如希望长寿、祛除病痛、家宅平安，还有升官发财之类。当然，龙王是不是满足你的要求，得看你是不是心诚志坚。

为了感动龙王，人们总是以舞龙的方式来向它发出祈求，这后来成了非常重要的风俗。随着郑和下西洋，又传播到南洋各地，进而传到世界各国。

在中国各地，到处都有大大小小的龙王庙，要是遇到久旱不雨，老百姓必定先进龙王庙烧香祈雨，要是龙王继续装聋作哑，人们就会把它的神像抬出来，放在烈日下面暴晒，让它跟着人们一起受罪，逼迫它降下大雨。这种方式在宗教学上叫作"恶祈"，也就是通过对神的威胁来达到自己的目的。这是一种非常危险的做法，龙王要是宽宏大度，也就算了，但要是生气了，非但不会下雨，反而会让旱情变得更加严重，甚至恶祈者也会遭到家破人亡的报应。

佛教告诉我们，四海龙王的主要居所，是位于海底的龙宫，那里隐藏着大量的珍宝，所以龙王相当于财神，是世界上最富有的神灵之一。为什么会这样呢？大概是因为，财宝放在海底比较安全，因为没有任何凡人能够到几百米乃至上千米深的海底世界。在《西游记》里，东海龙王敖广的宫殿，就堆满了各种财宝，这让许多读者不免羡慕嫉妒恨。

虽然在《西游记》里，龙王受到了孙悟空的捉弄，无论如何，龙兽毕竟是中国人的朋友，代表着正义和良善的力量，但在世界的另一头，龙却沦为凶恶的妖兽，它的英文名字叫作dragon。在基督教里，它代表着邪恶和残暴的暗黑力量，是魔鬼的化身。有人认为，导致这种东西方对立的主要原因，是中文翻译不当造成的。他们建议，不妨把中国龙翻译成long，而不是dragon，由此避免西方人对中国龙的严重误解。

只要仔细比对一下东西方的龙，两者确有很多相似之处：第一，它们都有一个类似蛇的原型；第二，两者都有四条腿；第三，它们都是宝藏的守护者；第四，西方龙和中国应龙都长着巨大的翅膀。当然，它们之间也有一些微妙的差异，比如说：中国龙是行云布雨的神兽，会从口里喷出大水，而西方龙是喷火和毒液的；中国龙只有一个脑袋，但在《新约·启示录》里的大红龙，却有七个头和十只角；等等。

随着全球化和东西方文化符号的互相传播，中国龙和西方龙出现了明显的融合趋向，也就是向中性靠拢。梦工厂出品的动漫电影《驯龙高手》，神话影视作品《龙骑士》和《冰与火之歌》等，其中出现的巨龙，虽然保留了凶悍的表情，但开始接受人类的指导，甚至愿意成为人类的坐骑和朋友。虽然龙在西方完全翻身的时刻还远没有到来，但它的形象正在得到改善，变得更加多样，而不是被禁锢于一个凶恶的面具下。

## ● 麒麟和独角兽的东西方对话

在中国神兽谱系里，麒麟、凤凰、玄龟和龙，是最高等级的团队，《礼记》称之为"四灵"，而麒麟则被儒家排在"四灵"中的第一位。⁹这是什么原因呢？因为它超脱污泥浊水，行走时从不踩踏虫子和花草。跟龙凤相比，麒麟带着更多的爱意，所以它是一种"仁兽"，也是祥瑞的象征，代表仁爱、和平与高贵，具有强烈的生命象征意义。

麒麟分为雌雄，其中麒为雄性，而麟为雌性，是中国历史上最有名的独角兽。在造型上，据说它的角像梅花鹿的角，眼睛像老虎的眼睛，身子近似麋鹿，浑身披着龙鳞，还有一条牛的尾巴，虽然没有龙那么复杂，但也算是一种罕见的"复合兽"了。

拥有这种长相的神兽，究竟有什么奇特的身世来历呢？关于这个问题，出现了一些不同的说法。第一种说法，说它是龙的后代。明代笔记《五杂俎》认为，龙是一种生性淫荡的神兽，它跟公牛杂交，就会生下麒麟；跟猪杂交，就会生出大象；跟马交合，则会生出龙马。¹⁰第二种说法出自《淮南子》，说麒麟是应龙的后代。¹¹这个应龙，此前已经说了，它是一种长着老鹰翅膀的龙，它生下了一种叫作建马的神兽，而建马又生下了麒麟。所以，麒麟其实是应龙的孙子。第三种说法，麒麟是牛的后代，在这方面，《清史稿》提供了很多牛生麒麟的记录。雍正、乾隆和嘉庆年间，寿州、荆州、镇海和绵州等地的普通农民家里，都曾经出现牛怀孕生下麒麟的灵异事件。最厉害的一次，在麒麟诞生时，风雨大作，院子里出现金光，把四周的草木都烧得枯黄，实在是不可思议。¹²

为什么会有麒麟这样的神兽诞生呢？过去儒家坚持认为，只有在圣人或盛世到来的时候，麒麟才会出现在人间。比如孔子出生之前和去世之前，都有过麒麟出现的现象。据说孔子出生前，有一只麒麟跑进他家的院子，嘴巴里吐出一块玉石，上面刻着"水精之子，系衰周而素王"十个字，意思是孔子是龙的儿子，可以维系衰败的周朝，而行王者之道。

到了孔子去世前的几年，有人在打猎时杀死了麒麟，孔子为此非常伤感，中断了《春秋》这本书的撰写，因为他知道，自己的大限即将到来，果然，没过多久，孔子就在凄凉和孤独的状态中去世了。¹³

这个故事给人造成一种强烈的印象，它证明活着的麒麟是吉祥的瑞兽，能够给世间带来像孔子这样的圣人，而麒麟的死亡则意味着凶兆。

由于麒麟是代表祥瑞的最高神兽，所以得到它的庇护和加持，是历代皇帝的最大心愿之一。明朝的第三个皇帝朱棣，发动兵变，推翻侄子建文帝的统治，自己当上了皇帝，因为担心权力的合法性受到质疑，所以热衷于打造各种形象工程，如修建紫禁城宫殿群、明长城、京杭大运河，编纂《永乐大典》等，尤其是派出三宝太监郑和，七次下西洋，展开朝贡贸易，把丝绸瓷器之类的高端商品和铜钱，赠送给那些外国首领，吸引他们前来中国拜见皇帝，以此来营造"万邦来朝"的"盛况"。

永乐十二年，也就是1414年，孟加拉国特使被郑和的船队带到北京，进献了瑞兽"麒麟"。朱棣亲自率领文武百官到广场上迎接，整个京城都轰动了，虽然是寒冬腊月，老百姓全都上街去围观，就跟过节似的。御用画家还画出了麒麟的画像，在民间广为流传。

第二年，郑和又从东非的麻林地，也就是今天的肯尼亚，带回另一只麒麟，还有包括狮子、斑马和牛羚之类的草原动物。皇帝龙心大悦，因为两只麒麟的现世充分证明，当今皇帝是受到上天祝福的，他的权力完全正当，符合天道。

当然，我们今天要是看了那幅麒麟画像，就会明白，那实在是个天大的误会：郑和送给皇帝的，只是两只非洲的长颈鹿而已。[14]

当然，郑和之所以胆敢"指鹿为麒"，是因为这种非洲特有的长颈鹿，除了脖子和腿太长，其他方面，跟传说中的麒麟还真有几分相似。长颈鹿的头部有短小的角，尾巴也像牛尾，身上的圆形斑纹，可以说像放大的鳞片。但为了让麒麟看起来更像长颈鹿，明代宫廷画师还在麒麟头上再加上一只角，把这种古老的独角兽，弄成了双角兽。

长颈鹿的超长脖子、超长四肢和高大伟岸的身躯，完全可以被视为天神的特征。在皇帝朱棣看来，这分明就是上古麒麟的3.0版嘛！连皇帝对此都深信不疑，奴才们谁还敢有所妄议？所以，郑和成了世界上第一个成功地"指鹿为麒"的人物。

没人知道这两只麒麟的下落，也没有任何人对此提出疑问。这种热带动物，根本无法熬过中国北方的肃杀冬天。但麒麟的死亡必定是秘而不宣的，因为麒麟的现世是祥瑞的征兆，而它的死亡却是一种凶兆，必须加以掩盖。当然，在权力的宝座稳固之后，朱棣已经不太在乎麒麟的生死了。它们也许被扔在饲养大象的皇家动物园"象苑"里，默默地死去，像两件被丢弃的高级玩具。

跟龙有东西方两种版本一样，西方也有一种类似麒麟的神兽，叫作"独角兽"（Unicorn）。它是优雅和高贵的象征，散发出纯洁的气息。公元前398年，古希腊作家克泰西亚斯（Ctesias）第一个对这种神奇动物写下记录："印度生活着这样一种野驴，它们和马驹大小相仿，甚至还要更大些。它们有着雪白的身体，绛红的头部，以及深蓝色的眼睛，额头正中长有一肘半长的独角。"[15] 近代有学者认为，西方独角兽的真正原型，不是印度野驴，而是印度特有的独角犀。

在传说中，独角兽的那只美丽的角被人割了下来，在欧洲民间流传了好几个世纪。它的颜色分为三段——"锋利的角尖殷红如朱砂，中段则是乌黑的，根部与身体同为雪白"[16]，据说有着奇异的魔力。从角上锉下的粉末，可以治疗百病，使人百毒不侵，甚至还能起死回生。从19世纪末开始，独角兽成了童话和其他幻想文学中最典型的生物之一。伟大的精神分析学家荣格，在《心理学和炼金术》一书中，也向这种高贵的神兽表达了自己的敬意。[17]

东方麒麟跟西方独角兽似乎有不同的来源。西方独角兽在《山海经·北山经》里能找到它的影子，它不叫麒麟，而有另一个名称——䑏疏。它描写说，带山这地方有一种神兽，它的样子像马，头上长着一只角，上面还有参差交错的纹路。这可能是对印度独角兽的一种精确描述。

除此之外，中国还有一种神兽，也跟西方独角兽有异曲同工之妙，那就是历史上有名的獬豸。它的身体像羊，双目明亮有神，额头上长着一只角，拥有很高的智慧，能明辨是非和善恶，是国王尧手下的刑神皋陶的坐骑，还负责帮助皋陶断案，从来都没有出过差错，所以成了公正和正义的化身，也是所有神兽中最善解人意的一种。

## ● 驻守中国建筑的神兽军团

自从《山海经》暴露了中国神兽的踪迹，除了龙凤因为崇高地位而不可撼动，大多都因人类的侵扰或遁隐，或灭绝。

剩下的神兽，一部分入驻道教的神庙，比如朱雀和玄武，还有一部分藏到算命先生的袖子里，比如腾蛇和勾陈，其他，就只能躲进人类的建筑里，靠着给皇帝和贵族看家护院而苟延残喘。

那些给贵族看家护院的神兽，大致分成几个不同的团队。第一个团队叫作门兽，是守在大门外的警卫，通常是一对石狮子，它们对称性地站立在石座上。另外还有一对门兽，攀爬在门板上，只露出脑袋，张开的大嘴紧紧咬着门环，那是两只小狮子，估计是石狮子的双胞胎孩子，它们共同组成了门卫家族，跟众多门神一起，构成家宅的第一道防线。

中国人为什么聘请狮子而不是老虎来担任门卫呢？首先是因为受到佛教和印度文化的影响。象征王权与尊贵地位的狮子，是释迦牟尼佛的象征，也是文殊菩萨的坐骑。巧合的是，在基督教中，狮子也是耶稣的象征。在迪士尼影片《狮子王》和《纳尼亚传奇》里，狮子都是王者、圣人和尊严的代表。无论在东方还是西方，狮子担任门卫，除了表达家宅不可侵犯的含义以外，更是在向人炫耀主人的尊贵地位。

跟狮子相比，老虎缺乏宗教教义的支撑，很少受到神灵的加持。只有道教的仙人有时会以老虎作为自己的坐骑，比如道教创始人张天师和财神赵公明的坐骑，都是黑色老虎；白虎也是道教尊奉的神兽，但它的寓意比较混乱，有时候代表吉祥，有时候却代表凶兆。在中国民间，白虎星往往被视为丧门星，只要它一出现，就会有人死亡。所以，把这种有争议的神兽放在家门口，人们的心里还是不太踏实。

第二个团队负责驻守在屋脊上，共有十位成员，合起来叫作"屋脊兽"，它们有两个主要职责：祛邪和灭火。中国建筑大多是砖木混合结构，很容易发生火灾，一旦失火，就会玉石俱焚，家破人亡。

排在第一位的是骑凤仙人，他是团队领导人，后面依次排列着龙、凤、狮子、天马、海马、狻猊、狎鱼、獬豸、斗牛和行什。其中龙、海马、狻猊、狎鱼和斗牛五兽负责行雨灭火，凤、狮子、天马和獬豸都代表正义和吉祥，负责驱除邪魔。最后一位叫作行什，是一只长着翅膀的猴子，很可能是来自印度的猴神哈奴曼，也就是《西游记》里孙悟空的原型。它是战神，大神毗湿奴的化身，当然是驱魔降妖的好手，但请它来当家宅的保安，实在是有点大材小用了。

在屋脊兽里，最神秘的人物是那位领队先生，"骑凤仙人"是他的道号，据说是战国时期齐宣王的儿子齐湣王。他在担任国王期间，狂妄自大，到处出征，以至于君臣不和、内外树敌，终于招致五国联军的讨伐，被打得落花流水，想要逃到其他国家，又遭到各国的驱逐。就在走投无路的时候，一只凤凰飞到他的跟前，齐湣王绝处逢生，赶紧骑上凤凰渡过大河，逃过了这场死劫。由于骑凤仙人具有强烈的"逢凶化吉"寓意，再加上这位先生好歹也是战国七雄之一的国王，所以让他来担任各位神兽的首领，也是当之无愧。[18]

中国人的屋顶虽然不高，却可算得上是大千世界，上面除了骑凤仙人和十大神兽，还有另外一种怪兽，叫作滴水兽，分别盘踞在屋顶的四面八方，负责把屋顶上的雨水，通过滴水的方式排到地面上去。这些滴水兽往往拥有长长的脖子，用来延伸雨水下落时的距离，加上风的作用，可以让雨水飘得很远，这样就可以保护台基，以免它被"滴水穿石"，坏了家宅的千年基业。

最早的滴水神兽见于战国年代，由一些雀鸟来担任。它们把屋顶上的雨水喝进肚子，再通过向上张开的嘴喷溅出去。只要大雨降临，就会出现千鸟喷水的壮观景象，很像是安装在屋顶上的喷泉。北京皇家颐和园的滴水兽是由螭龙扮演的，占据闽南地区屋顶的是鲤鱼，有时候也会是狮虎豹之类的猫科动物，甚至还有麒麟在那里出没。这些滴水兽从《山海经》里逃亡出来，在人类的屋顶上安家，度过了漫长的岁月。它们使中国建筑成了神兽的乐园。

第三个团队是镇墓兽，它们负责守卫在阴宅和坟墓的外面，防止有人偷盗，还能抵挡鬼怪的侵入。但考虑到它们很容易被人偷走，所以往往被安置在墓穴里面，跟墓主人长久相伴，不见天日，直到被盗墓者或建筑工人挖出来为止。

在造型上，镇墓兽是所有神兽中最华丽生猛的动物，往往是狮身人面，或者犬身兽面，大眼怒睁，表情夸张，而且耳朵很大，犹如两把扇子，头顶上还长着一对威武高贵的鹿角，有的还有长长的舌头和一对火焰般的翅膀，身上色彩斑斓，像披上了京剧的戏服，具有强烈的戏剧表现力。

仔细观察那些人首兽身的镇墓兽会发现，它们大多跟埃及神话里的斯芬克斯有异曲同工之妙。楚国的镇墓兽，还长着两个脑袋，跟希腊神话里的三头冥犬刻耳柏洛斯非常相似，而它们长翅膀的样子，又很像希腊的怪兽格里芬。我们暂时还没有弄清，中国镇墓兽到底有什么样的神奇来历——它们究竟是本土生物，还是外来物种，或是东西方杂交的混合型怪物？[19]

除了这些分散在阳宅和阴宅里的神兽，还有一些跟龙有血缘关系的神兽，它们有的背着石碑，有的则盘绕在石碑顶上，有的蹲在胡琴的头部，有的甘当大钟上的提梁，还有的爬上屋顶，跟屋脊兽团队做伴。总而言之，当年为了躲避四处侵扰的人类，神兽们实在是费尽了心机。在城市现代化的进程中，它们能否逃过推土机恶兽的魔掌？对此我们真的不得而知。

## ● 十二生肖：中国人的生命密友

中国神兽体系中，十二肖兽是与人最亲昵的一种。老鼠、耕牛、老虎、兔子、飞龙、毒蛇、奔马、山羊、猴子、土鸡、草狗和肥猪，成了动物界派驻人间的代表，共同轮值着十二年、十二月和十二个时辰。它们是时间的象征，也是人与自然界友情的象征。

就让我们来看看时辰里的十二生肖是如何轮值的吧。

子时，也就是午夜11点到1点之间，这时候夜深人静，阴气最旺，也是老鼠能量最高最活跃的时刻，所以这个时间段属于老鼠；丑时，也就是凌晨1点到3点，是牛的反刍活动最旺盛的时刻，所以这个时间属于牛类；寅时，也就是凌晨3点到5点，是老虎出来打猎的时刻；卯时，清晨5点到7点，是野兔出洞觅食的时刻；辰时，也就是早晨7点到9点，是龙苏醒和抬头的时刻；巳时，也就是上午9点到11点，是蛇出动捕猎的时刻；午时，中午11点到1点，是一天里阳气最旺的时刻，也是万马奔腾的时刻。以上是一天的上半段。

从未时开始，也就是下午1点到3点，进入了一天的下半段，这时段，羊到了吃草的高峰时刻；申时，也即下午3点到5点，猴子经过午间休息后，开始在树林里上下翻腾，变得异常活跃；酉时，也就是黄昏5点到7点，鸡成群结队地返回鸡窝；戌时，也就是晚上7点到9点，狗开始活跃起来，反应变得非常灵敏；亥时，也就是晚上9点到11点，猪进入美妙的酣睡状态。

你们看，十二生肖的排序，好像是建立在人们对动物习性的观察基础上的。这种排列其实相当牵强，比如鸡轮值的时刻被放在黄昏，但公鸡不是在一大早就开始打鸣了吗？难道清晨不是公鸡最活跃的时刻吗？但大家早就习惯于这种约定俗成的排序，反正只要给十二时辰都安上一个动物的名字，方便大家的表达和记忆，这就行了。

我们不妨再来看看，到底有哪些类型的动物，加入了十二生肖兽的团队。第一类是家畜，跟人类关系最为密切，包括猪、羊、牛、马还有鸡。第二类属于野生动物，像猴子、蛇、老虎和老鼠。其中老鼠的角色比较暧昧，它虽然是野生的，却喜欢寄生在农民家里，靠偷窃粮食为生，所以叫作家鼠，即便生活在粮仓里的仓鼠，生活在田野里的田鼠，也都靠着人类的粮食为生，所以在本质上，它应该是人类的死敌。第三类是神话动物，那就是龙。在十二生肖兽里，龙的地位最高，但也最为孤独，因为它没有凤凰做伴。

问题是，为什么是这十二种动物，组成了人类十二生肖兽的基本阵营？为什么没有中国人最喜欢的吉祥神兽，像凤凰、麒麟、乌龟、貔貅和狮子，反而出现了人类最厌恶的蛇鼠？人们很难回答这样的疑问。但我可以回答你，因为它们根本就不是中国人的发明。[20]

就跟饺子全世界都有一样，十二生肖兽的踪影，遍及整个世界。例如，巴比伦、埃及和希腊都有十二兽历，跟中国不同的是多了驴、蜣螂、狮子、蟹、猫、鳄鱼、鹤和鹰[21]；法国的十二生肖是天上的十二星座，从一月到十二月，包括摩羯、宝瓶和双鱼等，其中除了宝瓶和天秤，其他都是动物；印度的十二生肖兽跟中国的最接近，唯一不同的是，它们不仅是人类的生肖，而且还是十二位大神的坐骑。人们不禁要问，既然十二生肖兽现象遍及全球，那么谁才是它的真正源头？学术界目前还有很大的争议。不过我个人比较倾向于，它的源头应该就在美索不达米亚。[22]

美索不达米亚是世界上第一个因占星术的需要而创立天文学的文明，它以月的圆缺周期为一个月，将每年分为十二月，而且建立了太阳运行的黄道十二宫。

在公元前1000年的亚述帝国的泥板上，就刻写了古巴比伦十二个月的名字。

在人类历史上，美索不达米亚文明首次建立了十二进制的时空规则，而且也建立了与此对应的十二兽体系。因为苏美尔和埃及没有马而普遍使用驴，而且鹰与蛇是重要的神话动物，所以都被放进了这个体系。

美索不达米亚的十二进制是如何传到中国的？这的确是一个大家都很关注的问题。美索不达米亚的青铜铸造技术、马拉战车、黄道观测法，早在殷商时期就已经由南亚和中亚地区传到中国，同时传播过来的应该也有十二兽的踪影，但中国人最初可能把它改造成了十二地支，成为月亮历法的基础。与此同时，中国人还使用一种太阳历法，是以十进制和十天干为基础的。这两种历法合并起来，就形成了阴阳合历，还有六十干支体系。

公元前4世纪，亚历山大大帝消灭波斯和攻打印度，以致被希腊继承的古巴比伦天文学知识进入了东亚地区。战争也导致了大规模的人口流动，推动了新一轮的文化传播。经过改造更新的十二生肖说，估计就是这个时候传到了中国[23]，而后又从中国传到美洲。

印度人是怎么改造来自美索不达米亚的十二兽体系的呢？据我所知，他们加上了老鼠，并且重申了蛇的重要性，还重新排列了它们的顺序。[24]印度人信奉蛇，认为它是大神湿婆的化身，大神毗湿奴的重要随从，也是性和生殖的象征，印度人喜欢吹着笛子跟蛇一起翩然起舞，并且把七个头的眼镜蛇尊称为龙王。

印度人也信奉老鼠，因为它是湿婆的儿子象头神的坐骑，不仅如此，印度人还相信，人死了之后会轮回成为老鼠，然后又从老鼠轮回到人类，所以那些在阴暗角落乱窜的老鼠，很可能就是自己死去的亲人。他们为此建立了"鼠神庙"来供养它们，每天向它们提供包括牛奶、糖果和玉米之类的美食。正是由于这个原因，蛇和老鼠才能被放进十二生肖兽的阵营。不仅如此，由于印度人的偏爱，老鼠还被放到了十二生肖兽的首位。

经过印度人改造后的十二生肖兽，加上印度的二十八宿体系，在春秋战国年间传到中国，给正开放和变革状态下的中国，带来了全新的宇宙观、生命观和科学技术。当时的中国人，经历了第一次吸收印度和波斯文化的过程，波斯的拜火教、印度的吠陀教和沙门教，都已经在东亚崭露头角，并对诸子百家的形成产生了意义深远的影响。

在那个年代，十二生肖兽还没有在民间得到广泛应用。一直到东汉和南北朝时期，才被人们广泛接受，应用于日常生活，甚至把它变成了一种随葬明器，也就是兽头人身的样子，放在墓穴里，用来保护死者，使其免受打扰，造型看起来非常精美可爱。

中国人有没有对来自域外的十二生肖兽加以改造呢？我觉得基本上是原封不动地接受的。唯一的变化，是中原没有狮子，所以它被换成了中国人熟悉的老虎。[25] 郭沫若在《释支干》一文里推测，中国十二生肖来源于经西域和印度输入的巴比伦原型。[26]

但是，古代中国人从来没有因为狭隘的民族主义立场，而放弃一切外来的好东西。他们兴高采烈地接受了这件来自西边邻居的文化礼物，放弃了对于蛇和老鼠的偏见，把它们变成自己生命中最心爱的项链，一直穿戴到了今天。

# 妖兽

## ● 《山海经》妖兽的等级制度

在阅读《山海经》的时候，大家往往会发出这样的疑问：为什么会有用肢体的数量来标志怪人怪兽的做法呢？比如说，有一目国，有三足鳖，有五足怪，还有九尾狐，等等。这些跟自然界生物的结构完全不同的怪物，究竟意味着什么呢？

这其实是一种由《山海经》确立的神兽体系，通过肢端的数目，来划分它们的等级。什么叫肢端呢？广义的肢端，指的是动物的头颅、五官、四肢、手脚、触角和尾巴等等。借助肢端的数目，就可以辨认这种动物是不是神兽，比如，要是某种动物有两个头，这货就一定不是寻常之辈。

不仅如此，肢端数量越多，神兽的模样越诡异，它的法力就可能越大。我们被告知，一条尾巴的狐狸，法力就远远不如九条尾巴的。当然，鉴于后来道教的影响，神兽肢端的数目，往往跟修炼的时间长短挂钩，一只五百年的狐狸精，由于修炼时间够长，肯定会更接近九尾狐的级别。

历史上也出现过超出这种法则的一些特例，比如"一"这个数目，数值最小，但拥有的法力，有时并不逊色。以夔这种神兽为例，据说夔只有一条腿，但法力却非常之大。《大荒东经》形容说，它的身上闪耀着光芒，就像日光和月光，吼声跟雷声一般震耳欲聋，每次出现，都会带来狂风暴雨。后来黄帝得到这种神兽，用它的皮制成鼓，还用雷兽的骨头做成槌子，敲击夔鼓的时候，声音嘹亮，可以传到五百里地以外，足以震慑天下。[27]

当然，夔的以一当十，是非常罕见的例外。在神兽世界，神兽们基本上还是靠肢端多少来表达实力的。《山海经》还有一臂国，居民只有一条胳膊、一只眼睛和一个鼻孔，但似乎没有什么奇特的法力，所以也就没有引发大家的兴趣。

下面我们不妨根据这条原则，重新盘点一下《山海经》神兽，看看它们的等级秩序，是如何被肢端数目设定的。

比"一"数高级的，是带有"三"数肢端的神兽。有个国家叫奇肱国，它的居民也有三只眼睛，分成阴眼和阳眼。[28]《海外西经》说，三身国"一首而三身"，也就是在一个脑袋下面长了三个身子，据说他们都是太阳女神娥皇生下的儿女。[29]道教大师郭璞在《图赞》一书里进一步解释说，三身国的怪人，眼耳口鼻都是相通的，假如一个身体用来进食，那么其他两个身体也不会感到饥饿。古代印度信奉梵天、毗湿奴和湿婆三位一体，还把他们塑造成三个身子连在一起的样子，这是不是《山海经》三身国的原型呢？对此我们还没有明确的答案。

除了三身国，还有三足乌，出自神话宝典《淮南子》。据它记载，太阳里面有一只三足乌，也就是长着三只脚的乌鸦。[30]这种鸟跟太阳的合体，实际上就是埃及日神拉的形象。拉是鹰头人身的样子，从它开始，太阳的形象就跟鸟发生了紧密的关联。它在战国时候还只有两只脚，到了汉代，却长了第三只脚来，显示这种金乌的神力已经得到了进化。

还有一种三足鳖，又叫黄能，据说是地神鲧所化，鲧死后不甘心变成水生动物，试着去寻找法力高强的巫师，让自己起死回生，复原为天神。因此早期的三足鳖，保留着某种隐约的神性。但到了明清年间，它就渐渐变成有毒的妖兽。

明朝的文人陆粲在《庚巳编》一书里记载说，江苏太仓县有一位平民，意外抓到一只三足鳖，叫老婆烧熟后吃掉，上床睡觉没多久，整个身体就化成了血水，只留下少量头发。邻居怀疑是老婆谋害了自己的亲夫，于是告到官府那里。不料这位县太爷非常聪明，叫人又去捉了一只三足鳖，让那个被告老婆把它烧熟，让一名死囚犯去吃，结果也化成了一摊血水。原来三足鳖才是真正的杀人元凶。这桩命案就此真相大白。这个故事向我们暗示了某些三级妖兽的剧毒程度。[31]

拥有"四"数肢端的神兽是一个很小的群体，《山海经》里几乎很难找到，因为人和兽通常都有四肢，所以比较寻常，不值得大惊小怪。只有《西山经》向我们提供了一种"四翅兽"的消息，说是天山住着一种神兽，样子就像一只圆滚滚的肉球，没有脸和五官，皮肤的颜色是鲜红的，就像一团燃烧的火焰，还长着六只脚和四只翅膀，擅长歌舞，名字叫作"帝江"，是《山海经》的四大妖兽之一，曾经帮着共工跟颛顼展开激战，虽然每次都大败而归，但它仍然不屈不挠，所以是《山海经》里第一等的战斗神兽。

请大家注意，这个帝江长着六只脚，所以它也可以被归到"六"数系列里面。这个系列的例子还是很多的，在《西山经》里有一种神鱼，名叫"冉遗"，长着鱼的身子、蛇的脑袋，还有六只脚，吃了它可以让人不打瞌睡，还能抵御凶险。跟它相似的还有一种鯈鱼，长相像鸡，羽毛是红色的，有四个脑袋、三条尾巴和六只脚，吃了它之后，居然可以治疗忧郁症。[32]

南朝沈约在《宋书·符瑞志》里，对这类"六足"神兽给予高度评价，说它们是兽中的王者，每当它们发出号令，众兽必然会群起而响应，具有很高的威望。[33]

但"六"还不是神兽肢端的终极数目。在神兽等级链里，只有九尾狐、九头鸟和九头蛇，才算得上是最高端兽类。"九"不是终极数，在古代汉语里，"九"是一个虚数，代表着"非常多"和"无限多"的意思。

柬埔寨是信奉蛇神的国家，它把蛇按照脑袋数目分为三个等级，其中五头蛇是水神，七头蛇是保护神，而九头蛇是至高无上的皇族象征。但在大多数国家，九头蛇却是邪恶的魔鬼象征。据《大荒北经》记载，九头蛇名叫相柳，身躯巨大，可以同时霸占九座山头，不断吐出毒液，形成臭气冲天的沼泽，这种臭气能杀死一切路过的飞禽走兽。

希腊神话把这种九头蛇叫作海德拉（Hydra），在漫威公司创造的世界里，它成了庞大的邪恶组织的代名词，跟钢铁侠和美国队长都有非常紧密的关系。

在"九"这个等级里，除了大家熟悉的九尾狐，还有就是九头鸟。《大荒北经》记载说，在北极有一种神兽，长着九个头，人的脸，鸟的身子，名字叫作"九凤"，看起来是一种吉祥的大鸟。但到了后来，九头鸟就逐渐沦为魔兽。

在唐代的《酉阳杂俎》一书里，这种九头鸟被称为"鬼车鸟"，本来有十个脑袋，不料被狗咬掉一个，而那个受伤的脖子永不愈合，不断流出毒血来，无论谁受到沾染，都会面临灾祸。为了防止九头鸟的祸害，尤其是为了防止它吸走小孩子的精魂，只要它从天上飞过，就必须赶紧吹灭灯火，放狗去把它赶走。这个应对措施，后来成了重要的民间习俗。[34]

但"九"数还不是终极之数。在"九"数之上，居然还有"十"数的存在，这可能是源于对称化的需要。在《北山经》里，有一种叫作"鳛鳛鱼"的怪兽，是鸟和鱼的混合体，长着喜鹊的头和鱼的身子，拥有五对翅膀，鳞片重重叠叠地覆盖在翅膀的羽毛外面，具有防范火灾的神力，吃了它可以治疗黄疸病。不仅如此，它的后代还演化出一个古老的小国，当时叫作习国，位置就在贵州遵义习水县一带。在肢端数目的等级链里，"十"无疑是一个终极数目，代表着神兽谱系的顶点。[35]

## ● 五仙南下和百鬼夜行

狐、黄、白、柳、灰五仙，又叫五通神、五显神[36]、五大仙家和五显财神，指的就是狐狸、黄鼠狼、刺猬、蛇和老鼠五种动物，也就是东北萨满文化中称为"出马仙"的那些精灵。[37]它们的共同特点是体形较小，大多喜欢在夜间活动，除了刺猬，大多举止灵巧而迅速，而且行踪诡秘，具有难以捉摸的神秘气质。在《山海经》神兽大量灭绝之后，这些神秘的小型动物便取而代之，成为人类又爱又怕的伴侣兼对手。

农耕文明时期的中国人普遍认为，"五仙"属于半仙半妖的精灵，要是人们敬奉它们，尊它们为神灵，就会如愿以偿，得到自己所需的福分，但要是冒犯它们，令它们受到伤害，它们就会以妖术报复，让加害者大祸临头，死得非常难看。[38]

"狐仙"代表的就是狐族。早在"《山海经》时代"，就有关于它的传说，例如我们过去谈到过的大禹娶九尾狐为妻的故事。在五仙之中，狐族受人关注的历史最为悠久，资格最老，也是野生动物界最高灵性的代表。狐族通过长期修炼，吸收日月精华或人气，就能化身成为人形。许多狐族成员情欲饱满，热衷于跟人类调情，向白面书生或少女施行媚术，还性情顽皮，善于作祟和捉弄人类，常常置人于尴尬的境地。另外，只要他们愿意，也能为人医治病痛，给人带来好运。

在中国人的印象里，"狐狸精"的形象是严重分裂的，她们要么是风情万种的美人，要么是专门勾引男人出轨的坏女人。但在唐传奇《任氏传》里，狐精任氏恪守贞操，持家有道，展示出超越一般女子的崇高道德风尚。这样的案例，实在是沧海一粟，并不能改变世人对狐精又爱又怕的矛盾情感。

"黄仙"代表黄鼠狼一族，民间称之为"黄二太爷"，其民间地位仅次于狐仙。它像狐狸一样体态娇小灵巧，而又性情狡猾，一副古灵精怪的样子，还具有强大的模仿能力，不仅能学人走路和言语，更能幻化成人形，并像幻术师那样制造各种幻象，甚至还能支配人的意识，让人变得歇斯底里起来。

乡村女性一旦得了怪病，往往被视为是黄鼠狼附体，需要通过法术加以禳解，好言好语地劝告黄仙离去。当你们到乡村去旅行，晚上住在农舍里，老奶奶就会告诉你说，要是你救了黄鼠狼，这辈子就能好运常伴，但要是你害了黄鼠狼，那么你就会跟一只小黄鼠狼一起被吊死，死得非常难看。

"白仙"指的是刺猬一族，这是五仙里最独特的一支。刺猬身体肥胖而四肢短小，后背长有密集的短刺，主要以昆虫为食，是五仙里行动最笨拙的动物。它的长相蠢萌蠢萌的，所以有人把它当作宠物饲养起来。

因为刺猬的身体大多是白色的，所以常常化身为白衣老太太，慈眉善目，和蔼可亲，步履蹒跚地出现在村子里，擅长巫术，专门替人治疗疾病，据说可以妙手回春，是五仙中唯一的药仙。在缺医少药的乡村社会，对于那些饱受病痛折磨的农民而言，白仙给了他们许多生命的希望。

"柳仙"指的是蛇族。它们形体奇异，行动灵敏，像柳枝那样婀娜多姿，能够蛰伏和潜藏，还能蜕皮，有罕见的蜕变和修行的潜力，法力有时比狐狸更加高强，还善于幻化为人形。蛇族喜欢在深山修行，远离红尘，也有迫于情欲或修炼所需，跑到城市里，幻化为女人的样子去吸引男人，由此谱写出各种悲喜剧来，白娘子和许宣的爱情故事，就是这方面的典型案例。

"灰仙"指的是老鼠一族。在所有五仙里，老鼠是体形最小的动物，表皮以灰色为主，所以才有灰仙之称。它们聪明伶俐，行踪诡秘，善于搬运和储存粮食，所以被农夫们奉为仓神，只要在秋天收获时节加以祭祀，就能保佑其来年丰衣足食。从这个角度派生出去，人们还坚信老鼠能使人致富，因此又把它视为财神，指望它能为人带来财宝。

更加有趣的是，老鼠神通广大，掌握了世界上的各种小道新闻。为什么会有这种法力呢？是因为它们繁殖力旺盛，兄弟姐妹遍及天下，形成一个庞大的情报网络，一有风吹草动，灰仙都能迅速掌握，是五仙中的顶级情报大师。

"五仙"来源于东北的萨满教体系，属于典型的通古斯信仰，后来跟道教结合，成为动物修行者的样板。为了实现修仙的目标，它们大多以行善助人为主，所以才被人供奉在仙堂上。这种仙堂信仰主张万物有灵，跟原始萨满教有着密切的血缘关系；它继承了"萨满教"的神灵附体传统，通过让五仙附体来治病和卜问；在举行仪式的时候，它甚至仍保留了萨满教的器物传统，继续沿用诸如铃、鼓、镜等萨满教法器。

那么"五仙"是什么时候从东北向中原和南方移民的呢？有民间传说称，是由于金兵打破山海关结界所致，还有人说，清代乾隆皇帝曾与它们签署"胡黄不过山海关"的条约，尽管如此，"五仙"向中国南方的移民行动已经势不可当。

在道教和汉传佛教的精心改造之后，"五仙说"被汉人所广泛接纳，由此创造出大量美丽动人的民间传奇故事。在中原和南方，"五仙"还受到百姓的普遍供奉，并且以年画、剪纸和泥塑的形态，进驻百姓家庭，跟各路神仙一起，承载着祛邪消灾、迎祥纳福的功能。

无论如何，要是没有"五仙"的大规模南下，就没有南宋和元明清以来汉语话本的发达，当然也不会有《聊斋志异》和《三言二拍》之类的小说诞生，更不会成就蒲松龄、冯梦龙和凌濛初这样的伟大作家。五仙叙事体系，结合了通古斯语族的萨满教、汉族的道教，以及印度佛教，是最具神秘色彩的非物质文化遗产。

## ● 情种白娘子和渣男许宣的人间错爱

西湖是一个温情脉脉的湖泊，是江南民间情爱话语的摇篮，自古以来，这一地区流传着关于"三怪"的传说，指的是金沙滩上的三足蟾、流福沟的大鳖，还有雷峰塔下的白蛇。这些两栖类妖精，构成了西湖情欲文化的基本主题。

在传统观念里，白蛇和青蛇都是女人情欲的象征，它们柔软、潮湿、滑腻，善于变化，神秘莫测，是水里的妖精，同时也是男人身体的死敌。它们的危险性可以由一本名为《白蛇记》的小说来证实。[39]

公元807年，唐代官员李逊的儿子李璜，因为工作调动的关系，顺便到长安旅游，在集市上遇见一位绝色美女，两人一见钟情。李公子跟着美女回家，在床上云雨了三天三夜，这才恋恋不舍地告辞回家。但到了家里之后，只觉得头晕目眩，身子发沉，不得不上床休息，老婆和兄弟前去看望，只见他嘴上还在说话，被子下面的身形却逐渐塌陷下去，揭开被子一看，里面居然空空如也，只剩下一摊血水和一个头颅。

全家人又惊又怕，连忙找到那个女人的住址，哪有什么豪宅，只有一座废弃的园子，里面有一棵皂荚树而已。附近邻居告诉他们，这里荒凉已久，平时只有一条大白蛇盘绕于树下。该名男子丧命的主要原因，就是白蛇的不良盗精行为，它掏空了男人的本质，使之化为乌有。这个故事试图警告人们，对放纵的性事和来历不明的情欲，必须保持高度警惕。

西方人害怕被吸血，而东方人则害怕被吸精，所以西方盛行吸血鬼故事，并且至今都是小说和电影的流行题材，而东方则盛行有关蛇妖和狐狸精的传说。两者之间虽然有某种相似之处，但恐惧的对象，存在着巨大的文化差异。在中国人看来，精气是身体的精华，它对生命的意义，远远超越了血液。这种理念早在先秦就已经深入人心，成了知识分子和普通民众的共同信念。

这则来自唐代的传奇，应该就是"白蛇传"故事的源头和1.0版。北宋王朝南迁临安之后，五仙大规模南下，演变出更加蛊惑人心的传说。明朝末年出版的《清平山堂话本》，收录了有关白娘子故事的2.0版，叫作《西湖三塔记》。在这个话本里，白蛇精跟乌鸡精还有水獭精合作，挟持了许多美男子，在盗取过他们的精华之后，就把他们杀死，用他们的心和肝下酒。

一个名叫奚宣赞（许宣的原型）的官家子弟，不幸两次落在白娘娘（白娘子的原型）的手里，每一次都是在性狂欢半月之后，被炼成了"药渣"，又差一点被杀了取肝下酒，幸好乌鸡精（可能是青蛇的原型）良心发现，出面阻止，这才幸免于难。在故事的结尾，一个来自龙虎山的道士出手相救，用符咒召来了天神，抓住了这三只怪物，用石塔压在西湖边上，从而彻底解救了奚宣赞。

明代大作家冯梦龙撰写了《白娘子永镇雷峰塔》这一短篇小说，是"白蛇传"故事的3.0版，它的故事篇幅增大了许多，细节也变得更加丰满。不仅如此，白蛇吸精的危险性已经消失，而爱情和美德的因素，上升到了前所未有的高度。[40]

临安（杭州）作为南宋最大的移民城市，是当时中国南部对外开放的重要港口之一，与泉州和广州成三足鼎立之势。宋代出产的铜钱，近年来在世界各地被发现，证明宋代的国际贸易，已经达到相当规模。加上南宋朝廷忙于应付北方的战事，根本无暇顾及对民众的道德检查，宵禁制度也被废弃，随着夜市的不断繁荣，夜生活变得生气勃勃起来。在中国历史上，还没有任何一个城市像临安那样，涌动着如此浪漫而自由的气息。

在冯梦龙的故事里，江南的梅雨季节到了，在细雨绵绵的场景里，白蛇以白素贞的面貌出现了，她的姓氏和名字是纯洁、素净和贞操等语义的叠加，充满了道德上的完美性，而她一身素白、守身如玉的美丽形象，也足以令所有的男人心潮澎湃。

白娘子先是找了借口搭船，随后又向许宣借伞，最后，又以寡妇的身份主动向许宣求婚，完全打破了传统的社会规范。这些变化都试图把故事引向一场美满的爱情喜剧。白娘子是一名江湖女侠，一方面飞檐走壁，盗取国库里的财宝；一方面又像一个痴情的少女，向白面书生大胆求爱。她甚至放弃了蛇妖摄取男人精液的传统，指望跟许宣相亲相爱，成就百年婚恋。她三次跟许宣同居，对生活的波折和磨难毫无怨言。

在当时的社会背景下，白娘子的真情是完全无效的。她的白蛇身份就是最大的障碍，并且引发了道德警察法海的追捕。法海是南宋社会的精英分子，拥有宗教权力和大批信众，对白娘子一见钟情，却因为不能如愿，而产生了毁灭对方的变态心理。这种情形，跟《巴黎圣母院》那个副主教嫉恨艾丝梅拉达的情况，几乎是如出一辙。

法海虽然可恶，毕竟没有杀死白蛇，而是用一座小塔把她轻轻地压在下面，看得出，还是有点手下留情。真正可恨的不是别人，而是男主角许宣。他是平庸的世俗

216

男人，性格怯懦，自私多疑，更没有丝毫的主见，完全被亲友、官府和舆论所支配，不断地在爱恨之间徘徊，犹如一个精神分裂的病人。

不仅如此，在被怀疑为盗贼之后，许宣连忙向官府出卖妻子的行踪，以此来洗刷自己的罪名；而后，他又用法海的饭碗，暗算毫无防备的妻子，亲手将她逮捕；最后，当白娘子被压在塔下之后，许宣唯恐塔身不够坚固，居然还要剃度出家，用化缘来的资金，在原先的小塔之上，再加造七层宝塔，令白娘子永世不得翻身。冯梦龙的小说已经非常明确地表明，许宣才是彻头彻尾的渣男，是陷害白娘子的真正元凶。

对白娘子而言，这无疑是一场彻头彻尾的错爱。她的悲剧就在于，无法分辨男人的好坏，误把渣男许宣当作可以托付终身的恋人。更加不可思议的是，在冯梦龙之后，为了成就这场"人妖之恋"，所有作者都刻意回避许宣的这种丑行，不惜歪曲真相，讴歌白娘子和许宣的动人爱情，让这个元凶继续扮演江南情圣的可笑角色。"白蛇传"是中国民间传说中最大的冤假错案。


## ● 世间狐狸精的妖媚之术

狐狸精，又叫狐仙，是"五仙"当中最引人注目的一族。她们的踪影最早出现在《山海经》里，有九条尾巴，叫声犹如婴儿，能吃人，而吃了它的人却可以不受蛊惑。[41] 显然，狐狸精从一开始就是危害人类的妖怪。但到了汉代画像砖上，九尾狐却跟白兔、蟾蜍和三足乌并列，被放在西王母的身边，代表着祥瑞和多子多福。[42]

东晋时期的著名道士郭璞，在一本叫作《玄中记》的书里，描述了狐狸精的修炼过程，说是野狐一般寿命在十到十五年左右，但要是经过修炼，就能活过五十岁，变成真正的女人，而活过一百岁以上的，就能变成美女，拥有未卜先知的法力，知道发生在千里之外的事情，而且善于魅惑人类，让他们神魂颠倒。这段比较中性的描述，表达了中国人对狐狸精的基本想象。但他没有提到千年狐狸精究竟是一种什么状况。据其他材料所载，到了一千年，她就拥有了九条尾巴，据说这代表着她已经达到修仙的最高境界。[43]

古代文献中最著名的两条九尾的千岁狐狸精，第一位是涂山氏，她嫁给了治水英雄大禹，并且为他生下夏国的国王启[44]；第二位是商朝末代国王的爱妃妲己，她是千年九尾狐所化，助纣为虐，导致了殷商的衰败和灭亡。[45]一个造爱并造人，一个吃人且亡国，狐狸精的这种两面性，就是中国人对它又爱又恨的根本原因。

出现在历史文献里的那些狐狸精，通常具有以下四个基本特征：第一，她是情欲的象征；第二，她的危险性是不确定的，她可能正在努力修炼成一个追求真爱的女人，但也可能是把男人当作药物的妖精；第三，她美丽而风骚，机警而聪敏，具有强大的魅惑值，让人根本无法拒绝；第四，道德家一直在发出警告，声称狐狸精是世上最危险的淫妇和妖孽，往往是国家和个人发生灾难的根源，她们承担着道德罪责和千古骂名，扮演着中国男权社会的替罪羔羊。

狐狸精族虽然人多数是女性，但也有少数是男性。虽然魅惑者不一定只是狐族，有可能是五仙中的任何一种动物，甚至越出五仙范围，扩散到了牛、马、羊、猪、狗、猫、乌鸦和猫头鹰等各类动物。从理论上说，这个族群的边界是无限的，但是由于狐狸精最具代表性，人们还是会把魅惑者全都视为"狐狸精"。在情欲的舞台上，狐狸精就这样充当了最重要的原型角色。

首先是媚术，唐代诗人骆宾王发明了一个专用术语，叫作"狐媚"，来描述这种法术，它发动于媚骨深处，传递于媚姿和媚态之间，还聚焦于一对媚眼，用来传递秋波，色授魂与，甚至还动情于媚笑之声，也就是用银铃般的笑声，直接夺人魂魄，摧毁男人的意志。[46]

其次是骚术，也就是用风骚来迷倒对方。这种气息可能来自森林、草原和山野，属于大自然的原始野性。狐狸精总能超越礼教的束缚。在一个以儒家道德为正统的社会，这种风骚之态，最能点燃男人越轨的激情。

最后是泣术，某些狐狸精还带有忧郁的气质，以多愁善感、楚楚动人的面容出现，书写忧伤的诗歌，而她们的叹息和眼泪，最能唤起书生们怜香惜玉的柔情。

渴望跟狐狸精发生艳遇，这是无数中国男人的梦想。为了满足他们的情欲，历史上居然还有女人蓄意假扮狐狸精来勾引男人。清代文人纪晓岚的《阅微草堂笔记》记载说，京城里有一座被废弃的园子，里面住着一些狐狸。有一个美丽的女人，被情欲所驱动，夜里翻墙去跟邻居家的少年亲昵，还冒充是园子里的狐狸精。少年迷恋她的美色，从来没有怀疑她的狐狸精身份。忽然有一天夜里，有人用瓦片来砸美女家的屋子，还高声骂道："我在这个园子里住了很久，我家孩子玩耍的时候，难免会扔一些砖头和石块，惊动邻里，这种情况也是有的，但从来没做过什么勾引良家少年的事情，你为什么要这样做来污辱我的名声？"

真狐狸精的叫骂声惊动了左邻右舍，事情的真相就这样败露了。[47] 在通常的情况下，狐狸精喜欢装扮成女人，但大家万万没有料到，在这个案件里，为了引诱男人，女人居然反过来假扮狐狸精。

这些狐狸精故事中所包含的东方文化心理，值得我们仔细玩味。日本荣格主义心理学家河合隼雄，在他的代表作《日本人的传说与心灵》里，分析了中西方狐狸精原型故事的差别。[48] 比如说，《聊斋志异》通常是这样讲述狐狸精故事的：一个无所事事的穷汉，无意中救了一只受伤的狐狸，事后狐狸化身为美女，带着丰厚的嫁妆，主动出现在男人面前，想要嫁给他来报答恩情，这意味着男方捡了大便宜，交上了桃花运。后来他发现了狐狸精的真面目，变得非常害怕，于是暴露了原形的狐狸精，只能伤心离去。在这种故事中，男人的艳遇和转运都是被动的，具有强烈的偶然性，而且最后总是以悲剧结尾，因为女狐狸无论多么刻苦修炼，终究还是低贱的畜生，无法通过人间挚爱来改变自己的宿命。

那么，西方人的狐狸精原型又是什么样子呢？我们看到的往往是这样的场景：一个猎人在森林里救下了一头遭到豹子袭击的狐狸，正要转身离去，受伤的狐狸突然开口说话，声称自己是受了魔咒的公主，并请求猎人的拯救。猎人经过一番犹豫之后，答应了对方的请求，跟妖魔和女巫奋力搏斗，历经磨难和危险，把他们全部杀死。魔咒被解除了，狐狸变回了美丽的公主，跟猎人举行盛大的婚礼，两人从此过上了幸福美满的生活。

在这样的故事里，女性不是妖媚而低贱的动物，而是品性高贵的公主，而男人也不是捡便宜享福的懒汉，而是见义勇为和反抗黑暗势力的英雄。它试图告诉我们，只有通过这种主动改变命运的奋争，人才能得到真正的幸福。

# 植物神话

● 人为什么要偷吃神树上的果子

世界上的神树，大致可以分为三种。第一种是天梯，也就是神灵和巫师往返于天上人间的垂直通道。但神树并不是唯一的天梯，有时候，天梯的功能是由陡峭的高山来承担的。由于不良巫师在天地之间传递假消息，大神颛顼非常生气，命令两名大力士推开了天地，让两者的距离变得非常遥远，以致天梯断裂，人跟神的沟通渠道遭到了彻底的摧毁。[49]

第二种神树，是用来悬挂太阳的一种支架。通过汉代画像石我们可以看见，神树上挂着太阳，或者站着代表太阳的众鸟。

据《山海经》记载，"九日居下枝，一日居上枝"，也就是说，在树干上，悬挂着九个小太阳，还有一个大太阳，位于树的顶端。[50]四川广汉三星堆出土的神树，不仅坐实了《山海经》的记载，而且验证了日和鸟的"同义词"关系。

三星堆出土的神树是世界上最早、体形最大的青铜神树，有3.8米那么高，树干分为三组，每组又分为三个枝杈，形成"三级九枝"的格局，上面挂着二十七枚果子，站着九只神鸟，但树顶的位置却是一无所有。据考古学家推测，那里本来该有一只首席神鸟，也就是第一太阳。为什么三星堆遗址里找不到这只大鸟呢？我想可能是当年在掩埋这些神器的时候，不知被什么人悄悄地偷走了。

第三种神树，文献记载得最多，也最为有名，那就是果树，它们负责为人们的进化提供果实，其功能相当于今天的基因药库。但果树又分成两类。据《圣经》记载，上帝令伊甸园长出各种大树，树上结满了香甜的果子，在花园中央，

220

有两棵非常特别的神树，分别叫作"生命树"和"智慧树"。

先说第一种果树生命树，据说吃了它的果实可以长生不老。不仅如此，生命树还是神圣母亲的象征，它向人类提供浓密的树荫，象征着母亲的怀抱和爱。在那些古老的神话里，开放在树顶上的巨大花朵，是女性生殖器和人类起源的象征，而棕榈树结出来的果穗，更是女性繁殖力的象征。

关于生命树的观念，最初起源于非洲南部，但具体的树种，我们已经不得而知了。在埃及，它以棕榈树和无花果树的形态出现，而在美索不达米亚和叙利亚地区，它扩展成了白杨树、棕榈树和无花果树的多元体系。这种神树神话向东方传播之后，在东亚地区神树体系包括"建木""扶桑"和"甘木"，后来神树又被嫦娥带到月球，种植在广寒宫的院子里，那就是大名鼎鼎的桂花树，据说有五百丈高。那个流放到月亮上的苦役犯吴刚，每天都在辛苦地砍伐，但那些树枝砍了又长，永远都不会减少，向我们展示出极其强大的生命力。

李时珍在《本草纲目》里告诉我们，桂树可以治百病，养精神，和颜色，吃久了会身轻如燕，长生不老，容颜看起来就像孩子一样。[51]

第二种果树叫作智慧树，又叫知善恶树，吃了它的果实之后，人将会产生欲望，同时拥有用来满足欲望的智慧，还有针对欲望的羞耻心和道德感，等等。据《圣经》记载，夏娃在毒蛇的诱惑下，跟亚当一起，偷吃了欲望树上的禁果，结果双双产生了情欲、羞耻心和善恶心，还做了那苟且之事，最后又用树叶遮住自己的羞处。明察秋毫的上帝，一眼就看穿他们干的好事，非常生气，把这对男女赶出了乐园，并派天使守护生命树，以防他们返回来偷吃。[52]

这场乐园事件表明，人类虽然拥有了欲望和初级智慧（知识），却失去永生的机会。在这之后的漫长岁月里，人类一直试图利用自己的智慧来制造不死药，最终都没有成功。

从古希腊罗马文明开始，西方世界转入了对智慧树的崇拜，长期沉浸在对事物进行逻辑分析的喜悦之中。这种传统通过文艺复兴和启蒙运动，跟近代科学结盟，形成了对知识理性的崇拜，并且发展出一种全新的知识神话。英国思想家培根大声宣布说"知识就是力量"，这句话后来成了"知识树时代"的最高格言，也是推动欧洲资本主义文明崛起的精神动力。

神树崇拜向东传到印度之后，开始发生某种微妙的变化。在《奥义书》和

《吠陀经》里，都提到一种根植于天堂的神树——生命与存在之树。释迦牟尼、老子和大雄等圣人，每一个都有自己的生命树。他们在树荫下苦苦地沉思，探求着生命的真理。

这种生命树后来被挂上了各种艳俗的珠宝，逐渐演变成"如意树"的形态，散发出耀眼的物质光辉。在大神因陀罗的天堂花园里，长着各式各样的"如意树"，有黄金树、白银树、水晶树、琉璃树、红珍珠树、玛瑙树和彩贝树等七个品种。为了争夺这些"如意树"，阿修罗还跟天神发生了频繁的战争。

印度画师常把这种"如意树"绘成木兰树的形状，上面饰有黄金树根、白银树干、青金石枝条、珊瑚叶子、珍珠花朵、宝石花蕾和宝石果实，可以说是极尽美艳奢华之能事。丁福保先生编撰的《佛学大辞典》解释说，这种"如意树"可以满足一切物质需求，这意味着它已经具备了摇钱树的特征，从而为摇钱树在中国的诞生，奠定了重要的价值观基础。

我们到今天都没有真止弄清楚，进入中国的如意树，究竟是如何变成了摇钱树的。目前已经发现的189棵青铜摇钱树，主要分布在四川、云南和贵州地区，也就是西南丝绸之路沿线，在年代上，则集中于东汉和魏晋时期，是印度文化向东传播的重要见证。摇钱树最高有2.16米，枝叶向四方延伸，上面挂着成串的汉代"五铢"铜钱，还有龙、雀、象、鹿等动物小雕像。

四川出土的汉代墓葬里，还有一个摇钱树的石头基座，直接刻画了摇钱时的狂欢场面：摇钱树上的金钱已经压弯了枝头，树下有两个人在用竹竿打钱，让它们像果实一样掉到地上，另外还有两人在弯腰捡那些落地的铜钱，一副大发横财的喜庆样子。[53]

这就是神树演化的三部曲，它成了人类历史的整体性象征：从生命树时期，到智慧树时期，再经过如意树时期的过渡，最后进入摇钱树时期。

● 上天的植物园：桃、芝、参

作物神话，是植物神话的一个分支，拥有众多成员，但现在我要讨论的，是

222

中国神话中最为神奇的三种作物：蟠桃、灵芝和人参。

关于蟠桃的神话，最早出自王充的《论衡》，它援引某个今天已经消失的《山海经》版本说，在茫茫的大海上，有一座仙山，名叫度朔，上面长着一棵巨大的桃树，它的枝杈蜿蜒盘绕，直径在三千里以上，这应该算是世界上最大的生命树了。[54]

《太平广记》进一步记载说，七月初七日这天，西王母降临人间，送给汉武帝四个仙桃。皇帝吃完了之后还藏起了桃核，王母问他要干什么，汉武帝说："我想要用它们来种树。"西王母说："这种桃子三千年才结一次，中国这个地方，土地贫瘠，你是种不活它的。"武帝这才放弃了这个非分之想。[55]

但自从尝过蟠桃的美味之后，武帝就开始贪恋这种仙果，曾经三次派大臣东方朔，长途跋涉到昆仑山去偷蟠桃。[56]不仅如此，他还把那些吃过的桃核仔细收藏起来，一直传到了明代。晚明著名学者王世贞在《宛委余编》中说，直到洪武年间，也就是在蒙元帝国留下的皇家仓库里，还藏有这样的蟠桃核，长五寸，宽四寸七分，正面刻着"西王母赐汉武桃"和"宣和殿"十个字。[57]这件事后来被吴承恩写进了他的长篇神话小说《西游记》，只是偷桃子的主角，从东方朔变成了孙悟空。

由于桃树是跟人类最亲近的生命树，所以它被赋予了人类最渴望得到的功能。第一是长生功能，吃了它可以延年益寿，第二是桃木的辟邪驱鬼作用。道士们喜欢用桃树的树干做成镜子、梳子和门符等各种用品，指望借助它的法力来驱赶鬼怪，获得吉祥。

中国人崇拜的第二种作物是灵芝，传说吃了它可以长生不老，甚至得道成仙。对灵芝的崇拜，据说也源于《山海经》。它记载说，炎帝有个美丽善良的女儿名叫瑶姬，炎帝很宠爱她，可惜她在很小的时候就因病夭折了，她的灵魂却化成了灵芝仙草，让人吃了后能够战胜疾病，实现长生的梦想。[58]

灵芝之所以被神圣化，是因为它作为菌类，长相比较奇特，符合人们对"仙草"的想象，在植物崇拜的体系里，它的地位甚至超过蟠桃。根据民间传说，每年农历三月初三，王母娘娘生日那天，女仙麻姑就会把自酿的灵芝酒献给西王母作为寿礼。这个细节说明，西王母用蟠桃来招待客人，但她本人却更爱喝麻姑的灵芝酒，也就是说，灵芝比蟠桃更为高级。[59]

汉代有一首乐府诗，叫《长歌行》，里面描写一位骑着白鹿的仙人，带着诗人攀上太华山，采集到最上等的红色灵芝，去送给自己的主人，而主人吃下灵芝之后，身体就变得日益健康强壮，白发都变成了黑色，寿命也变得很长。这首诗表明，早在汉代，灵芝崇拜已经出现于中国民间。[60]

汉武帝的行宫甘泉宫当时年久失修，大梁已经腐朽，从烂木头上长出了灵芝。大臣们知道皇帝渴望永生，就赶紧拍马屁说，灵芝出现在宫廷里，这实在是大吉大利的征兆啊。汉武帝听了非常高兴，宣布大赦天下，释放那些犯罪的囚犯，而且还下达旨意，要求各地官员都得进贡灵芝，以便他能永久享用这种神奇的药材。[61]

从此，地方向朝廷进献灵芝，成了一个悠久的传统。为此，需要组织药农进深山老林里去搜寻，冒死攀登悬崖，以致劳民伤财。到了明朝，各地进献的优质灵芝甚至在宫里堆积如山，号称"万岁芝山"，灵芝几乎已经被皇帝家族所完全垄断。[62]

那么灵芝到底有没有这种长寿的神奇功效呢？它到底是神话还是现实呢？根据民间传说，孙思邈的学生叶法善，是一个有名的术士，他给武则天服用以灵芝为主的药方长达五十年之久，结果这位野心勃勃的女王，在古稀之年依然头发黑亮，皮肤红润，六十九岁还长出眉毛，七十二岁时，原先掉光了的牙齿都长了出来。这实在是一个罕见的生命奇迹。[63]

灵芝的神奇魔力，从最初的长寿，变成了能带来幸福的吉祥物。而到了近代越剧《白蛇传》里，它又成为男女爱情的象征。为了营救丈夫许宣，白娘子独自前往峨眉山偷盗灵芝，历经艰辛和危险，结果感动了守护灵芝的神仙，让她如愿以偿地得到了仙草。

从长生的象征，到吉祥如意的象征，最后再到爱情的象征，这个灵芝崇拜的三部曲，充分显示了中国人对它的迷恋。

下面要谈论的第三种神奇作物，也是其中名头最大的，那就是人参了。这种植物块根，长得很像人的形状。在古代传说中，上了年份的人参，会成为妖精，幻化为人形，像人一样说话和叫喊，甚至可以上天入地，自由行走，所以在挖人参的时候，必须先用红绳拴住它，否则它就会逃之夭夭。

跟蟠桃和灵芝的辉煌历史不同，人参崇拜的时间较短，它直到宋代还只是一种普通药物。明朝嘉靖年间，一斤人参也就值1钱5分银子，比猪肉贵不了多少。真正提升人参价值的，据说是李时珍的《本草纲目》，它声称，人参可治男女一切虚症，从此人参就脱颖而出，登上了"神药"的宝座。[64]

到了清朝，皇室首先垄断了到东北开采人参的权力，而且自己还大量消费人参，这种由皇家发动的人参崇拜，产生了强烈的诱导作用，以致全体民众，无论富人还是穷人，都相信只要通过人参进补，就能治好一切毛病。虽然它的疗效具有很大的争议，但为了迎合大家的需求，医生在开药方的时候，只能尽量多开人参，弄得市场上供不应求，价格被不断哄抬，到了嘉庆年间，每斤价格已经高达2000两白银，简直是个天文数字。

神话传说里的人参，往往是以三种形态出现的，其中最萌的是人参娃娃，也就是长得白白胖胖的小男孩，身穿红肚兜，光着屁股和脚丫子，很像杨柳青年画上的吉祥童子，是孩子们的护法精灵。

第二种形象出现频率最高，那就是人参姑娘，长着水汪汪的大眼睛，红扑扑的脸蛋，头上梳着大辫子，还插着海棠花，身穿红衣裳和绿裤子，一副典型的东北农村大妞的扮相。她们的使命是专门救助贫穷的男青年，跟他们结婚，给他们带来欢乐和幸福。

第三种形象是挂着拐杖的人参老汉，属于四白形象：白头发，白眉毛，白胡子，身穿白衣，跟漫天白雪融为一体，是北方冰雪世界的生命象征。

无论是哪一种形象，在经过拟人化修辞之后，人参都加入了中国人的生命叙事洪流，成为长生欲望的代言者。跟炼丹术和金丹神话相比，它触手可摸，仿佛近在咫尺，慰藉着因重大疾病而焦虑的人民。

# 器物神话

## ● 来自新石器时代的灵玉崇拜

在漫长的石器时代，人类必须依靠石头做成的工具，来获得外部世界的资源，无论是狩猎还是采集和种植。人就这样逐步培养了对石头的依赖和迷恋，甚至对坚硬和美观的石头，产生了超乎寻常的情感。

玉是石中精华，代表光洁、温润、坚固和永恒等，也包含各种美好的品质：美丽、年轻、华贵、健康、道德纯净，还有灵魂的永生。由于它如此迷人，所以被石器时代的中国人当作崇拜对象。一种玉的神学就这样热烈地诞生了，时间可能在距今1万年左右。

玉是一个庞大的石头家族，《山海经》记载的玉产地共有149处，而《康熙字典》里的各种玉名则多达173种。狭义的玉，仅指矿物学范畴的玉石，包括和田玉这样的角闪石和翡翠这样的辉石，而广义的玉，则包括蛇纹石、绿松石、孔雀石、玛瑙、水晶、琥珀、红绿宝石等各类宝石。这个家族，跟铜鼎和铜镜一起，构成了早期华夏器物神话的三大支柱。

起初是为了制造工具，而后是为了获得祭祀品和装饰品，人们努力学习，掌握了打磨美丽石头的技巧，对工匠的考验还不只是技巧，更是超乎常人的耐性。完成一件精美的玉器，可能需要耗费十几年的光阴。这种生产过程的艰难，大大提升了玉器的价值。

到了青铜时代，因为有了金属，玉的打磨变得更加方便，而它跟人的关系也更加亲昵。更加重要的是，由于青铜器会生锈，还不够洁净，所以虽然可以用来盛放祭神的食品，但不能成为人与神沟通的主要工具。只有纯洁的玉可以扮演这样的角色，它既可以向神明传达愿望和赞美，也能够向民众展示至高无上的权力。

玉的魔法力量，在女娲传说里得到了充分的展示。女娲采集五种颜色的玉石，用烈火熔化了之后，去修补破裂的天空，这是玉第一次向人展示自己的魔法力量。《山海经》也证实了玉的这种魔力，它向我们严肃地指出，道德君子只要随身佩戴玉器，就能避开灾祸，得到神的赐福，坏人却刚好相反。[65]

唐肃宗时期，曾经发生过一件奇案。以贪婪暴虐著称的太监李辅国，从皇帝那里得到一对珍贵的玉辟邪。辟邪这种神兽形状像狮子，头上有角，背上还有一对翅膀，具有祛邪祈福的强大功能。据说这对玉辟邪散发出来的香气，百米以外都能闻到。有一天李辅国正在梳洗，突然听见玉辟邪发出声来，一个大笑，另一个则在悲鸣。李辅国吓坏了，就把它们砸碎后扔进了粪坑，从此每天都会听到厕所里发出的哭叫声。不到一年，李辅国就被一名潜入家里的刺客杀死，还把他的头割下来，扔进了那个埋葬着玉辟邪的粪坑。这是玉器借刀杀人的重要记录。[66]

当年，西王母向黄帝和舜帝赠送玉器[67]，可以算是华夏民族第一次触摸玉的时刻。玉是高贵的，从一开始就属于神灵和国王。仓颉发明的汉字，清晰地描述了"玉"的地位，它是佩戴在国王腰间的那一个点状的装饰物。看起来如此细小，就像一粒米那样，却散发出强大的权力气味。

周人进一步捆绑了玉跟国家权力的关系。周朝的最大贡献，是确定了玉器的类型和等级，还为我们留下了三件最著名的宝器——随侯珠、昆山玉及和氏璧。

先说随侯珠吧。春秋年间，随国的国王出行，路上遇见一条大蛇，被人打成了两截，心生怜悯，就命令手下用药救了蛇的生命。一年以后，这条灵蛇居然衔着一颗夜明珠前来探望随侯，以报答他的恩情。[68]有人认为，这种夜明珠就是一种玉，也有人认为，这种夜明珠应该属于珍珠之类，根本就不是玉器。

第二件宝器叫作昆山之玉，指的是昆仑山出产的美玉，应该就是今天人们所说的和田玉，据说这种玉放在炭火里烧烤三日三夜，颜色都不会有丝毫改变，是所有玉石里的王者。[69]但这只是玉的品种，而不是玉器。

"三大宝器"里唯一真正的玉器是和氏璧，它有一个惊心动魄的传奇故事。春秋时期，楚国的樵夫卞和在上山砍柴时，无意间看到有只凤凰落在一块青石上。下和意识到这块石头不同寻常，两次拿去分别献给楚厉王和楚武王，但两次都被宫廷御用工匠鉴定为普通石头，结果以欺君之罪，被先后砍掉了两条腿。

绝望的卞和抱着玉石，每天在荆山脚下痛哭，为自己跟玉石的不幸命运而哀伤。这件事情在民间传得沸沸扬扬，一直传到了王宫。楚文王终于被打动了，卞和被第三次召进宫，文王命人当场剖开石头，发现里面果然含着一块光华四射的美玉。为了纪念这位伟大的发现者，在被打磨成玉璧后，它被命名为"和氏璧"。[70]

司马迁在《史记》讲了"和氏璧"的另一个故事，说是当年秦昭王提出要用十五座城池去跟赵惠文王交换和氏璧，弱小的赵国哪敢拒绝，只好派出蔺相如前往秦国谈判。蔺相如识破了秦国打算侵吞美玉的阴谋，就运用自己的智慧和口才，一边跟秦王周旋，一边派人把和氏璧偷偷送回赵国。这段著名的公案，叫作"完璧归赵"。

帝王对玉器的这种迷恋，在汉武帝那里达到了高潮。武帝平时最爱把玩的，是西胡渠王进献的玉箱和玉石手杖。这两件器物后来成了皇帝的随葬品，被埋到地下深处。多年之后，这两件宝物突然出现在陕西扶风的古玩市场。有人惊奇地发现，那个出售者，就是早已死去的汉武帝本人。人们不知道武帝是如何起死回生的，他如何走出密封的墓室，又为什么要出卖这件救命宝贝。[71]没人能回答这些问题。但通过这个传说，我们看到了玉的不可思议的魔法力量。

当然，到了儒家手里，玉的巫术力量，被转成了强大的道德象征。孔子出使各诸侯国的时候，总是恭恭敬敬地捧着玉圭，步子迈得又小又慢，好像很沉重的样子，身体甚至还在发抖，表情非常庄严。通过这样的仪轨，他建立了儒家跟玉的生命关联。[72]从此，玉就成了儒家精英阶层的身份标记。那些贫穷的儒生没有钱购买和田玉，只能用劣质的石头替代，挂在破旧的衣衫上，用来象征自己洁身自好的高贵的灵魂。

玉虽然很美很硬，但也有自己的弱点，那就是它的脆性。它跟人的生命一样，是一种易碎品。"宁为玉碎，不为瓦全"的格言，不仅暗示了士大夫的思想贞操，也预示着他们的悲剧性命运。

我们也应该看到，玉不只是灵魂的象征，也是女人肉身的隐喻。早在春秋年间，玉也成了女人的名字，被各诸侯国的公主和贵妇所专用。比如，吴王夫差有个女儿叫

"紫玉"，而比他更早的秦穆公女儿，有一个更为著名的名字——"弄玉"，从此玉成了高贵而美丽的女人的象征。玉人、玉女、玉颜、玉唇、玉腮、玉颈、玉肩、玉腰、玉手、玉指、玉腿、玉足……这些无限派生的语词，不只是一种修辞学游戏，也是对女性身体的最高赞美。

## ● 商周鼎器里煮的是什么汤？

鼎是所有传统器物中最沉重的一种。许慎在《说文解字》里形容它有三只脚和两个耳朵，是大禹所制造的烹调五味的宝器。[73] 但没人知道它真实来历。它到底是谁的发明和设计？它究竟来自何方，又为什么会从历史中悄然消失？

考古发现证明，制造鼎器的原始材料，只是普通的泥土而已。这种圆形的陶鼎，最早出现在仰韶文化时期，以后被龙山文化所传承，成了农民日常生活里的炊器，用来烧饭烧菜。它跟今天的锅的最大不同，就是在锅的底部多了一个连体支架，所以可以在没有专门炉灶的情况下，用于室外烹煮。很多年后，经过一次伟大的材料革命，也就是进入了青铜时代，它才从普通的陶制生活用品里脱颖而出，放射出神奇的金属光辉。

这里面涉及两个基本问题：第一，是谁发明或是谁引进了青铜技术？第二，谁在陶器的器型基础上发明了青铜鼎？关于第一个问题，考古学和历史学都已经有了共识，中国的青铜技术，来自西亚的美索不达米亚地区，由一些来自西亚的移民，把这种技术带到了我国。

那么谁是第一座青铜鼎的发明者呢？关于这个问题，历史上曾经出现过各种答案。司马迁在《史记》里，把青铜鼎的发明权交到了黄帝手里，说是黄帝采集首山的铜矿石，然后铸鼎于荆山脚下。[74] 但其他史官们则普遍认为，是禹或者他的儿子启，而不是黄帝，开启了青铜鼎铸制的历史。鼎就这样成了"华夏第一王朝"的代表，并且荣升为帝国权力的最高象征。[75]

为什么鼎从一开始就是国家重器呢？这是因为，铸鼎的原材料开采艰难，成本昂贵，需要动用大量国家财力；另外，青铜鼎的制造工艺非常复杂，还需要高级的冶炼技术以及复杂的浇铸和焊接工艺，而这绝非普通猎人和农夫所能做到的。所以，成为国王和贵族的垄断品，就是青铜鼎的必然命运。

青铜鼎在诞生之后，由于代表国家的最高权力，所以就不断地被人神圣化，一部叫作《瑞应图》的谶纬学著作这样描述说，真正的神鼎懂得事物的吉凶和生死，能调节自身的重量，还能自行移动和停止；不需要柴火就能自己加热，不需要倒水就能自满，不需要厨师就能自己烹调出各种美味；只要王朝兴盛了它就会出现，王朝衰败了它就会离去。你们看，鼎就这样从一口自带架子的锅，成了具有灵性的神器。[76]

为什么全世界只有中国人会如此看重自己的大锅呢？这是因为，在殷商年代，中华农耕文明已经开始崛起，农耕技术有所进步，食物的品种和数量开始丰富起来，鼎的发明，不但刺激了贵族的食欲，而且也确立了"民以食为天"的生命法则，甚至推动了"美食政治学"诞生。

商朝是一个非常特别的王国，第一个国王子履死后的政治封号，叫作"汤"。并且因为这个，商朝有了"成汤""商汤""武汤"的别名。这个所谓的汤，指的就是液体、热水和菜汤。你们看，这是世界上唯一用汤水来自我命名的国家，而作为国家符号的鼎，本来就是用来煮汤的，所以殷商王国是一个天生的饕餮之国，它所铸造的青铜鼎，已知最大的重达八百公斤，需要十条壮汉才能搬动，用它可以炖出天下最美妙的肉汤。

当然，所有这些美味佳肴的第一轮享用者，并不是国王和他的官员，而是那些天上的神灵和祖先。在他们享用过之后，统治者们才能开始动嘴喝汤。在殷墟出土的一些青铜鼎里，还有人的头骨，而且蛋白质成分流失严重，显然是被煮了很久。这些被煮熟的人头，首先是用来献祭的，而后就成了王族的大餐。殷商王族是中国历史上最残忍的统治者之一，保持着猎人的杀戮天性。他们利用周人去捕猎羌人，然后杀掉那些俘虏来献祭，用以讨好神灵和祖先，祈求他们的庇护，最后呢，还把他们变成自己的食物。这种残暴的举止，实在是令人发指。[77]

鼎器崇拜引发的美食浪潮，在纣王时期达到了登峰造极的地步。纣王每天沉迷于奢华的宴席，被大小各种青铜鼎和酒肉所环绕，醉生梦死。为了讲究体面和排场，鼎的规模越来越大，投放的物料也越来越多，而这些东西都必须通过横征暴敛来实现。另外，加热青铜鼎需要消耗大量木柴，引发了对森林的滥砍滥伐，沉重的铜鼎搬运困难，需要强征更多的民工，这对于国力有限的王国来说，是极其沉重的负担。鼎一方面是社稷稳定和谐的象征，另一方面又加速了国家衰弱和灭亡。

周灭掉了殷商之后，并未吸取它的教训，反而继承了这个传统，把鼎当作新生国家政权的依靠，结果重新走上殷商衰败的老路。清代学者王先谦在《汉书补注》这本书里指出，当年国家陷入经济危机，货币严重短缺，加上诸侯试图染指铜鼎，周王室不仅被迫终止大规模铸造鼎器的国家行为，而且还偷偷地把最贵重的九鼎，熔化了去铸成钱币，但对外则散布谣言说，九鼎不愿看见周王室的衰弱，自己飞到江苏徐州附近的泗水，葬身河底，落水的时候还发出哭泣的声音，场面悲壮，天地都为之变色。[78]

这个绘声绘色的谣言似乎起了作用，就连秦始皇和司马迁都信以为真。到了汉代，还出现这样的传说，说是秦始皇派出大批民工去泗水打捞九鼎，就在鼎好不容易被捞出水面的时候，一条神龙从鼎里伸出头来，一口咬断了绳子，结果鼎又落回到水里去，从此下落不明。[79] 无论真相如何，秦始皇想借助九鼎的法力来维持独裁的梦想，最终是彻底破灭了。

汉武帝没有吸取秦始皇的教训，依然坚守关于鼎的信念，确信这种神器具有维稳和捍卫社稷江山的神力。公元前99年，山东爆发农民暴动，武帝下令军队全力镇压。为了彻底消除农民颠覆政权的麻烦，汉武帝亲自巡视山东，并专门铸了四尺高的鼎放在泰山上，上面刻着皇帝的诏书："登于泰山，万寿无疆；四海宁谧，神鼎传芳。"意思是说：今天我登上了泰山，我的生命将跟它一样永恒，而天下也会永远安定，这座宝鼎将让我的名字流芳百世。[80]

沉浸在神鼎幻象中的汉武帝，似乎并不明白，在他的时代，鼎器早已丧失神性，到了该向历史谢幕的时刻。新的金属材料革命已经完成，铁器取代了青铜器，成为农业耕作和日常生活的基本材料。民用铁器的制造业托拉斯也已形成，有官方背景的铁器生产商，垄断了整个中原的生产及其销售市场，更重要的是，价廉物美的铁锅取代铜鼎，成了百姓家庭里的日用品，而昔日辉煌的青铜鼎则被人遗忘，成了帝国不可追忆的旧梦。

## ● 铸剑师和剑客的英雄年代

宝剑，曾经是青铜时代的伟大象征。据《管子》记载，当年在一座名为葛卢之山的山峰上，发现了最古老的铜矿，蚩尤用它炼成了刀剑和铠甲，用来跟黄帝的军队作战，而这就是中国宝剑的起源。[81]

另一本书《海内十洲记》却坚持认为，最古老的宝剑不是本土出品的，而是来自西方世界。当年周穆王征伐西戎，迫使对方求和，而求和的结果，是对方交出了自己的镇国之宝"昆吾割玉刀"。据说这就是最早的宝剑。《列子·汤问》形容它长约一尺，由精铜锻造而成，剑刃为红色，削玉犹如切泥，无比锋利。

这是中国人第一次为剑的物理特性下定义。也就是说，从一开始，锋利就成了剑的基本评判标准。在切割、穿刺和砍杀方面，青铜剑超越了以往所有的石质兵器。

但这个神秘的"昆吾"，据说并不属于"西域"，而是一座越国铜矿的所在地。当年，越王勾践下令工匠采集铜石，聘请铸剑大师欧冶子，打造了纯钧、湛卢、鱼肠等五把宝剑。开工的时候，雷神和雨神前来助阵，蛟龙捧着炉子，天帝负责送炭，连东皇太一都下凡来参观锻造现场，可以说是盛况空前。越王剑从此名震天下。[82]

据《吴越春秋》记载，以宝剑为核心的冷兵器军备竞赛，在春秋战国时期已经到了狂热的程度。随着战争规模的日益扩大，各国诸侯都坚信，谁拥有宝剑，谁就拥有整个世界，于是以争夺宝剑为目标的战争，也变得频繁起来。宝剑既是战争的工具，也是战争的目的。这种两重性，重新塑造了春秋战国时代的政治地理。

据说，吴王因为昏庸无道，得罪了天下义士，就连那些宝剑都不愿跟这种人为伍。欧冶子打造的名剑"湛卢"，是一件有灵魂的活物，它听说楚王酷爱宝剑，便背叛自己的国王，跳进长江，逆流而上，向楚国方向奋力逃亡。楚王听说了这个消息，亲自跑到江边，趴在地上行礼，举止谦卑地迎接湛卢的到来。这个感天动地的场景，一时传为天下美谈。秦王听说了这个传奇，厚着脸皮派使者向楚王索取，遭到了拒绝。秦王勃然大怒，起兵攻打楚国，还放出话说，只要把湛卢宝剑给他，他就撤兵走人。但楚王护剑心切，根本不予理睬。[83]

不仅如此，楚王还派使者风胡子前往吴国，高薪聘请欧冶子和干将，打造了三把著名的铁剑——龙泉、泰阿和工布。晋国和郑国都想得到这三把宝剑，于是发兵攻打楚国的边境城市，三年都不肯后撤，以致城里弹尽粮绝。楚王听到这个消息后，亲自奔赴前线，登上城楼，手持泰阿宝剑，朝天空高高举起，发出了进攻的命令。楚兵奋勇向前，晋国和郑国的联军溃不成军，血流成河，天地无光，就连江水都为之倒流，晋王与郑王吓得头发都变白了。[84] 你们看，泰阿剑的威力，已经到了不可思议的地步。

楚国不仅狂热地收集宝剑，更是努力地征召铸剑的人才，在吞并吴国之后，楚王邀请铸剑大师干将和莫邪为其铸造一对以他俩命名的宝剑。事成之后，由于害怕他们为敌国效力，楚王收下了干将剑，却杀死了干将本人。干将有一个儿子，名叫赤，又叫"眉间赤"或"眉间尺"，长大之后，从母亲莫邪的嘴里，知道了父亲死亡的真相，想要复仇，却没有合适的机会，只好把莫邪剑连同自己的脑袋，交给一个陌路相逢的剑客，委托他去给自己和父亲报仇。那个无名剑客接受了这个委托，带着赤的头颅去见楚王，趁机砍下了对方的脑袋，然后也砍下自己的头颅。三个头一起掉进了煮着开水的大鼎，结果被煮得稀烂，根本分不清它们到底谁是谁。楚国人非常无奈，只好捞起三个头骨一起埋葬，命名为"三王墓"。[85] 这是历史上非常有名的事件，鲁迅在他杰出小说《故事新编》里，重写了这个惊心动魄的传奇。[86]

这真是英雄辈出的年代，无名的剑客为陌生人慷慨赴义，向我们展示出春秋战国时代的精神气质：宝剑、剑气和剑客三者融为一体，成为正义审判的象征，维系着动乱年代的道德秩序。大批剑客在江湖中诞生和死亡，他们的鲜血，谱写着古典剑学最悲壮的篇章。

但是，荆轲刺秦王的故事，却让宝剑神话遭受了一次重创。这是为什么呢？一个武艺高强的侠客，居然因为剑身太短而没有刺中秦王，秦王却因为剑身太长而拔不出来，失去了在第一时间击退刺客的良机，要不是手下人提醒他把剑推到后背，从左肩的方位拔出来，他一定会成为荆轲的剑下之鬼。[87]

在这场关于宝剑的军备竞赛中，长剑和短剑的缺陷，都已经彻底暴露。这个事件促使大独裁者嬴政，重新反思宝剑的价值。最后他决定冷落这种伟大的兵器，转而借鉴斯基泰人和波斯人的战术，把弓弩跟长兵器如戈、矛、戟的组合，当作核心装备。秦人还设计出标准化的箭镞，大幅度提升了这传统兵器的作战性能。秦国的士兵就这样在自己射出的羽箭后面飞奔，用长矛、盾牌和盔甲，征服了东亚的广阔土地。

弓箭和矛枪的发达，削弱了宝剑的尊严。它作为首席兵器的地位开始下降，到了汉代，甚至退化成权力等级的识别符号。一本叫作《贾子》的书宣称，从前戴冠和佩剑的年龄都有严格的限定，天子为二十岁，诸侯三十岁，大夫则必须在四十岁；普通老百姓无事不得带剑，而奴隶则绝对禁止佩剑。[88]

到了中古时代，宝剑进一步离开战争旋涡，被紧握在美女的手里，成为歌舞伎的道具。盛唐年间，出了一位大舞蹈家叫公孙大娘，以跳《剑器》舞而著称，在保留凌厉的杀气的同时，也展示了女性身姿的婉转柔美。性格矜持的诗人杜甫在观看了她的女弟子表演之后，不禁神魂颠倒，忍不住写下一堆诗句来加以赞美。这首诗，成了剑学向美学转化的历史标记。[89]

在我们生活的这个年代，冷兵器竞赛早就已经结束。剑的材质，从金属变成了木头，又从木头变成了塑料，跟折扇、腰鼓和红绸子一起，成为大妈跳广场集体舞的道具，占领了街道、绿地和社区的舞台。就在这种"清明上河图"式的景象里，宝剑和剑学逐渐退出人们的视野，成了模糊的历史记忆。

## ● 隐藏在魔镜里的X空间

黄帝跟西王母在王屋山举行的双边会谈，是上古外交史上的一个著名事件。尽管会谈内容我们不得而知，但据《黄帝内传》透露，在会议结束之后，黄帝就铸造了十二面镜子，按照月份轮流使用。第一面镜子直径最大，为一尺五寸，以后每个月递减一寸，这样算下来，到了第十二面镜子，应该只有三寸左右，属于小巧玲珑的那种。黄帝还时常在湖边磨镜，以至于那块磨镜石，都变得光滑明亮起来。[90]根据时间推算，这应该是中国历史上最早的镜子套装。

镜子最初可能由坚硬的石头磨制而成，像铁矿石或者黑曜石，都曾经是制作石镜的天然材料，而后慢慢扩展到黄金、玻璃或铜铁混合材料，考虑到镜面反射率、打磨工艺和制造成本等因素，绝大多数镜子是用加入了锡元素的青铜来铸造的，因为这种材质较为柔软，更容易打磨，更明亮照人。

尽管黄帝铸造的镜子后来下落不明，但其中的第八面镜，突然无端地出现在隋朝。据《古镜记》记载说，隋炀帝年间，御史王度辞去官职之后，从一位老朋友手里，得到了一面据说是黄帝亲手打造的古镜，镜的宽度是八寸，镜鼻是一只蹲着的麒麟，镜子的背面有龟、龙、凤、虎等四个方位，还有八卦、十二时辰和二十四节气，完整表达了东方人的宇宙运行观念。考虑到黄帝时代还没有铜器，也没有《周易》和二十四节气，所以这枚铜镜，只能是汉代以后的东西。

虽然这枚铜镜不是黄帝本人的作品，却依然具有某种神奇的魔力。王度的朋友薛侠有一把宝剑，想拿来跟王度的宝镜比试。王度也想领教一下镜子的威力，于是就满口答应。某天，在一间不透光的黑屋子里，王度拿出宝镜，镜面立刻放射出夺目的光芒，照亮了整个屋子，而宝剑却黯淡无光。王度把宝镜放回盒子，盖上盖子，宝剑这才重新显出自己的光芒，但也只有一二尺的范围。薛侠抚摸着宝剑伤心地叹息道："唉，原来天下的宝物，也会彼此相克呀！"[91]

历史记载中最古老的魔镜，名字叫作"火齐镜"。西周末年，"渠胥国"的使者前来拜见，把这面镜子送给了周王。它高约三尺，用它在黑暗里看东西，就跟白天一样，而对着镜子说话，里面居然会做出应答，就跟今天的手机视频一样。周朝人把它奉为神物。但到了周灵王末年，这面魔镜突然不翼而飞。而随着神镜的消失，西周的末日也就到了。所以大家都认为，在神镜跟国家命运的盛衰之间，有着某种神秘的对应关系。[92]

据《太平广记》记载，刘邦攻入秦帝国的首都咸阳之后，接管了秦始皇留下的无数财宝。其中最让他感到震惊的是一面方形的魔镜，宽四尺，高五尺九寸，里外都会发光，但人在镜子里的影像是上下颠倒的，很像是从望远镜里看到的景象。要是用手捂着心脏部位去照镜子，就能清晰地看见自己的五脏六腑。身体有病的人，可以用这面镜子来查看生病的部位，其功效跟CT扫描差不多。不仅如此，只要宫里的女人产生偷情的念头，被这面宝镜一照，就会心跳加剧，面红耳赤，功能比测谎仪还要强大。于是秦始皇专门用它来照自己身边的美女，只要她们心跳加剧，面红耳赤，就立刻杀掉，绝不让她们有偷情出轨的机会。[93]

还有一种厉害的魔镜，叫作照妖镜，虽然不能分辨好人坏人，却可以分辨出谁是幽灵和妖精。汉武帝就有一面直径四尺的青金镜，来自印度。[94]据《搜神记》记载，三国时期有一名道士叫作于吉，可以呼风唤雨，道术高深莫测。吴侯孙策，因为害怕他的法力，就下令把他杀死，以为这样就能消除他的威胁。但孙策照镜子的时候，看见于吉就站在自己身后，回头去看，一个人都没有，反复几次，都是这种情况，于是吓得要死，身上的毒疮迅速发作，很快就一命呜呼，去见了阎王。这是魔镜间接杀人的一个重要案例。[95]

历史上最厉害的照妖镜，还是王度手里的那面黄帝魔镜。当年王度在旅途中投宿在朋友程雄家里。他家有个丫鬟叫作鹦鹉，容貌美丽，楚楚动人。到了晚上，王度打算睡觉，随手拿出魔镜四处照一下，鹦鹉连忙下跪叩头说，自己本来是一只千年狐狸精，能变化成人形，因为迷惑人类，触犯了天条，被神仙追捕，只好躲藏在这里，不料遇到这面魔镜，从此再也无法隐形和永生。

王度怜香惜玉，想放鹦鹉一条生路，但已经无可挽回。鹦鹉于是请求用最后时光来享受一下人生的欢乐。王度答应了她的请求，把已经入睡的程雄以及他的家人和邻居都叫了起来，大家一起纵酒狂欢。

鹦鹉很快就醉了，一边挥舞着长袖，一边哀伤地唱道："宝镜啊宝镜，悲哀啊我的生命。自从我脱去老狸的原形，已经侍奉了好几位男性。虽然活着令人欢欣，但也不必为死亡而过度伤心。还有什么值得眷恋的呢？只要享用这短暂的温馨，心中就能得到安宁。"鹦鹉唱完，变回狐狸的原形，然后倒地死去。满座的客人无不为之震惊和叹息。[96]

鉴于魔镜的神奇法力，它的拥有者都希望自己死的时候，能把它带进坟墓，保佑自己死后的魂灵。于是，魔镜在人间的数量就变得日益稀少。魔镜失踪的更大原因，还是它遭到了世俗生活的污染，退化为没有神性的日常用品。我们已经看到，从魔镜到平常的镜子，从金属镜到玻璃镜，尽管新材料解决了镜面反射率和镜像还原度的难题，但魔镜的神性也在逐步丧失，除妖宝器成了用来涂脂抹粉的工具。

虽然如此，在大规模动乱的年代，它曾经挺身而出，帮助妻离子散的家庭，得以破镜重圆。铜镜虽然丧失了神性，却拥有了值得向往的人性。

南朝的末代皇帝陈叔宝有个妹妹，世称"乐昌公主"，嫁给了太子的侍从官徐德言。两人知道马上就要大难临头，于是把镜子剖成两半，彼此各持一半，说是万一走散，就在明年正月十五那天，以半个铜镜作为联络暗号。不久，隋朝灭掉了陈国，乐昌公主也当了俘虏。隋文帝把她送给手下大将杨素作为小妾。乐昌公主虽然深受宠爱，却终日郁郁寡欢。快到正月十五日那天，她托人把半个铜镜拿到跳蚤市场上去叫卖，果然被流落街头的丈夫看到。她丈夫托卖镜的老人带一首情诗给公主。公主看到丈夫的诗，顿时放声痛哭，茶饭不思。杨素再三盘问，才知道了事情的来龙去脉，不由得被他俩的真情所感动，决定成人之美，把公主送还给徐德言，还出资让他们回归江南故里去养老。这段佳话后来被广泛传颂，从此有了"破镜重圆"的成语。[97]

在这个著名的段子里，镜子的意义发生了剧烈的改变，脱离了神秘的魔法传统，以爱情信物的方式，维系着家庭团圆的信念。它是脆弱的，又如此坚硬，足以战胜妻离子散的命运，给人带来无限的希望。

## ● 法器世界：如意、拂尘和念珠

在世间的器物中，宗教法器是较为另类的一种。像如意、拂尘、木鱼、香炉、蒲团和念珠，它们有的跟我们的日常生活息息相关，有的却只在古装历史剧和博物馆里大放异彩。正是这种远距离的观察，激发了许多人的浓烈兴趣。就以如意为例，这种造型古怪的器具，究竟有什么来历？又为什么会长成那种独特的模样？

这的确是一个难以回答的问题。有一种看法，认为如意有两个不同的来源，一个是老人使用的拐杖，另一个是叫作"痒痒挠"的挠背工具。山东曲阜出土的东周牙雕，手柄的一头，是五个合拢弯曲的手指，推测就是一种古老的挠痒工具。作为手的延伸物，这种痒痒挠可以帮助人解决后背挠痒的生活难题。

痒痒挠好像是中国文明的独特发明，虽然不能跟指南针和造纸术相提并论，但人要是真的痒起来，像动物那样在墙上或者树上蹭来蹭去，实在是有失体统。用痒痒挠来处理，看上去就比较得体，更符合文明社会的举止标准。所以绝对不要小看痒痒挠、鞋拔子，或者头发簪子这类小发明的生活意义。

但要是你手里成天挥舞着痒痒挠，其实也是挺傻的，所以就需要加以变形，慢慢就演化成了如意的模样。它有一个扁平而弯曲的手柄，头部的模样有点像灵芝，尾部则系着带玉坠的穗子，材质包括竹子、檀香木或沉香木，上面的装饰物，更是令人眼花缭乱，包括黄金、和田玉、绿松石、象牙、翡翠、水晶和玛瑙等等。"如意"这个名字，从字面上讲，就是"满足欲望"的意思，但是，痒痒挠一旦变成了如意，解决痒痒的欲望就淡出了，转而成了满足所有欲望的万能钥匙。

大多数如意的尺寸，在60厘米左右，比较利于携带和收藏。但为了节省材料和降低价格，晚近也出现了一些30厘米左右的小如意。

如意有时也被当作军事指挥棒而用于作战，代表着阳刚的力量和必胜的意志。据文献记载，南朝大将韦睿在徐州战役中，手持如意，乘坐一辆战车指挥千军万马，威风凛凛。[98]后唐太祖李克用带兵讨伐后梁皇帝朱温，也是挥动如意来指挥作战，把敌人打得落花流水。[99]

如意也是炫耀身份和财富的工具。在明清两代，官员们热衷收藏如意，据《和珅犯罪全案档》所列，大贪官和珅家被查抄的时候，清单里列入的如意，竟然达4000多支。官员们也喜欢进献如意，去拍皇帝和权贵的马屁，由此引发了如意市场价格的暴涨。1770年，乾隆皇帝六十岁诞辰，大臣们为了讨好皇帝，一次就集资进献了60支如意，耗费的黄金达到1361两。

这还远没有穷尽如意的象征意义。早在宋代，如意就开始吸纳当时流行的灵芝纹，与生命树的功能融为一体。它不仅被引入寺院，成为玄妙的法器，更在世俗空间里为人祈福。如意还要借用灵芝的纹样来满足百姓永生的欲望，保佑拥有者延年益寿。如意是东方身体神话的一个重要物件，用来体现男性生殖器、生命力、健康和长寿等等。

跟如意并重的另一件法器，叫作拂尘，又叫拂子和甩子。[100]它的样子是一根手柄上绑着鹿尾、马尾或者麻丝，用来驱逐蚊子和苍蝇，并且掸掉家具上的灰尘，最后这个作用有点像鸡毛掸子。在被道教和佛教当作法器之后，它的地位就迅速上升，成了跟如意相似的重要道具。在道教的仙人里，最喜欢手执拂尘的，是太上老君、太乙真人和吕洞宾。禅宗也喜欢以拂尘作为道具。那些得道的高僧，往往拿着拂尘去给自己的信众讲法，叫作"秉拂"。"秉拂"后来逐渐成了

"说法"或"讲经"的代名词。

为什么这种清洁用具会成为法器呢？这是因为，无论是道教还是佛教，都需要保持灵魂的洁净，而拂尘是清洁的重要工具。手里的拂尘时刻都在告诫那些修道者，应该除掉心灵的灰尘，也就是红尘里的欲望，以便洁净内心，达到超凡脱俗的崇高境界。

拂尘也是道教徒使用的一种软兵器。道教普遍把妖魔鬼怪当成人世间的"尘"。拂尘有驱赶"尘土"的意思，于是就演化成了一种貌似温和的兵器。在今天的武当山武术体系里，"武当拂尘"已经形成完整的演练套路，由旋转乾坤、黄龙盖顶和老龟探路之类的动作组成，是典型的以柔克刚的武术，跟太极拳的原理密切呼应。

跟拂尘相关的著名人物，是唐传奇《虬髯客传》的女侠红拂。她本姓张，名出尘，是隋朝宰相杨素家里的丫头。因为喜欢手持红色拂尘，所以被人称为"红拂女"。话说当年，文武双全的才子李靖前去投奔杨素，跟他畅谈国事，展露自己的雄才大略。红拂站在一边端茶递水，对这位白马王子一见钟情，于是深夜跑到李靖的住处，大胆表达自己以身相许的心愿。李靖被这位美貌女侠的深情所打动。两人双双坠入情网，于是假扮成商人私奔，最后终成眷属，演绎了一段千古佳话。作家王小波还以这个故事作为题材，写下了中篇小说《红拂夜奔》。我们可以看到，在这个故事里，拂尘非但没有拂去人的欲望，反而跟情欲融为一体，向我们展示了滚滚红尘的无限魅力。

第三种法器是念珠。它用于祈祷、念经、赞颂和灵修。除了中国的大乘佛教以外，道教、天主教、伊斯兰教、印度教和锡克教等宗教，都喜欢使用念珠，所以它实际上是一种全球性宗教器物。

佛教的念珠一般有一百零八颗，代表除灭一百零八种烦恼。道教的念珠有八十一颗，代表太上老君的八十一化；天主教的玫瑰念珠有五十九颗，专门用来念诵赞美圣母玛利亚的《玫瑰经》；伊斯兰教的念珠有三十三颗，转三圈是九十九数，用来念诵"真主安拉"的九十九个名字。

制作念珠的材料，不同的宗教有不同的选择。道教比较推崇珍珠、桃木，还有雷电打击过的烧焦的枣木，而汉传佛教则推崇菩提子、白檀香木和沉香木。

台湾作家林清玄有一篇随笔，题目叫《人骨念珠》，说是他遇见一位西藏密宗的法师，手上有一串念珠，每一粒都是扁圆形的，大小也不一样，而且都是黑白相杂，看起来跟平常的念珠很不相同。原来，这是用上师的遗骨做成的人骨念珠，是密宗特有的品种。那么密宗为什么会采用人骨来做念珠呢？那是因为，人骨做成的念珠，特别能让人联想到生命的无常，就连修炼到很高境界的喇嘛，身体也终究会腐朽和死亡，正是这个严峻的事实，让修炼者在转动念珠的时候，不敢有丝毫的懈怠。另外，人骨念珠是由高僧的遗骨做成的，所以有着降魔祛邪的法力。在给亡灵做度亡法会的时候，人骨念珠会产生不可思议的力量，能够让亡者得到超度，而使生者得以平安。[101]

由于念珠多以贵重木材打磨而成，在商人们的推波助澜下，它在保留祈福寓意的同时，完全剔除了原有的宗教意义，演变为价格昂贵的世俗手串，并成为中年成功男性的身份名片。手串是念珠的兄弟，也是它的终结者。

# 佛道神话与民间传奇

# 佛道故事

## ● 八仙过海之吕洞宾与何仙姑

在所有道教神仙的传说里，八仙过海是最脍炙人口的一个，可以说是家喻户晓。

据明代神话作家吴元泰的小说《东游记》描述，当年八位仙人参加王母娘娘的蟠桃盛会，喝到高兴的时候，铁拐李提议大家去海边欣赏"海市蜃楼"景观，得到众人的热烈响应。吕洞宾也提议说，既然大家都是仙人，这次渡海旅游，就都不要坐船，只凭自己的道法。[1]

这场过海表演，其实是一场八仙之间的法术较量，所以谁都不肯示弱。汉钟离率先把手里的芭蕉扇扔到海里，变成了自己的渡海方舟；何仙姑也把手里的荷花往海里一扔，成了一条美丽的圆形小船，随后，吕洞宾、张果老、曹国舅、蓝采和、韩湘子，还有铁拐李，都把自己手里的宝器扔到海里，充当渡海神舟，这就是"八仙过海，各显神通"。

由于八仙施展法术，海面上激起汹涌的波涛，惊动了住在海底的东海龙王，他看见蓝采和的玉板，十分眼红，于是派人设下埋伏，抓捕蓝采和，夺走了他的宝器。吕洞宾跟龙王的军队作战，先后斩杀了龙王两位太子。东海龙王喊来南海龙王、北海龙王和西海龙王，后又叫来天兵天将，跟七仙展开决战，打得山崩地裂，海枯石烂。就在这危急关头，太上老君、如来和观音一起出面调停，制止了这场恶战。你们看，这个故事里的双方，一边是道教的八仙，一边是佛教的龙王，最后虽然以讲和结束，但龙王的脸面已经被撕得粉碎。八仙就这样赢得了巨大的名声，成为老百姓最喜爱的道教神仙团队，以至于家里的吃饭桌子，都要用"八仙"来加以命名。

不但如此，在所有道教神仙里，八仙也是最有故事的一族。他们中的每位都有一大堆奇闻逸事。由于篇幅的缘故，这里只能以吕洞宾与何仙姑为例。

吕岩，字洞宾，一说他本姓李，是唐朝皇帝的本家。[2] 吕洞宾出生于公元798年四月十四那天，据说他降生的时候，有一只白鹤飞进他母亲的帐里，然后就不见了，满屋子都散发出异样的香气，吕洞宾就这样诞生了，并且从小就与众不同。据说他十岁就会写文章，十五岁就掌握了武术的精髓，还精通诸子百家的著作，在二十七岁那年中了进士，当过地方官吏，结婚后生下四个儿女，完全符合幸福美满的世俗生活标准。

可惜遭遇黄巢暴动，举国发生大乱，四个孩子也在战乱中死了，他只好带着妻子住进山洞。因为只剩下两口子相依为命，两个口加起来为"吕"字，所以他就以"吕"为姓；又因为住在山岩上，就取名为"岩"；还因为常年住在洞里，因此自号"洞宾"。妻子去世后，只剩他一个大老爷们，于是就有了"纯阳子"的称号。当然，在这个称号里，显然暗含着吕氏独特的修炼方式。[3]

吕洞宾在修炼过程中，巧遇仙人钟离权，某次两人一起住宿在饭店中。钟离权开始煮高粱饭，而吕洞宾则昏睡过去，梦见自己状元及第，官场得意，享尽了荣华富贵。突然间大祸临头，犯下重罪，家产被查抄，弄得妻离子散，穷苦潦倒，独自站在风雪里瑟瑟发抖，刚想发出一声叹息，突然醒了过来，原来是一场噩梦，而这时，钟离权的高粱饭还没煮熟。这就是成语"黄粱一梦"的来历。吕洞宾因此猛然醒悟，看破了红尘，拜钟离权为师，修习道家法术，成了集"剑仙""酒仙""色仙"于一身的仙人。[4]

有一回，在洛阳城里，吕洞宾邂逅歌舞名伎白牡丹，贪恋她的惊世美色，被勾引上床，跟她云雨，连续几天几夜都不肯停止，直到何仙姑暗中阻止为止。[5] 根据山东流传的民间故事，王母娘娘曾经责骂他身上酒色财气，四毒俱全。尽管吕洞宾矢口否认，但他好色的恶名，已经天下皆知，就是跳进黄河也洗不清了。[6]

作为八仙中唯一的女性，加上跟吕洞宾的暧昧关系，何仙姑也受到了世人的特别关注。跟吕洞宾出身望族有所不同，她原名何琼，也有说法认为她姓赵名何，出身普通的农民家庭。跟所有神仙一样，降生的那天，何家上空笼罩着吉祥的紫气,人们看见一头梅花鹿驮着一个扎着小辫、身穿红肚兜的女孩跑进了何家,随后,屋子里发出婴儿的啼哭声,一个白白胖胖的女婴就这样诞生了。[7]

关于何仙姑得道的经过,民间有无数个版本。一种说法是她在神人指点下,服食了云母粉,从此身轻如燕,行走如飞,而且能治病救人,预测未来。[8]后来又在铁拐李和蓝采和的教化下,学会了高深的法术,可以凌风驾云,瞬间往返于千里之间。还有一种更引人侧目的说法,认为吕洞宾是因为贪恋何仙姑的美色,这才私自用道术去度她成道。[9]但这种传言没有被小说《东游记》所采用。关于何仙姑跟吕洞宾之间到底发生了什么,道教似乎不愿深究,所以至今都是一个无法破译的谜团。

唐代是一个儒释道并重的王朝,三种宗教同时受到皇家的推崇,但各个皇帝侧重点有所不同。武则天更加看重佛教,所以出资打造了著名的龙门奉先寺,但也没有断绝跟道士的往来。她听说何仙姑的事迹后,很想在长生之道上有所突破,于是派出一个代表团去湖南,迎接何仙姑到洛阳来谈玄论道。然而,就在前往神都的途中,何仙姑突然人间蒸发,不知所终。

这个故事还有另一个版本,似乎交代了仙姑爽约的原因。原来,皇帝派来的使者色欲熏心,竟然在半路上企图对仙姑实施性骚扰,这种无耻想法显然引起了女仙的愤怒,她一怒之下绝尘而去,令渴慕长生的女皇大失所望。[10]无论是哪种说法,何仙姑翩然独立、蔑视权贵的风格,已经跃然纸上。

● 华光、目连与沉香的救母故事

在中国历史上,佛教和道教的关系,一直处于彼此吸纳和斗争的复杂格局之中。占优势的佛教,似乎不太在乎道教,拒绝从道教那里借鉴什么元素,但道教就不太一样,它既排斥佛教,又不得不向佛教学习,吸纳它的仪轨和传教方式,还要借用和改造它的故事。我们可以发现,光是在"救母"这个主题上,就出现了三个著名的民间故事。它们分别是华光救母、目连救母和沉香救母。因为题材相似,所以很多人被弄得一头雾水,不知道三者之间到底有什么分别。

先说说华光救母。这是道教改造佛教的前身印度教的一个典型案例。在早期印度教体系里，有一位大神叫作湿婆，他有三只眼睛，其中额头上的第三眼，一旦睁开，就会喷出巨大的火焰，烧毁世间万物。湿婆的形象，为中国本土宗教提供了重要的想象力原型。早在先秦时期，他就已经进入中国，成为大母神西王母的原型，到了唐代，转而成为二郎神杨戬的原型，而到了北宋年间，又成了华光大帝的原型。光是湿婆的中国经历，就可以写一部有趣的中印神话交流史。

据一本叫作《南游记》[11] 的明代神幻小说记载，华光是文殊菩萨的化身，投胎到姓马的人家，出生的时候，额头上就多长了一只眼睛。他生下来的第三天就能战斗，杀死了兴风作浪的东海龙王，然后又偷盗紫微大帝的金枪，加上风轮火轮的装备，还有五百只神奇的火鸦作为帮手，因而变得神通广大，可以上天入地，无所不能。

再说华光的母亲，本来是个暗黑系的妖精，经常在夜里跑出来吃人，被神仙龙瑞王抓走，关押在鬼城丰都。为了营救自己的母亲，华光多次闯入丰都，大败包括哪吒在内的天兵天将，还征服了铁扇公主，把她娶为自己的妻子。由于法力高强，就连文殊、普贤和观音菩萨都对他无可奈何。但母亲被救出之后，却坚持要继续以吃人为生，华光知道仙桃可以治这种毛病，于是化为齐天大圣的模样，到天庭窃取仙桃，母亲吃了之后，终于戒除了吃人的恶习。

华光不仅是新一代的战神，而且是天下孝子的模范，受到世人的广泛崇拜。明清以来，各地纷纷修建华光庙，专门祭祀这位神仙，并尊称他为华光大帝。由于他的原型是善于用第三只眼睛喷火的湿婆，所以人们又把他当作火神来祭拜。祭祀他的神庙叫作"火德观"。他的造型是红色的脸庞，三只眼睛，身披盔甲，手执钢鞭，一副威风凛凛的战斗神模样。

跟华光救母的故事可以相提并论的，是沉香救母的故事。说的是汉朝有个读书人名叫刘向，也不知道是不是那个后来当上"国家图书馆馆长"的西汉文人。在进京赶考途中，他经过华山三圣母的神庙，看见美丽的女神塑像，不由得生出一派痴情，还在墙上留下了一首缠绵悱恻的情诗。这诗感动了三圣母，她不顾神仙与人类不得通婚的禁令，追上了正在下山路上的刘向，跟他结为夫妻。临近考期，刘向不得不跟有孕在身的妻子惜别，还赠给她一块祖传的沉香，希望日后生下的孩子能以"沉香"为名。夫妻俩执手相看，无语凝噎，彼此都有一种不祥的预感。

果然，这场非法的秘密婚姻，被三圣母的哥哥二郎神得知，他勃然大怒，要捉三圣母上天受罚。但三圣母有王母赠送的宝莲灯，这种灯一旦点亮，就能让一切神仙和妖魔束手就擒。二郎神设法偷走了宝莲灯，然后把失去神力的亲妹，关进了华山脚下的黑云洞里。三圣母在洞里生下儿子沉香，偷偷恳求看守牢房的夜叉，把儿子送到了丈夫刘向身边。

岁月荏苒，沉香长到八岁时，知道母亲被压在华山下受苦，发誓要救出她来，就离家出走，前往华山打探。面对高大险峻的山峰，一个小孩子又能有什么作为？于是他只能用放声大哭来表达自己的绝望。这哭声惊动了过路的霹雳大仙，他同情沉香的遭遇，把他收为自己的徒弟，教会他上百种高超的武艺，以及七十三种变化，比孙悟空还多了一种，临别时赠他一把足以跟金箍棒媲美的开山神斧。就这样，沉香凭着刚刚获得的法术和神力，经过一场艰苦的恶战，打败舅舅二郎神，夺回宝莲灯，又用神斧劈开华山，救出了母亲，从此全家团聚，过上了幸福美满的生活。[12]

你们也许会发现，这个故事，跟牛郎和织女的故事非常相似。唯一的不同在于，故事里增加了一个拒绝安于现实的儿子，他不接受众神的摆布，反而凭着非凡的勇气，奋起反抗，经过艰难的奋斗，改变了自己和家人的命运。这是中国文化体系里罕见的精神遗产，完全符合人类的共同价值观。

跟上述华光和沉香的故事相比，目连救母故事没有经过汉化，更没有被中国本土的文化所改造，而是保持了印度佛教故事的原汁原味。据《佛说盂兰盆经》记载，释迦牟尼的弟子大目犍连，汉语简称目连，修炼到了"六神通"的境界，也就是拥有了六种超人的神力，这时他发了一个愿，就是要超度已经去世的父母，以报答他们的养育之恩。

但他发现自己的母亲居然轮回在饿鬼道里，得不到任何饮食，饿得皮包骨头。目连为此感到非常悲伤，赶紧在碗里装满米饭，前去喂养可怜的母亲。母亲接过饭碗刚想进食，米饭竟然化成了炽热的火炭。目连虽然拥有六神通，却无力改变这种现状，只能悲伤地放声大哭。

听到目连的哭诉之后，佛陀是这样回答他的："你母亲罪孽深重，光靠你一个人是救不了的，必须依赖天下所有和尚的力量。我教给你一个方法，在七月十五日那天，摆下香油和蜡烛，把丰盛的供品装进盂兰盆里，以此来供养天下所有的和尚，这是救出你母亲的唯一方式。"目连按佛祖的教导去做，果然帮助母亲摆脱了饿鬼道。

佛陀又进一步告诫目连和所有弟子说，大规模的盂兰盆供养，是一种伟大的功德，既能为在世的父母添福增寿，又能帮助已经去世的父母脱离苦海。这才是报答父母养育之恩的正确方法，这就是著名的盂兰盆节的来历。

佛教的供养，表达了对众生的更广博的爱怜。佛教告诉我们，改变命运的途径不是战斗和暴力，而是以供养方式传递的博爱。目连对母亲的救赎，是一条跟华光和沉香救母截然不同的路径。

当然，还有另外一条更加另类的道路，就是哪吒的反叛。他是抵抗儒家孝道的代表。为了摆脱父母的胁迫，他竟以剔骨还肉的极端方式，斩断跟肉身父母的关系。这是对传统孝道的一次最惊心动魄的解构。

# 历史传奇

## ● 夏商周三代妖女的千古奇冤

中国历史上的三大亡国妖女，分别是夏国末年的妹喜、商朝末年的妲己和西周末年的褒姒。她们是中国男权政治的牺牲品，更是女人亡国史的开启者，被牢牢地钉死在历史的耻辱柱上。

在上古妖女系列的起点，我们看见了妹喜楚楚动人的身影。刘向编撰的《列女传》记载说，身材高大的夏朝末代君主桀，喜欢把她娇小的身子放在膝盖上，像把玩一件柔软而精美的乐器。她的性情却是如此忧伤，以至我们不得不把她视为严重的忧郁症病人。博她一笑成了桀的最大乐事。他甚至为爱妃起名叫"喜"，希望这个名字能够点燃她的喜悦和欢笑。

桀是喝酒的高手，他的游戏是建造酒池，其规模大到足以划船，然后强逼三千名饮酒高手在鼓声中跳进池子里畅饮，其中一些人因为酒醉而溺死。面对这种荒谬绝伦的场景，妹喜笑了，而这笑声激发了国王的情欲，令他的行为变得更加荒淫无耻。在《列女传》里，笑就是妹喜的最高罪恶。[13]

妹喜的另外一项罪行，是酷爱撕裂绢帛的声音。《帝王世纪》记载了她的这个奇怪癖好。宫廷生涯过于无聊，饮酒杀人的乐趣，也是转瞬即逝。那些日夜回荡在宫里的音乐，更无法驱除她心中的愁苦，只有裂帛的声音，才能博得她的欢心。桀为此下令宫人搬来织造精美的绢布，在她面前一匹一匹撕开，华丽的裂帛声刺激了麻木的神经，令忧郁的女病人嫣然一笑。[14]

桀是妹喜的爱慕者，也是她的精神病大夫，他用王国的命运作为代价，为治疗美丽的女病人费尽心机。桀并不是十恶不赦的暴君。他唯一直接杀人的记录，是下令处死阻止其建造酒池的臣子关龙逄。桀只是一个低能和弱智的武夫，他的爱情不可遏制地燃烧在衰败的年代，演出了一幕气氛诡异的悲剧。

妹喜的这种忧郁症，就像是一种恶性传染病，一直延续到殷代的妲己身上，而国王纣的性格，也仿佛是夏桀的跨代拷贝。据史书记载，纣花费了七年时间打造超级建筑——鹿台，高度达到千丈，实在是当时建筑工程学的重大成就，但因耗费民脂民膏太甚，成了万民咒骂的对象。他还用酒做成池塘，悬挂肉条充作树林，让男女们裸着身子在里面嬉玩追逐。这种色情游戏，似乎是对夏桀的刻意模仿，却比后者更加疯狂和无耻。[15]

在中国历史记载中，纣王的凶残是无与伦比的，因为妲己的忧郁症似乎比妹喜更加严重，需要更刺激的疗法才能奏效。据《列女传》记载，为了引美人妲己开心，纣亲自发明了"炮烙法"，也即把抹了油的铜柱，横放在烧红的炭火上，让罪犯光着脚在铜柱上行走，一旦滑落下来，就会被炭火活活烤死。看着那些罪人的挣扎和惨叫，眉心紧锁的妲己这才会发出一声轻笑。[16]

纣王的暴虐大多与妲己毫无干系。《竹书纪年》记载说，当年纣王看见老人在早晨渡河，表情非常犹豫，就问这是什么原因。手下人解释说，老年人骨髓不够严实，所以在早晨怕冷。纣王竟然下令杀掉老人，剖开腿骨，去查看里面的骨髓究竟是什么样子的。[17]

纣可能是精神分裂症患者，甚至可能是一个性无能者。他的观淫癖，暴露了他在这方面的极度自卑。他是比妲己更为严重的病人。这就是产生商末政治暴行的重要根源。周武王获胜之后，砍下了纣和妲己的头颅，悬挂在白旗之下，宣称这女人是惑乱和败亡殷商的祸端。可怜的妲己，就这样沦为无处申诉的冤魂。[18]

妲己究竟来自何方？这个疑问始终纠缠着历代史官。为了证明她是个坏女人，她被说成是九尾狐的化身。《封神演义》描述妲己父亲把女儿献给纣王以换取和平，但千年狐狸精在途中杀死了她，又借用她的躯体去迷惑纣王，结果断送了商朝的锦绣河山。这个暗黑神话加剧了世人对末代妖女的憎恨和恐惧。

在三大亡国妖女中，褒姒的身世最为离奇。周厉王年间，一个身份卑微的小宫女，跟夏朝时期留下的龙的精液发生感应，生下了褒姒。她长大后被褒国人作为赎罪的女奴献给周王室，从此青云直上，成为集万千宠爱于一身的妃子。褒姒完全继承了妹喜和妲己的忧郁症传统，她的表情是如此落寞和忧愁，对身边的权力和财富视若无睹。这种与众不同的韵味，加剧了幽王对她的宠爱。他们的爱情故事，好像就是夏桀与妹喜的新一轮拷贝。[19]

弃婴、奴隶和宫廷性奴，这三重身份构成了褒姒的苦难来源。在周幽王的宫廷里，没人知道她内心深处的痛苦。她的忧郁症是如此深重，以致没有任何事物能诱发她的喜悦和笑容。

周幽王的智商本来就不高，坠入情网之后，更是成了一个愚蠢的精神病大夫。他不理朝政，每天与爱妃形影不离，想尽办法取悦她，最后终于找到一个妙法，那就是派人去点燃烽火台，同时擂起了报信的大鼓，结果酿成了亡国的惊天大祸。

烽火台是一种军事警报装置。它们按一定距离，分别建造在从京城到边境的交通要道附近，有专门的士兵把守和瞭望。边境一旦有敌寇入侵，士兵便会在白天点燃狼烟，在夜晚点燃火焰，再加上连绵不断的鼓声，让消息像接力棒一样迅速传到京城。

周幽王发出战争信号之后，各路诸侯误以为天子蒙难，连夜派军队去勤王救驾，但到了京城后才发现，这不过是国王的一个恶作剧。这时候，京城里外已是兵马云集，一片混乱，这种狼狈的场面，被站在高台上的褒姒看见，禁不住咯咯地笑了起来。幽王见这种烽火疗法有效，此后又多次重复，以致再也没人相信烽火信号的呼救意义。后来犬戎发动进攻，幽王燃放狼烟求援，却无人理睬，结果在骊山脚下被追兵杀死，而褒姒被犬戎带往自己的故乡，再一次沦为性奴，从此下落不明。[20]

在这场宫廷爱情闹剧中，周幽王扮演了一个可笑的丑角，为使情人不再忧郁，竟以国家社稷为代价。这个故事很可能是后人编造的。周幽王时代，还没有形成烽火报警的制度。这个制度有可能是战国年间才从西方引进的。[21]仔细查看历史就会明白，周幽王不是暴君，也从未滥杀无辜，他的唯一弱点就是过于天真，就像人格尚未成熟的孩子，对宫廷权谋毫无兴趣，同时对他所挚爱的女人忠贞不渝。在一个礼教森严的国度，他却为此蒙受了长达两千年的羞辱。

在盘点过妹喜、妲己和褒姒的故事之后，我们不难发现，关于她们的亡国罪行，基本上都是无中生有的诬陷。中国史官的一个低级错误，就是诱导民众相信：昏君加上妖女，永远都是引发帝国灾难的主要原因。除了这三位妖女，类似的案例，还发生在西施、赵飞燕姐妹、貂蝉、杨玉环、陈圆圆身上。这些女人由于美貌倾城，从而成为颠覆男权的罪人，她们中的大部分，早已被群众钉上了历史的耻辱柱，充当了替罪羔羊的角色。

## ● 屈原谋杀案和端午民俗的起源

20世纪90年代以来，由于一些年轻诗人相继自杀，诗人之死已成为被大众过度消费的话题。事实上，中国诗人中最早的殉难者，显然要追溯到先秦时代的屈原。人们至今坚信，屈原是因为对国家命运感到绝望而投江自杀的。这方面最可信的证据，就是屈原的遗嘱《怀沙》。他在诗中明确表达了自己的死亡计划。[22] "怀沙"，就字面的意义而言，就是要跃入江水，去拥抱江底的柔软的泥沙。因为这首诗的存在，屈原之死，看起来就像一桩事先张扬的自杀案。

为了纪念屈原的死亡，每年五月初五的端午节那天，人们要包粽子投入江中，同时还要举行龙舟竞赛。仔细思索一下，这种风俗中的象征其实是颇为古怪的。在一个衣食贫瘠的年代，为什么要将粮食扔到江里去呢？有一种解释说，那是为了防止鱼类咬食屈原的遗体，所以用米团作为诱饵来引开它们。但是，为什么还要大张旗鼓地进行龙舟赛呢？迄今为止，似乎没人能给出一个有说服力的解释。

从文学批评的角度看，《怀沙》的文本也非常可疑。例如，《九章》的结构，基本上都是工整的六字体（不包括语气词"兮"），只有《怀沙》，混杂了四字、五字和六字三种句型，而且遣词用字也与《楚辞》其他篇目不同，所以就有人怀疑，它并非出自屈原本人的手笔，而是被人伪造，然后屬入《楚辞》，以此作为屈原自杀的证据，但因为水平有限，露出了马脚，反而引起了我们的注意。

什么是伪造屈原的自杀遗书的动机？也许只有一种解释，那就是要掩盖他的死亡真相。那么，究竟什么才是真相？答案恐怕只有一个，就是政治谋杀。

在屈原生活的年代，许多人都有谋害他的动机和嫌疑，仅仅司马迁在《史记》中所列举的，就包括对他感到厌烦的楚怀王父子、奸臣上官大夫靳尚和令尹子兰，此外还有秦国使臣张仪等等[23]。这些大权在握的上层精英，组成了迫害屈原的政治同盟。作为祭司和诗人，屈原可以说是才华横溢，却对政治游戏的规则一无所知。他毫无避忌地发抒自己的理想和怨气，自然会得罪国王和众臣，结果被流放到汨罗江一带。但这非但没有让他学乖，反而点燃了他更强烈的批判精神，甚至以诗歌为武器，在民间煽动不满情绪，引来"友邦惊诧"和国际关注，这就使他成为楚国王室的眼中钉，再加上他与那些政治精英之间的多年宿怨，于是他们决定派出杀手，从肉体上消灭这个流亡在外的异议分子，让他彻底消失。

我们不妨来设想一下当时的谋杀现场：初夏时分的汨罗江上，屈原乘坐一条小艇在前面逃亡，而刺客们坐着另一条小艇在后面追杀，上演了一出生死时速的追逐大戏。最终，杀手们追上屈原，将他杀死或活生生地装进麻袋，并用绳子捆死袋口，然后把他沉入湍急的江水。一位伟大的先知诗人就这样被谋杀了。事后，为了防止真相败露，引来世人的谴责和非议，他们甚至伪造了屈原自杀的遗书《怀沙》。

然而，人在做，上天和民众都在看。在目击了这场水上谋杀案之后，人民企图说出真相，却害怕遭到报复，最后，有聪明人想出一个主意：每年端午节，在屈原被谋杀的现场，举行哀悼他的祭礼，用龙舟竞赛来暗示当时激烈的追杀场面，以包粽投江的风俗来暗示他们谋杀屈原的方式——米团隐喻着他的肉身，粽叶象征着盛装的麻袋，彩丝则代表捆绑他的绳索，把粽子投进水里，暗示着屈原被杀手们推入江中。在这种奇风异俗的背后，隐藏着一个骇人听闻的凶杀案的真相。

屈原殉难之后，当地民众打捞起他的尸体，隆重地加以安葬。诡异的是，在谋杀现场附近的汨罗山上，方圆两公里范围内，当地人居然修建了十二座坟墓，每座都是高六米、底部直径八米的形制，墓前也都有石碑，上面刻着"故楚三闾大夫之墓"字样，这就是著名的"屈原十二疑冢"。有人认为，其中只有一座是真的，而其他都是假的。

民众为何要费劲修造十二座坟墓呢？只有一种解释可以说得通，那就是为了防止他的敌人来掘坟毁尸。楚国百姓不但发明了投粽子和赛龙舟的民俗，还建造了十二座坟墓的迷宫，以此保护诗人的神圣遗体。这是多么富于戏剧性的事件，它向我们证实了民众的正义、勇气和智慧。

五月初五的端午日，除了与屈原之死相关，也是另一位受迫害而死的楚国英雄伍子胥的纪念日。东汉之后，它又成了孝女曹娥投江救父的纪念日。明朝年间，白素贞在端午节那天喝下雄黄酒，露出了蛇妖的本相。一个普通的节日，竟然同时具备纪念诗人、忠臣、孝女和辟邪驱魔的多种功能，这实在是十分罕见的状况。

为什么会出现这样的景观？这是因为，端午是最古老的亡灵纪念日，世人应当在这天悼念那些不安的鬼魂，祈求它们从人间离去。这个"鬼节"后来却由于佛教的介入而发生了位移，被七月十五的盂兰盆节所代替，以至于端午节的初始面貌变得模糊不清，只有那些挂在门上的菖蒲、艾草、石榴和大蒜，以辟邪物的名义，继续暗示着它与鬼魂之间的联系。

要是细究农历的节日，我们就会发现一个十分有趣的规律：一月一日是春节，也即农历的元旦；三月三日是上巳节，也即情人节或青年节；五月五日是端午节，也即鬼节；七月七日是七夕节，也即妇女节和儿童节；九月九日是重阳节，也即老人节；十一月十一日是冬节，也即农历的年终节，与元旦春节遥相呼应。这六大节日是农历的主要节日，它们最明显的特征在于，单月的月序数与日序数高度重合，看起来如同一种历法游戏。但它非常全面地满足了各种年龄层和性别的需求，其中，除了十一月十一日的冬节已被冬至所代替，其他的几个节日，今天仍然在延续着它们的传统功用。

# 民间传说

### ● 鹊桥仙：在牛郎织女传奇的背后

牛郎织女神话是中国的四大民间传说之一。在中国古天文学体系中，织女星位于天河北端，本名叫作"织女一"，分管瓜果、丝帛和珠宝等家庭用品，而牛郎星的正式名字叫"河鼓二"，分管桥梁、关隘等土木工程，两者间的距离达16光年，本来并没有什么瓜葛。[24]

大约从汉朝开始，关于牛郎织女的传说，就逐渐开始出现，到了南北朝时期，故事已经变得有鼻子有眼了。梁代殷芸的《小说》记载说，天帝的女儿织女，一年到头忙于编织，弄得衣冠不整，容颜憔悴。天帝怜惜她还是单身，准许她嫁给天河对岸的牵牛郎。这虽然是件好事，不料天国的纺织业就此遭到了沉重打击。天帝为此非常后悔，下令织女返回河东，只允许他们每年相会一次。[25]

这个故事最大的改动，大约发生在明代，主要是织女的身份有了微妙变化，她成了天帝第七个女儿或孙女，叫作"七仙女"。她的嗜好就是在工作之余下凡洗澡。这时的牛郎，已经不是天上的星辰，而是凡间的贫苦农夫，名字叫作董永。他在老牛的指点下，乘美女洗澡之际，不仅偷窥她的身子，还偷走了她的天衣，弄得织女无法飞回天上，只好答应嫁给董永。董永就用这种流氓手段得到了织女，两人还生下一对儿女，过上了男耕女织的幸福生活。

玉帝发现了他们的私情之后，勃然大怒，派天神抓回七仙女。牛郎不愿跟妻子分离，想要去追回妻子，不料王母娘娘用金簪作法，制造了一条波涛滚滚的天河，从此牛郎织女只能隔岸相望，每天以泪洗面。天帝为女儿的真情感动，做出让步，允许他们每年在鹊桥上相会一次。这就是"七夕相会"的来历。[26]

下凡人间跟董永相好的那位天女，最初只是自称"仙女"，后来才被换成"七仙女"。没有人注意这其间的微妙差别，也没人对此提出任何异议，但事实上，她们是不同的两个人物。要想解开这个疑团，必须先从对七夕节的解读入手。

七夕节这天的第一个主题，跟女性有关。这是万人仰望的时刻，女人们在这天制作面食干粮，晾晒衣物和图书，再摆下瓜果、酒席，祈求织女保佑家庭平安，这种"家政节"，后来进一步演化为"纺织节"，女人们在这天向织女乞求纺织和刺绣的女工技巧，所以这天又叫作"乞巧节"。总而言之，七夕跟男人无关，它是"妇女节"，用来帮助女人建立守护家庭的传统信念。

七夕的第二个主题，是儿童守护神"七星娘娘"（又称七星妈、七星夫人、七娘夫人和七娘妈）的诞辰纪念，所以又可以被视为"母亲节"或"儿童节"。在七星庙里，她们被塑造成七位端庄温柔的妇女。台湾风俗规定，父母在这一天里，应携带年满十六岁的男孩前往七星娘娘庙，用丰盛的祭品去酬谢七位女神的庇护。不仅如此，为了进一步解决终身大事，七夕过后，七星娘娘还会把未婚的成年男女制成名册，送交月下老人处置。这个七星娘娘不是别人，就是西方天文学里的"七姐妹星团"，正是他们的介入，令董永七仙女案变得扑朔迷离。

以希腊神话中的"七姐妹"命名的星团，在中国叫作昴星团，是一组属于金牛座的蓝色恒星，其中的七颗，组成了一个长柄的勺子，在七夕时分变得异常明亮，它是古代最重要的天象之一。由于七夕前后是农作物结籽生果的季节，所以希腊神话突出了其母爱的特性。在中国，她们则是本土儿童的保护神。

"七姐妹"在希腊神话中被称为"普勒阿得斯"（Pleiades），是擎天大力神阿特拉斯的女儿，其中第七个女儿叫作墨罗佩（Merope），她的前夫，就是那个不停地推着石头上山的倒霉蛋西西弗斯。她的六位姐姐都嫁给了天神，只有她跟了一个凡人，据说她为此感到非常羞耻，用纱巾蒙上自己的脸庞，所以亮度最弱，肉眼很难看清她在星空上的美丽容颜。

这位以害羞而名垂青史的墨罗佩，其实就是"七仙女"的原型，她嫁给凡人的事迹，跟织女嫁给牛郎的事迹相似，结果在传入中国时被世人弄混，成了玉帝的第七个女儿或孙女，继而被移花接木，替代"仙女"下凡，当上了农夫董永的外籍妻子。这场出乎意料的变动，提升了董永的爱情意义，因为它不仅是超越人神界限的恋爱，而且还是一场移风易俗的跨国婚姻。但也许正是文化隔阂而不是天帝的意志，注定了他们生离死别的悲伤命运。

其实牛郎织女故事还有不少难解之谜，其中最为诡异的，应该算是织女的婚外情。这位著名的纺织女神，跟丈夫只有每年一度的约会，实在无法忍受寂寞，终于上演了一出红杏出墙的戏剧。

据《太平广记》记载，从前有位太原青年叫作郭翰，仲夏之夜睡在花园里，突然有清风伴着香气袭来，只见一位美丽的少女，带着两位侍女从天而降，对郭翰笑道："我是天上的织女，很久都没有伴侣了，七夕的佳期又过于遥远，天帝允许我下凡人间。我仰慕你的人品，希望能把自己托付给你。"面对从天而降的美女，郭翰哪里还会有拒绝的念头，于是两人"携手登堂，解衣共卧"，对方直到天明才告辞离去。从此以后，织女每天晚上都来光临郭翰的寒舍，除了共赴巫山云雨，还传授他占星之术，双方的情感日益深厚。[27]

在那些秘密约会的日子里，最引人入胜的还不是郭翰和织女的云雨之情，而是双方关于婚外恋的一段对话。有一次，郭翰试探性地问织女说："牛郎究竟在什么地方？你又怎么敢独自下凡？"织女的回答完全出乎我们的意料。她宣称这类男女阴阳之事，跟牛郎无关，更何况银河相隔，牛郎根本就不会知道，即使被他知道了，也不足为虑，似乎对处理这样的事情胸有成竹。这使她看起来不像个女神，倒像是善于偷情的荡妇。[28]

到了七夕临近的日子，织女忽然失踪了几天，当她再次返回时，郭翰不禁醋劲大发，问她跟牛郎见面是否很开心。织女苦笑说："天上哪里比得上人间快乐？只是命运如此，没有其他的办法，你千万不要多虑。"郭翰又问她为何姗姗来迟，织女解释说，天上一夜，相当于人间五天。

如此美妙的日子又过了一年。织女突然容颜凄凉，满脸流泪，牵着郭翰的手，要跟他道别，说是天命难违。两人哭了整整一夜，互相拥抱着，在黎明时分告别。第二年，双方还互通了情深意切的书信，但此后就再也没有音讯往来。[29]

自从经历过跟织女的这种刻骨铭心的爱情，郭翰对一切人间佳丽丧失了兴趣。后来他被迫娶了姓程的女士为妻，但情感不和，也没有生育后代。虽然官至三品，却没有丝毫的幸福快乐可言，终于在漫长的思念中死去。他留给我们的唯一遗产，就是关于那场秘密恋情的回忆。


## ● 孟姜女的眼泪武器

公元前549年，春秋时代的东方大国齐国，派兵攻打卫国和晋国，撤军的时候顺手牵羊，骚扰了一下临近的小国莒国，不料损兵折将，就连两位大夫杞梁和华周，都战死沙场。他们的妻子去迎接丈夫的尸体，放声大哭，居然哭垮了齐国都城的一段城墙。谁也没有料到，这段简短的战争花絮，日后会在历史上产生巨大的回响。[30]

对以上故事进行添油加醋的，是唐代笔记小说《同贤记》。[31]它记载说，秦始皇时代修建长城，杞梁为逃避劳役，四处逃亡，闯进一个叫作孟超的乡绅家，爬到后花园的树上去躲避追兵，孟超的女儿孟仲姿，当时正在水池子里洗澡，仰头发现了躲在树上的杞梁，吓了一大跳，就问他是谁，为什么要躲在树上。杞梁连忙解释说，自己不是坏人，而是被强迫服役的农民工，因为无法忍受修长城的苦，从工地上逃走了。

少女仲姿望着这个蓬头垢面的英俊青年，大胆地表示要做他的妻子。杞梁非常意外。孟仲姿解释说，女人的身体是不能给丈夫以外的第二个男人看的，否则就会丢失名节。杞梁只好答应了她的求婚，两人在禀过父母后拜堂成亲了。这场发生在后花园里的故事，还有美女对苦役犯的以身相许，听起来何等浪漫。

然而故事在这里发生了一个重大转折，在享受过短暂的新婚蜜月之后，杞梁再度返回工地，决心好好干活，以便早日服完劳役后回家团聚。不料遭到监工的残忍报复，他把杞梁活活打死，又把尸体砌进了城墙。丈人孟起派用人去工地替换杞梁，却得知杞梁已死，还被砌进了长城。孟仲姿知道后，悲愤地奔赴燕山，对着城墙号啕大哭，竟然哭塌了城墙，从废墟里露出无数死人的骨头，但她不知哪些属于自己的丈夫，就用簪子刺破指尖，把血滴在白骨上，然后向神灵祷告说，只要是属于杞梁的骨头，自己的血就能渗透进去。就这样，她从乱骨堆里找出了丈夫的骨头，把它们全数带回家乡，隆重地埋葬。

这个孟氏，以后被人改为"孟姜女"，而丈夫杞梁则被改名为"范喜良"，故事的主题，也从原先的后花园私订终身的浪漫，还有妇女忠于丈夫的美德，转向了对暴君和暴政的控诉。

跟今天把长城视为民族象征不同，在过去的历史岁月里，长城始终是黑暗暴政的标志。当时，秦始皇击退北方游牧部落的进攻，为防止敌方卷土重来，派大将蒙恬督造万里长城。为了尽快完成这一工程，几十万民众被迫沦为苦役犯，无数人死于劳苦、饥饿、事故，还有酷刑，几乎在每一段高墙的背后，都有一大堆冤死的亡灵。

长城是暴政和鲜血的象征，孟姜女则成了反抗者的代表。在独自奔赴工地、用痛哭摧毁长城、以鲜血辨认骨殖等事件中，孟姜女都显示出非凡的勇气与才智，她注定要成为民众世代缅怀的英雄。历史上，曾经出现过不少专门祭奠她的寺庙，但今天唯一残留的孟姜女庙，坐落在秦皇岛市，庙里有泥塑的孟姜女像，满脸愁容地眺望着茫茫大海。

孟姜女故事的最大疑点，是哭泣跟城墙倒塌之间的逻辑关系。许多年以来，人们都以为是女人的眼泪冲垮了长城，为此还有人专门写了文章，证明秦代长城主要用泥土修造，完全有被眼泪洪水冲垮的可能。但后来对秦长城遗址勘探的结果，否定了这种说法。秦长城是一种石块和土的混合体，石头在其间扮演了重要角色。所以，长城足以抵御眼泪的冲击。

跟眼泪说相比，震动说则显得更为离奇。历史上曾经出现过一首名叫《杞梁妻》的乐曲，晋代作家崔豹在收录这首曲子时解释说，杞梁的妻子因为人生之苦，令人绝望，所以用高亢的声调痛哭，令城墙崩塌。这意思是说，城墙不是被泪水冲垮的，而是因哭声高亢引发震动，进而造成墙体崩塌。[32]

震动说听上去比眼泪说更加"科学"，却还是不足以解释长城的崩塌。这是因为，至今没有任何因声波震动而倒塌的建筑实例。只有一种推论可以自圆其说：长城是两千年前最大的豆腐渣工程。

秦始皇以暴力强征民工，导致民怨沸腾，即使有监工的暴力管理，也难以阻止偷工减料现象的发生；工期紧迫和原材料匮乏，也严重危及工程的质量；把大量尸体砌入墙体以掩盖罪行，进一步削弱了长城的坚固度。所以，一种更靠谱的解释是，首先是长城质量的豆腐渣化，再加上泪水和声频的外部攻击，这三种因素同时发力，造成墙体的大面积倒塌。

孟姜女善哭，这不是一个孤立的例子，而是一种奇特的现象。善哭，是从山东到东北一带居民的悠久传统。[33] 据《列子·汤问》记载，春秋年间有个名叫韩娥的女人，只身来到齐国的都城，依靠卖唱要饭维持生活，歌声动人，以至她离开之后，还能余音绕梁，三日不绝。后来韩娥经过一个叫作"逆旅"的地方，受到当地人的欺负，韩娥放声大哭，引得整个村庄的居民都陪着流泪，三天三夜都无法进食。当地人被逼无奈，只好追上韩娥，哀求她回去，解除哭泣的魔咒。韩娥返回后，开始放声欢歌，引得全村人情不自禁地手舞足蹈，忘掉了刚才的悲伤。当地人于是支付了重金把她送走，酬谢她带来的欢乐。齐国人之所以擅长"哭泣"，究其根源，都是当年韩娥留下的传统。[34]

这种哭法，音乐学上叫作"旋律性哭泣"，直到今天我们还能在乡村殡葬仪式上听到。许多学者认为，它应该就是音乐的真正起源。"啊呀我的妈呀……"，哭者往往以这样的台词开始哭泣的程序，哭腔的音阶，大多在三度到五度之间摆动，构成了某种可以辨认的旋律，其中还伴有回肠荡气的唱词，痛说着对死者的缅怀。在乡村里，到处都有这类职业化的女性哭丧者，她们嗓音基础好、泪腺发达，擅长以哭声煽情和制造气氛，她们的表情甚至骗过了路人，以为她们才是死者真正的亲人。

把哭泣和极权紧密联系起来，是中国人的发明。哭泣时产生了悲痛的旋律、击打性声波，还有汹涌澎湃的眼泪，这三样东西是人民的武器。在中国的历史上，孟姜女把这一哭泣传统推向了高潮。它不仅是煽动悲情的魔法，也是反抗暴政的号角。

## ● 揭开梁祝蝴蝶恋的真相

梁山伯与祝英台的爱情悲剧，几乎可以跟莎士比亚的《罗密欧与朱丽叶》媲美。有人声称，它是中国古典悲剧的最高峰，完美地表达了东方男女的坚贞情感。事实果真如此吗？

梁祝传奇最初出现在唐代，文字比较简略。[35] 据说，元代剧作家白朴曾以此为素材创作过杂剧作品，但没有流传下来。明清时代，这个故事的情节进一步复杂化，清人邵金彪撰写的《祝英台小传》中加入了"化蝶"的情节[36]：东晋时代有个女子祝英台，小名九娘，出身于浙江上虞的富有人家，"生无兄弟，才貌双绝"，父母想要为她择偶，她却推辞说，女儿应当出外游学，去寻找真正的贤士。于是就改扮男装，自称"九官"，云游江湖，路上遇到梁山伯，两人迅速结为好友，一同前往江苏宜兴，在那里搭建书房，刻苦读书，同居同睡长达三年之久。

奇怪的是，在这三年多日夜相伴的过程中，梁山伯居然不知道祝是个女子。分手时，祝英台嘱咐梁山伯，他想把自己的妹妹"九娘"嫁给他，并要他务必在指定日子里到自己家里提亲，这其实就是在暗示，自己将以身相许。

梁山伯却因家里贫穷而自卑，不敢前往，拖过了约定的日期。于是祝英台父母就跟富豪马家订下女儿的婚事。后来梁山伯当了鄞县的县令，赴任时途经祝家，打听"九官"这个人，用人回答说，家里只有"九娘"，并没有"九官"。梁山伯这才恍然大悟，就以同学之间的友情为理由，恳求相见。英台以罗扇遮面，对着他作了一揖，仅此而已。梁山伯后悔莫及，朝思暮想，不久就病死在任上。

只要我们仔细探究一下故事的前因后果，就不难发现，梁山伯与祝英台的情感悲剧是不可避免的，因为它并非寻常的"男欢女爱"。尽管祝英台深爱梁山伯，而且是女人对男人的那种爱慕，但梁山伯对祝英台的感情，却值得我们仔细玩味。

为了说明问题，我要在这里换用一种新的逻辑重新梳理故事。可以看见，在梁祝故事的入口，伫立着梁山伯的英俊身影，他正形单影只地行走于访学的道路。这时，另一个出门访学的婀娜"男子"，出现在他的视野里。这个陌路相逢的"男子"用"他"的秀丽、娇羞和温柔，点燃了梁山伯的爱情，促使他以"友谊"的名义跟对方同居，在同一个屋子里朝夕相处。梁山伯没有向对方表白，他在等待一个适当的时机。

祝英台化装成男子后究竟是什么样的形象，这点可以从越剧《梁祝》中获得启示。由女演员扮演的祝英台，尽管一身男人装扮，却从骨子里散发出女性的妩媚。不同寻常的是，这种"娘娘腔"非但没有引起梁山伯反感，反而让他产生了一种奇特的"感觉"。

祝英台并没有意识到这一段"友情"对于梁来说意味着什么，她私下爱慕着梁，以为只要他知晓自己的女儿身份，一定会加倍欣喜，并娶她为妻。告别的时刻到了，她向梁山伯发出隆重邀请，希望他能准时到她家里，迎聘她的妹妹九娘——那是她本人的真名。这是一个女子向她所爱的男人发出的含蓄召唤。

梁山伯居然没有如期赴约。他事后对人辩解说，因为家境贫寒，无钱置办聘礼。这显然是一种推脱之辞。更符合逻辑的推断是，他只喜爱哥哥"九官"，而对娶一个女人没有任何兴趣。为避免"上门提亲"带来的"麻烦"，他压抑了与祝英台相见的强烈渴望。他的计划是先拖过下聘礼的约期，蓄意让婚姻泡汤，然后再登门造访，以了却对祝英台的无限思念。但这一举动严重打击了祝英台。她的父母不容许女儿继续为一个言而无信的贫穷书生耗费青春，决定把她许配给富豪马家。祝英台找不到任何理由推托，只能被迫接受父母之命和媒妁之言。

这件事后面的进展，变得更加曲折离奇。当梁山伯在去宁波当官途中，专程前去探望祝英台时，家童声称府上只有"九娘"而没有"九官"，这使梁猛然意识到他犯了一生中最严重的错误——爱上了一名女子。震惊之余，他要求亲眼见一下祝，以证实家童的说法。祝英台用罗扇半遮脸，出来向他作了一揖。梁又惊又怒，以为自己受了巨大的欺骗——这个女人，竟然伪装成男子来骗他，把他玩弄于股掌之中！这再度证实了世间女人的险恶。但祝的妖媚形象继续折磨着梁山伯，让他无法从往事的甜蜜追忆和残酷现实中摆脱出来。尽管担任县令符合他大济苍生的理想，但致命的情感痛苦，把他推向了死亡。

得知梁山伯病逝的噩耗，祝英台最初的反应，是无限的悲伤和悔恨。她把梁见到她"真身"时又惊又怒的情形，当作他对她的爱情证据。她后悔当初没能及时展示自己的性别，以致对他的心灵造成致命的打击。但就在这时，一些有关梁山伯同性恋的风言风语，可能已经陆续传来。她半信半疑地踏上了出嫁的道路。

为证实坊间的传言，她下令船夫专门绕道清道山，并以风浪太大为由停船靠岸，然后只身前去祭扫梁墓。从这个时间到她失踪为止，其间一定发生了某种我们无法知道的事情，让她了解到梁山伯真实的感情。她意识到自己受到欺骗——她对同性恋者梁山伯的爱情，不过是一场自欺欺人的游戏而已。

在梁祝事件的结尾，祝英台肯定是以"失踪"方式离开我们的。她绝望地留下自己的"绣裙"，并再度改换男装，走向一个我们无法知晓的地方，从此隐姓埋名，下落不明。

为了给祝英台的失踪找到一种合理解释，作为乡绅的马家可谓费尽了心思。他们编造大地、墓室裂开，祝英台跌入殉葬的情节，以瞒天过海，欺骗世人。就连皇帝和国家官员都对此深信不疑。

在梁祝悲剧的结尾，出现了一对美丽的蝴蝶。据冯梦龙《情史》记载，祝英台死后，她的家人在墓前焚毁她遗留的衣物，令人惊奇的是，那些衣服在火焰里化成了蝴蝶。[37]当地人称黄蝶为梁山伯，黑蝶为祝英台。这再度向我们显示了梁祝故事的同性恋语义。

蝴蝶这种纤弱而美丽的昆虫，寄托了人类对自由与欢乐的追求，以及对美丽事物的迷恋。蝴蝶和花（"蝶恋花"）是男女爱情的对偶象征，但同时也是男同的爱情象征。

祝英台的蝶变过程是意味深长的，她生前没有完成变化，却在死后发生性取向的蝶化，成为梁山伯期待的那种新人，身上布满彩虹般的图案，在花丛里翩然起舞，仪态万方，光华照人。

我不知道这个完美的结局究竟是谁的杰作，但它是整个传说的画龙点睛之笔，它向我们揭示故事的真相。它告诉我们，一个异性恋者爱上了一个同性恋者，这才是梁祝悲剧的真正本质。


## ● 韩氏兄弟的人鬼情和化蝶梦

早在春秋时代，有一位名叫紫玉的美丽女孩，是吴王夫差的小女儿，《搜神记》说她当时年仅十八，私下爱上了十九岁的青年韩重，两人偷偷地订了终身。韩重打算前往山东学习神仙术，临行前请父母派人进宫求婚。吴王嫌韩重出身低贱，坚决不肯批准这门亲事。紫玉一时气急，居然自杀殉情。

三年后韩重游学归来，从父母那里得知了紫玉的噩耗，失声痛哭，赶到墓地去凭吊恋人的亡灵，不料紫玉的鬼魂从墓里出来，泪流满面地歌唱，向意中人倾诉自己的情意和悲伤，并请韩重到墓里相聚。韩重虽然非常害怕，但还是为紫玉的真情所动，于是跟着鬼魂进了豪华的墓穴，在里面住了三天三夜，行了夫妻之礼。韩重离别时，紫玉还把一颗直径约一寸的宝珠送给韩重，作为这场人鬼情的见证。

韩重拿着宝珠去见吴王，对他说出了自己的奇遇，指望能够得到他的重用，不料夫差认定他是盗墓者，编造人鬼情故事来行骗，要把他逮捕法办，但韩重乘乱逃走，回到紫玉的墓前，向她诉说。这时，紫玉的鬼魂再次出现，安慰他说："你不用担心，我要亲自去向父王解释。"

吴王当时正在做临睡前的梳洗，忽然看见女儿从黑暗里现身，就悲喜交加地问道："孩儿呀，你为什么会返魂重生？"紫玉跪着哀求说："当年读书人韩重来求父王答应我们的婚事，父王不许，紫玉的名节从此被毁，只好自杀身亡。如今韩重从远方归来，备下重礼前往坟墓吊唁，因被他的深情所动，出来跟他相见，并送他这颗宝珠。我担保那绝不是盗墓所为，恳求父王不要拿他问罪。"夫差的夫人听到外面的动静，跑出来跟女儿拥抱，紫玉却化成了一缕轻烟，消失在宫廷的夜色之中。[38]

这部中国版的"人鬼情未了"，引发了后世的诸多争议，但它的真正要害，在于韩重拿着宝珠去见国王的动机。韩重既然致力于探求修炼成仙的道路，又何必跑到国王那里去谋取现世的功名呢？正是这个细节，暴露了韩重向紫玉求爱背后的功利目的。

由于在吴王那里两次碰壁，韩重只能在求仙的道路上继续奔走。《列仙传》等书声称，韩仙人采到灵药，预备献给齐王，大概是要以此换取利禄功名，却遭到国王的拒绝，到头来只好留着自己享用。到了秦始皇时代，他又加入卢生、徐市等方士的团队，竟然揽下了为暴君寻找长生不老药的业务。[39]

尽管韩重的爱情令人生疑，但他的同姓韩凭（韩朋），却是一个真正的情种。在中国情爱史上，他的故事感天动地，放射出瑰丽的光辉。[40]

身为宋康王侍从的韩凭，娶了美丽的何氏为妻。康王跟他的祖先宋襄公完全不同，是一个典型的暴君，除了好勇斗狠，还十分好色，看见韩凭的妻子，不由得流出了口水，仗着权势，强行霸占了何氏。韩凭非常生气，据理力争，康王一怒之下，就罚他去做苦工，背着石头修建青陵台行宫。

何氏托人秘密传信给韩凭，上面写着"其雨淫淫，河大水深，日出当心"十二个字。宋康王截获了她的书信，拿来给手下人看，却没人能懂它的意思。还是大臣苏贺比较聪明，大致猜出了信里的含义：其雨淫淫，是在形容她的愁苦和思念；河大水深，是比喻夫妻相隔，不能自由来往；日出当心，是说太阳照着我的心，恐怕是在暗示她已经有了赴死的想法。

再说韩凭，一下子就读懂了妻子的谜语，愤而自杀，以此来抗议康王的暴行，同时也向爱妻发出"我先走一步"的诀别信号。

韩凭之死，为康王公开霸占何氏铺平了道路。何氏知道康王将对她有所图谋，悄悄用药水腐化自己的衣服，晾干后穿在身上，从外面看不出任何破绽。第二天是个风和日丽的日子，康王带着何氏一起登上刚刚竣工的青陵台，向她展示未来的奢华生活。何氏表情忧伤，愈发显得楚楚动人。

为了防止她自杀，宋康王早就吩咐手下人做好应对的准备，不料何氏还是乘康王不备，从高台上奋力跳下，身边的侍卫连忙去扯她的衣裙，却因衣服腐化而无法抓住。那些被撕碎的衣服碎片，化成了漫天飞舞的蝴蝶，犹如何氏的不屈的灵魂。[41]

从发生时间上来看，这是中国化蝶故事的源头，它为后来的梁祝故事提供了想象的蓝本。不仅如此，这幕悲剧还为中国情爱史奉献出更丰富的文化象征。

何氏殉情自杀之后，人们从她的衣带里发现了两份遗书，其中一篇叫《乌鹊歌》，是她留给后人的诗作，诗里这样写道："南山有乌鹊在飞翔，猎人却在北山张开了罗网。乌鹊自己高高飞翔，空空罗网又能拿它怎样？乌鹊双双飞在天上，谁都不愿跟着凤凰。小女子我本是寻常百姓，也不想去侍奉您高贵的宋王。"[42]言辞间充满对暴政的控诉。另外一篇是直接递给康王的遗言："大王热爱生命，而妾身则更热爱死亡，只愿您能将我与韩凭的尸骨一起埋葬。"宋康王读罢诗歌和遗言，又气又恼，妒恨交加，下令把他们的尸骨分开埋葬，并且以无赖的口吻说："既然他们夫妇如此相爱，要是分开的坟墓能自己合拢，那么我是绝不会阻拦的。"

出乎宋康王意料的是，从韩、何两座坟墓的顶部，分别长出两棵高大的梓木，十天后就有双臂合抱那么粗大，而且树身向对方靠拢，枝丫彼此交错，树根也互相缠绕，形成后人所说的"连理枝"的奇观。宋国的民众感念他们的爱情，就给那棵树起名叫"相思树"，中国人常用的"相思"一词，就起源于这个故事。不仅如此，这时还出现了第二个奇迹，不知从什么地方，飞来了一对鸳鸯鸟，落在相思树上，久久不肯离去，而且脖颈相交，发出的叫声凄切感人。有人说，这对鸳鸯鸟，就是韩凭夫妻灵魂的化身，所以鸳鸯鸟又有"韩朋鸟"的别名。[43]

唐代敦煌变文《韩朋赋》，向人们交代了这个事件的最终结局。它记载说，在那对鸳鸯鸟身上，有一根长得特别坚硬的羽毛，康王很是喜欢，就命人抓住鸳鸯，把它们杀了，只留下那根羽毛，拿在手上细细地把玩。康王用它抚触自己的身体，全身的皮肤都变得光亮起来，只有脸部还比较黯淡，又用羽毛去抚触自己的脸，不料那根羽毛就像一把有灵魂的宝剑，居然绕着康王的脖子转了一圈，切下了他的脑袋，一代暴君就此暴毙。康王死后不到三年，宋国在齐国的攻击下彻底覆灭，从历史的版图上消失。[44]

在唐代，李商隐写下了题为《青陵台》的诗，用抒情的笔调对这场爱情悲剧给予歌颂。[45]元代杂剧《列女青陵台》、明代传奇《韩朋十义记》、清代小说《东周列国志》以及越剧《相思树》和评剧《青陵化蝶》，以代代相传的方式，不停地讲述这部感人的悲剧。而蝴蝶的意义，也因为这个故事而变得壮丽起来。在暴君宋康王驾崩的地点，柔弱的蝴蝶得到了永生。

## ● 杜鹃啼血：望帝和他的春心

李商隐的诗歌遗产《锦瑟》，是众多古典文学读者的挚爱，它意象迷离，却说出了中国历史上最暧昧的情感。诗中写道："锦瑟无端五十弦，一弦一柱思华年。庄生晓梦迷蝴蝶，望帝春心托杜鹃。"

《锦瑟》诗的文学史地位，进一步引发了人们对那位"望帝"的无限好奇，它所影射的神秘女子，引起了大家的猜测，诗中提到的"春心"和"杜鹃"，也成了反复求证的对象。

《太平御览》援引《蜀王本纪》说，古时候有个男人从天上下凡，他就是杜宇，与此同时，一个叫作梁利的女人从井水里诞生了，于是这天造地设的两人，便成了一对夫妻且非常恩爱。杜宇凭着自己的政治才能当上了国王，以郫县为都城，传授农耕技术，大力发展种植业，令蜀国变得强盛起来，他自己也成为当地历史上最有名的贤君之一，后人称之为"望帝"。[46]

杜宇执政许多年之后，蜀国突然发生了一件怪事，有一具尸体随着江水逆流而上，径直到了郫城，竟然自己"活"转过来，浑身湿淋淋地爬上岸去。这个来历不明的怪人自称"鳖灵"，似乎在向世人暗示他是鳖鱼成精。他的神奇事迹触发了望帝的好奇，他召见鳖灵，听信了他胡编乱造的履历，甚至为他的口才所打动，派他担任宰相的要职，专门负责治理洪水。

当时的洪灾非常严重，淹没了大量良田，闹得蜀国全境民不聊生。杜宇不惜出让权力，以求有人能解救蜀国的危机。鳖灵果然有些本事，他上任之后，率令民工开凿玉山，疏通了被堵塞的河道，从而彻底平息了水患，使人民得以安身立命，由此立下卓越的功勋，威望甚至超过了国王杜宇。

就在宰相鳖灵前线治水的时刻，杜宇贪恋美色，忍不住去跟他的妻子私通，违背了世俗的伦理。鳖灵治水回来之后，杜宇为此深感惭愧，认为自己无德继续担任国王，于是把王位拱手让给鳖灵。[47]

《华阳国志·蜀志》还说，杜宇在交出自己的权柄之后，便悄然离去，隐居在林木参天的西山上，后来又化为子规鸟，也就是杜鹃。[48]"子规"本来记作"子归"，是劝人归去的意思。那"不如归去"的啼声里，充满了失意者的哀怨，听到的人都会感到无限凄凉。但既是公开体面的禅让，本属高风亮节，又为何要悄然离去？既然已经悔恨于通奸之过，又为什么要化为鸟类，发出如此悲苦的叫声？这些都是令人费解的事情。

古时候治理大水，必须让整个国家高度军事化，而后才能有效地调度人力和物力资源。早在鳖灵开凿玉山的年代，工程技术还相当落后，没有炸药和机械可用，于是大规模征用人力变得势所难免。我相信当时一定是展开了军事化的紧急动员，唯有这样才能保障开山人工的来源，也保障运输、后勤和管理的诸多需要。所有这些都必须得到国王的授权。为了国家的最高利益，杜宇慷慨地交出了自己的权力。

鳖灵这时候变得傲慢起来。他不仅是治水的领袖，而且是军队的统帅和行政主管，集军政大权于一身，加上拥戴者众多，所以才能在治水完毕之后，发动宫廷政变，以强大的实力，逼迫杜宇仿效尧帝实施"禅让"。杜宇虽然悔恨自己引狼入室，却已无力阻止鳖灵的逼宫。野心勃勃的宰相，就这样堂而皇之地当上了国王。他自称"丛帝"，又给自己封了"开明"的称号，暗示其政治统治的清明开放。所有这些都旨在使自己的政变合法化。

这似乎还不是真相的全部。鳖灵在制造通奸假案时，难免有些安排上的疏漏，令我们一眼就看出了其中的重大破绽。可以推测，鳖灵在夺得王位之后，担心老王会卷土重来，决计斩草除根，彻底了结这个隐患，不慎走漏了风声。杜宇得知消息之后，在忠心耿耿的百姓保护下逃走，藏身于群峰连绵的西部山脉里，过起了政治流亡的生活。鳖灵既然不能杀掉老王，就只能到处散布他跟自己妻子通奸的谣言，借此为篡位和谋杀的丑行寻找正当理由。

在被夺取王位之后，杜宇有所不甘，尝试着在旧部支持下展开反击，夺回王位和爱妃，结果未能如愿。鳖灵拥有蜀国最优秀的水利工程师和建筑工匠，加固了郫都的防卫能力，令城墙变得固若金汤，并击退了杜宇的反攻。杜宇年事已高，在饱尝了失败的滋味之后，不久便抱憾而终，死后还在久久地眺望王位和宠妃，于是被后人追封为"望帝"，这个"望"字可谓一语双关，既有怨恨之意，也有远望之态。由此可见，他实在是一位满怀怨气、死不瞑目的国王。

鳖灵的所谓妻子，在这个传说中是至关重要的证人。根据《蜀王本纪》的记录，鳖灵治水时，杜宇已经一百多岁，衰老不堪了，只好把治水这样的头号国家大事托付给陌生人鳖灵，结果被年富力强的鳖灵一举夺取了王位。这样的老人，即便对鳖灵的老婆有情有义，恐怕也是力不从心了，又如何能跟她"私通"？反过来说，鳖灵觊觎杜宇爱妻梁利的美貌，在夺取王位之后，顺手霸占了这个著名的美人，然后再倒打一耙，把脏水泼向杜宇，倒是更符合事件的逻辑。

我们不知道鳖灵在什么时候萌生了横刀夺爱的念头，我们只知道，梁利因为拒绝鳖灵的淫威而遭到囚禁，最后也化为杜鹃鸟，与先前化为杜鹃的杜宇一起，双双飞走。

杜宇的含冤而死，在蜀国是一件惊天动地的大事。人民知道他的冤屈，于是流传起了他的亡灵化身杜鹃鸟的神话。每当春回大地时，我们都能听到杜鹃在丛林里的叫声，那些不倦的啼鸣，成了春天的感伤象征。[49]据说叫到悲伤之处，杜鹃鸟的嘴角会溢出血丝来，所以民间有"杜鹃啼血"之说。

大多数传说都忽略了梁利的存在。其实在丛林和田野里啼叫的不只是杜宇，也应当包括他的爱妃梁利。他们双双化成了杜鹃鸟，在丛林里哀歌和私语，彼此呼唤着对方的姓氏，以此表达自己的情意。难道还有比这更令人心痛的场面吗？


## ● 光棍农夫的螺女春梦

田螺姑娘的故事版本众多。没有任何一个民族像汉人那样，从一种丑陋的软体生物那里，找到了人间情欲的投射对象。

早在东汉的南阳画像石上，已经出现了清晰的螺女形象。[50]这个考古学证据表明，螺女神话的诞生时间，最迟不会晚于汉代。目前已经发现的最早文字记载，是西晋《发蒙记》一书，它讲述光棍渔夫谢端，曾在海中捕捞到一只大螺，里面藏有一个美女，自称是天上来的白水素女，天帝可怜他贫穷，所以派她做他的妻子。[51]

陶渊明撰写的《搜神后记》，在《发蒙记》基础上加以扩展，细化为一个更加曲折动人的故事。[52]它描述谢端幼年时就父母双亡，成了孤儿，所幸被好心的邻居收养，一直到十七八岁为止，品行端正，从不干出轨之事。后来自己出去住了，也始终没有机会成婚。乡人看他可怜，就立下乡规，大家一起帮他找媳妇。谢端本人则"夜卧早起，躬耕力作，不舍昼夜"，很像是一个牛郎式的勤勉农夫，但因实在太穷，婚事方面终究没有任何进展。

后来谢端在附近发现了一只大螺，形状像是一只大水壶，以为是件宝贝，就拿回家放在水缸里养了起来。从那天起，只要谢端从田野耕作归来，家里都有热气腾腾的饭菜。他猜是好心的邻居所为，就跑去感谢那个邻居，不料遭到了对方的否认。

为了弄清真相，谢端这天提前干完活早早地溜了回来，躲在篱笆外偷看，只见一个美丽少女从水缸里爬出来，到灶台下点火烧饭。谢端进门后先到水缸边去查看，大螺却只剩了一个空壳，于是赶紧跑到灶前去问："这位新来的姑娘来自何方？为何要帮我做饭？"少女非常害羞，想要回到缸中，却被谢端一把拦住，只好如实说出自己的来历："我是银河的白水素女，天帝可怜你从小丧失父母，品行端正，因此派我帮你打理伙食，十年之内，助你发财娶妻，然后自会离去。但因为被你偷看，我真形暴露，无法继续留在你家。以后你要好自为之，辛勤劳作，我留下的这只螺壳可以用来储藏粮食，不会让你饥饿。"说完就消失在风雨之中。

为了感谢螺女，谢端为她立了神位，时常加以祭祀。他虽没有暴富，从此生活却变得丰裕起来，于是就有附近的农民把女儿嫁给他为妻，后来谢端又当上县令，成了一名模范的国家官吏。

这是有史以来叙述最完备的螺女故事，它隐含了情欲和温饱的双重命题，也就是农业时代光棍的两个基本愿望，同时又给定了一个前提，那就是必须是孤儿，而且要品行端正。这两个标准与其说来自天庭，不如说来自朝廷，它旨在将那些符合道德规范的弃儿纳入国家的官僚体系中。

晚唐皇甫氏撰写的《原化记》，收录了另一个版本的螺女情，故事的主体跟谢端的版本非常相似，主题却由道德转向了"环保"和反抗恶政。[53]说的是有个叫作吴堪的鳏夫，身为县里的小吏，性情温和，却是一位从事环保运动的公益人士。他的家就在荆溪边上，为了保护这条溪水，他经常用竹篱笆盖在上面，以免它遭到污染。

有一天，吴堪在水边捡到一只罕见的白色田螺，样子比较可爱，就带回家用水养了起来。从此吴堪回家时都能吃上香喷喷的饭菜。邻居的母亲告诉说，他每天上班后，就有一位十七八岁的美女来烧饭煮菜。吴堪怀疑是白螺所为，第二天假装出门，躲入邻家去偷看究竟，但见一个女子从他屋里出来，又进了厨房。吴堪赶紧推门进去拜谢，美女解释说："上天知道你敬护泉源，工作勤快，又同情你孤苦一人，派我为你操持家务，幸好你看见了真相，不至于怀疑我的来历。"从此，螺女成了他的媳妇，两人过上了幸福美满的生活。

以上这段故事，跟谢端的版本大同小异，但随后的情节发展，却有些出乎我们的意料。当地县令听说吴堪的艳遇，垂涎三尺，想要横刀夺爱，于是想设计陷害他。县令把吴堪召来说："我要虾蟆毛和鬼臂这两件东西，今晚就来衙门交货，不然就要对你加以重罚。"吴堪回家后神色忧郁地告诉了爱妻，妻子劝他不要担心，转身出门，不久就为他找来了这两件古怪的东西。

县官第二次召见吴堪，又故伎重施说："我要蜗斗一只，你马上为我找来，否则就会大祸临头。"吴堪回去告诉妻子，妻子又为他牵来了那头名叫"蜗斗"的怪兽，大小和形状都很像犬类。吴堪忍气吞声地把怪兽送到衙门，县令见了后反而勃然大怒："我要的是蜗斗，你却用这狗来骗我，你说，它到底有什么特别的能耐？"吴堪回答说，它能吞食炭火，也能排出火团。于是县令用烧红了的木炭喂它，蜗斗吃了之后，拉出来的粪便都变成了火团。县令非但没有奖励吴堪，反而怒骂道："这种玩意儿有个屁用？"想要动手杀害吴堪，不料火越烧越旺，迅速点燃了整个县衙，县令和他的全家都在这场大火中化成了灰烬。吴堪和他的螺女妻子从此失踪，再也没有他们的消息，想必是逃到了某个世外桃源。

这篇螺女故事，从单纯的人螺恋，扩展到了对权力和暴行的反抗，主题变得更加沉重。螺女故事的本质不是这样的，它不应当承载如此沉重的政治语义。我刚才已经说过，它是一种与温饱和情欲相关的欲望，寄托在螺女的神话里，代表着单身男性农民的春梦。在中国乡村社会，农民贫困，就没有人会把女儿嫁给他，所以他就注定会沦为光棍，永无出头的日子，除非出现某种爱情的奇迹。螺女神话就这样应运而生，抚慰着那些光棍的灵魂。[54]

在中国文化象征图谱里，螺是具有多义性的。它有时是藏传佛教里的神圣法器，有时是水手和士兵传递消息的号角，在汉人的日常生活里，它因柔软潮湿的身躯、螺旋形的洞壳，以及强大的繁殖力，成了女性生殖器的象征。跟狐狸不同，田螺的形象看起来是如此卑微而质朴，就像乡村女人的化身，与田野、泥土和黑夜完全融为一体。对大多数农民而言，与那些会飞的仙鹤妻子相比，田螺（海螺）姑娘显得更加安全可靠。她们缓慢地爬行在潮湿的大地上，或者隐藏在池塘的水线以下，默默接受来自光棍农夫的思念。

# 尾声

## ● 中国人日常生活里的三大巫术

华夏传统的农耕社会虽然已经消亡，但它所创造的文化体系的一部分，仍然在有效运转。当然，文化在理论上分为"大传统"与"小传统"，或"高层"和"底层"。高层文化指朝廷和士大夫共谋的国家意识形态，而底层文化则指渗透到日常生活里的习俗。在专制社会，权力被高层垄断，民众没有太多的机会来改变自己的命运，这就需要采用一些文化巫术，去实现改变生活现实的欲望。巫术是神话在现实生活里的投影。

必须注意的是，这种巫术总是以风俗的面貌出现，而且看起来是无害的，所以它们在大多数情况下被容忍，非但没有被高层所清洗，反而向上渗透，就连皇帝和权贵都接纳它们，并且愉快地加以使用。他们的榜样力量，反过来影响了底层民众，鼓舞他们更肆无忌惮地运用巫术。其中最常见的三大巫术，已经成为中国农人满足基本欲望的便捷通道。

这究竟是一些什么样的巫术呢？说出来人们会感到可笑，因为它们已渗透到我们的日常生活，成为我们最习以为常的事物。

首先是进食巫术。关于这种巫术，《山海经》提供了一个最完美的样本。《山海经》是一本巫术指南，它告诉我们妖兽的长相和叫声，为我们狩猎时能够辨认它们提供了最基本的依据。另外是关于这些妖兽的魔力，比如它的出现会让天下大旱、出现蝗灾和水灾，甚至可以引发战争和天崩地裂，等等。要想获得妖兽的魔力，就必须把它吃掉。妖兽的魔力很难被完整复制，人类吃掉它们之后，只能

271

在自己身体内部产生有限的变化，比如说，治愈某种疾病，或者改变不良的习性。通过进食来改变自己的身体状况、性情，甚至命运，这种方法我们称之为"进食巫术"。

这种巫术信念和手法，长期支配着中国人的日常生活。中国人不仅把食物当作填饱肚子和满足食欲的对象，而且还把它们当作巫术的对象，通过吃掉特定对象，获得对象的元素或力量。这种巫术有一个比较"科学"的说法，叫作"进补"。

中国人顽强地坚守着《山海经》提供的信念，认为可以"吃啥补啥"。比如，吃动物的皮，就能让自己的肌肤变得滋润和饱满，吃动物的肝脏和肾脏，就能让自己的肝肾获得生命的能量；吃黑色的芝麻，能让头发产生白转黑的奇迹。但要是你这样做了，却没有发生任何改变，那是巫术本身有问题吗？不对，那一定是因为你吃得还不够多，或者，是烹饪和进食的方法不够正确。这种信念，推动中国人成为全球最大的饕餮族群。

第二种巫术，叫作题写巫术。这是由识字者推动的一种汉字运动。早在上古时期，人们坚信汉字是具有强大的巫术力量的，文字书写可以改变现实。在仓颉造字的神话里，汉字具有巨大的能量，它的诞生，引发了鬼神的恐惧和哭泣，就连龙都藏进深渊不敢冒头；另外，天上又下了一场粟米大雨。这究竟说明了什么呢？说明文字是可以制造天降粟米的奇迹的，所以文字的力量可以改变世界，让农夫们不劳而获。这就是巫术。它告诉我们，汉字拥有能够让人满足愿望的神奇魔力。

由于汉字具有强大的巫术力量，所以只能被少数人所垄断。虽然没有成文的律法阻止人的识字学习，但在中国古代社会，要培养一个幼童读书认字，大约需要花费一个普通农家全家积蓄的三分之一甚至一半以上，所以穷人根本没有能力上学，而识字者所占的人口比例，最多不会超过8%。只有少数人掌握汉字巫术，并利用这种巫术饱读诗书，参加科考，从而改变自己乃至整个家族的命运，并最终占有社会的主要资源。不仅如此，这些识字者还掌握国家的命运，改变着中华文明的历史进程。

汉字巫术的应用，可以大致分为两类：一类应用在科举、诗词、文牍还有商业簿记等领域，叫作"文书巫术"；另一类则跟建筑物发生关联，叫作"题写巫术"，它要强化汉字在形和义两方面的力量。

识字者的题写空间首先是自己的家园。他们热衷于给客厅和书房题字，然后刻成匾额悬挂起来。在小说《红楼梦》里，每一个家族成员的院子，都是经过命名和题写的，比如林黛玉的潇湘馆，贾宝玉的怡红院，探春的秋爽斋，薛宝钗的蘅芜苑，等等。要是一个识字者出门去到某个风景名胜、旧朝古迹，或者是客栈和酒馆，往往会即兴题诗，宣扬自己的存在。宋江当年就是因为喝醉了酒，在浔阳楼上题写了一首反诗，暴露了自己想学黄巢造反的意图，涉嫌颠覆国家政权，被送进大牢。

由于汉字具有神秘的巫术力量，所以人们对它产生了强烈的敬畏。这就是"敬惜字纸"观念的来源。据一本叫作《燕京旧俗志》文献的记载，弄脏和践踏字纸，跟不敬神佛、不孝父母是同等的罪过。近代僧人印光法师也专门撰文，称赞字纸的价值远在金银财宝之上，同时怒斥社会风气日益败坏，以至于人可以任意玷污和毁坏字纸，这些行为，简直禽兽不如。这篇风格激愤的文字，从反面证实了汉字巫术。

还有种巫术我称之为谐音巫术，通过谐音，也就是从形和义的领域向"音"扩张，以汉字的发音来生发巫术力量，用以满足人的欲望。比如说，中国人都渴望得到巨大的福报，所以"福"字的题写，就变得至关重要起来。人们喜欢在大门上贴一个"福"字，又必须倒过来贴，因为"倒"是"到"字的谐音，倒过来之后，就能推动福祉早日降临。

中国的传统民居，喜欢利用木雕和砖雕的视觉图形，演绎各种祝福和励志故事，由于无法使用文字，题写巫术没有用武之地，而谐音巫术则可以大显身手。造房子时，屋主会叫工匠雕上几只蝙蝠，用蝙蝠的"蝠"字，来充当幸福的"福"字。人们坚信，这种谐音巫术，可以让整个家族都能得到上天的赐福。

在中国文化体系里，到处都是这类建立在"祈福谐音"上的文化符号。只要你去参观山西某某家族的大院，讲解员就会如数家珍，向你介绍各种谐音巫术的案例，比如用梅花鹿的"鹿"字的谐音，可以表达对"福禄寿"之"禄"的期待；莲藕的"藕"字，可以谐音男女相爱，联结成偶；芙蓉花的"芙"和"蓉"，可谐音"富贵荣华"；莲花和鲤鱼，可谐音"连年有余"；猴子骑马，可谐音"马上封侯"，等等。

汉字巫术制造出大量的文字和图像符号，堆积在传统的建筑、器物和绘画上。它们与其说是改造现实的巫术，不如说是用来自我激励的心灵鸡汤。

● 注

释

## 第一章

1. 通常认为"狻猊"即狮子的音译名，后被附会为"龙生九子"之一子。

2. 见《山海经·海内北经》，本章除特殊标明外，引文均出自《山海经》，后文同。

3. 见王德埙《鳛国及鳛文化考略》，《毕节学院学报》2014年第2期，此文以"鳛"之原型为鳄类生物。当地博物馆亦有相关历史介绍。

4. 参见叶舒宪《红山文化玉蛇耳坠与〈山海经〉珥蛇神话》，《西南民族大学学报》（人文社会科学版）2012年第12期。

5. 此书所取之上古汉语拟音，俱以郑张尚芳《上古音系》为据。

6. 《艺文类聚》卷七十八《神仙传》："老子母适至李树下而生，老子生而能言，指李树曰：'以此为我姓。'"

7. 参见《摩奴法典》（迭朗善法译，马香雪转译）第六卷《林栖和苦行的义务》。

8. 参见渥德尔《印度佛教史》第二章《佛陀时代的印度》。

9. 《神仙传》："母怀之七十二年乃生。生时剖母左腋而出，生而白首，故谓之老子。"

10. 参见胡远鹏《〈山海经〉研究50年》，《青海师专学报》2000年05期。

11. 《山海经·大荒东经》："东海之外大壑，少昊之国。少昊孺帝颛顼于此，弃其琴瑟。有甘山者，甘水出焉，生甘渊。"见默茨《几近退色的记录》："植物'扶桑'是玉蜀黍，'扶桑'国是今天美国西南部和墨西哥。……中国文学中所指的'流金铄石'的大壑，实际上是亚利桑那、科罗拉多的'大峡谷'。"

12. 详见[美]亨莉埃特·默茨著《几近退色的记录》第十二章《渡过大海》，海洋出版社1993年版。

13. "殷商文明东渡论"现在仍然属于在学术界争议很大的推论性假设。这方面的代表性论述，可参见许辉《商周文化与中美洲文明》，《上海社会科学院学术季刊》1999年第3期。

14. 参见张舒姗《中国与美洲印第安"乌日神话"比较研究》，《河北北方学院学报》（社会科学版）2014年04期。

15. 参见黄建秋《良渚文化玉梳背饰研究》，《学海》2004年02期。

# 第二章

1. 《三五历记》："天地混沌如鸡子，盘古生其中。万八千岁，天地开辟，阳清为天，阴浊为地。盘古在其中，一日九变，神于天，圣于地。天日高一丈，地日厚一丈，盘古日长一丈。如此万八千岁，天数极高，地数极深，盘古极长。后乃有三皇……故天去地九万里。"《绎史》引《五运历年记》（郭世谦《山海经考释》指出，该文本实出自宋张君房编《云笈七签》中《元气论》）云："泊乎元气蒙鸿，萌芽兹始。遂分天地，肇立乾坤。启阴感阳，分布元气，乃孕中和，是为人矣。首生盘古，垂死化身，气成风云，声为雷霆，左眼为日，右眼为月，四肢五体为四极五岳，血液为江河，筋脉为地里，肌肉为田土，发髭为星辰，皮毛为草木，齿骨为金石，精髓为珠玉，汗流为雨泽，身之诸虫，因风所感，化为黎甿。"

2. 文本可参见吕大吉等编《中国各民族原始宗教资料集成·壮族卷》第四章第一节《布洛陀与姆六甲》。

3. 顾颉刚先生曾经针对这种情形，于1923年提出"层累地造成的中国古史"学说：第一，"时代愈后，传说的古史期愈长"；第二，"时代愈后，传说中的中心人物愈放愈大"；第三，在研究古史时，我们即使"不能知道某一件事的真确的状况，但可以知道某一件事在传说中的最早的状况"。

4. 见吕思勉《吕思勉读史札记·盘古考》。

5. 见吕思勉《吕思勉读史札记·盘古考》所引《厄泰梨雅优婆尼沙昙》（Aitareya Upanishad），或译《他氏奥义书》，译文参见黄宝生译《奥义书·爱多雷耶奥义书》。

6. 参见[法]迭朗善译、马香雪转译《摩奴法典》第一卷《创造》。

7. 参见赵乐牲译《吉尔伽美什：巴比伦史诗与神话》之《埃奴玛·埃立什》。

8. 见《世本·作篇》："女娲作笙簧。"

9. [宋]罗泌《路史·发挥》引《尹子·盘古》云："共工触不周山，折天柱，绝地维。女娲补天，射十日。"

10. 例如，易中天在其通俗历史著作《易中天中华史》中提出，女娲神的原型来自蛙崇拜。

11. 参见《华夏上古神系》第二章第一节《寻找神名音素标记》。

12. 见《山海经·大荒北经》。

13. 见《楚辞·离骚》。

14. 见《史记·五帝本纪》。

15. 见苏雪林《屈原与〈九歌〉》之《河伯与水主》。

16. 《史记正义》引《河图》："瑶光如蜺贯月，正白，感女枢于幽房之宫，生颛顼。"

17. 见《吕氏春秋·古乐》。

18. 除此之外，著名寿星彭祖也是颛顼之后。《世本》："彭祖姓篯名铿，在商为守藏史，在周为柱下史，年八百岁。"

19. 见《搜神记》。

20. 见《山海经》中《大荒西经》《大荒北经》《大荒南经》相关描述。

21. 见《国语·楚语下》。

22. 见《淮南子·天文训》。

23. 见《归藏·启筮》。

24. 见《左传·昭公十七年》。

25. 见《文子·上义》和《淮南子·兵略训》相关描述。

26. 见《史记·楚世家》。

27. 见《山海经·海内经》和《国语·晋语》相关描述。

28. 袁珂《山海经校注》："'鲧死三岁不腐，剖之以吴刀，化为黄龙。'珂案：《初学记》卷二十二引《归藏》云：'大副之吴刀，是用出禹。'亦其事也。"

29. 《帝王世纪》："禹其父既放，降在匹庶，有圣德，梦自洗于河，而四岳师举之，舜进之尧，尧命以为司空，继鲧治水。"《史记·夏本纪》的说法则是舜任命大禹为司空："尧崩，帝舜问四岳曰：'有能成美尧之事者使居官？'皆曰：'伯禹为司空，可成美尧之功。'舜曰：'嗟，然！'命禹：'女平水土，维是勉之。'禹拜稽首，让于契、后稷、皋陶。舜曰：'女其往视尔事矣。'"

30. 见《史记·河渠书》。

31. 见《左传·宣公三年》。

32. 见《史记·秦始皇本纪》。

33. 这一推断可从以下几则材料看出蛛丝马迹：《史记·夏本纪》："帝舜荐禹于天，为嗣。十七年而帝舜崩。三年丧毕，禹辞辟舜之子商均于阳城，天下诸侯皆去商均而朝禹。禹于是遂即天子位，南面朝天下，国号曰夏后，姓姒氏。"《史记正义》引《世本》："夏禹都阳城，避商均也。又都平阳，或在安邑，或在晋阳。"《淮南子·原道训》："昔者，夏鲧作三仞之城，诸侯背之，海外有狡心。禹知天下之叛也，乃坏城平池，散财物，焚甲兵，施之以德，海外宾伏，四夷纳职，合诸侯于涂山，执玉帛者万国。"《史记·五帝本纪索隐》引《汉书·律历志》："封尧子朱于丹渊为诸侯。商均封虞，在梁国，今虞城县也。"

34. 见《左传·哀公七年》和《史记·夏本纪》相关描述。

35. 见《韩非子·说疑》。

36. 见《吴越春秋》和《楚辞·天问》相关描述。

37. 《绎史》引古本《庄子》："两袒女浣于白水之上者，禹过之而趋曰：'治天下奈何？'女曰：'股无胈，胫不生毛，颜色裂冻，手足胼胝，何以至是也？'"《尸子》："禹于是疏河决江，十年不窥其家，手不爪，胫不生毛，生偏枯之病，步不相过，人曰禹步。"

38. 见《汉书·武帝纪》颜师古注引《淮南子》。

39. 《淮南子·修务训》："禹生于石；契生于卵；史皇产而能书；羿左臂修而善射。"又高诱注："禹母修己，感石而生禹，拆胸而出。"《随巢子》："禹产于砥石，启生于石。"《山海经·中山经》："又东十里，曰青要之山，实惟帝之密都。北望河曲，是多驾鸟。南望墠渚，禹父之所化，是多仆累、蒲卢。"但王念孙、王引之父子认为"禹生于石"乃是"启生于石"的讹文（见《读〈淮南〉杂志叙》），亦有学者指出"石"下疑有脱字，如《史记集解》所言"禹生于石纽"。

40. 见《山海经》中《大荒南经》和《大荒西经》相关描述。

41. 见《山海经·海内经》。

42. 见《淮南子·本经训》。

43. 见《山海经》中《海内经》《大荒东经》《大荒西经》相关描述。

44. 见《山海经》中《大荒南经》《大荒东经》相关描述。

45. 见《楚辞·离骚》："朝发轫于苍梧兮，夕余至乎县圃。欲少留此灵琐兮，日忽忽其将暮。吾令羲和弭节兮，望崦嵫而勿迫。路曼曼其修远兮，吾将上下而求索。"

46. 我国少数民族中，如西南地区的彝族即保留有古老的十月制太阳历，云南武定则发现了与美洲玛雅人历法相似的十八月制太阳历。

47. 见朱熹《楚辞集注》："羲和，尧时主四时之官。宾日，饯日者也。"

48. 见《史记·五帝本纪》。

49. 见《史记·五帝本纪》。

50. 见《史记·五帝本纪》。

51. 见《史记·五帝本纪》。

52. 见《山海经·海内北经》。

53. 《世本》："敤首作画。"《说文解字》："画嫘，舜妹。画始于嫘，故曰画嫘。"

54. 《史记·五帝本纪》："践帝位三十九年，南巡狩，崩于苍梧之野。葬于江南九疑，是为零陵。"袁珂《山海经校注》："郭璞云：'天帝之二女而处江为神也。'汪绂云：'帝之二女，谓尧之二女以妻舜者娥皇、女英也。相传谓舜南巡狩，崩于苍梧，二妃奔赴哭之，陨于湘江，遂为湘水之神，屈原《九歌》所称湘君、湘夫人是也。'"张华《博物志》："舜死，二妃泪下，染竹即斑，妃死为湘水神，故曰湘妃竹。"

55. 参见《希腊罗马神话词典》"法厄同"条。

56. 参见魏庆征《古代埃及神话》。

57. 《山海经·西山经》："又西二百九十里，曰泑山，神蓐收居之。"《山海经·海外西经》："西方蓐收，左耳有蛇，乘两龙。"袁珂《山海经校注》："此神或以为是少暤之子。《吕氏春秋·孟秋》'其神蓐收'，高诱注云：'少暤氏裔子曰该，皆有金德，死托祀为金神。'或以为是少暤之叔。"《左传·昭公二十九年》："少暤氏有四叔，曰重，曰该，曰修，曰熙，实能金、木及水。使重为句芒，该为蓐收，修及熙为玄冥。世不失职，遂济穷桑。"《尚书大传》云："西方之极，自流沙西至三危之野，帝少暤，神蓐收司之。"

58. 见《左传·昭公十七年》。

59. 见《史记·五帝本纪》。

60. 参见李零《楚帛书研究（十一种）》。

61. 参见李零《楚帛书研究（十一种）》。

62. 见《史记三家注·三皇本纪》。

63. 参见《华夏上古神系》第九章第二节《天雨神伏羲的历史使命》。

64. 见《史记·楚世家》《大戴礼记·帝系》《潜夫论》相关描述。

65. 见《史记·补三皇本纪》。

66. 见《山海经·海内经》。

67. 见《墨子·非攻下》。

68. 见《风俗通》和《国语·郑语》相关描述。

69. 参见岑仲勉《两周文史论丛》《楚为东方民族辨》及《春秋战国时期关西的拜火教》。

70. 参见《华夏上古神系》第四章《东亚文明的四种原型》。

71. 见《山海经》中《西山经》《海内北经》《大荒西经》相关描述。

72. 早在魏晋时代，著名佛教学者释道安、康泰已确定佛经中"阿耨达山"即汉人所谓"昆仑山"，地理学家郦道元虽将此说采入《水经注》中，但并不表示支持，后亦不为主流学术所接纳。在较晚近的时代，此一学术状况随着清政权的崛起及相应的意识形态变化而发生了逆转。清圣祖康熙钦定藏文"冈底斯"为汉文"昆仑"之对译（但此前亦曾钦定巴颜喀拉山为昆仑）。此后，纪昀、王念孙等学者又进一步证成此说。但从神话学本身的立场出发，昆仑神话确乎与苯教、印度教等宗教神话中的"世界之山"，例如须弥山神话等，具有更大的共通性。参见饶宗颐《二十世纪学术文集·宗教学》之《论释氏之昆仑说》。

73. 《山海经·西山经》:"西南四百里,曰昆仑之丘,是实惟帝之下都,神陆吾司之。其神状虎身而九尾,人面而虎爪。是神也,司天之九部及帝之囿时。"前揭饶宗颐文亦提及,与冈底斯山脉相邻的喜马拉雅山脉,其名即"上帝湿婆之乐园,财神亦居之"的意思。

74. 参见《华夏上古神系》第九章《医药女神西王母》。

75. 参见叶舒宪《草原玉石之路与〈穆天子传〉》,《内蒙古社会科学》(汉文版)2015年第5期;易华《金玉之路与欧亚世界体系之形成》,《社会科学战线》2016年第4期。

76. 见《列子·周穆王》。

77. 见《太平广记》引《仙传拾遗》相关描述。

78. 见《山海经》中《海内经》《大荒西经》《大荒南经》相关描述。

79. 见《淮南子·览冥训》。

80. 参见饶宗颐《二十世纪学术文集·中外关系史》之《塞种与Soma(须摩)——不死药的来源探索》。

81. 见《酉阳杂俎》。

82. 要是按照"天上一日,世上数年"的道教说法,嫦娥在月球上炼药的时间,实在不算很长。梁代任昉《述异记》载:"信安郡石室山,晋时王质伐木至,见童子数人棋而歌,质因听之。童子以一物与质,如枣核,质含之不觉饥。俄顷,童子谓曰:'何不去?'质起视,斧柯烂尽。既归,无复时人。"

83. 见李商隐诗歌《寄远》及《嫦娥》。

84. 见《楚辞·天问》。

85. 见《左传·襄公四年》。

86. 《孟子·离娄下》:"逢蒙学射于羿,尽羿之道,思天下惟羿为愈已,于是杀羿。"《淮南子·诠言训》:"羿死于桃棓。"许慎注:"棓,大杖,以桃木为之,以击杀羿。自是以来,鬼畏桃也。"

87. 闻一多在《天问释天》中通过"同音不同形""音近字转读""同物异名""异物同名"四类十一种证据,说明了"顾兔"即"蟾蜍"。参见《闻一多全集》第五卷《楚辞编》。

88. 参见《华夏上古神系》第六章《月氏虞酋邦的诸神们》。

89. 参见中国画像石全集编辑委员会编《中国画像石全集》第六卷《河南汉画像石》。

90. 晚清著名学者李慈铭在日记中对此问题做过详细说明:"帝喾射官之羿,即尧时所谓射十日杀窦窳斩九婴射河伯者,《论语》所称羿善射,《孟子》所称逢蒙学射于羿,皆是人也。……帝喾及尧时之羿为射官，未尝为诸侯。夏时之羿为有穷国君，未尝为射官。凡《山海经》《归藏》《楚辞》《庄子》《淮南子》所称之羿，皆尧时之羿也。尧时之羿，盖如稷与共工之比，即以其官名之。夏时之羿，乃名字偶同，而后人附会。"

91. 见应劭《风俗通》所引《尚书大传》相关描述。

92. 见《战国策·赵策》。

93. 见《吕氏春秋·十二纪》。

94. 见《墨子·贵义》。

95. 参见饶宗颐《饶宗颐史学论著选》之《道教与楚俗关系新证》。

96. 见《华夏上古神系》之《埃兰夏的异乡神》。

97. 参见顾颉刚《秦汉的方士与儒生》。

98. 《国语·鲁语上》："昔烈山氏之有天下也，其子曰柱，能殖百谷百蔬。"韦注："烈山氏，炎帝之号也，起于烈山。"

99. 《史记·五帝本纪》："炎帝欲侵陵诸侯，诸侯咸归轩辕。轩辕乃修德振兵，治五气，艺五种，抚万民，度四方，教熊罴貔貅䝙虎，以与炎帝战于阪泉之野。三战，然后得其志。"

100. 《绎史》引纬书《龙鱼河图》："黄帝摄政前，有蚩尤，兄弟八十一人，并兽身人语，铜头铁额，食沙、石子，造立兵杖刀戟大弩，威振天下，诛杀无道，不仁不慈。"

101. 《绎史》引《古今注》："黄帝与蚩尤战于涿鹿之野，蚩尤作大雾，兵士皆迷，于是作指南车以示四方，遂擒蚩尤而即帝位，故后常建焉。"

102. 见《山海经·大荒北经》。

103. 参见《华夏上古神系》第五章《大移迁时代的新旧图腾》、第七章《长江流域的神徽与令牌》。

104. 见《梦溪笔谈》卷三。

105. 《十大经·正乱第五》，参见陈鼓应《黄帝四经今注今译》，中华书局2016年版。

106. 《十大经·正乱第五》，参见陈鼓应《黄帝四经今注今译》，中华书局2016年版。

107. 见《山海经·大荒南经》。

108. 见《山海经》中《海外北经》和《大荒东经》相关描述。

109. 见《山海经·海外西经》和陶渊明诗歌《读〈山海经〉·第十》。

110. 见《新约·马太福音》。

111. 《青铜时代·先秦天道观之进展》："但无论是凤或燕子，我相信这传说是生殖器的象征，鸟直到现在都是生殖器的别名，卵是睾丸的别名。"参见《郭沫若全集》。

112. 见王宪昭《中国少数民族感生神话探析》，《理论学刊》2008年第6期。

113. 这一传说在曲阜当地极为流行，俗称"龙生虎养鹰打扇"。

114. 见钱穆《中国文化史导论》第二章《国家凝成与民族融和》。

115. 参见王国维《观堂集林·释天》。

116. 《先秦天道观之进展》，参见《郭沫若全集》。

117. 例如："贞：生一月帝不其弘令雷"；"贞：不其雨"；"丁丑卜，争贞：不霉，帝隹
其"；"贞：翌癸卯帝其令风"；"贞：王乍邑，帝若。八月"；"丙辰卜，争贞：沚
馘启，王比，帝若，受我又"。转引自常玉芝《由商代的"帝"看所谓"黄帝"》，
《文史哲》2008年第6期。

118. 见李善注《文选》卷五七谢庄《宋孝武宣贵妃诔》。

119. 这个问题最近以分子人类学的形态，再度引起人们的广泛关注，参见 中国社科院
考古研究所安阳工作站站长唐际根博士最近发表的个人声明《关于殷墟人骨DNA和
殷墟人种问题我想说几句》。

120. 参见元文琪《二元神论》。

121. 阿房宫已被考古学家确认为一项未完成的"烂尾工程"。参见段清波《秦陵——尘封
的帝国》。

122. 见《史记·秦始皇本纪》。

123. 参见岑仲勉《两周文史论丛》之《春秋战国时期关西的拜火教》。

124. 参见麦克尼尔《西方的兴起：人类共同体史》第四章。

125. 参见段清波《秦陵——尘封的帝国》。

## 第三章

1. 见《史记·秦本纪》《太平预览》引《辛氏三秦记》相关描述。

2. 见《华夏上古神系》之《大水神女娲的血缘地图》。

3. 见元曲《钟离春智勇定齐》和小说《神怪列国志》。

4. 见郑所南《骊山老母磨铁杵欲作绣针图》。

5. 见小说《说唐三传》《反唐演义传》《薛丁山征西》。

6. 见小说《雷峰塔传奇》和南词《白蛇传》。

7. 见[南宋]廖鹏飞《圣墩祖庙重建顺济庙记》，[明]张燮《东西洋考》。

8. 参看《郑和下西洋资料汇编·上》第一章第二节《郑和的宗教信仰》之"对道教的信仰"。

9. 参见于君方《观音——菩萨中国化的演变》，商务印书馆2012年；李利安《观音信仰的渊源与传播》，宗教文化出版社2008年。

10. 参见焦杰《唐高宗武则天时期的妇女崇佛与观音造像的女性化》，《平顶山学院学报》2017年04期。

11. 参见周秋良《观音故事与观音信仰研究》，广东高等教育出版社2011年。

12. 诺托维奇从开始就被主流学术界斥为一个哗众取宠的历史发明家。除此之外，《新约》学者也将其他企图填补耶稣的空白历史的尝试视为缺乏史实根据的杜撰。关于耶稣消失之年的问题迄今仍是不解之谜，当代德国神学家霍尔根·凯斯顿在这一思路上对耶稣身世继续展开探索，有兴趣的读者可参阅其著作《耶稣在印度》，国际文化出版公司1987年。

13. 见《希腊罗马神话词典》"赫耳马佛罗狄托斯"词条。

14. 见王太庆译《柏拉图对话集》，商务印书馆2004年。

15. 见《史记·五帝本纪》。

16. 见《史记正义·封禅书》："此泰山上筑土为坛以祭天，报天之功，故曰封。此泰山下小山上除地，报地之功，故曰禅。言禅者，神之也。"

17. 《尔雅·释山》："泰山为东岳，华山为西岳，霍山为南岳，恒山为北岳，嵩山为中岳。"有注疏认为"霍山"即"衡山"。

18. 见司马迁《报任少卿书》。

19. 见《史记·补三皇本纪》和《史记·五帝本纪》。

20. 《本草纲目·菜部》引《抱朴子》："肉芝状如肉，附于大石，头尾具有，乃生物也。"

21. 见《史记·周本纪》。

22. 见《诗经·大雅·生民》。

23. 《春秋纬·元命苞》："仓帝史皇氏，名颉，姓侯冈，龙颜侈哆，四目灵光，实有睿德，生而能书。及受河图绿字，于是穷天地之变，仰观奎星圆曲之势，俯察龟文鸟羽，山川指掌，而创文字，天为雨粟，鬼为夜哭，龙乃潜藏，治百有一十载，都于阳武，终葬卫之利乡亭。"《世本·作篇》注引《初学记》云："黄帝之世，始立史官。仓颉沮诵，居其职矣。至于夏商，乃分置左右。"

24. 《诗经·邶风·燕燕》："燕燕于飞，颉之颃之。"《传》曰："飞而下曰颉，飞而上曰颃。"

25. 见《淮南子·本经训》。

26. 见《吕氏春秋·君守》。

27. 见《山海经·大荒北经》。

28. 见《后汉书·方术列传》，同时可参阅陈寅恪先生所著《三国志曹冲华佗传与佛教故事》，收入《寒柳堂集》。

29. 《魏书·华佗传》："佗之绝技，凡此类也。然本作士人，以医见业，意常自悔，后太祖亲理，得病笃笃，使佗专视。"《后汉书·方术列传》："曹操闻而召佗，常在左右。操积苦头风眩，佗针随手而差。"小说家罗贯中对这段史实进行了戏剧化处理，以此佐证曹操患有严重的"被迫害妄想症"。

30. 参见胡适《西游记考证》；陈寅恪《西游记玄奘弟子故事之演变》，收入《金明馆丛稿二编》。

31. 参见李学勤《清华简关于秦人始源的重要发现》，载《光明日报》，2011年9月8日。

32. 《礼记·月令》："孟春之月……其帝太皞，其神句芒。"郑玄注："句芒，少皞氏之子，曰重，为木官。"朱熹注："太皞伏牺，木德之君。句芒，少皞氏之子，曰重，木官之臣。圣神继天立极，先有功德于民，故后王于春祀之。"

33. 参阅魏庆征编《古代印度神话》"伽摩"词条。

34. 见《太平御览》所引《襄阳耆旧记》相关描述。

35. 见《高唐赋序》。

36. 见《神女赋》。

37. 《文选》注引《襄阳耆旧传》："赤帝女曰姚姬，未行而卒，葬于巫山之阳，故曰巫山之女。"杜光庭《墉城集仙录》"云华夫人"条："云华夫人，王母第二十三女，太真王夫人之妹也，名瑶姬……尝东海游还，过江上，有巫山焉，峰岩挺拔，林壑幽丽，巨石如坛，留连久之。"

38. 见《列女传补注》。

39. 见《水经注校正》。

40. 见《韩非子·说疑》。

41. 见《九歌·湘夫人》。

42. 见《九歌·湘夫人》。

43. 屈复《楚辞新注》："下文佚女为高辛妃，二姚为少康妃，若以此意例之，则宓妃当是伏羲之妃，非女也。"游国恩《离骚纂义》："后人以为宓羲氏女，然既云宓妃，必宓羲氏之妃无疑。若云女也，则措辞之例，不当以妃称之。后人自妄耳。"

44. 《文选·洛神赋》李善注："宓妃，伏牺氏女，溺洛水而死，遂为河神。"

45. 见《九歌·河伯》。

46. 见《楚辞·离骚》。

47. 见《楚辞章句》。

48. 参见裴铏《萧旷传》、蒲松龄《聊斋志异·甄后》。

49. 准确地说，花是女性生育力的象征。

50. 见《镜花缘》第一回"女魁星北斗垂景象，老王母西池赐芳筵"。

51. 见《渊鉴类函》。

52. 《太平御览》引《风俗通》："俗说天地开辟，未有人民，女娲抟黄土作人，剧务，力不暇供，乃引绳絙于泥中举以为人。故富贵者黄土人也，贫贱凡庸者絙人也。"《绎史》引《风俗通》："女娲祷祠神祈而为女媒，因置昏姻。"参看鲁迅《故事新编·补天》中对此的生动描写。

53. 《通俗编》引《游览志余》："和合神即万回哥哥。"按：《太平广记》引《谈宾录》及《两京记》："万回姓张氏，弘农阌乡人也。其兄戍役安西，父母遣其问讯，朝赍所备往，夕返其家。弘农抵安西万余里，因号'万回'。""今和合以二神并祀，而万回仅一人，不可以当之矣。国朝雍正十一年封天台寒山大士为和圣，拾得大士为合圣。"

54. 《天问》："女岐无合，夫焉取九子？"金开诚《屈原集校注》："女岐：本为星名，即尾星，其星有九，又称九子星。九子星又演变为九子母的神话故事，进而又演变为女岐的神话。按闻一多《天问·释天》说：'女岐即九子母，本是星名也。'余友游国恩引《史记·天官书》'尾为九子'以释此文，最为特识。"

55. 见《史记·天官书》《史记正义》相关描述。

56. 见《云麓漫钞》。

57. 见《太平御览》所引《黄帝玄女战法》相关描述。

58. 见《山海经·西山经》。

59. 《山海经·西山经》："又西二百九十里，曰泑山，神蓐收居之。其上多婴短之玉，其阳多瑾瑜之玉，其阴多青、雄黄。是山也，西望日之所入，其气员，神红光之所司也。"《西山经》"又西二百里曰长留之山"条郝懿行疏："是神，员神，盖即少昊也；红光，盖即蓐收，见下文泑山。"

60. 见《国语·晋语二》。

61. 见《尚书·舜典》。

62. 见《白虎通》和《荀子·非相》相关描述。

63. 见《左传·昭公十四年》。

64. 见《史记集解》和《历代刑法考·唐虞》相关描述。

65. 见《论语·颜渊》。

66. 见《急就篇》和《说文解字》相关描述。

67. 见《论衡·是应篇》。

68. 见《史记·萧相国世家》。

69. 见《左传·文公十八年》。

70. 《神异经》："饕餮，兽名，身如牛，人面，目在腋下，食人。"（引自《春秋左传正义》服虔案）。"西南有人焉，身多毛，头上戴豕，性很恶，好息，积财而不用，善夺人谷物。强者夺老弱者，畏群而击单，名曰饕餮。"（引自《史记正义》）《山海经·北山经》："又北三百五十里，曰钩吾之山，其上多玉，其下多铜。有兽焉，其状羊身人面，其目在腋下，虎齿人爪，其音如婴儿，名曰狍鸮，是食人。"郭璞认为，这里的"狍鸮"即"饕餮"："为物贪婪，食人未尽，还害其身，像在夏鼎。《左传》所谓'饕餮'是也。"

71. 见《史记·五帝本纪》。

72. 见《吕氏春秋·先识览》。

73. 参阅王震中《"饕餮纹"一名质疑及其宗教意义新探》，《文博》1985年03期。

74. 参看良渚反山12号墓大玉琮（浙江省博物馆藏，1986年反山遗址M12出土），镂空神人纹玉冠状器（良渚博物院藏，1986年反山遗址M15出土）。

75. 参阅《华夏上古神系》第七章第一节《良渚酋邦：神徽与玉琮》。

76. 郭沫若在《甲骨文字研究·释臣宰》中指出，"民"的字形"均作一左目形而有刃物以刺之"，而"古人民盲每通训"，"周人初以敌囚为民时，乃盲其左目以为奴征"。见《郭沫若全集》第一卷《考古编》。

77. 《史记索隐》："许慎云'耼，耳曼也'。故名耳，字耼。有本字伯阳，非正也。然老子号伯阳父，此传不称也。"《史记正义》："耼，耳漫无轮也。《神仙传》云：'外字曰聃。'……疑老子耳漫无轮，故世号曰聃。"

78. 见《老子·十四章》和《老子·四十一章》相关描述。

79. 见《麻衣相法》。

80. 参看马继云《盐宗的传说及其崇拜》，《盐业史研究》2014年02期。

81. 四川作为产盐地区，同样留下了关于上古盐神的传说，但这位古老的女盐神似乎已被后人所遗忘。《后汉书·南蛮西南夷列传》："盐水有神女，谓廪君曰：'此地广大，鱼盐所出，愿留共居。'廪君不许。盐神暮辄来取宿，且即化为虫，与诸虫群飞，掩蔽日光，天地晦冥。积十余日，廪君伺其便，因射杀之，天乃开明。"

82. 《世本八种·作篇》（张澍稡集补注本）："《北堂书钞》引《世本》云：'夙沙氏始煮海为盐。夙沙，黄帝臣。'《路史注》引宋衷注：'夙沙氏。炎帝之诸侯。今安邑东南十里有盐宗庙。'"

83. 《孟子·告子下》："舜发于畎亩之中，傅说举于版筑之间，胶鬲举于鱼盐之中，管夷吾举于士，孙叔敖举于海，百里奚举于市。"古注指出："胶鬲，殷之贤臣，遭纣之乱，隐遁为商，文王于鬻贩鱼盐之中得其人，举之以为臣也。"

84. 参见《管子·海王第七十二》。尽管《管子》一书的作者不太可能是管仲本人，但它基本反映了管子学派的政治经济思想。

85. 见《竹书纪年》。

86. 见《全上古三代秦汉三国六朝文·全晋文·酒诰》。

87. 《世本八种·作篇》（张澍稡集补注本）："帝女令仪狄始作酒醪。变五味。宋衷注：'仪狄。夏禹之臣。'"王粲《酒赋》："帝女仪狄，旨酒是献。"

88. 见《说文解字》。

89. 见《战国策·魏策二》。

90. 《韩诗外传》："桀为酒池，可以运舟，糟丘足以望十里，而牛饮者三千人。"《史记·殷本纪》："以酒为池，悬肉为林，使男女裸相逐其间，为长夜之饮。"

91. 1998年，汉景帝陵第15号外藏坑内发现了不明植物遗存。2015年，中国科学院地质与地球物理研究所重新进行鉴定，结果表明，这些标本的主要成分竟然是茶叶嫩芽。

92 见《方舆胜览》。

**第四章**

1. 《同安县志》引颜兰《吴真君记》："宋太平兴国己卯三月十四夜，圣母将娩，梦长素道人、五老庆诞、三台列精、南陵使者、北斗星君，护童子至寝门内，曰：是紫微神人也。"

2. 见《吴真君记》。

3. 见《备急千金要方·序》。

4. 参阅[英]李约瑟《中国科学技术史》第五卷《炼丹术的发明和发现：金丹与长生》。

5. 见《史记·孝武本纪》及《汉武故事》相关描述。

6. 见《旧唐书·列传第三十四》。

7. 参见黄伟波《壬寅宫变与嘉靖皇帝之崇奉方术》，《湘潮》2011年第10期。

8. 见《史记·楚世家》及《大戴礼记》相关描述。

9. 《天问》王逸注："彭铿，即彭祖，事帝尧。彭祖至七百岁……帝喾之元孙。"《世本》："篯铿，在商为守藏史，在周为柱下史，年八百岁。"

10. 见《神仙传》。

11. 见《神仙传》。

12. 《列子·力命篇》孔广森注："彭祖者，彭姓之祖也。彭姓诸国：大彭、豕韦、诸稽。大彭历事虞夏，于商为伯，武丁之世灭之，故曰彭祖八百岁，谓彭国八百年而亡，非实篯不死也。"

13. 见《神仙传》。

14. 《太平广记》引《齐谐记》："晋孝武大元八年，富阳民麻姑者，好啖脍。华本者，好啖鳖臛。二人相善。麻姑见一鳖，大如釜盖，头尾犹是大蛇，系之。经一月，尽变鳖，便取作臛，报华本食之，非常味美。麻姑不肯食，华本强令食之。麻姑遂啖一脔，便大恶心，吐逆委顿，遂生病，喉中有物，塞喉不下。开口向本，本见有一蛇头，开口吐舌。本惊而走，姑仅免。本后于宅得一蛇，大二围，长五六尺，打杀作脍，唤麻姑。麻姑得食甚美，苦求此鱼。本因醉，唤家人捧蛇皮肉来。麻姑见之，呕血而死。"

15. 褚人获《坚瓠秘集》引《一统志》："麻姑，麻秋之女也。秋为人猛悍，筑城严酷，督责工人，昼夜不止，惟鸡鸣乃息。姑有息民之心，乃假作鸡鸣，群鸡相效而啼，众工役得以少息。父知，欲达之，麻姑逃入山中，竟得仙而去。"

16. 见李白《西岳云台歌送丹丘子》。

17. 见李商隐《海上》。

18. 见《史记·封禅书》。

19. 《齐民要术》引《神农本草经》："玉桃，服之长生不死。若不得早服之，临死日服之，其尸毕天地不朽。"

20. 见郝懿行《证俗文·鬼畏桃》。

21. 《太平御览》引《风俗通》："俗传高祖与项羽战，败于京索，遁丛薄中，羽追求之，时鸠正鸣其上，追者以为鸟在无人，遂得脱，及即位异此鸟，故作鸠杖以赐老者。"

22. 见《史记·天官书》。

23. 清代史学家赵翼在《陔余丛考》中认为，这两种说法纯属无稽之谈："世所称张仙像，张弓挟弹似贵游公子，或曰，即张星之神也。陆文裕《金台纪闻》云，后蜀主《孟昶挟弹图》，花蕊夫人携入宋宫，念其故主，尝悬于壁。一日，太祖诘之，诡曰：此蜀中张仙神也，祀之能令人有子。于是传之人间，遂为祈子之祀云。郎瑛《七修类稿》亦载此说。又王弇州《勘书图跋》：宋初降王，惟孟昶具天人相，见于花蕊夫人所供。其童子为元喆，武士为赵廷隐。当时进御者以胖国故，不敢具其实，乃目为文皇耳。据此，则此像又有托之为唐太宗者。余谓此二说皆未必然：昶之入汴也，宋祖亲见之，花蕊果携其像，宋祖岂不能识别，而敢以诡辞对？至托为唐文皇，则更无谓。"

24. 见《三教同原录》。

25. 见苏洵《嘉祐集·题张仙画像》。

26. 见《山海经·西山经》《山海经·海内西经》相关描述。

27. 见《山海经·西山经》。

28. 《山海经·大荒东经》："有人曰王亥。两手操鸟，方食其头。王亥托于有易、河伯仆牛。有易杀王亥，取仆牛。"这里的"仆牛"指的应为人工驯化之牛。顾颉刚、刘起釪《尚书校释译论》："不过王亥在卜辞中地位是较特殊的，如依据《鲁语下》殷人禘舜（或喾）而祖契来看，则高祖夒显然相当于舜（或喾），王亥'是商人系中真实存在过的商王自出之祖'（罗琨文中语）。又独在亥字上冠以鸟形，则实亦'玄鸟生商'这一图腾传说的反映，所以可称为玄王。则继夒之后，似乎只有王亥足以相当于契。但如果以为不能像王国维考定先公先王那样确切有据，则不勉强地去作这一比附亦无不可。不过契在文献中记载明确是殷商的始祖，按理是应该存在于甲骨文中的，则以王亥当之应该是较妥当的。"

29. 见《史记·货殖列传》。

30. 见王一鹗《增福李公祠记略》。

31. 《荆楚岁时记》："按《金谷园记》：'高阳氏子瘦约，好衣敝衣食糜。人作新衣与之，即裂破以火烧穿着之。宫中号曰穷子。正月晦日巷死。'今人作糜，弃破衣，是日祀于巷，曰送穷鬼。"梁章钜《浪迹三谈》："《四时宝鉴》云：'高阳氏之子，好衣敝食糜，时号贫子，正月晦日死于巷，世作糜粥敝衣，是日祝于巷，曰除贫。故退之《送穷文》曰：'正月乙丑晦。'姚合诗曰："万户千门看，何人不送穷？"竟如寒食竞渡之事止于此日也。'"《通俗编·神鬼》："《山海经》：'恒山四成有穷鬼居之，各在一抟。'《韩昌黎集·送穷文》'三揖穷鬼而告之'，用此也。又张祜诗：'乡人笑我穷寒鬼，还似襄阳孟浩然。'焦赣《易林》：'贫鬼守门，日破我盆。奸奸喵喵，贫鬼相责。'"

32. 见《尚书·洪范》。

33. 见《新论·离事第十一》。

34. 事见《墨子·公输》。

35. 见《鲁班经·鲁班仙师源流》。

36. 见《墨子·鲁问》。

37. 见《墨子·鲁问》。

38. 见《墨子·公输》。

39. 这个民间传说可能来自一个较早期的文本，其中，遇难者不是鲁班的妻子而是他的母亲。《论衡》："巧工为母作木车马，木人御者，机关备具，载母其上，一驱不还，遂失其母。"此后，晚唐文人段成式在著名笔记小说《酉阳杂俎》中进一步细化了这个故事，其中，木鸢的受害者变成了鲁班之父，而鲁妻乘坐木鸢的情节也已出现："鲁般者，肃州燉煌人，莫详年代。巧侔造化。于凉州造浮图，作木鸢，每击楔三下，乘之以归。无何，其妻有妊，父母诘之，妻具说其故。父后伺得鸢，击楔十余下，乘之遂至吴会。吴人以为妖，遂杀之。般又为木鸢乘之，遂获父尸。怨吴人杀其父，于肃州城南作一木仙人，举手指东南，吴地大旱三年。卜曰：'般所为也。'赉物具千数谢之。般为断一手，其具吴中大雨。国初，土人尚祈祷其木仙。"

40. 见《华阳国志·蜀志》。

41. 见扬雄《蜀王本纪》。

42. 见《搜神记·马皮蚕女》，《墉城集仙录》对这个故事进行了添油加醋的道教化改写，并且和古史中的"蜀山氏"联系在了一起。

43. 关于"马头娘"神话的衍变，参阅陈家威、吴晓君、招肇欣《推原神话：蚕神马头娘〈搜神记·女化蚕〉》，载《神话与文学论文选辑2004—2005》。

44. 见陶宗仪《南村辍耕录》。

45. 见张隆《德应侯碑碑文》。

46. 见《嵩峡齐氏宗谱》。

47. 《浮梁县志·典祀》："万历间，内监潘相奉御董造，派役于民，童氏应报，大族人惧，不敢往，神毅然执役，时造大器，累不完工，或鞭捶，或苦饥荒，神恻然伤之，愿以骨作薪，丐器之成。遽跃入火，翼日启窑，果得完器，自是器无弗完者。家人收其骸葬凤凰山，相感其诚，立祠祀之。"朱琰《陶说》："有神，童姓者，窑户也。前明烧龙缸连岁不成，中使督责甚峻，窑民苦累，神为众蠲生，跃入窑突中以死，而龙缸成，司事者怜而奇之，建祠厂署祀焉。"文秉《定陵注略》："九月，江西浮梁景德镇民变。冤民万余，欲杀矿监潘相，烧焚厂房。"以上文献转引自苏永明《风火仙师崇拜与明清景德镇行帮自治社会》，载《地方文化研究》2015年第1期。

48. 《世本》："黄帝使……伶伦造律吕。"

49. 见《吕氏春秋·古乐》。

50. 见《庄子·盗跖》。

51. 见鲁迅《且介亭杂文二集》之《"题未定"草（六）》。

52. 见《中国古代房内考·房中书的评价》。

53. 见沈德符《万历野获编》。

54. 见纪昀《阅微草堂笔记·滦阳消夏录·四》。

55. 见《战国策·东周策》。

56. 《周礼》："五家为比，五比为闾。"

57. 《周礼》注："颛顼氏有子曰黎，祀为灶神。"《淮南子·泛论训》："炎帝作火，而死为灶。"

58. 见《搜神记·管辂》。

59. 《礼记·礼器》："孔子曰：'臧文仲安知礼！夏父弗綦逆祀而弗止也。燔柴于奥。夫奥者，老妇之祭也。盛于盆，尊于瓶。'郑玄注：'老妇，先炊者也。盆、瓶，炊器也。明此祭先炊，非祭火神，燔柴似失之。'"《史记正义》："先炊，古炊母神也。"

60. 见段成式《酉阳杂俎·诺皋记》。

61. 《酉阳杂俎》："灶马，状如促织，稍大，脚长，好穴于灶侧。俗言灶有马，足食之兆。"但"灶马"是否即蟑螂则值得讨论，在当代，被冠以"灶马"之名的则是另一种穴螽科昆虫，又称"灶马蟋蟀"。袁珂在《神话论文集·漫话灶神和祭灶》中对灶神与蟑螂的联系做了有趣的考证："陆德明《经典释文》引司马彪说：'髻，灶神，着赤衣，状如美女。'……'髻'其实就是'蛣'，是'蛣'的异体字或假借字，正写应该作'蛣'。《广雅·释虫》说：'蜻，蛣，蝉也。'这就说到点子上了；颛顼之子名穷蝉，蝉又是'灶有髻（蛞）'的'髻（蛞）'，而'髻（蛞）'又说是灶神，使穷蝉和灶神之间有了一定的联系。……盖所谓'蝉'，其实并不是真的蝉，而是灶上常见的一种蝉状的小生物，一般叫作蟑螂，有的地方称它为灶马，四川叫作偷油婆。……穷蝉既然又名穷系，而系、髻（蛞）、吉、忌的声音又如此相近。是后世传说的灶神，无论是名叫'禅'的，名叫'单'的，名叫'宋无忌'的，名叫'苏吉利'的，都是颛顼的儿子'穷蝉（穷系）'一名的演变。而穷蝉的本来面貌，实际上又只不过是灶上常见的那种蝉样的红壳虫——蟑螂——灶马——偷油婆，拆穿底细，如斯而已！"

62. 见《抱朴子·内篇·微旨》。

63. 见《燕京岁时记》。

64. 见《东京梦华录》。

65. 《论衡·订鬼篇》引《山海经》："沧海之中，有度朔之山，上有大桃木，其屈蟠三千里，其枝间东北曰鬼门，万鬼所出入也。上有二神人，一曰神荼，一曰郁垒，主阅领万鬼。恶害之鬼，执以苇索，而以食虎。于是黄帝乃作礼，以时驱之，立大桃人，门户画神荼、郁垒与虎，悬苇索以御凶魅。"

66. 关于钟馗的来历，学者们一直聚讼纷纭。自从顾炎武提出"钟馗"即"终葵"的谐音之后，包括郝懿行、赵翼在内的著名学者也相继跟进，考证了锥形器"终葵"因其作为驱鬼法器的身份而人格化和故事化，并最终进入民间崇拜体系的可能经过。在《周礼·考工记》中，"终葵"被郑玄认为即是"椎"，而《左传》则记载了在殷商遗民的七支部落中，即有一支名为"终葵氏"。

67. 这种细节化的钟馗故事以成书于明代万历年间的《唐钟馗全传》为代表作。

68. 见赵翼《陔余丛考·钟馗》。

69. 见《太平广记》卷第二百十四。

70. 《白虎通·五祀》："五祀者，何谓也？谓门、户、井、灶、中霤也。所以祭何？人之所处出入、所饮食，故为神而祭之。何以知五祀谓门、户、井、灶、中霤也？《月令》曰：'其祀户。'又曰：'其祀灶。''其祀中霤。''其祀门。''其祀井。'"

71. 程大昌《演繁露》："五祀有中霤。《左氏》：'三进及霤。'"《通典》曰："古者穴居，故名室曰'霤'。"许叔重《说文》曰："'屋水流也。'以今人家准之，则堂中有天井处也。许说诚确。"

72. 见《子不语》卷十七《井泉童子》。

73. 参阅孙机《中国古代物质文化》之《建筑与家具》。

74. 见顾禄《清嘉录·祭床神》。

75. 在闽南民俗中，一般认为"床母"即鸟首人身的"鸟母"，专司保佑儿童平安成长，似乎是九天玄女崇拜的一种变形。

76. 例如，清代诗人赖惠川在竹枝词《闷红墨屑》中写有这种活泼的句子："落草呱呱事不奇，却教生个黑臀儿。人言婆姐做记号，恐有狸猫换子时。"

77. 见陈卓坤、王伟深《潮汕时节与崇拜》。

78. 见《史记·吕后本纪》。

79. 许地山对于"紫姑"的名字提出了一些有趣的看法。"紫姑"在《异苑》中被称为"阿紫"，而这个名字往往与狐仙等精怪有关。许氏提出的另一种可能性是，"紫姑"或许与吴王夫差的女儿"紫玉"有关，详见《扶箕迷信的研究》。

80. 见《苏轼文集编年笺注·仙姑问答》。

81. 见《茶香室四钞·上元日箕帚诸卜》。

82. 该文见《马克思恩格斯全集第二十卷》。

83. 参阅李南《试论阎摩的源与流》，《南亚研究》1991年02期。

84. 《国语·鲁语四》："殷人禘喾而祖契，郊冥而宗汤。"

85. "跪人藏龟"，2004年大司空村M18出土，现藏殷墟博物馆。

86. 可参阅殷伟、程建强《图说冥界鬼神》。

87. 参阅姜守诚《十王信仰：唐宋地狱说之成型》，《湖南科技学院学报》2010年第09期。

88. 参见乌丙安《中国民间信仰》第三章第二节《鬼灵崇拜》。

89. 《山海经·海外南经》："有神人二八，连臂，为帝司夜于此野。在羽民东。其为人小颊赤肩。"郝懿行案："薛综注《东京赋》云：'野仲、游光，恶鬼也。兄弟八人，常在人间作怪害。'案野仲、游光二人，兄弟各八人，正得十六人，疑即此也。"袁珂注："郭璞云：'昼隐夜见。'杨慎云：'南中夷方或有之，夜行逢之，土人谓之夜游神，亦不怪也。'珂案：《淮南子·地形篇》云：'有神二人，连臂为帝候夜，在其西南方。'高诱注云：'连臂大呼夜行。''人'当是'八'之讹，'大呼'则其异闻也。"综合这些线索，日夜游神应当都是《山海经》中"二八神"分化衍变的产物。

90. 但丁所借用的希腊冥河体系由"四河一川"构成：苦恼之河阿刻隆（Acheron），愤怒之河斯提克斯（Styx），叹息之河科库图斯（Cocytus），火焰之河普勒戈同（Phlegethon），以及忘川勒忒（Lethe）。

91. 见张岱《西湖梦寻》。

92. 2003年，中国考古学家在蒙城尉迟寺的晚期大汶口文化遗址发现了目前所见最早的儿童瓮棺葬。

294

93.  见《楚辞·招魂》。

94.  参阅[罗]米尔恰·伊利亚德《萨满教：古老的入迷术》，社会科学文献出版社。

95.  参阅[美]焦大卫、[美]欧大年《飞鸾：中国民间教派面面观》，香港中文大学出版社。

96.  见《礼纬·稽命征》。

97.  见[美]万志英《左道：中国宗教文化中的神与魔》。

98.  见《三教源流搜神大全》。

**第五章**

1.　参阅[英]亚奇伯德·亨利·萨伊斯《古巴比伦宗教十讲》之《神话与史诗》；魏庆征编《古代两河流域与西亚神话》之《阿达帕和埃塔纳之遭遇》。

2.　见[美]卡尔·萨根《伊甸园的飞龙》第六章《朦胧的伊甸园传说》。

3.　参阅《华夏上古神系》第七章第一节《良渚酋邦：神徽与玉琮》。

4.　见[德]尼采：《查拉图斯特拉如是说·序言》（孙周兴译）。

5.　《周礼·廋人》："马八尺以上为龙，七尺以上为騋，六尺以上为马。"

6.　见《楚辞·离骚》。

7.　见《拾遗记·周穆王》。

8.　见《竹书纪年》及《左传·昭公二十九年》相关描述。

9.　见《礼记·礼运》。

10.　见谢肇淛《五杂俎》。

11.　见《淮南子·墬形训》。

12.　见《清史稿·灾异志》。

13.　《拾遗记·周灵王》："夫子未生时，有麟吐玉书于阙里人家，文云：'水精之子，系衰周而素王。'故二龙绕室，五星降庭。征在贤明，知为神异。乃以绣绂系麟角，信宿而麟去。相者云：'夫子系殷汤，水德而素王。'至敬王之末，鲁定公二十四年，鲁人锄商田于大泽，得麟，以示夫子。系角之绂，尚犹在焉。夫子知命之将终，乃抱麟解绂，涕泗滂沱。且麟出之时，及解绂之岁，垂百年矣。"《左传·哀公十四年》："麟者仁兽也。有王者则至，无王者则不至。有以告者曰：'有麇而角者。'孔子曰：'孰为来哉！孰为来哉！'反袂拭面，涕沾袍。颜渊死，子曰：'噫！天丧予。'子路死，子曰：'噫！天祝予。'西狩获麟，孔子曰：'吾道穷矣！'"

14.　见《明史·榜葛剌传》及《明史·麻林传》相关描述。

15.　"There are wild asses in India the size of horses and even bigger. They have a white body, crimson head, and deep blue eyes. They have a horn in the middle of their brow, one and a half cubits in length." 详见《克泰西亚斯：印度记》（Ctesias: On India），安德鲁·尼科尔斯（Andrew Nichols）英译及笺注，布卢姆兹伯里（Bloomsbury）出版社2011年版。

16.　"The tip of the horn is sharp and deep vermillion in colour，while the rest in the middle is black." 详见《克泰西亚斯：印度记》。

17.　见《荣格全集》（The Collected Works Of C. G. Jung），《心理学和炼金术》第六章第

二节《独角兽的范型》（*The Paradigm Of The Unicorn*），普林斯顿大学出版社1968年版。

18. 《史记·乐毅列传》："诸侯害齐湣王之骄暴，皆争合从与燕伐齐。乐毅还报，燕昭王悉起兵，使乐毅为上将军，赵惠文王以相国印授乐毅。乐毅于是并护赵、楚、韩、魏、燕之兵以伐齐，破之济西。诸侯兵罢归，而燕军乐毅独追，至于临菑。齐湣王之败济西，亡走，保于莒。乐毅独留徇齐，齐皆城守。乐毅攻入临菑，尽取齐宝财物祭器输之燕。"关于"骑凤仙人"的真实身份，目前有数种不同的传说，除了认为他是齐湣王之外，也有民间传说认为他是湣王之子"孤存"，也有其他说法，声称他是大禹、商纣王、姜子牙乃至姜子牙的小舅子等等。

19. 在关于镇墓神兽的研究中，"有翼神兽"形象的起源无疑是最具代表性的问题，参看李零《入山与出塞》之《有翼神兽研究》，文物出版社2004年。

20. 参阅李树辉《十二生肖的起源及其流变》，《喀什师范学院学报》1999年01期。

21. 巴比伦十二生肖为：牡牛、山羊、狮、驴、蜣螂、蛇、犬、猫、鳄、红鹤、猿、鹰。埃及十二生肖为：牡牛、山羊、猿、驴、蟹、蛇、犬、猫、鳄、红鹤、狮、鹰。希腊十二生肖为：牡牛、山羊、猿、驴、蟹、蛇、犬、鼠、鳄、红鹤、狮子、鹰。三者成员基本一致。

22. 参见《甲骨文字研究》之《释支干·九·余论·十二》，载《郭沫若全集》第一卷。

23. 关于十二兽历的最早汉文记录，见于1970年代出土的"睡虎地秦简"与"放马滩秦简"中的《日书》，可知至少在战国时期，与干支相配的"十二生肖"观念体系已然存在。考虑到先秦时期的域外文化输入，这或许暗示着"十二生肖"有其更古老的文化来源。

24. 印度十二生肖为：鼠、牛、狮子、兔、摩睺罗伽（蟒）、那伽（龙）、马、羊、猴、迦楼罗（金翅鸟）、狗、猪。

25. 易华在对比中国与印度的十二生肖时指出，"如此惊人的相似，只可能有一个起源，不是印度传给中国，就是中国传给印度"，但他坚持认为，中国-印度生肖体系与巴比伦-埃及生肖体系截然不同，不具有传承关系。见《多民族文化透视：十二兽与历法》，《百科知识》1994年08期。

26. 《甲骨文字研究》之《释支干·三·十二辰·巳》，见《郭沫若全集》第一卷。

27. 见《山海经·大荒东经》。

28. 见《山海经·海外西经》。

29. 见《山海经·海外西经》及《山海经·大荒南经》相关描述。

30. 《淮南子·精神训》："日中有踆乌，而月中有蟾蜍。"许慎注："踆，犹蹲也，谓三足乌。"

31. 见陆粲《庚巳编》。

32. 见《山海经·西山经》及《山海经·北山经》相关描述。

33. 《宋书·符瑞志》："六足兽，王者谋及众庶，则至。"

34. 段成式《酉阳杂俎》卷十六："鬼车鸟，相传此鸟昔有十首，能收人魂，一首为犬所噬。秦中天阴，有时有声，声如力车鸣，或言是水鸡过也。"刘恂《岭表录异》："鬼车，春夏之间，稍遇阴晦，则飞鸣而过，岭外尤多，爱入人家烁人魂气。或云九首，曾为犬啮其一，常滴血。血滴之家，则有凶咎。"宗懔《荆楚岁时记》："正月夜多鬼鸟度，家家槌床打户，捩狗耳，灭灯烛以禳之。"

35. 《山海经·北山经》："又北三百五十里，曰涿光之山，嚣水出焉，而西流注于河。其中多鰼鰼之鱼，其状如鹊而十翼，鳞皆在羽端，其音如鹊，可以御火，食之不瘅。"《水经》："又东过符县北邪东南，鰼部水从符关东北注之。"道光《遵义府志·水道》："其鰼部水，安乐水，即今之高洞河。今此河自高洞以下，土人皆名鰼水。此水产鰼鱼，为他水所无，故千古地名鰼部，其水即名鰼部水。"

36. "五通神"与"五显神"往往被人们混淆在一起，然而，后者实为神仙，前者实为妖怪。这无疑是民间信仰对体制化宗教的一次反讽性胜利。后来，"五显神"又与"华光大帝"和"马灵官"等神灵混同起来，进一步加剧了这一混乱局面。事实上，五通神最初来自佛教的"五通仙人"，在他堕落之后，其神格与民间淫祀发生融合，直至和所谓五大精怪混为一谈。

37. 需要指出的是，"五通神"在不同地区有不同的组合方式，有时它们也以"四神帮"的形式登场，因而被人们称为"四大门"。四大门的信仰是一种"拟人的宗教"，将这四种神圣动物都加以人的姓氏：称狐为"狐门"，称黄鼠狼为"黄门"，称刺猬为"白门"，称长虫为"柳门"，或者是"常门"。总称为"胡黄白柳"四大门。此处要附带提一句，在北平近郊流行的都是"四大门"的说法，但是较远的地方，如平北顺义一带，便有"五大门"的说法，乃是"狐柳黄刺白"。"刺门"乃是刺猬，"白门"乃是兔。日本人石桥丑雄的著作中，便提到"四大家"（四大门）与"五大仙"（五大门）的说法；在日本人永尾龙造著作中，也采取"五大门"的标题；明恩溥（Arthur Smith）也沿用五大门的分类。但是，这几个作家所说的五大门乃是在狐狸、黄鼠狼、刺猬、长虫之外，加上"鼠"，合称为"狐黄白柳灰"。见李慰祖《四大门》，北京大学出版社2011年版。

38. 薛福成《庸庵笔记》："北方人以蛇、狐、猬、鼠及黄鼠狼为财神，民家见此五者，不敢触犯，故有五显财神庙。南方亦间有之。"转引自吕宗力等编《中国民间诸神·下》。

39. 见宋代李昉《太平广记》卷第四百五十八《蛇三·李黄》；明代陆楫《古今说海》卷七十五《白蛇记》。

40. 见冯梦龙《警世通言》第二十八卷。

41. 见《山海经·南山经》。

42. 参见东汉西王母画像砖，1955年出土于四川成都，现藏四川博物院。

43. 《太平广记》引《玄中记》："狐五十岁，能变化为妇人。百岁为美女，为神巫，或为丈夫与女人交接，能知千里外事，善蛊魅，使人迷惑失智。千岁即与天通，为天狐。"

44. 见《吴越春秋》。

45. 在小说《封神演义》中，受女娲召唤而来的千年狐狸精附身妲己之上，从而上演了一出红颜祸水的历史狗血剧。

46. 在《为徐敬业讨武曌檄》中，骆宾王作为父权制保皇派的代表，对女僭主武则天展开了大字报式的政治咒骂："伪临朝武氏者，性非和顺，地实寒微。昔充太宗下陈，曾以更衣入侍。洎乎晚节，秽乱春宫。潜隐先帝之私，阴图后房之嬖。入门见嫉，蛾眉不肯让人。掩袖工谗，狐媚偏能惑主。"

47. 见纪昀《阅微草堂笔记·滦阳消夏录》。

48. 参阅河合隼雄《日本人的传说与心灵》第六章《异类女性》，生活·读书·新知三联书店2007年版。

49. 见《国语·楚语下》。

50. 见《山海经·海外东经》。

51. 李时珍《本草纲目》引《神农本草经》："主百病，养精神，和颜色，为诸药先聘通使。久服轻身不老，面生光华，媚好常如童子。"

52. 事见《圣经·创世记》。

53. 参阅邱登成《西南地区汉代摇钱树研究》，巴蜀书社2011年；刘芊《中国神树图像研究》，上海三联书店2019年。

54. 《论衡·订鬼篇》引《山海经》："沧海之中，有度朔之山，上有大桃木，其屈蟠三千里。"

55. 见《太平广记》引《汉武内传》："王母自设天厨，真妙非常：丰珍上果，芳华百味；紫芝萎蕤，芬芳填樏；清香之酒，非地上所有，香气殊绝，帝不能名也。又命侍女更索桃果。须臾，以玉盘盛仙桃七颗，大如鸭卵，形圆青色，以呈王母。王母以四颗与帝，三颗自食。桃味甘美，口有盈味。帝食辄收其核，王母问帝，帝曰：

‘欲种之。’母曰：‘此桃三千年一生实，中夏地薄，种之不生。’帝乃止。”

56. 见《太平御览》引《汉武故事》：“东郡送一短人，长七寸，衣冠具足。上疑其山精，常令在案上行，召东方朔问。朔至，呼短人曰：‘巨灵，汝何忽叛来，阿母还未？’短人不对，因指朔谓上曰：‘王母种桃，三千年一作子，此儿不良，已三过偷之矣，遂失王母意，故被谪来此。’上大惊，始知朔非世中人。短人谓上曰：‘王母使臣来告陛下求道之法：唯有清净，不宜躁扰。复五年，与帝会。’言终不见。”

57. 事实上，王世贞所记录的是一桩典型的古董伪造案：“洪武乙卯夏五月丁丑，上御奉天门，召翰林臣，出示元内库所藏巨桃半核，长五寸，广四寸七分，前刻‘西王母赐汉武桃’及‘宣和殿’十字，涂以金，中绘龟鹤云气之象，后镌‘庚子年甲申月丁酉日’。记其字如前之数，命学士宋濂为赋，濂既承命，谓庚子实宣和二年，字疑祐陵所书。……跋尾复云，《徽宗本纪》：‘宣和元年己亥二月庚辰改元，遂易宣和为保和殿。至四年壬辰夏四月丙午，诏录三馆书，置三和殿及太清楼秘阁，始重称宣和。’今核上之字，刻于二年庚子之甲申月，乃不书‘保和’而犹袭‘宣和’之名，此固不可不疑。况丁酉日属庚子岁癸未月月终，尤不可致诘，意此核非汉武时物，字亦非祐陵所书。杂书载：海外多大桃。或者得其遗核，特依仿而托之者欤？……然则巨桃核诚非王母所遗汉武者矣。”可见这枚“蟠桃核”非但不可能是西王母的礼物，甚至也不是宋徽宗的大内藏品，而只是一个可笑的地摊级赝品。见《弇州山人四部稿》卷一百五十七。

58. 《山海经·中山经》：“又东二百里，曰姑媱之山，帝女死焉，其名曰女尸，化为䔄草，其叶胥成，其华黄，其实如菟丘，服之媚于人。”又《太平御览》引《襄阳耆旧记》：“昔先王游高唐，怠而昼寝，梦一妇人，暧乎若云，皦乎若星，将行未至，如浮如倾，对曰：‘我帝季女，名曰瑶姬，未行而丧，封乎巫山之台，精魂为草，实为灵芝。’”

59. “麻姑献寿”的传说主要定型于明清时期，以许善长的戏剧《茯苓仙传奇》为代表，但麻姑与仙酒的联系，则在早期文献《神仙传》中已然出现：“麻姑欲见蔡经母及妇侄，时经弟妇新产数十日，麻姑望见，乃知之曰：‘噫，且止，勿前。’即求少许米至，得米，便以撒地，谓以米祛其秽也，视米皆成真珠。方平笑曰：‘姑故少年也，吾老矣，不喜复作此曹辈狡狯变化也。’方平语经家人曰：‘吾欲赐汝辈酒，此酒乃出天厨，其味醇酽，非俗人所宜饮，饮之或能烂肠，今当以水和之，汝辈勿怪也。’乃以一升酒合水一斗，搅之，以赐经家人，人饮一升许，皆醉。良久，酒尽，方平语左右曰：‘不足复还取也。’”

60. 见《长歌行》。

61. 见《史记·孝武本纪》及《汉书·武帝纪》。

62. 见《明史·王金传》。

63. 《资治通鉴》卷二百〇五："太后春秋虽高，善自涂泽，虽左右不觉其衰。丙戌，敕以齿落更生，九月，庚子，御则天门，赦天下，改元。"《资治通鉴》卷二百〇六："辛亥，赐太子姓武氏；赦天下。太后生重眉，成八字，百官皆贺。"《旧唐书·方伎列传》："法善自高宗、则天、中宗历五十年，常往来名山，数召入禁中，尽礼问道。然排挤佛法，议者或讥其向背。以其术高，终莫之测。"根据现存文献，武则天留下的美颜秘方，主要是以益母草为有效成分的"炼益母草留颜方"，也叫"神仙玉女粉"，以及出自御医张文仲之手的中草药面膜"常敷面脂"。见王焘《外台秘要》。这些药方的成分中，其实并不含有灵芝之类的贵重药材，并且也与那位传奇术士叶法善没有联系。

64. 见《本草纲目·草之一》。

65. 见《淮南子·览冥训》及《山海经·西山经》。

66. 见苏鹗《杜阳杂编》及《新唐书·宦者传下》相关描述。

67. 《玉海》引《瑞应图》："黄帝时，西王母乘白鹿献白环之休符，舜时复来献。"

68. 见《搜神记》。

69. 《吕氏春秋·重己》高诱注："昆山之玉，燔以炉炭，三日三夜，色泽不变，玉之美者也。"

70. 见《韩非子·和氏第十三》。

71. 《太平广记》引《异苑》："汉武帝冢里，先有玉箱、瑶杖各一，是西胡渠王所献。帝平素常玩之。后有人扶风郿市买得二物，帝左右识而认之。说卖者形状，乃帝也。"

72. 如《论语·乡党》所言："执圭，鞠躬如也，如不胜。上如揖，下如授，勃如战色，足蹜蹜如有循。"

73. 见《说文解字》。

74. 见《史记·孝武本纪》。

75. 见《左传·宣公三年》及《墨子·耕柱》相关描述。

76. 《开元占经》引《瑞应图》："神鼎者，质文之精也。知凶知吉，知存知亡，能重能轻，能不炊而沸，不汲而满，中五味。黄帝作三鼎，象三辰；大禹治水，收天下美铜，以为九鼎，象九州也。王者兴则出，衰则去。"

77. 参阅夏渌《论古代的食人之风》，载《武汉大学学报》（社会科学版）1984年第4期。

78. 《汉书·郊祀志》："后百一十岁，周赧王卒，九鼎入于秦。或曰，周显王之四十二年，宋大丘社亡，而鼎沦没于泗水彭城下。"王先谦在《汉书补注》中指出："愚谓九鼎之亡，周自亡之。虞大国之数，甘心也，为宗社之殃，又当困乏时，销毁为货，谬云鼎亡耳。"

79. 见《水经注·泗水》。

80. 《汉书·武帝纪》："（天汉二年）泰山、琅邪群盗徐勃等阻山攻城，道路不通。遣直指使者暴胜之等衣绣衣杖斧分部逐捕。刺史郡守以下皆伏诛。冬十一月，诏关都尉曰：'今豪杰多远交，依东方群盗。其谨察出入者。'……（太始四年）四年春三月，行幸泰山。"虞荔《鼎录》："武帝登泰山，铸一鼎，高四尺，铜银为之，其形如瓮，有三足，太始四年造。其文曰：登于泰山，万寿无疆，四海宁谧，神鼎传芳。"

81. 见《管子·地数篇》。

82. 《太平御览》引《吴越春秋》："越王允常聘欧冶子作名剑五枚，三大二小，一曰纯钩，二曰湛卢，三曰豪曹，或曰盘郢，四曰鱼肠，五曰巨阙。"

83. 见《越绝书·外传记宝剑》。

84. 见《越绝书·外传记宝剑》。

85. 《列异传》，见鲁迅辑《古小说钩沉》。

86. 收《鲁迅全集》第二卷《故事新编》。

87. 事见《史记·刺客列传》。

88. 《初学记》引《贾子》："古者天子二十而冠，带剑；诸侯三十而冠，带剑；大夫四十而冠，带剑。隶人不得冠。庶人有事得带剑，无事不得带剑。"

89. 见杜甫诗《观公孙大娘弟子舞剑器行并序》。

90. 陈元龙《格致镜原》："《黄帝内传》曰：'既与王母会于王屋，乃铸大镜十二面，随月用之。'则镜盖肇于轩辕，非尹氏始作也。"《古镜记》："昔者吾闻黄帝铸十五镜。其第一，横径一尺五寸，法满月之数也。以其相差，各校一寸。此第八镜也。"

91. 见《古镜记》。

92. 见《拾遗记》卷三。

93. 《太平广记》引《西京杂记》："汉高祖初入咸阳宫，周行府库。金玉珍宝，不可称言。……有方镜，广四尺，高五尺九寸，表里洞明。人直来照之，影则倒见；以手掩心而来，即见肠胃五脏，历历无碍。人有疾病在内者，则掩心而照之，必知病之所在。又女子有邪心，则胆张心动。秦始皇帝常以照宫人，胆张心动，则杀之也。高祖悉封闭，以待项羽。羽并将以东，后不知所在。"

94. 见《洞冥记》。

95. 见《搜神记》卷一。

96. 见《古镜记》。

97. 见《本事诗·情感第一》。

98. 见《南史》列传第四十八。

99. 刘翰《李克用置酒三垂冈赋》："座上酒龙，膝前人骥；磊块堪浇，箕裘可寄。目空十国群雄，心念廿年后事。玉如意指挥倜傥，一座皆惊；金叵罗倾倒淋漓，千杯未醉。"鲁迅在引用时，将"玉如意"记作了"铁如意"，或许是觉得后者更贴合军事指挥家的风度。

100. 与"拂尘"类似的"麈尾"，同样是中古文人不忍释手的玩具，它往往与"拂尘"混为一谈，事实上，"麈尾"的形制更接近于一把羽扇或刷子。

101. 在罗马天主教文化中，有着与这类藏密"嘎巴拉"制品相仿的"圣髑"（reliquiae），也就是用那些最贵重的尘世材料，将圣人与真福们的遗骨华丽地包装起来，作为香客们供养和朝圣的对象。

1. 现在广泛流传的"八仙"之说最早出现于元代，而道教中有"上八仙""中八仙"与"下八仙"之分，"中八仙"即吕洞宾等人。在吴元泰的小说《东游记》中，其成员基本定型为现在的组合，包括：吕洞宾、何仙姑、张果老、蓝采和、韩湘子、曹国舅、汉钟离/钟离权、铁拐李，据说分别代表"男/女/老/少/富/贵/贫/贱"八种社会身份。

2. 《古今图书集成》引《武当山志》："吕纯阳父姓李，母姓吕，本唐宗胄，中进士状元及第。因武后奸唐子孙，乃从母姓。"

3. 见《吕祖全书·传闻正误》。

4. 见《历世真仙体道通鉴》卷四十五。

5. 事见吴元泰《东游记》第27—28回。由于铁拐李等道友的干涉，吕洞宾非但未能从白牡丹那里"采阴补阳"，反而在关键时刻大损精元，从而便宜了白牡丹小姐，使她不费吹灰之力就得到了一张成仙的门票。

6. 事实上，著名的"三戏白牡丹"等风流事迹其实大多来自另一位叫作"颜洞宾"的散仙。然而，吕洞宾祖师在民间信仰中走红之后，这些艳遇以及"飞剑斩黄龙"等事迹被统统归到了他老人家名下。

7. 何仙姑的出身似乎与"鹿"有着奇异的联系，例如：《古今图书集成·神异典》引《安庆府志》："桐城投子山大同禅师，每溲溺，有鹿来饮，久之鹿产肉球，裂开一女，师见而收育之。"

8. 见《仙佛奇踪》卷二及《东轩笔录》卷十四相关描述。

9. 见《吕祖志》卷三。

10. 见《铸鼎余闻》卷四。

11. 明代畅销书作家兼出版商余象斗著，又名《五显灵官大帝华光天王传》。

12. "沉香救母"的故事，其原型可追溯至唐代小说《广异记》，目前可见的较完整版本，则多为明清时期形成的宝卷、杂剧及弹词等民间文学。

13. 见《列女传·孽嬖传》。

14. 《太平御览·皇王部》引《帝王世纪》："妹喜好闻裂缯之声，桀为发缯裂之，以顺适其意。"冯梦龙在《东周列国志》中将同样的情节移植到了褒姒小姐身上，而《红楼梦》中的"晴雯撕扇"一幕则无疑是"妹喜裂帛"的一个更加遥远的镜像。

15. 《史记·殷本纪》："帝纣资辨捷疾，闻见甚敏；材力过人，手格猛兽；知足以距谏，言足以饰非；矜人臣以能，高天下以声，以为皆出己之下。好酒淫乐，嬖于妇人。爱妲己，妲己之言是从。于是使师涓作新淫声，北里之舞，靡靡之乐。厚赋税以实鹿台之钱，而盈巨桥之粟。益收狗马奇物，充仞宫室。益广沙丘苑台，多取野兽蜚鸟置其中。慢于鬼神。大聚乐戏于沙丘，以酒为池，县（悬）肉为林，使男女裸相逐其间，为长夜之饮。"又《太平御览》引《帝王世纪》："居五年，纣果造倾宫，作琼室、瑶台，饰以美玉，七年乃成，其大三里，其高千丈，其大宫百，其小宫七十三处。"

16. 见《列女传·孽嬖传》。

17. 《水经注》引《竹书纪年》："老人晨将渡水而沉吟难济，纣问其故，左右曰：老者髓不实，故晨寒也。纣乃于此斫胫而视髓也。"

18. 见《列女传·孽嬖传》。

19. 见《史记·周本纪》。

20. 见《史记·周本纪》。

21. 考古学家李峰指出："'烽火'之说显然是司马迁的虚构，因为《吕氏春秋》中仅说到了'鼓'；我们几乎没有任何证据可以证明'烽火'这种报警系统在先秦即已存在，自不必提西周时期了。"见《西周的灭亡》第四章第二节《西周灭亡的新发现》，上海古籍出版社2007年版。

22. 《九章·怀沙》："民生禀命，各有所错兮。定心广志，余何畏惧兮！曾伤爰哀，永叹喟兮。世溷浊莫吾知，人心不可谓兮。知死不可让，愿勿爱兮。明告君子，吾将以为类兮。"朱熹指出，标题即"言怀抱沙石以自沉也"。在《史记》中，司马迁记录下了屈原自沉前与江畔渔翁进行的著名对话："屈原至于江滨，被发行吟泽畔。颜色憔悴，形容枯槁。渔父见而问之曰：'子非三闾大夫欤？何故而至此？'屈原曰：'举世混浊而我独清，众人皆醉而我独醒，是以见放。'渔父曰：'夫圣人者，不凝滞于物而能与世推移。举世混浊，何不随其流而扬其波？众人皆醉，何不铺其糟而啜其醨？何故怀瑾握瑜而自令见放为？'屈原曰：'吾闻之，新沐者必弹冠，新浴者必振衣，人又谁能以身之察察，受物之汶汶者乎！宁赴常流而葬乎江鱼腹中耳，又安能以皓皓之白而蒙世俗之温蠖乎！'……于是怀石遂自投汨罗以死。"

23. 见《史记·屈原贾生列传》。

24. 《诗经·小雅·大东》中有这样的句子："维天有汉，监亦有光。跂彼织女，终日七襄。虽则七襄，不成报章。睆彼牵牛，不以服箱。"但此时的牛郎织女尚未被人民群众"拉郎配"。汉魏时代的《古诗十九首》则将他们的关系浪漫化了："迢迢牵牛星，皎皎河汉女；纤纤擢素手，札札弄机杼。终日不成章，泣涕零如雨；河汉清且浅，相去复几许？盈盈一水间，脉脉不得语。"

25. 《月令广义》引殷芸《小说》："天河之东有织女，天帝之子也。年年机杼劳役，织成云锦天衣，容貌不暇整。帝怜其独处，许嫁河西牵牛郎，嫁后遂废织纴。天帝怒，责令归河东，但使一年一度相会。"在《荆楚岁时记》等同时代作品中，也记录有相似的传说。

26. 孝子董永故事同样在汉代时期即已产生，后来，其故事元素与牛郎织女传说、七仙女崇拜相结合，形成了后世流传的诸多版本的"天仙配"与"牛郎织女"故事，但两大传说事实上并未合流为一。关于牛郎织女故事的流变，参阅洪淑苓《牛郎织女研究》，台湾学生书局1988年版。

27. 见《太平广记》引《灵怪集》相关内容。

28. 见《灵怪集》。

29. 见《灵怪集》。

30. 《说苑·善说》："昔华周、杞梁战而死，其妻悲之，向城而哭，隅为之崩，城为之阤。"事实上，最早记载这个故事的《左传》并没有哭塌城墙这一情节："齐侯还自晋，不入，遂袭莒，门于且干，伤股而退。明日，将复战，期于寿舒。杞殖、华还载甲夜入且于之隧，宿于莒郊。明日，先遇莒子于蒲侯氏，莒子重赂之，使无死，曰：'请有盟。'华周对曰：'贪货弃命，亦君所恶也。昏而受命，日未中而弃之，何以事君？'莒子亲鼓之，从而伐之，获杞梁。莒人行成。齐侯归，遇杞梁之妻于郊，使吊之，辞曰：'殖之有罪，何辱命焉？若免于罪，犹有先人之敝庐在，下妾不得与郊吊。'齐侯吊诸其室。"

31. 《琱玉集·感应篇》引《同贤记》："杞良，秦始皇时北筑长城，避苦逃走，因入孟超（超，下作起）后园树上。起女仲姿浴于池中，仰见杞良而唤之，问曰：'君是何人？因何在此？'对曰：'吾姓杞名良，是燕人也。但以从役而筑长城，不堪辛苦，遂逃于此。'仲姿曰：'请为君妻！'良曰：'娘子生于长者，处在深宫，容貌艳丽，焉为役人之匹！'仲姿曰：'女人之体，不得再见丈夫。君勿辞也！'递以状陈父，而父许之。夫妇礼毕，良往作所。主典怒其逃走，乃打杀之，并筑城内。起不知死，遣仆欲往代之；闻良已死，并筑城中。仲姿既知，悲哽而往，向城号哭。其城当面一时崩倒，死人白骨交横，莫知孰是。仲姿乃刺指血以滴白骨，云：'若是杞良骨者，血可流入！'即沥血。果至良骸，血径流入。便将（得）归葬之也。"转引自顾颉刚《孟姜女故事研究及其他》之《唐代的孟姜女的传说》，商务印书馆2014年版。

32. 见崔豹《古今注》。

33. 见《孟姜女故事研究及其他》之《孟姜女故事的转变》。

34. 见《列子·汤问》。

35. 清代翟灏《通俗编·故事》引《宣室志》:"英台,上虞祝氏女。伪为男装游学,与会稽梁山伯者同肄业。山伯,字处仁。祝先归。二年,山伯访之,方知其为女子,怅然如有所失。告其父母求聘。而祝已字马氏子矣。山伯后为鄞令,病死,葬鄮城西。祝适马氏,舟过墓所,风涛不能进。问知有山伯墓,祝登号恸,地忽自裂陷,祝氏遂并埋焉。晋丞相谢安奏表其墓曰'义妇冢'。"今传本《宣室志》并无这段记载,有学者指出,《通俗编》可能误写了其文本来源。

36. 见邵金彪《祝英台小传》。

37. 见冯梦龙《情史·情灵类》。

38. 见《搜神记》卷十六。

39. 洪兴祖《楚辞补注》引《列仙传》:"齐人韩终,为王采药,王不肯服,终自服之,遂得仙也。"《史记·秦始皇本纪》:"使韩终、侯公、石生求仙人不死之药。"事实上,"韩重"这一人物在文献中有着多个读音相近的化身,包括"韩终""韩众"以及"韩仲"等,均为神仙方士之流,可知其所指当为一人,然而有产生于不同时代的传说附丽其上。

40. 见《搜神记》卷十一。

41. 《太平寰宇记》所引用的《搜神记》出现了"化蝶"的细节,其他版本则无之:"左右揽之,着手化为蝶。"《列异传》也有相似的描述:"宋康王埋韩凭夫妻,宿昔文梓生,有鸳鸯雌雄各一,恒栖树上,晨夕交颈,音声感人。或云化为蝴蝶。"

42. 《乌鹊歌》,见《古诗源》。

43. 见《搜神记》卷十一。

44. 《韩朋赋》,出自《敦煌变文集》。

45. 见李商隐《青陵台》。

46. 见《蜀王本纪》及《华阳国志·蜀志》相关描述。

47. 见《蜀王本纪》。

48. 《太平御览》引《十三州志》:"当巴国称王,独杜宇称帝于蜀,以褒斜为前门,熊耳、灵关为后户,玉垒、峨眉为城廓,江、潜、绵、洛为池泽,汶山为畜牧,南中为园苑。时有荆人,是后荆地有一死者,名鳖冷,其尸亡至汶山,却更生,见望帝。帝以为蜀相。时巫山壅江,蜀地洪水,望帝使鳖冷凿巫山,治水有功。望帝自以德薄,乃委国禅鳖冷,号曰'开明'。遂自亡去,化为子规,故蜀人闻鸣曰:'我望帝也。'"

49. 《说郛》引《太平寰宇记》:"望帝自逃之后,欲复位不得,死化为鹃,每春月间,昼夜悲鸣。蜀人闻之曰：我望帝魂也。"

50. 现藏南阳市汉画馆。又鲁迅先生所藏汉画像石中，亦有螺女图像。见《鲁迅藏拓本全集（汉画像卷Ⅰ）》，西泠印社2014年版。

51. 《初学记》引《发蒙记》："侯官谢端，曾于海中得一大螺。中有美女，云：'我天汉中白水素女。天矜卿贫，令我为卿妻。'"

52. 见《搜神后记·白水素女》。

53. 见《太平广记》引《原化记》相关内容。

54. 关于螺女神话的演变，参阅刘魁立《论中国螺女型故事的历史发展进程》，载《民族文学研究》2003年02期。

中国神话密码

---

产品经理｜贺彦军　　　责任印制｜刘世乐
　　　　　黄　丁　　　学术助理｜李子睿
技术编辑｜顾逸飞　　　出 品 人｜吴　畏

**图书在版编目（CIP）数据**

中国神话密码 / 朱大可著 . -- 2 版 . -- 成都 : 四
川文艺出版社 , 2021.11（2022.4 重印）
ISBN 978-7-5411-6161-2

Ⅰ . ①中… Ⅱ . ①朱… Ⅲ . ①随笔—作品集—中国—
当代 Ⅳ . ① I267.1

中国版本图书馆 CIP 数据核字（2021）第 212764 号

ZHONGGUO SHENHUA MIMA

# 中国神话密码

朱大可 著

出 品 人　张庆宁
责任编辑　李国亮　邓　敏
责任校对　汪　平
出版发行　四川文艺出版社（成都市槐树街 2 号）
网　　址　www.scwys.com
电　　话　021-64386496（发行部）　028-86259303（编辑部）
传　　真　028-86259306
印　　刷　北京世纪恒宇印刷有限公司
成品尺寸　167mm×230mm
开　　本　16 开
印　　张　20.75
字　　数　337 千
印　　数　6,001~11,000
版　　次　2021 年 11 月第二版
印　　次　2022 年 4 月第二次印刷
书　　号　ISBN 978-7-5411-6161-2
定　　价　68.00 元

版权所有·侵权必究。如有质量问题，请与本公司图书销售中心联系调换。021-52936900